【北京社科名家文库】

琴 川 集

BEIJING SHEKE MINGJIA WENKU

戴逸 ◎ 著

戴逸自选集

首都师范大学出版社
CAPITAL NORMAL UNIVERSITY PRESS

图书在版编目(CIP)数据

琴川集：戴逸自选集/戴逸著. —北京：首都师范大学出版社，2020.12

(北京社科名家文库)

ISBN 978-7-5656-6196-9

Ⅰ.①琴… Ⅱ.①戴… Ⅲ.①史学—文集 Ⅳ.①K0-53

中国版本图书馆 CIP 数据核字(2020)第 267358 号

北京社科名家文库
QINCHUAN JI

琴川集
戴逸自选集

戴 逸 著

项目统筹：杨林玉		责任编辑：杨林玉 董 晴	
责任设计：王征发		封面绘画：王征发	
责任校对：李佳艺		责任印制：李春雷	

首都师范大学出版社出版发行

地　址　北京西三环北路 105 号
邮　编　100048
电　话　68418523(总编室)　68982468(发行部)
网　址　http://cnupn.cnu.edu.cn
印　刷　三河市博文印刷有限公司
经　销　全国新华书店
版　次　2020 年 12 月第 1 版
印　次　2020 年 12 月第 1 次印刷
开　本　710mm×1000mm　1/16
印　张　29　　插页 2
字　数　348 千
定　价　90.00 元

版权所有　违者必究
如有质量问题　请与出版社联系退换

《北京社科名家文库》编委会

顾　　　　问（按姓氏笔画排序）
马玉田　方玄初　石仲泉　史秋秋　李志坚　刘新成
江　平　许　文　吴树青　何卓新　宋贵伦　张文启
陈先达　金冲及　周一兴　郑必坚　逄先知　袁行霈
顾明远　徐惟诚　陶一凡　陶西平　满运来　戴　逸

编委会主任　崔耀中　韩　凯

编委会副主任　赵　峰　孟春利　刘　颖　梁立新　荣大力　王野霏
杨生平

编　　　　委（按姓氏笔画排序）
万俊人　王中江　尹　鸿　龙翼飞　叶培贵　白暴力
李　强　刘　伟　孙武权　杨林玉　杨念群　吴国盛
张　际　陈　来　陈平原　陈雨露　赵汀阳　俞　斌
黄天树　黄泰岩　彭　林　韩　震

出版说明

1978年,中国改革开放的元年。自那一年开始,中国已经走过了波澜壮阔的30年。这是伟大的30年,是改变中国的30年,是震惊世界的30年,也是哲学社会科学蓬勃发展的30年。

在哲学社会科学这30年的辉煌成就里,浸透着为新中国哲学社会科学奠基的老一辈专家呕心沥血的求索,也镌刻着寻着他们足迹的后来者追求真理的步伐。"学之大者,国之重器"。我们有责任将这些"大者"潜心研究的成果,重新编辑出版以飨读者。为此,北京市社会科学界联合会和首都师范大学出版社将这一套《北京社科名家文库》奉献给读者。她以自选集的体例形式,每年推出一批,争取在几年内达到百种以上。《北京社科名家文库》将系统展示当代哲学社会科学名家学者30年来的学思精华,展示他们的学术探索历程和风采。同时,为使这套《北京社科名家文库》更加丰富,编委会决定在首都师范大学出版社已出版的《当代著名学者自选集》中挑选符合体例的图书,编辑成《北京社科名家文库·纪念辑》,这将更完整地反映北京学人在学术风范和学术使命上的历史延续。

我们相信,《北京社科名家文库》将能够成为具有文化传承价值的经典性大型出版工程,成为集中展示首都哲学社会科学重要成果的一个窗口。由于我们水平所限,定有不足之处,希望读者和同仁给予批评指正。

编 委 会
2009 年 11 月

戴逸先生

目录

1	"勤苦乐迷"（代学术自述）
1	第一辑　史学研究、文化研究及其他
3	贯穿《清史》的一条主线
	——新修《清史·通纪》内容要旨
27	世纪之交中国历史学的回顾与展望
46	中国古代修史的传统及其对国史研究的重要启示
57	中国档案与历史研究
61	论中国历史上统一与分裂
69	关于中国传统文化的几个问题
81	清代书法浅论
102	清代宣南士文化
106	谈桐城派
112	论"清官"

1

| 127 | 《四库全书》和法国《百科全书》
　　——为纪念法国大革命二百周年而作
| 147 | 中国经济的千年态势与复兴之路
　　——读安格斯·麦迪森的《中国经济的长期表现》
| 154 | 世纪反思　卧薪尝胆
　　——从2005年我国GDP达18.2万亿元说起

| 161 | **第二辑　清前期、中期历史文化**
| 163 | 满族兴起的精神力量
| 170 | 雍正继位的历史疑谜
| 180 | 乾隆朝初平准噶尔部
| 201 | 乾隆朝再平准噶尔部
| 220 | 乾隆朝平定回部
| 240 | 一场得不偿失的战争
　　——论乾隆朝金川之役

261	圆明园与大观园
266	三山五园
284	曹雪芹与平郡王福彭
288	乾嘉史学大师钱大昕

301　第三辑　晚清历史研究

303	闭关政策的历史教训
312	太平天国拜上帝会不是邪教
315	林则徐与近代新疆开发
319	清代开发西部的历史借鉴
327	加强边疆开发史的研究
332	从大清史角度看待刘铭传保台建台的意义
342	洋务历史试论
352	中日甲午战争与远东政治风云

356	戊戌变法时翁同龢被罢官缘由辨析
376	戊戌时代的思想解放
400	改革大潮中的历史沉思
	——戊戌变法90周年感言
406	实事求是地评价历史人物
	——在左宗棠历史评价学术讨论会上的发言
412	辛亥革命的教训和社会主义的选择
419	孙中山与北京平安大街
424	**戴逸主要著作目录**

"勤苦乐迷"(代学术自述*)

弃工学文，踏上清贫寂寞的历史学者之路

迟云飞：戴老师，据我了解，您上大学先是学工科，中途又转学历史，这在历史学家里面是很独特的经历。

戴逸：是啊。说起来已经60年了，令人感慨，真是往事如烟啊。这要从我童年时代的成长环境说起。我生于江苏常熟，常熟是个文化底蕴丰厚、名人荟萃的地方。晚清光绪皇帝的老师、状元翁同龢就是常熟人。清朝大学士蒋廷锡的府邸就在我家旁边。我小时候，家里的一条街上还有不少"进士第"。家乡的人以他们为骄傲，促使我对历史上的人和事产生了浓厚的兴趣。也许，我喜欢历史的种子在那时候就已经种下。等到上了小学，能读书的时候，我喜欢上了连环画。那时候，我家乡有许多出租"小人书"谋生的人，他们挑着担子走街串巷，担子中有各种各样的"小人书"。家里每每给我的几个铜板，都用在了租书上。我最感兴趣的就是历史故事，如《东阁列国志》《三国演义》《说唐》《西游记》《水浒传》等。每本历史故事书，我总是津津有味地看了又看，爱不释手。在这些租书人中，有一位既租书，又会"说书"，

---

* 此文为《中国文化研究》编辑部迟云飞2008年对戴逸先生的访谈录，原载《中国文化研究》2008年第3期。略有删改。

他能把历史故事说得神采飞扬，栩栩如生。

今天回想起来，小人书里讲的故事有许多是不可信的，可是大多数中国人的历史知识，恐怕都是来自演义、戏曲和小人书之类的通俗作品，它对人起着潜移默化的作用。如果有人问我，你怎么喜欢上历史的，我将回答，最初是受了连环画的影响，它是我最早阅读的历史书，而那位租书人就是我的启蒙老师。尽管小人书里的历史知识并不准确，但唤起了我一种特殊的兴趣和爱好。若没有童年的这段经历，我对历史的兴趣也可能会长眠心底。

中学时代，语文和历史是我最喜爱的课程。学校的课本已不能满足我的读书欲，就去寻找课外读物。当然年纪稍长，已不会再去找连环画了，而是寻找各种古籍书。常熟文人荟萃，藏书楼很多，我家对面就是江南有名的藏书楼，即瞿家的铁琴铜剑楼。我读中学已是抗战时期，由于战争的破坏，经济萧条，藏书楼已风光不再，但是，街市上还保留了几家小小的古籍书店。书店里摆着各种线装书，书店的老板允许人们在那里随便看书。书店里书虽然不多，也没有什么很宝贵的版本，但对于一个中学生来说已是极丰富的宝库了。书店没有座位，只能站着读，我就这样贪婪地站着读各种经史子集、诗文词曲。尽管是生吞活剥，一知半解，但我感到新鲜有趣。有时候碰到特别喜欢的书，就想方设法买下，日积月累，到高中时，我居然也拥有了自己的一个小小书库。我虽不是有意去寻求知识，但书籍中展现的我国悠久古老的文化，我们祖先披荆斩棘创造生活的精神，深深地吸引了我，使我获得了精神上的满足和享受。

我高中时代记忆最深的是教授中国文学史课程的老师杨毅庵先生。杨家是常熟望族，族人杨崇伊是戊戌变法时奏劾康有为的保守派。杨毅庵先生是无锡国学专修馆的高才生，有家学渊源，对中国古代诗文极有造诣，他讲授的中国文学史课程非常精彩，指点文章，论说千古，把我这个 16 岁的孩子听得如痴如醉，十分入迷。杨先生对我的用心学习似乎也很欣赏，要我在《中国人名大辞典》和其他书籍中查找古代文士诗人的小传，汇集成册，用钢板刻印后，发给同学们参考。不久，我成了杨先生的义务"助教"，帮他查找资料，抄写作品。他也悉心教授我古文作业。每到寒暑假，我几乎每天上午都到他家中补习课程，他为我和其他学生讲授《左传》《诗经》《荀子》《庄子》和《昭明文选》。他的讲授，清晰细微，一篇文章立意之新，用笔之妙，炼句之工，用字之切，讲得头头是道。他讲授时精神贯注，口若悬河，还能运用古人吟诗诵文的方法，琅琅吟诵，尤其是读词赋和读骈体文，平仄对仗，神妙之至。我们最喜欢听杨先生吟诗诵文，抑扬顿挫，声遏行云，真正是美的享受。

在杨毅庵先生将近三年的指导下，我高中时代就接触到经史子集各部类的书籍。"人生难得一恩师"，杨毅庵先生是我故乡小城的普通文士，清贫一生，终身以教书为业。我从他那里学习所得最为丰厚。至今，我每逢教师节总要想起杨先生对我的殷殷教诲，他帮助我奠筑了历史研究的知识基础，是我在学术领域的第一个领路人。我总想写一篇纪念杨毅庵先生的文章，惭愧的是我只知道他的姓名，略知他的家世，关于他的事迹，当年竟不闻不问，一无所知，连他的岁数也不知道。前几年，几次向往日同学们打听杨先生的事迹，也无人知晓，纪念他的文章一直未能动笔，令我深以为憾。

迟云飞：我注意您早年的作品还有散文。

戴逸：中学的时候，我尝试写散文随笔，在《常熟日报》等报刊发表过《春》《谈扇》《爱山篇》《送毕业同学序》《投考记》等文章。

尽管我非常喜爱历史和文学，但我高中毕业时并没有报考文科。

那时重理轻文的风气很重，学理工科比较容易找到一份养家糊口的职业。当时日本占领上海，许多大学都迁到了内地，上海没有好的文科大学。在这种情况下，我考入了上海交通大学。可是，在上海交大学习期间，那些理工科课程我总是格格不入，我还是喜欢历史和文学，真是"身在曹营心在汉"，感到很苦闷，内心十分矛盾。抗战胜利后，1946年夏，北京大学在上海招生，说来真是碰巧，考场就在上海交大，而且就在我的宿舍楼下。一种强烈的冲动促使我去试一试，结果我被录取了。我在交通大学两年后就可毕业，现在却要上北京大学的一年级，从头开始要读四年，岂不是太亏了？我的同学、朋友、亲戚多数劝我不要去北大，我确实很犹豫。但是对文史专业的向慕，对北京大学的仰望，又使我情不自禁地想远走北京。经过反复的考虑，我决定放弃上海交大的学籍，到北京大学学习历史。我的人生发生了戏剧性的变化。在那个时代，学工科毕业好找工作，收入也会比较高。但从童年时代起的兴趣和爱好，却使我走上了清贫寂寞的历史学者之路。可以说，爱好是最好的老师。

迟云飞：能说说您在北大学习的情况吗？

戴逸：在北大，我听过胡适、郑天挺、沈从文、贺麟、许德珩、向达、邓广铭等著名学者的授课。辅仁大学的陈垣先生也曾到北大讲课，我也听了。这些老师们的专业不同，讲课风格各异。有的逻辑严密，立论精当；有的内容充实，援引繁富；有的学识渊博，口若悬河。但他们有一个共同点，就是着重启发式教育，从不照本宣科。他们全都没有固定的讲义，在课堂上评古说今，议论风生，答难解疑，出口成章。讲授的问题，有时寥寥数语，一带而过；有时则寻根问底，反复论证，穷究精义。他们鼓励学生独立思考，课堂上和课堂外，师生们可自由交流，各抒己见，相互问难。我在这样的氛围中，对历史学有了进一步的了解。

迟云飞：您的大学没有读完，就开始工作，也是有趣的事。

戴逸：那年发生美国大兵强奸北大学生沈崇事件，我在北大参加了学生抗议运动，还是个带头的，为国民党政府所不容，对我下了通缉令，我只好离开北大进入解放区。我在北大只读了两年。

1948年，我进入解放区华北大学（在河北正定），经过几个月的政治学习。分配工作时，上级让我们填写工作志愿。我虽然参加学生运动，但我并不想从政，我的兴趣还是学术研究，于是我填了"历史研究"四个字。我被分配到华北大学一部政治研究室革命史组，在党史专家胡华先生的领导下工作，从此正式走上了历史学研究的道路。华北大学进入北京后，改为中国人民大学，我在这里工作至今。

研究踪迹：从近代史到整个清史

迟云飞：人们都知道您是清史专家，却不知道您的第一本著作写的是抗日战争。能给我们讲讲情况吗？

戴逸：我进入华北大学后，按照工作的需要，先是学习中国革命史。学习了一段时间之后，就尝试写作。日本侵华是我亲身经历的，我当了八年亡国奴，其间，我从少年成长为青年，经历的屈辱、悲惨、痛苦和恐怖，真是诉说不尽。我的堂兄、表哥都在抗战中牺牲，我家也曾掩护过新四军战士。当时东北出版了一本通俗的解放战争史，我受到启发，就计划写一本抗日战争史的普及读物，把中国人民经历的苦难、日军的暴行和中国人民的英勇斗争介绍给读者。经过断断续续两年多的努力，写成了《中国抗战史演义》，取笔名王金穆，1951年由新潮出版社出版。书用章回体，还是与我少时读很多演义类书籍的影响有关。这是我的第一本著作，那时我才25岁。这本书虽然幼稚，但却是我学术道路上的起跑点。这本书印行过好几版，行销很广,还曾在一些广播电台播放。

迟云飞:您的《中国近代史稿》我大学时代就读过,那也是我读到的第一本您的著作。我当时的印象是资料翔实,论述也比较平实,我的同学大都读过这本书。我是"文化大革命"后的第一届大学生,可见即使"文化大革命"以后,这本书还是有很大的影响。您能说说这本书的情况吗?

戴逸:1952年,我被调到中国近代史组。1955年起,我给中国历史研究班上中国近代史课。当时上古代史课的是尚钺先生,尚先生当时已是成名学者,在中共党内的资格也很老,这使我感到很大压力,但也促使我格外努力,认真备课,日以继夜地阅读史料,思考问题,在近代史领域中摸索前进。1956年,我在讲义的基础上,一面承担繁重的教学任务,一面撰写《中国近代史稿》。当时可参考的著作和资料都不多,难度很大。两年时间,我居然写了近40万字,写到太平天国失败。1958年,《中国近代史稿》第一卷由人民出版社出版,这是我的第一部代表作,那年我32岁。这部书的较大篇幅是写太平天国,写作过程中,我时时会想到中国共产党领导的农民革命,感到两次农民革命之间存在着明显的联系和类似,但是其内容、特征和结局又很不同。我深深体会到历史发展的连续性、相似性和多样性。我以前学习的革命史知识对我理解太平天国有很大帮助,对历史和现实的理解会互相促进,现实知道得更多,对历史会理解得更深。

迟云飞:当时我们都可惜这本书只写到太平天国失败,您为什么没有把它完成呢?

戴逸:我实际上写了三卷。《中国近代史稿》第一卷出版后,我开始撰写第二卷,但进展很不顺利。原因是当时各种运动太多,大炼钢铁、大跃进、放卫星、批判彭德怀、拔白旗,数不清的花样,弄得人头晕脑胀，耗费了无数的时间。1964年，我们中国历史教研室干脆全部出动，到山西五台搞"四清"，长达一年之久，就这样一直闹到十年动乱爆发。在这种条件下，写作很慢。1964年基本完成第二卷，共40万字。当时"左倾"之风越来越盛，上海学者姜铎和黄逸峰因写洋务运动的文章而受批判，我这一卷主要的篇幅恰好是洋务运动，我担心第二卷如果出版，会有不可测的后果，因此只印了油印本，没有公开出版。接着又写第三卷，写到戊戌变法，然后"文化大革命"就爆发了。"文化大革命"以后，我的兴趣已转到清前期，近代史的研究也有了很大进展，我要再将史稿完成，势必花费很大的精力，因此没有再写。

迟云飞：后来您的研究就逐渐转到清前期了。

戴逸：是的。"文化大革命"开始，我被打成"黑帮"，以后人民大学解散，我们教职员都下放到江西余江五七干校劳动。我当时40出头，精力充沛、思想成熟，正是搞研究的黄金时代，我有八九年与书本绝缘，太可惜了。1973年我们返回北京，因为人民大学没有复校，我们被分到北师大，在北师大内建了一个清史研究小组。当时正值中苏边境冲突的"珍宝岛事件"之后，中苏两国举行边界谈判，苏联有历史学家带着档案来谈判，可我们没有。外交部就希望历史学界开展边界问题的研究，以为谈判时的参考。我选择了"中俄尼布楚条约"这一课题。我用了四年时间，对条约签订的背景、谈判情况、条约文本和争议问题作了详细的研究，写成《一六八九年的中俄尼布楚条约》一书，1977年由人民出版社出版。这是我的第二部代表作，这部书写于中苏边境冲突之后，带有明显的政治性。但我努力保持冷静客观的立场，力求从学术上研究中俄东段边境的沿革。当然，当时苏联已公布不少档案资料，充当翻译的两位外国传教士张诚和徐日升的日记也已翻译,我又从故宫查到满文中有关尼布楚谈判的奏折。因此,我得以详细地展示中俄谈判的具体情节。

迟云飞:我知道,人民大学是"文化大革命"以后才复校,那以后您就全力研究清史了吧?

戴逸:是的。1978年人民大学复校,清史研究所正式成立。当时社会上还没有一部系统和篇幅适中的清史著作,我向郭影秋副校长建议,先编写一部简明扼要的清史。这样就开始了《简明清史》的写作。书稿是集体写作的,我担任主编。我投入了很大的力量,阅读大量史料,研究、琢磨了很多问题,审稿时逐章逐节、甚至逐句逐字修改。70多万字的书,花费了大约七年时间。这是我的第三部代表作。

迟云飞:您是从研究晚清,转到研究清前期。

戴逸:我们那个时代和现在很不一样,常讲服从革命需要。我从研究革命史、近代史,最后固定在清史,都是工作的需要,上级的安排。不过,这和我的兴趣基本是吻合的。

迟云飞:您的《乾隆帝及其时代》有两个点,一个是作为对历史有重要影响的人物乾隆,一个是他的时代,关于二者的关系,您有什么看法?

戴逸:乾隆帝承袭父祖遗业,他知识广博,才能卓越,勤理政事,能谋有断。他改变雍正帝的严刑峻法,宽严相济,一定程度缓和了社会矛盾。他又平定准噶尔、回部,加强与西藏的联系,巩固了国家的统一。其文治武功,业绩卓著,迎来了清朝的全盛时期。但晚年的乾隆重用和珅,政治渐趋腐败,又实行闭关政策,中国渐渐落在了西欧的后面。

人物和时代具有密切的关系,时代创造人物,给人提供活动的舞台,而人的思想活动并不是随心所欲的。人的思想具有时代性,他在时代的氛围中成长，反映时代的特色，执行时代的要求，解决时代所赋予的使命。当然重要人物也参与、领导和塑造时代，给时代打上他个人的印记。乾隆应该说是这样的人物。乾隆一书是我的第四部代表作。

迟云飞：您主编的《18世纪的中国与世界》这套书有导言、政治、军事、边疆民族、农民、经济、社会、思想文化、对外关系九卷。我特别喜欢读您写的《导言卷》。您认为18世纪是怎样一个世纪，对于中国和世界来说，18世纪意味着什么？

戴逸：18世纪对中国和世界都很重要，甚至可以说是人类历史上的分水岭。人类社会从农业社会开始走向工业文明，从此世界发生了天翻地覆的变化。

18世纪中，以英国的产业革命、美国的独立战争、法国的大革命为标志，世界历史进入了新纪元。历史发展缓慢的节奏和停滞的外观突然发生了变化，注入了新的活力。从1750年以来两个半世纪，全世界工业生产增长430倍，生产力像泉水一样突然地喷涌而出。人类的生活状态完全变了样。当时的中国虽还没有开始近代化，但18世纪正处在清朝的康乾盛世，社会安定、经济繁荣、文化昌盛，可以说是中国封建社会的顶峰；另一方面，多民族国家的统一得到加强，基本奠定了现代中国的版图。无论是中国还是世界，一系列重大变化正在进行或即将开始。18世纪，中国和西方从古代相互隔离的状态中走出来，开始迅速地接近，东方文明和西方文明发生碰撞、斗争。这个历史进程，人类为之付出了巨大的代价。而由于主客观原因，中国失去了认识世界、追赶世界、发展自己的好时机。18世纪以后，西欧出现了持续、高速的经济和社会发展，而中国则由于外国侵略和内部动荡而一蹶不振，陷于贫困、落后和长期危机之中。所以，我们要研究18世纪的中国和世界，从比较中研究。希望更好地认识这段历史，也深入反思这段历史，把握今后的机遇，帮助我们在现代化的道路上更好更快地前进。

"勤""苦""乐""迷"：勤奋是成才之路

迟云飞：我是您一个不太成器的学生，现在带博士生、硕士生，常感到自己学识不足，我就常举您以及其他老一辈史家为例，让他们向"师爷爷"学习。如何成就学问，您能给这些年轻人什么建议吗？

戴逸：我认为最重要的是勤奋，我相信做学问没有捷径，"勤"字最为重要。从我治学的经历说，我觉得有四个境界：那就是"勤""苦""乐""迷"。这四个境界贯通串联，循环往复，筑起一条成才之路。

先说"勤"。古今中外学问有成的都是勤奋努力的人。"业精于勤荒于嬉"是不朽的格言，要勤于读书，勤于思考，勤于写作。我们不能否认天赋的作用，但天赋决非主要的因素，坚持不懈勤奋努力才是最重要的。宋朝王安石写过一篇《伤仲永》，仲永儿童时聪明颖悟，天赋过人，但没有后天的培养，没有主观上的勤奋努力，长大以后只是庸碌无成。王安石为此而惋惜，感到后天努力的重要。仅有天分而没有勤奋不可能成才，而天赋平常若能勤奋努力，也可以在专业领域做出贡献。

二是"苦"。勤奋就会带来辛苦。苦是为了克服困难，努力以赴。书读不完、读不懂，问题想不通，文章写不好，都会苦恼、苦闷。别人去休息、娱乐，你却必须挤时间学习、研究、写作。别人能更多地和朋友交往酬酢，或者照料家务、教育子女，你却没有富余的时间。为了事业，你必须做出牺牲，很少娱乐，很少休息，有时候会非常疲倦。我想每一位勤奋工作、勤奋研究的人都会有这种经历，都会有"自找苦吃"的感受。必须忍受种种艰苦、寂寞，自我克制，坚持到底，做出牺牲，否则就搞不成学问。

三是"乐"。乐与苦是一对矛盾，相互联系，相反相成。搞学问固然是苦，但苦中也有乐，苦尽会有甘来。长年读书，讽诵不辍，能得到精神上的满足。读历史，你可以和历史上最伟大的思想家对话，与历史上最有影响的政治家对话，感受他们的喜怒哀乐，也关注他们在人类面临的许多问题时做出的思考和抉择，其中的乐趣是不读书不做研究的人体验不到的。当研究工作有所突破有所进展时，更会得到最大的愉快和欢乐，足以补偿你忍受过的痛苦。要能够苦中作乐，以苦为乐，并努力去寻求多日苦思不解、一旦豁然贯通的苦后之乐。不能吃苦不肯吃苦的人当然成不了才，而在勤苦治学中寻求不到乐趣的人也成不了才。别人在娱乐觉得你孜孜苦读是苦事，而你却自得其乐，乐在其中，因为你觉得读书研究，比其他娱乐活动有更大的乐趣。

四是"迷"。乐到极处，就会进入"迷"的境界。生活中常有球迷、棋迷、戏迷、歌迷、影迷，读书、做研究也有许多入迷的人。有成就的学者对自己的专业具有深厚的感情，甚至达到废寝忘食、朝思暮想的程度，就像《诗经》中说的"求之不得，寤寐思服，悠哉悠哉，辗转反侧"。全部的心思都专注在学问上，其他事情上则心不在焉。这样年深日久，自然在知识积累、学术成就上超过别人，成为专业上出色的人。

"勤""苦""乐""迷"四个字，构成四种境界，研究工作者从"勤"到"苦"到"乐"到"迷"，贯通串联，依次进入这四种境界，就能取得一定的成就。其中"勤"是最主要的，其他是派生的。"勤"是主体的投入，"苦""乐""迷"是投入后主体的感受，这种感受可以促使主体更加投入。从"勤"到"苦"到"乐"到"迷"，入迷之后你会更加执着追求，更加勤奋努力，就又回到"勤"字，但这时的"勤"是自觉自愿的，不是勉强的，这样，研究者就走上了一条良性循环的成才之路。从自身持久地产生前进的动力，从此勤奋不懈，不断前进，直至达到目标。

迟云飞：在开始做研究时，有什么是应该避免的吗？

戴逸：一是懒惰。不好读书，晃晃悠悠，饱食终日，无所用心。这样的人在学术事业上很难取得什么成就。

二是立志不高。虽然也在读书、研究，但对自己要求不严、立志不高，只求达到一般水平，怕艰苦、怕困难、甘居中游。古人说："志乎上者，仅得乎中。"志向远大的人如努力不够，只能得到中等成就。志向不高的人，又不努力，很容易松弛下来，恐怕只能得到下等成绩。

三是爱好太多，分散精力。一个人可以也应当有正当的爱好，运动、音乐、戏曲、垂钓等，以调剂紧张的生活，但爱好太多，精力分散，就不能专心致志于专业，可能一事无成。

四是名利心重，别有追求。学术是苦差事，也是穷差事，没有高官厚禄，没有权力财富。只有甘于寂寞，淡泊名利，有较高的精神境界，才能安心做学问。一面读书研究，一面却想念着做官、经商和捞取外快，这样就安心不下来，做不好学问。

总之，做学问就是要"勤"，不怕苦，甘于寂寞。就像马克思所说的，"在科学上没有平坦的大道，只有那些不畏劳苦，在陡峭山路上攀登的人，才有希望达到光辉的顶点"。

为学四要：资料、思想、文采、道德

迟云飞：努力和勤奋是成才的必要条件，您也是这样走过来的。那么，在您看来，一个历史学家应该具备哪些品质和能力？

戴逸：前人说过，优秀的历史学家应具备史学、史识、史才、史德。我把这八个字转换成"资料、思想、文采、道德"。含义大体接

近,但不完全相同,有我们新时代的考虑。"学"指知识、资料、信息;"识"指理论、思想;"才"指文采、才华;"德"指道德、人格。这是对历史学家四个方面的要求。每位史学工作者必须从这四个方面下功夫,努力锻炼,不断提高,才能成为合格的以至优秀的历史学家。

先说资料。科学研究必须重视资料,重视知识信息,历史学家要掌握丰富的第一手资料。我们的研究必须从事实出发,对史料进行归纳、分析、综合,抽引出规律,而不能从先验的概念、定义或某种框架、理论出发,也不是单凭头脑玄想。没有丰富而确凿的资料,就不能进行科学的概括。但并非要研究者穷尽所有的资料。人的生命有限,而知识、资料无穷,因此每个研究者都有自己的研究方向、研究领域,按照一定的方向和题目去读书、研究,去搜集并积累资料。人类的全部知识,是由许多学者分工合作进行研究的结果。人类知识日益丰富,专业分工日益细密,越来越难以出现那种精通许多专业的全能式的学者了。

迟云飞:需要处理好博和专的关系。

戴逸:是的。博和专是摆在每个研究者面前的一对矛盾。学问越广博,眼界越开阔,越是能高屋建瓴地思考问题,博学才能深思。但个人的认知范围有限,时间有限,不可能穷尽全部知识,只能成为某个领域的专家。在某个窄小的专业范围内,要求研究者的知识和资料越多越好,对资料的占有最好做到"竭泽而渔"。收集、整理和积累资料是极艰苦的工作,要不嫌麻烦、不辞劳累、不怕挫折,锲而不舍,持之以恒,就是我前面说的"勤"和"苦",才能积累越来越丰富的资料,使你的研究提高到新的水平。

再说思想。收集和积累资料只是研究工作的开始。研究工作要分析推理,从资料中引绎出规律。对于刚在研究道路上起步的人,养成思考习惯、锻炼思考能力是十分重要的。

迟云飞：思想恐怕是更难的。对于一个博士生或初学者来说，一个问题的资料可以在几年之内找全，但思想需要更长时间的积累。

戴逸：是的。锻炼思考能力，有几个方面的问题需要注意。一是要发现问题，敢于怀疑，勤于提问，善于提问，勇于提问。提出问题是提出科学新说的先声，有了问题，蓄积于胸，以后就会为了寻找答案而力学深思，上下求索，从而取得研究成果。二是要善于发现矛盾，追溯究竟，从而得出有价值的成果。三是要学会辩证思考，从事物的发展和相互联系中看问题，不要孤立地、静止地看问题。

此外，经常阅读思想水平高的著作，是帮助提高思考能力的重要途径。古往今来的哲人们在面对问题的时候，往往会有深入的思考，精辟的见解，严密的论证。只要认真去读这些哲人的著作，就会被一种思想的力量所吸引，领会到书中所蕴含的高度智慧和深刻的洞察力。我们学习经典著作，最重要的还不是其中的个别结论，更是其思想能力。

思考能力的锻炼是循序渐进的，不能一蹴而就，不能急于求成。重要的是要重视这个问题，遇到困难和挫折，要鼓起勇气，树立信心，不要灰心丧气。当然，每获得一些思想成果，都会有收获的乐趣在里面，这也就是我前面说的"乐"。

迟云飞：您说的"文采"我能理解。研究成果是要给人看的，如果别人看不下去，研究成果就会打了折扣。可见这个问题的重要。

戴逸：写文章发表科研成果，首先要写得明白易懂，要让大家容易理解你的成果，力求把深奥的道理浅显而又准确地讲出来。文章本是写给别人看的，谁也看不懂的文章，大可不必写。现在有不少年轻人的文章晦涩难懂，这样即使你的文章很有价值，也会让人难以理解，难以接受，没人愿意看。

写文章是很艰苦的，一篇精彩的文章，读起来优美流畅，如行云流水，但写作时却要冥思苦想，惨淡经营。当然，也有人才思敏捷，但要写出好文章，仅靠先天的聪慧是不行的，必须有后天的勤学苦练。我主张初学写作的人，对自己文章的质量要严格要求，养成良好的写作习惯，反复修改自己的文章，字斟句酌，精心推敲。

写文章力求精炼，提倡写短文章。用简短的篇幅来表达丰富的内容，切忌用庞大的篇幅表达贫乏的内容。历史学家范文澜先生有两句名言："板凳要坐十年冷，文章不写一句空。"说的是做学问要甘于清苦，甘于寂寞，甘于坐冷板凳；写文章要有内容，不要写空话。这两句话可以作为我们治学的座右铭。

迟云飞：现在再说您对史家道德的理解。我想，古人也讲"史德"，但多从秉笔直书的角度谈论这个问题。今天看来，似乎"史德"还应有更丰富的内容。

戴逸：是的。做人有做人的道德，其中实际上包括了做学问的道德，做学问要遵循的学术行为规范。这个问题我多谈一点，我认为有几个问题必须强调。

第一是治学应有严肃认真的态度，应把学术当作神圣的事业、崇高的责任，全身心地投入，不热衷名利，不畏惧困难，不追求功利，一心一意探索真理。从搜集材料、思考问题到撰写论著，都要认真对待，一丝不苟，不能马马虎虎，不可追逐时髦，不可趋时媚俗。下一个判断，必须谨慎，证据确凿，证据不足，宁可存疑。历史学家重视的是客观事实，排除一切单凭主观的臆测和猜想，不可以为取得轰动效应而故作惊人之笔，不可以做毫无根据的翻案文章。至于有意的抄袭、剽窃，更是科研工作者所不容许的。

第二是治学应有宽容的精神。宽容的精神一要不骄傲，不自满。学术上小有成绩，就沾沾自喜，这会妨碍自己的进步。真正有学问的人，总是虚怀若谷，胸襟旷达，骄傲自满就装不进新的知识。学问无止境，对自己的学问和成果，一定要清醒地、实事求是地评价。二是对于学术上的不同意见，一定要充分尊重，认真听取。坚持"百家争鸣"的方针，才能使学术健康发展，不断进步。这正是传统中国所缺少的。决不能因为有人对自己的学术观点提出不同意见而一触即跳，大发雷霆，即使有些意见听起来不甚有理，论证尚不充分，也应抱宽容的态度，允许它存在和发展。对旧权威的挑战和突破是科学发展的规律，骄傲、偏见、狭隘、保守是科学发展的大敌。

第三是治学要有坚持真理的勇气。研究学问是探索未知领域，追求客观真理。而真理并不是一下子都能被大家所认同、所接受，有时真理在少数人手里，宣告未被大众所认同的真理会遭到许多人的误解，甚至迫害。科学家要敢于坚持真理，甚至为真理而献身。

撰写历史，涉及许多政治事件和政治人物，常常会触犯某些人或某些集团的利益，更会引起激烈的反对，甚至会招来杀身之祸。敢不敢面对事实，秉笔直书，这是对历史学家的严峻考验。尊重事实，秉笔直书，是我国历史学家的优良传统。历史学家应该抛开利害得失，排除一切干扰，坚持真理，坚持揭示历史的本来面貌。

资料、思想、文采、道德，是对历史学家四个方面的要求，从这些方面进行锻炼，加强修养，就可能成为优秀的历史学家。

开创性研究：重评有清一代

迟云飞： 开始学中国近代史的时候，看到近代中国总是落后挨打，觉得大清朝真是没用。后来更多了解了清前期的历史，看到清朝也有辉煌的时代，尤其是与中国历史上以前的朝代相比的时候，更是感到清朝也有很多贡献。您能说说您对清朝的整体印象吗？

戴逸：说起来，清朝是我国皇权时代的最后一个也是距离我们最近的朝代，清朝的历史对现在的中国还有相当的影响。但是中国的大众对清代的历史了解还很少，学界对清朝的研究也不足。长期以来，人们的清史知识来自不可靠的野史传闻。史学界对清朝的认识，也多沿袭辛亥革命高涨时期的反满思想以及以后民国时期观念的影响，以为清朝统治下200多年的历史一团漆黑，一无是处，而对清朝的制度、政策和统治者中的人物，也缺少冷静的具体分析，一概批判。

我青少年时代也是这样，认为清朝是一个腐朽、没落的朝代，没做好事。这都是辛亥革命的影响，当时要推翻清朝，那样说是完全可以理解的。但那不是冷静的研究，而是革命的激情宣传。其实，清朝不仅是一个很有作为，有辉煌成绩的朝代，而且它是中国历朝历代发展的最高峰。尤其是康（熙）雍（正）乾（隆）时代，经济繁荣，政治安定，国力强大，国家的统一和版图的巩固，超过历史上的任何一个封建王朝，如果和过去做纵向比较，它是中国历史发展的高峰。

迟云飞：是的，对于清朝，不但要和世界横向比，也要与以往的中国历史纵向比，横向比确实渐渐落伍了，纵向比则是传统社会发展的高峰。我在读博的时候，就听到您关于康乾盛世的说法。您能谈谈，什么样算是盛世，中国历史上有哪些盛世吗？

戴逸：盛世是我国社会发展中的一个特定的历史阶段，是国家从大乱走向大治，在较长时间内保持繁荣而稳定的一个时期。盛世应该具备的条件是，国家统一、经济繁荣、政治稳定、国力强大、文化昌盛，等等。就此而言，我认为中国历史上的盛世有三个。第一个是西汉"文景之治"到汉武帝、昭帝、宣帝统治的时期，大约130年；第二个为唐太宗"贞观之治"到唐玄宗开元年间，约为120多年；第三个盛世就是清朝的康雍乾盛世，从康熙元年到乾隆六十年，长达134年。这都是能称得上盛世的，也是史学界一般都承认的。不过，传统观点认为汉、唐是真正的盛世，无论国力还是文化等诸多方面都达到极盛，而清朝已经开始衰落，不如汉唐。我则以为，康雍乾盛世是中国历史上发展程度最高、最兴旺繁荣的盛世，这与传统观点不一样。

迟云飞：康雍乾盛世的表现有哪些呢？

戴逸：我们先说经济。传统社会里，没有现代工业，衡量经济发展主要看农业，在中国，农业主要又是粮食生产。康雍乾时代，我国人口已经达到3亿，换句话说，就是那时的农业生产能够养活3亿人。能够养活3亿多人口的国家，它的经济力量也是非常大的。要知道，当时全世界人口也只有大约9亿，中国就有3亿人口，其余6亿人口散布在几十个国家里。英国、法国都只有一两千万人，整个欧洲人口加在一起也没有中国人口多。与中国历史上比，汉朝人口5000万，唐朝人口最多不超过8000万，那时的经济水平只能养活这些人口。城市的发展，也是衡量经济发展的重要标志。美国学者罗兹曼在《中国的现代化》一书中说，18世纪世界50万人口以上的大城市一共有10个，而中国占了其中的6个，就是北京、江宁（南京）、苏州、杭州、扬州、广州，六个城市，50万人口，世界上伦敦、巴黎、江户，江户是当时的日本东京，还有一个阿姆斯特丹，这四个城市超过50万人口，其他城市人口都很少。总之，不论从纵向还是从横向来看，康雍乾盛世都是一个非常繁荣发展的时代。

再说政治和边疆治理。康雍乾时期政治上也有重大成绩，最突出的就是巩固了中国的统一，组成了统一的多民族国家，形成了中国现在的版图。我们今天国家有960万平方公里的土地，有56个民族共同处在一个统一国家之内，这个怎么来的呢？这就是康雍乾那个时代留给我们的政治遗产。

　　清军入关到康熙前期，中国还是四分五裂的。长江以北是清政府统治着，长江以南最初是南明政权，后来又有吴三桂、尚之信、耿精忠等人的三藩之乱，他们几乎占领了半个中国。台湾是郑成功的后人统治着。北中国有强大的蒙古，其中又分为漠北蒙古、漠南蒙古、西蒙古。西蒙古势力最大，以伊犁为根据地，占有蒙古的大部分地区以及北部新疆，南部新疆的维吾尔族也在它的控制之下。准噶尔噶尔丹的势力十分强盛，一直威胁着国家统一。西藏和准噶尔关系也很密切。因为宗教的关系，准噶尔几十万人全民皆兵。俄国占领黑龙江，建立了许多据点。清朝相继制服各种势力，控制了边疆地区。其中平准噶尔是康熙到乾隆的重要军事斗争。直到乾隆年间收复准噶尔，才统一全国。这一系列事情都发生在康雍乾时期。康熙、雍正、乾隆等为了统一中国，在青海、西藏、新疆、蒙古进行七八十年的斗争，最终使中国保持统一，才形成56个民族的大家庭。如果没有当时的统一大业，中国就没有现在的版图，更谈不上现在的统一；而且那时候不统一，中国将是一盘散沙，在近现代遭受帝国主义侵略后势必分崩离析。应该说是康雍乾盛世奠定了这一根基。其统一功绩非常伟大，对中华民族做出了重大贡献。这在当时世界上也是独一无二的。

　　对边疆以及少数民族地区，清朝采取了灵活的治理办法，可以叫"一国多治"：在西藏用的是达赖喇嘛、班禅，又派驻藏大臣；在新疆，设将军，南疆维吾尔族地区用伯克制；内蒙古则设立盟旗，我们现在内蒙还是叫盟、旗，就是从清朝来的；东北设将军。这样既给各民族较大的权力，中央也能实现有效的治理。清朝中期以后，中国境内的游牧民族和农耕民族再也不打仗了，没有大的战争。等到后来外国全面入侵时，如抗日战争时，我们是全民抗战。如果没有清朝的融合，少数民族就会纷纷独立。

文化上也有建树。17—18世纪，中国完成了许多宏大的文化工程，康熙时完成了《全唐诗》《康熙字典》《律历渊源》《皇舆全览图》。雍正时完成了《古今图书集成》、乾隆时完成了《明史》《四库全书》《十三经石刻》等，其中《四库全书》是一个十分浩大的工程，对后世影响深远。

迟云飞：康熙、雍正、乾隆三个皇帝也都是有作为的君主。

戴逸：这三个君主可以说既英明果敢，又有不少缺点。三人都知识广博、处事干练、精力充沛，而又深受儒家政治伦理的影响。康熙帝少年即位，除鳌拜、平三藩，表现了非凡的才能；以后轻徭薄赋，与民休息，奖励垦荒，致力治河；争取汉族士大夫官僚，励精图治；他又统一台湾，驱逐沙俄入侵，平定噶尔丹，奠定了清朝统治的基业。不过康熙帝晚年精力衰疲，诸皇子争位，举朝不宁。雍正帝即位，果断消弭内争，削弱宗室贵族势力，整顿吏治，打击朋党和贪污，实行摊丁入地、耗羡归公等重要改革，使政治清明，一扫积弊，国库储存渐增，国力增强。但他手段苛刻，惩治过严。乾隆帝我在前面已经说过，这里就不再重复了。

迟云飞：说了大清朝的好处，您以为它的问题在哪里？以后与世界相比的落伍，与这个时代也有关系吧。

戴逸：康雍乾时代既是盛世，恐怕也是中国命运的转折点，尤其是乾隆朝。盛世之下存在着阴影，主要是以下几个方面。

一是闭关锁国。闭关锁国明朝就存在，到了清朝更为严重。清朝政府自认为是天朝大国，别的都是蛮夷戎狄，不与外国有经济、贸易往来。清朝政府严禁随意出海，如果出海，船只大小有限制，铁器不能带，粮食不能多带；到了国外，限定必须两年回来，否则回国之后将被没收财产、充军戍边。贸易可以促进经济前进，限制贸易，无疑也就阻碍了经济的前进；另一方面对中国人民的思想也是束缚，人们看不到外面的情况，视野受到限制。由此，眼光就狭隘，看不到世界之大以及其他国家特别是欧洲的迅速发展。

乾隆时期，英国国王派马嘎尔尼出使中国，希望与中国通商。虽然其中有侵略性的要求，但是也有合理的要求。如果我国与之谈判，对不合理的要求予以拒绝，对于合理的要求予以考虑，用和平的方式与之交往、接触，就能对英国、世界的情况有所了解，起码能逐渐改变天朝大国的自大心理。这对于当时人们了解世界，对于中国以后追赶世界就会产生非常积极的作用。乾隆皇帝看不到这一点，仅仅因为对方不给自己磕头这一礼节问题而把人赶走，就把谈判的大门关上了，也使中国失去了了解世界的一次大好机遇，非常可惜。等到列强打到家里来之后，再开始去了解世界为时已晚。从乾隆年间到鸦片战争仅仅相隔50年，中国与世界的力量对此完全改变。中日甲午战争前夕，中国工业生产总值占世界的6%，而全欧洲占62%，中国远远地被落到后面去了。

二是重农轻商。康雍乾时期，政府认为工商生产不是社会的根本，控制工商业。重要的、有利可图的行业都被政府控制，不让大家经营，更谈不上竞争。如对外贸易、盐业等，都只有经过政府批准的商人才可以经营。商人挣的钱大多要上交给政府。在思想观念上，鄙视商人。在当时社会地位的高下依次是士、农、工、商，士的社会地位最高，商人的地位最低。这与外国鼓励航海、鼓励工商不同。在西方国家，工商业者可以形成独立的力量，中国的工商业者则始终要依附于清朝政府，这对中国进入近代社会起着消极的作用。康雍乾盛世，中国国力世界第一，但这只是生产总量第一，而非人均。从人均来讲，英国、法国已经走在前面，他们是全面发展，与中国不同。

三是禁锢思想。中国自从汉代武帝以来就"罢黜百家，独尊儒术"，宋朝以后进而发展成理学，其中有许多落后的东西，思想中生动活泼的东西被扼杀。有清一代，思想的禁锢前所未有。统治阶级大兴文字狱。议论时政、撰写史书，往往带来杀身之祸。像我写乾隆时代，他的文字狱简直没什么道理，甚至歌颂清朝的人犯了"讳"，也会招来杀身之祸。于是，人们噤若寒蝉，思想上难以解放，更谈不上活跃。偶尔有学者或者思想家表达自己的观点，也是曲折隐晦地表达，如《红楼梦》。这对思想的发展极为不利。相反，这一时期，法国百科全书派正在兴起，伏尔泰、卢梭、狄德罗等启蒙思想家对法国乃至欧洲人民的思想进步都有极大贡献。思想发展趋势上的不同，使得以后社会的发展状况有了根本区别。

四是轻视科学。中国古代科学曾经非常发达，但是后来逐渐萎缩。科举考试考的只是四书五经。自然科学被排斥在科举之外，被认为是奇技淫巧，不能登大雅之堂。古代数学书已经失传，在乾隆编辑《四库全书》的时候才发现。而17—18世纪，西方的自然科学迅速发展起来，涌现出伽利略、牛顿等一大批杰出的科学家，为西方社会的近代工业革命提供了知识源泉。

一句话，康雍乾社会并非全面发展，只是某些方面强大。一个社会的健康运行需要各个部门、领域相互配合协调发展，农业、工业、商业、科技、思想等各方面，齐头并进，相互推动，相互促进。否则，一个领域上不去，就一定会影响别的领域也上不去。这是康雍乾盛世潜伏的根本危机所在。

老骥伏枥：圆梦大清史

迟云飞：2002年8月，国家清史编纂工程正式启动，您受命担任清史编纂委员会主任,这样您近10年的主要工作就是编纂新的清史。您能说说编纂清史的意义吗?

戴逸: 我国有修史的传统。中国的历史记录连续不断,这在世界上少有的。一个朝代灭亡后,新朝即为前朝修史,这叫"易代修史"。我国有"正史"之名的纪传体史书共25部,系统详细地记录了数千年的中国史。这是先人留给我们的珍贵遗产,是我们中华民族文化的重要载体,是人们了解历史、研究我们国家和民族发展沿革的全书,是建设现代中国的智慧宝库。以史为鉴,资政育人,是实现中华民族伟大复兴的应有之义。

"二十五史"至《明史》而终,不包括清代历史。清朝自满族入关至宣统逊位,统治中国长达268年,时间跨度长,内容丰富,史料繁多,而且与我们的现实生活紧密联系、息息相关,因而清史的地位和价值十分重要。当代面临的许多重大问题,如经济建设、政治改革、文化发展、中外交往以及人口问题、宗教问题、边疆问题、生态问题、城市化问题、地区发展不平衡问题等,都各有其历史渊源,都要追溯到清代才能够了解问题的根由。因此,编纂一部详尽的高水平的清史是全面了解祖国历史、科学分析中国历史发展道路的需要,也是总结历史经验教训、正确认识中国国情、建设中国特色社会主义的需要。

清亡后,继起的北洋政府于1914年开设清史馆为清朝修史,但因战争频仍、经费拮据和政权更迭等原因,没有正式成书前即仓促杀青,故名为《清史稿》。该书有一定的学术价值,但修撰者大多是清朝遗老,往往站在清朝的立场上说话,在许多问题上记载失实,讹误甚多且评论不公,如对孙中山领导的辛亥革命就抱着贬抑的态度,《清史稿》里面提到孙中山的只有一处,就是清政府通缉他的时候。因此,国民政府将它列为禁书。此后台湾当局亦欲再修清史,但限于人力财力及缺乏史料，仅修补了《清史稿》之一部分，近年来又作《清史稿校注》，订正了《清史稿》中的许多谬误疏漏，而再修清史之工作始终未能启动。

自中华人民共和国成立以来，几代国家领导人都十分重视清史的纂修。新中国成立以后，董必武曾建议纂修清史，得到毛泽东的赞同。20世纪50年代末，周恩来总理曾委托吴晗同志考虑纂修清史的规划，后因三年困难时期暂行搁置。1965年秋，周总理委托中宣部周扬负责组成了以郭影秋为首的七人清史编纂委员会，其中有我，并在中国人民大学建立清史研究所，作为编纂清史的机构。因不久发生"文化大革命"，修史计划又告夭折。十年动乱结束后，邓小平转下一封建议纂修清史的信件，学术界又曾筹议纂修清史，并初步拟订了编纂规划。但当时刚刚改革开放，百废待举，难以顾及修清史之事，故此议再度被搁置。由此可见，纂修清史是老一辈无产阶级革命家的殷切期望，也是几代史学家努力不懈的奋斗目标。

应该说，20世纪80年代以前，国家没有修清史的条件。改革开放之后，百端待理，国家的经济力量有限，暂时也无法修清史。现在，改革开放已30年，我国的综合国力大大增强，学术文化日趋繁荣，清史研究也取得巨大的进步。清史学体系逐渐形成，日臻完善，大批清史资料已整理出版，研究队伍不断扩大，研究水平不断提高，优秀成果大量涌现。纂修清史的学术条件已经成熟。因此，在党中央和国务院的领导下，在有关部门的支持协助下，在全国清史和其他学科专家的通力合作下，我们有信心经过10余年的艰苦努力，完成一部较高水平的清史著作，为中华民族文化宝库奉献一部优秀的历史作品。国家任命我主持清史工程，能够为此尽绵薄之力，是人生最大的幸事。

迟云飞：中国传统的正史都采用纪传体，这次修清史采用什么体裁，各个部分的内容和关系是怎样的？

戴逸：体裁方面，新修《清史》设置五个部分，即通纪、典志、传记、史表、图录，五个部分加起来共92卷，3000万字。

通记是全书的总纲、全书的核心，简明扼要地叙述清代300年的历史，表现历史发展的大趋势和我们的历史观。典志、传记、史表、图录则围绕通纪具体展开。其中，传记是清史中一个非常重要的部分。"二十四史"就是纪传体。传记在纪传体史书里占的份量非常大，没表没志可以成为一部史书，但是没有传记就不成为正史。

迟云飞：我注意到您关于清史的一些讲话，觉得"新清史"的立意与过去的正史已有很大不同，尤其在"传"的方面很不同，我觉得体现了时代的变化和史学观念的更新。

戴逸：我们修清史的传，一定要突破传统史书的传，叫作创新吧。过去的传基本上是帝王将相，帝王将相当然还要写，但是一定不能局限于这些人。

清代社会有一个特点，它是一个过渡社会，从旧社会、传统社会向近代社会过渡。在这个期间，产生出许多人物，新的方生，旧的未死，新旧交替，有许多人物带有一些新社会的特色，但他们不很鲜明，名气不大，事迹也不多。当时社会上看不起他们，《清史稿》里找不到他们的传，但他们代表着一个新的势力的崛起，代表历史发展的方向。因此，这样的一些人物，我觉得应该给他们立传。例如陈启源，他是我国历史上第一个民族资本家，《清史稿》里没有他的传，很多资本家也都没有传。但新编《清史》必须涉及这样一批人物。再比如妇女，我们列了一个"妇女传"。有些人问，妇女写什么？妇女传是不是就是烈女传？当然不是。我感觉到清代妇女有一些小的变化，以前，女子无才便是德，但是在清代可能有些改变，知书识字的妇女很多，才女非常多，如清初的柳如是、顾横波等。再如清中叶王渔洋的女弟子、袁枚的女弟子（袁枚有三大女弟子：席佩兰、金纤纤、严润珠），还有袁枚的妹妹袁杼、袁机以及顾太清、王照圆、汪端，清末女侠秋瑾等，都很著名。这些女性，我觉得应该挖掘史料，把她们写进去。

我们这次编写清史，还要大力编好科学家、医生、华侨等人物的传记。当然有一定的困难，清代的科学家不一定是传统的学者、文人。近代机器工业已经产生，工厂里有许多工程技术人员，他们名不见经传，以往史书中不写他们。其实他们为中国工业建设做出了贡献，我们应该为他们立传。如魏瀚、陈兆翱，他们是留法学生，在福建船政局工作，自己造军舰，虽然被打沉了，但是自己能造军舰，这已经是很了不得的。再如医生，中国第一个西医是谁？是黄宽，他是和容闳一起留学的，回来以后从事医学。像这类人物都应该写。还比如修建和维修皇家宫殿的样式雷家族，从康熙时到民国，都在修建皇家的东西。不仅皇宫是样式雷修的，很多园林，甚至清东西陵都是他的家族修的。我算了一下，有五个世界文化遗产是他家族的人修的。说他的家族是伟大的家族、伟大的建筑师并不过分，但这样的工匠过去是被士大夫看不起的，决不会入正史。我们现在已找到了他家族七代族谱，样式雷一定要立传。我们的清史不仅要写徐寿、华蘅芳、李善兰这些著名的人，还要发掘更多对中国有贡献的人，尽管关于他们的事情我们说不出多少，但还是要给他们立传，这是写清史的一个重要责任。

迟云飞：我注意到其他方面也比过去的正史变化不少。

戴逸：比如表。从前的表都是人的表，比如谁当了什么官，总督、巡抚，等等。我们增加了一些表，如近代产生的上千种报刊，对社会思想影响极大，我们设了报刊表。又比如晚清新学堂，是新事物，是中国现代教育的起始，京师大学堂、各省学堂，影响很大，我们设了表。典志方面，我们也把它扩张了。再比如京剧，京剧是清代发展起来的，现在是最有影响的传统戏剧，所以艺术志里面要写京剧。地方戏也要写。

迟云飞：有些资料搜集起来可能有困难，特别是您想写的民间艺人。

戴逸：除了文献外，我们还做了大量的田野调查、民间采访。比如泥人张的创始人是谁，同仁堂的创建人，等等，都要到民间去采访。

迟云飞：图录也是传统的正史所没有的。

戴逸：过去是印刷条件限制，也是史学观念问题，不收图。我们现在已经收集14万张图，能把生动形象的历史提供给读者，也是把这些年代久远珍贵的图保存下来。

迟云飞：除了主体外，我知道还有辅助工程，比如资料的出版。20世纪80年代，我就知道了《恽毓鼎澄斋日记》的稿本，恽毓鼎是起居注官，又是侍读学士，他的日记资料非常丰富，非常珍贵，对于研究晚清史的人来说非常重要，但一直没有印行，我很想看，一直没有看到。清史工程将此书出版后，我从头到尾仔细研读，对我研究晚清最后10年的历史很有帮助，整理者史晓风先生也是大手笔，整理质量不错。更觉得出版资料这样的基础工作，对于学界来说，真是大好事。

戴逸：我们编修清史，有主体，有两翼。两翼指的是，与修史同时推进的，还有辅助工程，包括对现存关于清代的档案和文献资料的整理，外文资料的翻译，以及图书资料的收集、出版和网站建设等。档案和文献的整理出版，有些是抢救性的，许多档案因时间过长，已经揭不开页码了，急需抢救。整理出版不仅可以广为学界应用，更可以避免原资料或档案破坏破损。截至2007年12月底，已出版70种600多册资料，包括《李鸿章全集》。

迟云飞：《李鸿章全集》的工作已进行了20多年，所收资料非常丰富，因为李鸿章对近代中国的影响，我想必定会引起学术界的关注。

戴逸：《李鸿章全集》39卷，2800万字，在中外人物文集中大概篇幅是最大的。确实如你所说，资料非常丰富。全面反映了晚清的政治、军事、外交的情况。读《李鸿章全集》，可以充分体会到李鸿章当时的困难和压力以及中国近代化的艰难。

说起搜集资料，我们还做了不少工作。比如澳大利亚人莫理循，是《泰晤士报》的记者，清末民初曾经很活跃，王府井大街从前就曾叫莫理循大街。他的藏书在日本，成为有名的东洋文库的主干藏书。他的日记、私人信件、旅京文件，现在都捐赠给了国家清史编委会，总共有150箱。

修清史任务艰巨，我的压力也很大，我会全力以赴，争取修一部信史。

迟云飞：我代表《中国文化研究》，谢谢您接受采访，也祝清史早日完成。

（注：据国家清史纂修工程网上的公告，目前《清史》全部稿件已完成，现处于稿件通读阶段）

第一辑　史学研究、文化研究及其他

贯穿《清史》的一条主线[*]

——新修《清史·通纪》内容要旨

新修《清史》的总体设计，内设《通纪》，8卷本，拟写300万字，占全书约3000万字的十分之一。《通纪》与《典志》《传记》《史表》《图录》共五项，合为新修《清史》的主体内容。五项都是新《清史》不可或缺的组成部分。但《通纪》之重要，可用"全书的总纲""全书的核心"来概括。

纂修新《清史》，是当代中国一项世纪性的文化学术工程，是学术界百年宏图大业，需要所有学者、专家都来关心它，支持它，并积极参与到这项事业中来。因为这个缘故，我想就《通纪》的基本内容作一简介，实际是对这部分内容的结构设计，以期引起讨论，企盼提出更富有创见性的意见和建议，帮助《通纪》达到高水平、高质量。

一

新修《清史》设置五个部分，即《通纪》《典志》《传记》《史

---

[*] 原文为戴逸先生2003年6月4日在《清史》会议上讲述，原载《社会科学战线》，2005年第5期。

表》《图录》,一方面继承了传统史书的体裁,一方面也吸收了20世纪以来新的体裁,他们各有长处。传统的纪、传、表、志体裁的优点,有比较大的包容量。中国传统史书,如"二十六史",都是用传统体裁写的,直到19世纪,从梁启超、章太炎开始才有了章节体,以后的20世纪100年都用章节体,而传统体裁几乎被废弃不用了,只有罗尔纲修《太平天国史》用了传统体裁。我认为,这两种体裁都有它的优点,也各有它自身的缺陷。我们新修《清史》,主要采用了传统史书的传统体裁,发挥其包含量大的优点,从各个方面反映清代历史内容,体现历史发展演变的丰富性和多样性。同时,我们又考虑到20世纪以来盛行的章节体的长处,就在于它能表现历史发展的大趋势,揭示历史的规律,可以对历史进行连续性的、立体式的、有重点的编写。所以,我们设计的5个部分,其中4个部分是用传统体裁,一个部分即《通纪》采用章节体。

何为通纪?按我的设想,通纪也就是通史。或者不叫通纪叫总序?或者干脆就叫通史?名称应以准确、贴切为好,究竟哪个名称更好,可以讨论而后定。

不论用哪个名称,现在姑且称"通纪",就是用8卷本、300万字的规模,把清代300年的历史加以扼要地叙述,前后贯通,表现历史发展的大趋势和我们的历史观,阐明清代从崛起到发展与鼎盛时期,到衰落以至灭亡的全过程。这里面,当然要多方面反映清代政治、经济、军事、文化的内容,包括阶级斗争、民族斗争的各个方面,包括意识形态、社会生活的各个方面。但是,这些方面的叙述都比较简略。这8卷是宏观的叙述,一方面不能过于简略,否则很多问题就说不清;另一方而又不能太细,内容过多,《通纪》部分承担不了。因此很多内容要由纪、传、表、志分别承担。

《通纪》分为8卷本,是根据清史的内容和新修《清史》的各部分的比例,经过反复考虑以后才定下来的。有一种意见,主张《通纪》不宜写多,写两卷就够了。我觉得这样写困难比较大。第一,要阐明清朝300年发展大势,两卷本是不够的,100万字以内不行,3卷也不够,8卷已经是比较少的了。300年的时间跨度很长,内容太多,前后变化太大,比较短的篇幅难以说清这个大势,很多问题说不清楚。第二,《通纪》部分涉及的内容,如阶级斗争、民族斗争、经济基础与上层建筑等,各个方面都需照顾到,不能太简略。再比如,《通纪》重点讲政治、军事、外交这些问题,因为这些问题也只有在这里可以说清楚,在后边就没有地方再讲了。就说军事,清朝打仗可不得了,17世纪打了一个世纪,18世纪是一个太平世纪,当然也有乾隆朝的十大武功,但是战争还是比较少。到19世纪时,又打了一个世纪,从白莲教、太平天国到鸦片战争、中法战争、甲午战争、义和团、八国联军,整整打了一个世纪。哪个志能写战争呢?兵志是不能写战争的。因为兵志是记述军队的编制,讲八旗、绿营的编制,不能写打仗的事,所以不能指望兵志来解决具体战争问题。那么,传记能写吗?的确有些人物参与过战争,可能是个统帅。但一次战争中统帅也常常撤换,写一个人物不可能贯穿地写一场战争。至于表,就更无法反映战争的内容了。显然,只有《通纪》才能反映这么多、这么重要的、这么激烈的战争!这些内容的重要性和必要性都要求写到《通纪》部分。再如,鸦片战争过程不一定展开,不能写得很多、很详细,但不能没有它。政治斗争也是这样,有许多重大的政治斗争,如雍正夺嫡问题,有各种不同意见,有的认为雍正是合法继承,有的认为雍正是非法继承。这些都可以讨论,但雍正继位这件事不能不写,放到哪里去写呢?也只能在《通纪》里去写。雍正帝传肯定要写这个内容,但涉及的人多，内容也多，不能全写进传记里。再如，北京政变，慈禧上台，当然可在慈禧传里写，主要还是在《通纪》里写。很清楚，没有相当规模的《通纪》，无法处理这些政治上、军事上的重大事件。

原先我曾设计"载纪"，将一些特殊的历史事件，如南明、吴三桂建周政权、太平天国、准噶尔等，都附载于《清史》，名为"载纪"，这也是沿用了"二十四史"中《晋书》的体例。后来，反对设载纪的意见比较多，我也就把它撤掉了。那么，载纪里的内容放到哪里去写呢？如上面提到的太平天国，不仅是打仗，不仅是军事，还有一些制度："天朝田亩制度""守土乡官制""天历"等，都可以放到《通纪》里写。准噶尔的丘尔干会议，是一项很重要的制度，但不是清朝的制度，在官制里也不能写，跟准噶尔打仗的内容，该写在哪里呢？显而易见，这些内容只能写到《通纪》里，这就使《通纪》的内容很拥挤，用8卷写，已显得容纳困难，如用两三卷，就将使《通纪》困难重重，无法承受。

二

《通纪》分为8卷，实际是把300年清史划分为8个历史阶段而设的。清史为什么要划分为8段？为便于说清问题，将各卷内容要旨分述如下。

第一卷　满族兴起和清朝建立（1583—1643）

这是从努尔哈赤以13副遗甲起兵一直到清兵入关，一共60年时间。努尔哈赤起兵打败了尼堪外兰，统一了建州各部，接着又平定了海西女真辉发、乌拉、哈达、叶赫4部，共花了将近30年时同，从小到大，从弱到强，一个新兴的民族在东北崛起，直到萨尔浒战役和明朝对抗，明朝号称40万大军全军覆没。又经过多次战争，努尔哈赤进入辽沈地区，以后又进入锦州地区，逼近山海关。满族仅几十万人，人口很少，从统一内部开始，花了60年时间发展成这么大的势力，跟明朝对抗，并且曾经围攻北京，势如破竹，百战百胜。

毛主席曾经提出这个问题，说满族几十万人口怎么把汉族1亿人口都征服了？那时也没有什么先进的枪炮啊。这个问题是值得我们思考的。我认为，第一个是由于满族处于社会发生根本变化的阶段，从奴隶制走向封建农奴制的阶段，在这样一个关头，这个民族最容易产生一种蓬勃的朝气。社会发展处于上升的阶段，农业也发达，经济也发达。第二个是由于努尔哈赤和皇太极这两代领袖的英明善战，他们想了许多削弱明朝的办法，而且创造了八旗组织。八旗组织是非常坚强善战的组织，把整个满族的人组织在八旗制度之下，整个满族子弟剽悍勇敢，团结在领袖的周围。第三个是满族内部民族凝聚力强大，它是一个处于上升阶段的民族，它是一个在胜利中前进的民族，这时它的凝聚力是最强大的，而且满族能够比较果断地解决内部矛盾。当时的内部矛盾很多，努尔哈赤跟舒尔哈齐的矛盾、跟褚英的矛盾，以及皇太极与四大贝勒之间的矛盾，最后多尔衮跟豪格的矛盾，但他们善于处理这些矛盾，不至于像太平天国闹到一塌糊涂。第四个就是它向汉族学习，学习汉族的文化、制度，重用汉人，从李永芳、范文程、洪承畴、孔有德，一直到吴三桂。跟它对立的明朝则内外交困，腐败不堪，在当时朝廷外有李自成、张献忠起义，闹得全国各地烽火连年；朝廷上又有党争，东林党、非东林党、阉党激烈地斗争；外边还有满族，三面夹攻，这样的政权是胜不了的。一看史料就知道这两个政权的不同：一个是焦头烂额、四面楚歌；一个是欣欣向荣。所以人口少的满族政权，将对于它来说是庞然大物的明朝打败了。满族政权也不是一下就把明朝打下来了，对峙了很长时间，削弱明朝的枝叶。所以第一卷的内容应该围绕着满族的兴起、清朝的建立，一支非常弱小的、处于偏僻地方的力量是怎么崛起的来写。把这个问题写透了，第一卷就成功了。

第二卷　清朝入关和确立全国统治（1644—1683）

李自成进京后，崇祯皇帝上吊身亡，明朝灭亡，清朝入关。清朝入关伊始，势力限于华北北部，然后扩展到整个华北，后到长江流域以南，跟南明进行了长期的战争。南明失败后，又跟三藩长期进行战争，一共花了近40年才把南中国统一下来。这个时间也是很长的。闯王进京，明朝灭亡，对清朝来讲这是问鼎中原的最好时机，如果不利用这个时机，就要失去历史机会了。这个时候，皇太极偏偏刚死掉，内部乱得一塌糊涂，多尔衮和豪格两个人争当皇帝，黄旗和白旗争起来，差一点火并。但是，清朝的高明就在这里，它内部协调，两个人都不做皇帝，捧一个小孩——顺治做皇帝，两个人辅助顺治。豪格本来是皇太极的长子，应名正言顺做皇帝，但多尔衮能干，权力和势力大，如果他们两人火并起来，那就进不了关了，即使进关也不行。他们能够妥协、缓和，内部解决了这个矛盾，这是历史上很重要的经验教训。当然，后来多尔衮全胜，把豪格关起来，但当时清朝是能够挥师入关的。所以历史的机遇只被那些善于驾驭局势的能人抓住，如果他们两人只顾争权夺利，就会失去机遇。

入关以后40年，清朝致力于争夺全中国的统治权，主要是长江以南，对手是南明。南明有三个王朝：弘光、隆武、永历，一个在南京，一个在福建，一个在西南，再加上农民军李自成的余部和张献忠的余部，从人数来讲还是很多。南明有不少军队，但太分散、太腐败了。南明之后，又有三藩起来，一直到收复台湾（1683），共40年。我想当时清军入关后，中国很有可能变成南北朝。因为中国历史上，游牧民族入侵中原后一般都出现南北朝：东晋的时候"五胡乱华"，东晋跑到南方去，形成第一个南北朝；第二个南北朝是南宋和金，金国也是占了汴梁（今开封）后，把宋高宗赶到杭州，后来金兵打到杭州，宋高宗又跑到海里，金兵守不住而退兵。因为游牧民族经过中原长期的战争筋疲力尽，到南方以后，天时、地利、气候、饮食习惯、语言等都有障碍，往往过不了长江。但清朝就挥师南下，势如破竹，这是怎么回事？我觉得，一是当年清朝与南明的军事战争，不仅是军事斗争，而且是一场政治斗争，清朝就高明在政治上争取到汉人的认同。满族本来是一个落后的民族，它的政策是比较落后的，所以进关后就抢掠、乱杀人、屠城，在北方圈地。但是它的野蛮政策逐渐改变，圈地很快停止，顺治四年（1647）、五年（1648）后就停止圈地了，屠城后采也停止，而且用各种宽大的政策招抚汉民，免除"三饷"，采用科举考试来招抚汉族知识分子。它当然不是一下子就能改变的，但是它在改变，越是清初，政策越严格。反之，南明最根本的弱点就是分散，小朝廷有三个，各自为政。农民军也很多，李赤心一支、郝摇旗一支、李定国一支、孙可望一支，虽然都奉明朝的年号，实际上个个都是很跋扈的将领，内部斗争很激烈，特别是弘光朝、永历朝闹得一塌糊涂，非常腐败。清朝则号令一致，多尔衮发布命令没人敢违抗。南明虽然力量大，但没有这样集中。再一点，清朝打南中国，主要利用汉族军队，即吴三桂、孔有德、尚可喜这些人，不是利用八旗兵。汉族军队适应汉族地区的天时、地利、风俗习惯。为什么三藩后来尾大不掉？就是因为打南明时，主要的力量已经不是八旗兵了。清朝的高明之处就在于利用汉人，所以能够在南方站住。三藩的失败是必然的。吴三桂本来招清兵入关，把永历皇帝杀掉，后来又反叛清朝，道义本来就没有了。对老百姓来说，他毫无威信，这在战争中是很重要的。再加上他保守，守在岳阳一带不往前进，更不行了。

第二卷的内容，大体上就是这样，要讲清楚清朝为什么能够很快打下南中国，而且没有形成南北对立的局面。如果当年形成南北对立，那以后的历史就变化了。没有清朝大统一的局面，我认为我们今天就可能分崩离析。

第三卷　经济的恢复、发展和康熙之治(1684—1722)

进入康熙朝后期，也就是康雍乾盛世的开端，在统一南中国、平三藩、收复台湾时，清朝后方起火。一是在黑龙江流域，俄罗斯越过乌拉尔山，跨过广阔的西伯利亚，在几十年的时间里到达太平洋边上。这个速度是很快的，因为西伯利亚空旷无人，没有抵抗。但是，俄罗斯到达黑龙江，建立据点，碰到强大的反抗，跟达斡尔人、赫哲人打得非常激烈。另一件事是察哈尔蒙古的布尔尼在三藩之乱时叛乱。第三件，也是威胁最大的，是准噶尔汗国在今新疆伊犁崛起。这三支力量，一个在东北、一个在西北、一个在北方，让康熙一面打前边，一面看后边。布尔尼叛乱时，北方都没有军队，都派到南方去了，当时满族还比较能战，是图海率领满族的家奴去打的。东北方面，清军在雅克萨战争中打败了俄罗斯，双方签订了《尼布楚条约》，安定了中俄东段边界。《尼布楚条约》所划的边界比我们现在的领土要大得多了。布尔尼也很快平定下来。西北方最主要的敌人是准噶尔汗国，它的根据地在伊犁，军队很强大，已经把天山南北都占领了。往西打到哈萨克，现在中亚细亚的大部分国家当时都是它的势力范围，东边袭扰整个外蒙古，往南威胁内蒙古，外蒙古的领袖包括哲布尊丹巴、三个大汗向南跑到康熙这儿来求援。北方相当紧张。这个时候康熙发兵，在乌兰布通把噶尔丹打得大败，噶尔丹跑到外蒙。当时的行军很困难，清军进不了外蒙，双方相持了很长时间。直到乾隆元年噶尔丹病死，这场持续了七八年的战争才告一段落。但准噶尔汗国的问题并不是那么轻易解决得了的，虽然它往南攻打北京的威胁解除了（乌兰布通离北京只有400公里），但是它的老窝伊犁仍然被噶尔丹的侄子策妄阿拉布坦占领，清朝跟策妄阿拉布坦时战时和。策妄阿拉布坦曾经派军队进入西藏，所以康熙末年有一场援藏战争。那场战争一开始清军也是全军覆没，后来派十四皇子允禵去，还有岳钟琪、年羹尧，他们也都是在那场战争中崭露头角的。雍正时又在外蒙发生和通泊战役、光显寺战役。和通泊战役中清朝军队几乎全军覆没，双方打了平手。乾隆初年开始讲和，以阿尔泰山为界。乾隆十年(1745)，噶尔丹策零死掉，他是准噶尔汗国比较英明的领袖。他死后准噶尔内讧，达瓦齐上台，排斥异己，准噶尔很多人跑到内地投奔乾隆，这给了乾隆一个千载难逢的时机。当时准噶尔汗国要是不内讧，清朝政府就无法统一。因为当时到新疆去打仗谈何容易，没有先进的交通工具，靠马、靠步行，粮食也很难运输，当时也想办法商运粮食，在北京一两银子可以买到的一石米，运到那边要十七八两银子，开销很大，仗没法打。所以乾隆看到准噶尔内讧，决定平准，把来投奔的人都派回去，让他们自己打自己。出兵时朝廷的许多大臣都反对，乾隆说所有的人都反对我平准，说这是劳师无功。特别是刘统勋，这个人是迂夫子，他说没有粮食。那时还顾得了粮食啊，你进去吃人家的呀，因地就粮。他说粮食要准备3年，3年之后时机早就过去了，你打什么仗啊！清朝就是这样进入新疆，而且先锋就是那些投降过来的人马，主要是阿睦尔撒纳。进入新疆后，清朝军队因为粮食跟不上，所以一进伊犁，把达瓦齐抓住后，清军马上撤退，只留了几百人。于是准噶尔又重新起来反抗，把驻守的军队都杀掉，这就有了第二次平准。这中间的曲折我就不说了。平下来以后，打大小和卓就顺理成章，比较容易了。这样，我们才实现了国家的统一，奠定了中国的版图。不经过这些战役,国家的统一就难以实现。在当时的新疆,蒙古人是主要的,由于他们反复叛乱,乾隆非常恼火,采取了屠杀政策,应该说这是一种民族灭绝政策。可见战争是血腥残酷的,进步的事业也是要用残酷的代价换来的,绝没有什么仁慈之师。乾隆不好说把他们都屠杀,他叫"办理",把这个人给"办理"了。他要求进关"办理",不要在新疆杀掉。他的这场战争我们肯定是进步的,没有这场战争,中国统一不了,但是这场统一战争付出很惨痛的、血腥的代价。这些我们将来写的时候都要表现出来,不能说好就都是好的,什么缺点也没有。

康熙在北方打仗的同时,还抓中原地区的经济恢复。康熙中叶以后特别注意这方面:治河,治黄河不惜工本;垦荒,因为经过大战乱后人死得多,没有人种地,把荒了的田地都垦出来;北方是挖井,雍正时光陕西一省就挖了 5 万口井。平定三藩后,一百年没有战争,经济能够恢复、发展,这是首要和根本的条件。中原地区长期安定为康雍乾盛世创造了条件,所以康雍乾盛世包括两个方面:一个是统一,一个是经济。这是第三卷康雍乾前期的重点内容。

第四卷　雍正改革和乾隆统一全国(1723—1776)

康熙后期问题也多了。一方面儿子太多,20 多个儿子抢帝位抢得一塌糊涂,抢得康熙都哭,太子立了又废,废了又立,闹得很厉害;另一方面官员贪污,吏治败坏。康熙时的官饷很少,也是低薪制,三藩之乱时全国知县不发俸银,要自己想办法养活自己,于是搜刮加剧,后来逐渐好转。雍正上台,我们不管他是合法的还是非法的,对此学术界分歧很大。我认为他是非法的,但他上台后确实是厉行改革,严厉惩治贪官,成立会考府,就像我们今天的反贪污办公室。雍正还从制度上进行整顿,实行高薪,耗羡归公,设养廉银等。

没有雍正的改革,乾隆难以为继,所以应当肯定雍正的功劳。虽然雍正与准噶尔打仗时,没有打大胜仗,但是他在改革内务上很有成绩。雍正以后,国库的存银逐渐增加,国家有钱了。

第四卷从雍正上台一直到乾隆四十多年,这一段是康雍乾盛世的后期,也是最高峰。一个是乾隆二十年(1755)以后两次平准,一次平回,完成全国的统一,这是中国历史上极大的功绩。经济上又继承了康熙的有关政策,军事上向周边移民。中国从康雍乾开始移民的方向不一样了,中国从前历史上的移民都是从北向南——从黄河流域向长江流域、从长江流域向珠江流域移民。康雍乾时期人口极度增加,移民向四面八方移动,中原地区是核心,向南移民、向西移民,很多新疆移民就是从这个时候开始的,还向东北移民。东北在清初时人口极少。南怀仁记载他跟康熙到松花江去,一过铁岭,全是大森林,蔽天遮日,铁岭在辽宁省,吉林、黑龙江也都是大森林、大沼泽地。生态环境清朝一朝破坏得很厉害,森林都被烧光了。所以我们有一卷生态志,要写一写生态环境的破坏,这个工作是很艰巨的。农业上,乾隆大兴水利,有一次黄河青龙冈决口,花了两年才堵上口子,用了半年的全国财政收入,不惜工本。清朝皇帝十分注重农业、关心农业,档案馆里保存着粮价雨水条子,每一年每个月各个县都要上报各地下雨几寸,粮食价格多少,大豆多少钱,米多少钱,小麦多少钱。我想把这部分档案全部整理出来,这是大范围的经济和气象资料,全世界没有这么大范围、长时间的资料,这都是最珍贵的历史资料。乾隆时期经济上的繁荣可以说达到了历史上的最高水平。明朝以前,中国历史上的人口记录最高没有超过8 000万人,当然实际人口可能达到甚至超过了1亿。清朝就不一样,乾隆六年(1741)人口为1亿4 000多万,这是正式统计,比较准确,乾隆末年人口3亿,道光时有4亿,道光以后一直打仗,到民国时期也没有增加。明朝以前,中国粮食的生产能养活不到1亿人,到乾隆时养活3亿,粮食生产增加1倍多,这还不算历史上最高水平吗?农业国的经济就是看农业生产,粮食生产多了就说明经济发展水平高。我认为清朝的经济发展水平超过汉唐。唐朝是5 000万人口,汉朝最多是6 000万人口,只能生产养活这么多人的粮食,而清朝有养活3亿多人的粮食,所以经济发展水平肯定超过汉唐。在世界上有两种统计,一种说当时中国的农业产量占全世界的32%,比当时全欧洲生产的粮食还多;还有一种说法是占当时全世界的24%,差不多占1/4。究竟哪一种准确,我现在也没法判断,将来我们写的时候能不能把它搞清楚?究竟当年的GDP是多少,这个工作也是比较难的,但不妨做一做。当时清朝确实达到了一个很高的水平,工农业的产值全部超过当时的欧洲,就是当时的英国、法国、德国、俄罗斯等加起来还赶上一个当时的中国。当然那时他们的人也比较少,全欧洲的人口到不了3亿,特别是英国、法国,人均生产水平比我们高、生活水平比我们高、劳动生产率比我们高,走在我们前面,但是那时他们还没有经过产业革命,产量的增加还很有限。当时中国可以说是全世界的经济大国,这个资料是我从肯尼迪的名著《大国的兴衰》上找到的,他说的也不一定可靠、准确,但他是有根据的,是引用了一个统计学家的研究。

  为什么中国有康雍乾盛世的到来?一个是当时的世界潮流,中外的接触增加了。尽管中国当时实行闭关政策,不和外国接触,但是实际上做生意的商人、传教士到中国来得很多了;中外贸易也达到很高水平,丝茶出口量很大,白银大量输入。最近有一本书《白银资本》,说当时全世界有1/2的白银输入到中国来了,中国的贸易量大大增加,跟以前大不相同了。另外,雍正改革也使得国内政治、经济各方面的制度有所改进。但是所谓盛世繁荣，不能光看到盛世，不能光看到繁荣，要看到繁荣下面掩盖的阴暗。如果跟当时世界的其他国家相比较，虽然我们国家的GDP相当高，但是我们仍然是封建国家，仍然是小农经济的汪洋大海，仍然是牢不可破的专制主义，传统的阻力非常大，难以前进。所以，尽管GDP相当高，但后续的发展劲头就差了，表现在专制政治太强大，人民没有权利，不像欧洲出现了市民阶级，掌握了一部分权利，逐渐向中产阶级发展。另一个是闭关自守。全国人民不了解世界是怎么回事，虽然已经与世界开展了规模相当大的交流，但是不允许老百姓接触外国人，比方洪仁辉的案件。洪仁辉跑到北京去告状，他本人没有被杀掉，给他写状子的汉人倒被杀掉了，就是不允许中国人与外国人接触，妄自尊大，觉得我是天朝上国，你们都是蛮夷小邦。再一个是重农轻商，重视农业，轻视工商业，不保护、不奖励工商业。特别是思想统治上的高压政策，"文字狱"搞得大家都不敢谈现实，不敢谈政治，不敢谈进步，不敢谈自由，也没有自由。另外轻视科学，科学技术被认为是奇技淫巧。这样一些阴暗的东西阻碍着中国前进，使中国没有持续前进的动力。而当时西方的英国，生产发展阶段是处在从一个社会进入另一个社会的上升时期，朝气蓬勃，一日千里。中国却停滞在那里。所以康雍乾是发展到高峰，又跌落下来，也必然要跌落下来。存在这样一些问题而不能解决，就无法突破封建制度的框框。

那么，当时中国有没有前进的可能呢？也不能说没有。因为历史就是不断给人们提供选择的机会，就看你怎么选择。当然，如何选择也不完全决定于主观的因素，也决定于客观氛围、环境、条件。清朝有选择的机会，譬如闭关政策。由于闭关政策，中国人被限制不能出洋，不能了解外国，但是也不是说没有机会突破。乾隆二十四年

(1759),洪仁辉上北京告状,告广州海关官员贪污,他要求多开口岸——当时是广州一口通商,别的地方不能做交易,他要求在宁波、厦门等地方做交易。当时清朝也讨论过这个问题,要求督抚们上书,讨论能不能多开放口岸。有的官吏主张多开放,大部分官吏主张不要开放,特别是广州的官吏反对开放别的地方,因为开放了别的地方,广州的生意就少了,所以两广总督杨应琚坚决反对。乾隆在犹豫,他觉得开的话跟广州税收一样,可能好一点。最后讨论的结果是没有开放。这是一种选择的机会。科举制度也是如此。当时很多人觉得科举制度很不好。当时的小说《儒林外史》《红楼梦》《聊斋志异》都反对科举制度,包括许多大官都说科举制度不好。但是改革不了。舒赫德曾经上奏折提出取消科举,后来被鄂尔泰驳斥。这个问题引起过争论,乾隆皇帝也没有改革。如果舒赫德的意见占了上风,真正能把科举改一改,或者能把通商的口岸多开一点,跟外国多接触,对中国是不是有好处,当然今天很难说,我们也不能注重历史假设。但不管怎样,它是有机会选择前进的,清朝没有前进,就是历史的惰性。所以,传统既是我们宝贵的财富,也是我们沉重的负担。背着一个很长远的传统,往往改革和前进是比较困难的。这是第四卷康雍乾盛世。

第五卷　清朝中衰(1777—1839)

1776年金川战争结束。金川战争从性质上讲,也是一场统一战争,但是它和平准、平回的意义不可同日而语,因为它是内地四川的割据势力挡住四川进入西藏的道路,所以不平金川就不能很通畅地进入西藏。虽然它是规模最大的战争,花了7 000万两银子,打的时间很长,花的力气最大,但实际上金川只有5万人,清朝出动了十几万军队,战争得不偿失。金川战争结束,统一的任务完成。就在这个时候,发生临清的王伦起义,这是中原地区第一次大规模的农民起义。

中原地区太平了一百年，到这个时候又掀起农民起义，表明国内固有的阶级矛盾激化，土地兼并严重，到1796年，也就是乾隆禅位的第二年，爆发了白莲教起义。白莲教起义后，起义连续不断，南方是天地会起义，北方是林清、李文成起义以及各教门的起义，一直到太平天国。外国势力也越来越进入中国，1793年马嘎尔尼使团来华，20年以后又有阿美士德使团来华。中国那时在对外贸易上始终保持着顺差，外国人的白银输入中国，购买丝茶等，他们没有什么东西能够运到中国来卖，开拓不了市场，这时就开始输入鸦片了。一下子，鸦片泛滥。这个时候，中国越来越落后于世界了，也没有机会打开国门来看一看世界，甚至最先进的知识分子也不了解外国是什么情况，英吉利是个大国，它究竟在什么地方，有多大，谁也不清楚。这样，终于在1840年爆发鸦片战争。落后就要吃亏，落后就要挨打，历史又进入新的阶段。第五卷乾隆后期到嘉庆、道光，这一段中国的发展处在停滞时期，又困于矛盾之中，内部的矛盾就是农民起义，外部的矛盾就是外国越来越进逼中国，而且已经用大量的鸦片输入来撞击你的大门。

第六卷　外国武装侵略和国内农民战争(1840—1864)

第六卷的内容进入近代，从鸦片战争到太平天国被镇压。这一段对清朝来说是沉重的打击。矛盾爆发，清朝面临着大危机、大灾难，一个是太平天国占了南中国的很多地区，一个是英法联军占了北京，火烧圆明园，咸丰皇帝逃到热河，南北夹攻，眼看着清朝就要灭亡了。这个时候清朝极端危险，没有在这个时候灭亡真是个侥幸。历史发展出人意料，为什么清朝能够死而复生呢？能够支持过去，还能恢复过来呢？恐怕有三个原因。第一个原因，太平天国的迅速腐败。1856年杨韦内讧，韦昌辉杀掉杨秀清，不仅杀掉一个人，而且把杨秀清的部属几万人杀掉，这些人都是广西来的老战士；反过来，洪秀全又杀掉韦昌辉，石达开又带兵跑掉。这样一下子，太平天国元气大伤。本来从金田起义以来，太平军势如破竹到了南京，南京几年也是形势非常好，就在形势很好的时候，爆发了这场内讧，使太平天国元气大伤。所以太平天国不可能抓住历史的时机打败清朝，到了1860年第二次英法联军战争的时候，太平天国没有恢复元气，不可能再北伐。第二个原因，英法侵略者的态度改变。他们在鸦片战争的时候是打清朝，到了第二次鸦片战争就是既打清朝又帮清朝了。他们要在中国搞一个统治的工具，所以从打到扶有一个策略上的转变，扶持清朝来对付太平军。当然他们开始也想扶持太平军，后来没有扶成，这一点就不说了。第三个原因是国内汉族地主阶级的崛起，也就是湘淮军的崛起。太平天国战争中，向荣的江南大营崩溃以后，清朝的整个军事体系已经被摧毁了，八旗军不行，绿营兵也不行，清朝就是靠着湘淮军，曾国藩、李鸿章、左宗棠这些人，取代了满族的八旗以及绿营。由于这样的三个原因，清朝死而复苏，又能够恢复元气，把太平天国打下去。从此形势发生了根本性的变化，跟鸦片战争前的形势完全不同。

　　最大的不同就是外国势力的入侵，中国社会上不再是地主和农民两支力量，还增加了一支外国侵略势力。从此中国社会产生了两个任务。第一个任务是抵抗外国的武装入侵，外国欺负你，你必须进行抵抗。当然由于力量悬殊，打不过外国，事实确是如此。但打不过也必须抵抗，因为妥协就更没有出路，妥协、求和，列强还是要欺负你，战争的性质就决定了这一点，它是一场侵略战争。人家要打你，你不抵抗也躲不开这场战争，而且如果不抵抗，你的民族精神就萎缩，就失去了民族的信心，失去了民族的尊严和凝聚力，就很危险了。进行抵抗，则可能在抵抗中得到锻炼、得到成长。为什么说近代的主和派误国，就是上述原因，我的看法不一定对。李鸿章打日本也是这样一种情况，当时确实是打不过日本，但不打不行，日本要打你。对日本而言，不打败中国就起不来，就不会成为一个资本主义国家，只有打败中国，从中勒索很多赔款、土地，它才能够得到原始资本积累。所以日本非要打中国不可，你没法退让。当然李鸿章也有他的考虑，他觉得不打，请别的国家调停是不是也可以，历史证明这条道路是走不通的，必须抵抗。妥协之后，不仅要赔款，还要割地，而且失去了你民族的信心和尊严，这更危险。这是一个任务——反对外国侵略，这个任务一直延续下来，可以说是从清朝中叶一直延续下来的。第二个任务就是必须要向侵略者学习。这就矛盾得很，要抵抗侵略就必须要向它学习，要"师夷长技以制夷"，否则无法抵抗。学习先进的事物、先进的文化、先进的制度，学习西方，实现近代化，就是近代化的任务。一个是抵抗外国侵略，争取民族独立的任务；一个是实现近代化的任务，这两个任务一直到现在还是有效的，还是这两个任务的延续。当然形势都不一样了，但这两个任务从这个时候就开始产生。不学习就不能前进，不学习外国长处，抵抗就会不断失败，而且你的爱国行为、抵抗行为就会转化为盲目的排外，正义的爱国的抵抗就会变成非正义的排外的屠杀。义和团就是这样，抵制侵略发展到对一切外国人不分青红皂白地屠杀，本来正义的反抗，就变成了非理性的行动。所以，从此抵抗外国侵略和向外国学习的任务一直贯穿于中国历史中。

第七卷　清朝自强运动及其失败（1865—1895）

从太平天国失败到甲午战争失败，这30年的历史就是洋务运动。这个时候中国面临3 000年未有之大变局，社会的各种事物都在变，外国势力进入中国后，整个封建社会向半封建半殖民地社会转变，各种事物和人都在变化。

洋务运动的历史，充满着外国的侵略，也充满着和外国的谈判、交涉、妥协、反抗。19世纪六七十年代，发生修约热潮，西方列强通过修改条约进一步侵略中国；又发生很多教案，天津教案、浏阳教案等；接着发生马嘉理事件，马嘉理在云南被杀，中英在烟台进行谈判；接着是琉球交涉，日本侵占琉球，就是现在的冲绳；接着是伊犁交涉，俄国侵占了伊犁，中俄剑拔弩张，几乎打起来。19世纪80年代，中国与法国在安南（现在的越南）发生战争；跟日本在朝鲜引起冲突。一件事情接着一件事情。在此中间，清朝也还有抵抗的一面，所以它也要整顿武备，也要学习外国，建立北洋海军。北洋海军当时在全世界是名列前茅的，日本的舰队开始赶不上北洋海军，到甲午战争前夕才赶上了。但是，清政府跟外国也有妥协的一面，好多仗都没有打起来，只有中法战争打起来，虽然中国战胜了，但结果订了一个屈辱的条约。无论抵抗还是妥协，都不可能胜利。因为胜利与否取决于国家的实力，我们国家的实力不行。但在抵抗中间还有希望，还能够得到锻炼和成长，所以反侵略的任务演变得越来越艰巨。

另外，学习西方、实现近代化的任务提上日程，这个任务和反侵略的任务同样重要。清朝开始认识到西方的船坚炮利，于是学习开兵工厂，开了上海、南京、天津、福建四大兵工厂，跟着开办轮船招商局、开平煤矿、上海织布局、漠河金矿等。工厂、铁路、矿山、轮船带来了军事上的利益和经济上的利益。同时又急需人才，因为开工厂邀请外国工程师，但没有翻译，于是开同文馆，开船政学堂，送学生到美国去留学。詹天佑、唐绍仪等第一批留学生送出去时都是12岁的小孩，准备学习9年。又组建北洋海军。中国在近代化的道路上迈开了步伐。但是，中国的传统力量太大，顽固派的势力太强大，要创新，要改革，但阻力重重，非常困难，每走一步都要碰到顽固派的反对。

　　这30年的历史，如果仔细看看那些资料真是令人长叹。轮船招商局，开办以后不久就遭到弹劾，1873年开办，1874年就弹章山积。那些御史骂轮船招商局贪污，骂李鸿章。总算李鸿章顶住了他们的弹劾，但轮船不准开到他们的地方，湖南就不准轮船开进去。北京要开同文馆，招收一批科举出身的高级人才进馆学习外国语言文字，结果大街小巷的揭帖多得不得了。以大学士倭仁为首，骂奕訢"用夷变夏"。奕訢没办法，上奏折请倭仁来管同文馆。皇帝下谕旨让倭仁来管，倭仁故意从骑的马上掉下去，说受伤了要休养，不能管了。招科举出身的人也没有招上来，所有科举出身的人员全部抵制，科举出身的人员都是中国的精英，结果没有一个人来考，同文馆凄凄凉凉。留美学生派了12岁的小孩去，准备学9年，到了5年上都撤回来了。为什么呢？说这些孩子在外国辫子也剪掉了，也穿西装了，有的从了基督教，每周去做礼拜。那些官僚一看，这还得了！他们没学完就被撤回来了。当时容闳、李鸿章都反对撤回，但挡不住。造铁路争论了10年。从刘铭传、李鸿章开始上书要建铁路，争论了整整10年。朝廷里一片反对之声，说铁路一开要轧死人、破坏风水、造成很多挑夫小贩失业，等等。李鸿章在唐山到胥各庄之间开了一条十几里的铁路运煤，开始不敢用蒸汽机，在轨道上用马拉。可见阻力之大，难以想象。后来为了说服西太后，在中南海到北海之间修了一条铁路，现在档案都还在。我觉得西太后是李鸿章的学生，李鸿章教她学习外国，很多事情李鸿章也是在西太后的支持下才能进行下去，否则在全社会没有多少人赞成的情况下是进行不下去的。洋务运动搞了30年，有几个科举人员出来干洋务？没有。风气闭塞，开风气是非常之难，老牛破车，中国的传统势力太强大，传统的包袱太沉重，一下子甩不掉。

中国是这样，日本却抓住了历史机遇。日本和中国一样也是一个封建国家，但是它的包袱比较小，比较早地接受了西学。它的明治维新跟我们洋务运动是同时起步，但它走得快。日本也派留学生，伊藤博文等一大批一大批地派出去；也开工厂，比洋务运动的煤矿、轮船招商局开得还晚。但到甲午战争以前，日本已经开了国会，成立了议会，制定了宪法，30 年时间走在了中国前头。当时的历史形势就是这样，中国和日本在竞赛，谁走在前头谁就上来了。如果当时中国打败了日本，中国就上去了，日本上不去；反之日本打败中国，中国就上不去，日本上去了。这是一个你死我活的竞赛。中国就是由于老牛破车，走得慢，结果甲午战争一再失败，割地赔款，把台湾割走。本来辽东半岛也割走了，旅顺、大连是三国干涉还辽，花了 3 000 万两银子赎回来的。甲午战争赔款两亿，相当于当时日本 6 年的财政收入，日本把这些钱用来扩大军队、开军工厂、办教育、建铁路，一下子上去了。在那样的世界里，中国落后，就要受人家的欺负、蹂躏。

第八卷　清末改革和清朝覆亡（1896—1912）

这一段从甲午战争以后，一直到清朝灭亡。甲午战争以后，列强瓜分中国，日本割去台湾，别的国家跟着效仿，争先恐后，德国分走山东，俄国分走旅顺、大连，英国分走长江流域，法国分走华南。甲午战争和当时瓜分中国的局面促使了中华民族的觉醒，反对割台的声浪惊天动地，台湾的老百姓、北京的举人都强烈反对，这是中国群众运动的开始。接着就是戊戌变法。戊戌变法时中国也是封建力量太强大，维新力量太弱小。要改革科举，当时的知识分子都是靠科举上去做官当老爷的，把这个生路断了，他们干吗？所以要废止科举很难。要改革军队，裁军，也是闹了几十年，洋务运动的时候就说要裁军，各省的督抚纷纷反对。要把旧的军队裁掉，另外拿钱去练新军，新军归你们管，哪个总督、巡抚肯干呢？士兵也不干，军队裁员后他们就失业了。要办教育、开学堂，当地的士绅都不同意，说把外国的东西都弄进来了。连和尚、道士都不干，因为要搞学堂，一般都是把庙宇改成学堂。要裁冗员，精简机构，北京城的官吏都反对。所以反对的力量太大，维新派只有几个知识分子，既没有军队，也没有群众，怎么能够胜利？当年，器物层面的改革，如轮船、枪炮、铁路、火车等，逐渐显露出好处来，人们可以接受了，但是，制度层面和思想层面上的改革，人们不接受。什么叫立宪，什么叫宪法，什么叫民权？人们都不知道，只认为纲常伦理至高无上。所以维新派被孤立，慈禧太后发动政变。当然政变里也有一个策略的原因。当时维新派走投无路，就想包围颐和园劫持慈禧太后。本来我们认为这个事情可能是袁世凯告密造谣，现在看来实有其事。在日本发现了毕永年的日记，记载了"围园劫后"的详细情况。维新派想孤注一掷，劫持慈禧太后，让光绪帝出来下命令硬干。即使这件事成功也不行，因为当时的阻力太大了，何况当时没有成功，所以慈禧太后一个谕令，维新派人头落地，六君子牺牲。

  戊戌变法是清朝挽救自己的最后一个机会。虽然这个机会成功的可能性不大，但是错过了这个机会，清朝走向灭亡就不可避免。清朝只能走向灭亡，没有第二条路。所以戊戌变法以后，特别是义和团以后，社会上的精英分子很快站到清朝的对立面，很快走向革命。孙中山在成立兴中会的时候感叹没有人跟着他走，当时人们都是跟着清朝走。于是孙中山本人开始向李鸿章上书，想革新，后来他才觉悟要进行革命。到了戊戌变法、义和团的时候，还有很多人想跟着清朝走，但是戊戌变法、义和团失败后，很多人很快地转向革命。所以，20世纪中国革命的潮流汹涌澎湃，势不可挡。历史证明，在中国这样的国家，要改革几千年的传统，阻力非常大，只有各种社会力量汇合起来，和旧势力决一死战，才能够冲破这种阻力。所以中国革命的形成，从某种意义上说，是旧势力强大的反应和刺激。所以革命是客观形成的，而不是谁制造出来的，某个革命制造革命是不可能的。孙中山当年在兴中会时感慨没有人跟他革命，到了20世纪，人一下子都来了，是整个客观形势的变化。

有一种论调是"告别革命"。我说革命是告别不了的，你要跟它告别，它还会来找你，要想跟它告别，你就会变成反革命，康有为就是典型。康有为本来是进步分子，但他不愿意革命，结果他变成保皇派，后来张勋复辟时，他变成复辟派，成为反革命。告别革命就成为反革命，这是客观的历史形势，不是任何人制造出来的。历史形势的发展表明，中国这样的情况不可能走英国、日本那样的道路，必须要用积聚的全部社会力量打破旧的反抗，历史才能前进。把社会力量积聚起来，这就是一种革命形势。义和团本来是在民族危机下农民自发的爱国运动，但是它排斥新事物，笼统地反对西方，拔电线杆，拆铁路，杀"大毛子""二毛子"，不加区别地对外国人滥施屠杀，变成一种盲目的、失掉理性的排外运动。这也是一种历史的悲哀，最后和慈禧太后这样的守旧势力合流，跟世界上8个最强大的国家宣战，失败是必然的。后来清朝搞新政、搞立宪，想在这样的形势之下最后挽救自己，但是为时已晚，时机已经过去。历史就是这样，时机过去就不会再来，形势已经整个改变了。戊戌变法时没有这种群众的革命形势，到新政时革命形势已经起来了，人民已经不允许你再搞了，内外矛盾更加激化、复杂,清政府在人民心目中完全失去了威望和尊严,成为一个卖国政府。革命派的势力抬头,孙中山的威望上来了。同时,在新经济、新文化之下发展起来的立宪派希望通过立宪限制专制的权力,争取到个人的发展,清朝也不愿意把权力给他。还有汉族的袁世凯这些人,也跟清朝闹矛盾,结果被以足疾开缺回籍。所以清朝的最后几年满族亲贵搞集权、搞皇族内阁时,全国一片反对的声浪。人民反对它,革命派反对它,立宪派反对它,连汉族地主也反对它,你说它还能有活路吗?可以说是众叛亲离。所以武昌起义一声枪响,全国响应。孙中山在外国都不知道此事,是在火车上看到报纸才知道,武昌起义也不是同盟会有计划的行动。革命到时候就要爆发,没人领导它都会起来,不可避免。所以登高一呼,各地响应独立,清朝对中国268年的统治土崩瓦解,清朝就此灭亡。清朝灭亡是政治上的一件大事,结束了两千多年的封建专制,开创了共和国,这是中国人民一个伟大的胜利、伟大的前进。

三

以上简述了清朝300年的历史,这是一个轮廓,一个主线,作为贯穿新修《清史》全书的线索。但是,很简单、很粗糙、很不全面、很不深刻,希望大家讨论、指正,看看这样的线索行不行。历史本身是生动丰富的,300年的清朝历史像一条万里长江,源远流长、波澜壮阔、气象万千、雄伟壮观,你怎么样来认识它?怎么样来认识长江的真面目?你不能把长江的某一个河段、某个景点、某个港湾看作长江。三峡虽然宏伟,但它只是长江的一部分,不是长江的全部。因此你只能把它浓缩,才能看清它的全貌,浓缩到画在地图上的一条线。虽然长江的本来面貌不是一条蚯蚓般的小线,但只有浓缩到地图上的长江，我们才能看到它的源头、它的入海口、它流经的省份和城市、它接受的支流，也能相对看清它的漫长曲折，看清何处它是奔流的，何处它是拐弯的，等等。从这个意义上来讲，在地图上的长江最接近于长江的全貌。为了认识全貌，浓缩是必要的。我不自量力，把300年的历史画了一条线，画得像不像，希望同志们指正。因为我们写《清史》必须要贯穿一条主线，必须要有鸟瞰式的全景，必须要浑然一体。我阐述前8卷的内容，用意就在这里，就是使我们将来写出来的东西不至于支离破碎，有一条主线来贯穿，至于这条主线是否合适，还请各方专家、学者多加批评、指正。

世纪之交中国历史学的回顾与展望*

20世纪即将过去，留下了鲜明的轨迹。21世纪即将到来，正准备迈开雄健的步伐。回顾20世纪的中国历史学，它经历了崎岖曲折的路程，也取得了伟大丰硕的成绩。这100年内产生了许多杰出的历史学家，前半个世纪有章太炎、梁启超、王国维、陈垣、陈寅恪、胡适、顾颉刚、钱穆，以及李大钊、郭沫若、范文澜、翦伯赞、吕振羽、侯外庐等人，这在中国历史上是罕见的。杰出的历史学家，100年出不了几位。司马迁死后140多年产生了班固，班固死后50多年产生了荀悦，又过了近30年产生了陈寿。至于裴松之、袁宏、常璩、范晔、沈约更晚于陈寿一二百年。11世纪产生了欧阳修、司马光和他的助手刘恕、刘攽、范祖禹。12世纪产生了郑樵、李焘。18世纪，历史学极盛，产生了全祖望、王鸣盛、赵翼、钱大昕、章学诚、崔述。20世纪的历史学家更是群星灿烂，代表作更多，成就更突

---

* 原载《历史研究》，1998年第6期。是作者以中国史学会会长身份在中国史学界第六次代表大会上的主题发言。

出。最重要的是：在20世纪前期，历史观、方法论产生了重大的飞跃，传统史学完成了向近代史学的跨进，著述体例有了根本的变化。20世纪后期，中国历史学建立了完整的学科体系，包括史学理论和史学史、考古学、中国古代史、中国近现代史、世界史、历史文献学，等等。历史学科的各个部门中都涌现出许多专家，无论通史、断代史、地区国别史、各种专史，都产生了一大批有价值的专著。

20世纪中国历史学的特点和成就可以被概括为以下六点：

第一，进化史观是20世纪中国历史学的显著标志。自从19世纪末严复翻译了《天演论》，社会进化学说风靡全中国，中国近代学术思想均奉之为圭臬。在此以前的中国传统史学，自觉或不自觉地认为，社会历史越古越好，上古三代是中国历史上的黄金时代。尧、舜、禹、汤、文、武、周公、孔子传中国的道统。越到后代，大道衰微，历史越易退化。20世纪初，梁启超发表《新史学》，认为史学是"叙述人群进化之现象而求得其公理公例者也"。这一历史观的转变，从今文学派和康有为已经开始，他们的历史观已有进化史观的因素。梁启超受到西方历史学的影响，受到时代的刺激，更加鲜明地提出历史是前进的运动。同时的章太炎则认为，历史要"发明社会政治进化衰微之原理"。梁启超和章太炎在许多观点上存在分歧，但都认同"人群和社会的进化"。后来，顾颉刚说："过去人认为历史是退步的，愈古的愈好，愈到后世愈不行。到了新史观输入以后，人们才知道历史是进化的。后世的文明远过于古代。这整个改变了国人对历史的观念。"（《当代中国史学》）随着当时政治上的大变革。梁启超提出"史学革命"的主张。他说："史界革命不起，则吾国遂不可救。悠悠万事，唯此为大。"（《新史学》）在此以后的历史学家，包括王国维、陈垣、陈寅恪、胡适、傅斯年等以及更后的马克思主义史学家，无不信从近代进化史观,以此作为研究历史的出发点。

进化史观不但认为历史是进步的,同时还强调历史的因果关系,有"公例"可寻,优秀的历史学家必须具备哲学的素养。因此,20世纪早期的历史学家们除搜集、考证史料之外,又孜孜不倦地探寻历史上的各种因果关系。

近代进化史观在中国的传播几乎和资产阶级革命同时发生,它促进了思想解放,使人们摆脱了迷古崇古的思想束缚。五四运动发动了对封建传统文化的猛烈批判,这是伟大的进步。这种批判也以进化史观作为思想武器之一。顾颉刚提出"层累地造成的古史观"即是基于历史进化的思想,这样就产生了疑古辨伪思潮:不仅认为远古时代不是美好、进步的,儒家宣扬的远古黄金时代纯属子虚乌有,而且怀疑书本记载,否定古史传说。这种疑古的观念和态度有其片面性,但是我们要看到它的历史功绩,即曾在廓清古史迷雾方面有贡献。古代传说中的东西不可全信、深信,但也不可完全丢弃。古代传说中包含着历史真实的颗粒。顾颉刚等认为,通过辨伪袪疑,才能还历史以真实面貌。其功绩不可泯灭。

第二,唯物史观的运用是20世纪中国历史学的伟大进步。历史学仅仅具有进化史观,承认社会历史进步还不够,它还不能解释许多复杂的历史现象。自从马克思的唯物史观传入中国,中国的历史学就发生了本质的变化,成为真正的科学。唯物史观相对于进化论来说,是更高层次的理论,它承认进化史观,包含了进化史观的合理内核,并超越了进化史观。马克思主义本身就是受达尔文学说的影响而产生的,而进化史观也可以进一步发展到唯物史观,二者是相通的。我们不能把二者理解为相互对立的。那么,唯物史观给史学增加了什么新内容? 一是唯物史观在承认历史是进步的、具有因果关系的同时,明确提出客观世界是被规律制约的，历史发展具有不以人的意志为转移的规律性。当然，在承认这一点的时候，我们要牢牢记住，社会历史和自然界不一样。社会有人参与，主观可以影响历史进程。历史规律不像自然规律那样单纯，而是掺进了人的活动，通过偶然实现必然，所以对社会历史的研究更加复杂。但历史是客观的，不是主观的；而且，历史具有客观性规律，不是主观性规律，历史并不仅仅存在于人们的心中，这一点不仅与唯心史观不同，而且与进化史观不同。后来出现的弊端是把社会历史和自然界一样看待，过分强调客观而无视人的作用，陷入了机械唯物论。20世纪史学产生这样的流弊，原因就是对唯物史观的误解。二是承认历史是前进的，历史前进的决定性因素是生产力、生产方式的发展，是经济原因。历史发展是许多因素交互作用的结果，经济是最重要的但却不是唯一的环节，如果单纯强调经济的决定作用，那么就会陷入简单的经济决定论。要重视历史发展中多种因素复杂的相互作用，重视政治的、经济的、文化的、军事的、地理的种种因素。因此，唯物史观一方面区别于唯心史观那种把英雄人物或思想、政治和上层建筑视为决定历史发展的观点，另一方面也区别于机械唯物论不承认其他因素起作用的观点。我们承认经济因素在历史发展中起最重要的作用，这是唯物史观给我们认识上增加的新内容。三是唯物史观把阶级斗争看作阶级社会前进的动力。马克思主义反复强调，阶级存在于一个统一体内，各阶级之间既有矛盾对立性，又有相互统一性，我们既要看到阶级社会中阶级斗争的存在及作用，又不能把社会看成仅仅是阶级之间的斗争。把阶级斗争绝对化，"以阶级斗争为纲"，这是对马克思主义的曲解。在20世纪，唯物史观对中国史学发展所起的作用是巨大的。无论是马克思主义者还是非马克思主义者，都不能不承认马克思主义唯物史观对20世纪中国学术的指导作用，这是事实。同时也要承认，唯物史观与传统史学及进化史观虽然不同，但并非绝对对立，而是吸收了过去史学的精华，认同进化史观而更加科学化。过去往往把它们对立起来，抹杀了进化史观和唯物史观之间的联系，这应该引以为训。

第三，20世纪史学除了进化史观、唯物史观以外，再一个特点就是理性的觉醒、理性精神的发扬。所谓理性精神，就是承认人具有正确认知客观历史的能力，这是相对于蒙昧主义和宗教思想认为世界是不可知的，是由超自然力量主宰的观点而言的，也是相对于依靠主观感悟认知而言的。理性精神是用人的心智分析、论证、解释历史，依靠理性的推导、逻辑的证明，归纳演绎出结论，而不是按照超自然的力量，也不是按照人的直观感悟理解历史。一旦离开理性，就无法正确认识问题。清代乾嘉学派颇有一点近代的理性精神。乾嘉史学以实事求是为治学宗旨，重视证据，无征不信，不受权威影响，有独立的研究精神，即使对《尚书》《太极图》这样的权威性古书也不迷信和盲从。这种理性精神，是传统史学留给我们的一份珍贵遗产。20世纪的中国历史学吸取了西方历史学和乾嘉学派的理性精神。中国古代的认知方式偏重于直观的感悟，从整体上把握认知对象，有点接近佛教禅宗的顿悟，宋明理学也接近这种认知方式。乾嘉学派开辟了认知的新路径，即从具体方面分析、归纳、演绎，达到理性认识。我不是要赞扬清代乾嘉考据学而贬低宋明理学，这是两个不同的时代产生的两种不同的学术，各有其思维特色和认知理路。清代考据学更加重视证据，运用归纳和逻辑推断，更加接近于近代的科学认知。其实，司马光撰写《资治通鉴考异》，已有这种理性认知精神，到近代吸取了西方的实证哲学，理性主义更发扬光大。20世纪的中国历史学是在理性精神的启示下成长和发展的。理性主义在人类文明史上有重大贡献，它引导人们摆脱愚昧迷信，从而进入思想解放和科学革命的崭新里程。

20世纪20年代的科学与玄学之争，反映了这两种认知方法的不同理路：是理性分析还是直观感悟，是科学认知还是人文关怀。20世纪早期的历史学家高扬理性主义精神，梁启超撰写《中国历史研究法》，王国维提出"二重证据法"，胡适揭橥"大胆假设，小心求证"，一方面继承了乾嘉学派的学术理路，另一方面又接受了西方近代的科学方法，为20世纪早期中国近代的实证史学奠定了方法论基础。

第四，20世纪的中国历史学高扬爱国主义精神。进入20世纪，帝国主义对中国的侵略更加凶狠，北洋军阀和国民党政权的统治更加残暴，内忧外患，民不聊生。中国先进的知识分子目睹时局艰危、民生疾苦，慷慨以拯救天下为己任。除了在政治、军事、实业、教育等领域努力有所建树外，在学术领域中也矢志钻研，苦心探索，为的是探寻救国的道路、立国的精神。中国的近代历史学在这风雨如磐的艰难岁月中诞生和成长，具有反对帝国主义和封建主义，企盼祖国独立、民族振兴的本性。因此，20世纪的中国历史学家绝大多数是爱国主义者。梁启超早年参加了戊戌维新运动。章太炎是辛亥革命中的战士，陈垣在日伪统治下的北平著《通鉴胡注表微》，表彰民族大义和道德意识，顾颉刚创办杂志《禹贡》，研究和歌颂祖国的大好河山，都表达了爱国主义的心声。至于郭沫若、翦伯赞等在抗日战争时期，以笔墨为刀枪，描述宋史、南明史，歌颂了屈原、文天祥、史可法、夏完淳等不屈的民族英雄，鼓舞了全民族英勇抗战的精神。20世纪的中国历史学，中国近代史的研究发展很快，其原因之一是中国近代史是一部反帝反封建斗争的历史，一部振兴国家、高扬爱国主义的历史，其中充满着激昂壮烈的斗争史实、坚贞不屈的英雄形象与丰富宝贵的经验教训，可以鼓舞和教育中华儿女为争取美好的明天而忘我工作、勇敢拼搏，因此得到历史学家的特别关注。

第五，20世纪的中国历史学，在各个分支学科中进行开辟和创造，有重大建树，建立了历史学全面、系统的学科体系。中国传统的历史学成绩很大，是极为丰富的宝贵遗产，但也存在很大缺陷。一是封闭性，古代中国毕竟是处在东亚一隅的、自给自足的封建农业社会，它和世界虽有联系，但联系非常之少。在当时中国人的观念中，中国是天朝上国，其他国家和民族都是文明程度低下的"蛮夷之邦"。在封闭环境中形成封闭的历史观，只知有中国史，不知有世界史，闭目塞聪，坐井观天，不能正确地认识自己和其他国家在世界上的地位。二是在传统的中国史中，英雄史观、个人史观占主导地位，传统史书大多记载帝王将相的活动，对经济发展、社会结构、文化活动、大众生活记载很少。三是传统史书线条简单、内容狭窄，主要是政治史和军事史，缕述王朝之兴衰更迭，较少涉及社会多线的立体层面。故梁启超批评传统史学说："前者史家不过记述人间一二有权力者兴亡隆替之事。虽名为史，实不过一人一家之谱牒。近世史家必探察人间全体之运动进步，即国民全部之经历及其相互之关系。"（《中国史叙论》）20世纪的中国历史学克服了传统史学的封闭狭隘观念，大大扩展了研究范围，把对世界各国的历史研究提上重要日程，形成世界史、中国古代史、中国近现代史的研究鼎足三分的局面，又重视历史上的经济发展、文化思想、社会结构与社会变动，以及下层民众的生活、思想、信仰、习俗以及众多少数民族的发展，使得历史学的涵盖面更加广阔，内容更加丰富全面。除了中国政治史、军事史以外，还包括了世界史、经济史、社会史、文化史、外交史、民族史、大众生活史等各方面，形成了包括各类通史、断代史、地区国别史、专门史以及史学理论、史学史、历史文献学等分支在内的完整的历史学体系。

第六，在20世纪，新史料大批发现，其质量之高、数量之多，远远超过以前任何朝代的发现。19世纪20世纪之交发现了殷墟甲骨、敦煌文书。此后，明清档案为世人所知，战国秦汉的竹简木牍相继出土。新中国成立以后，各地考古发掘大规模展开，古代墓葬、器物、竹简、帛书、殉葬物、工艺品大批出土，大大促进了历史研究，改变了单靠传世文献探知古代历史的局面。还有，流落在海外的古籍与史料传回国内，西方人士有关中国的记录、报道，国内少数民族文字资料，如满文、蒙古文、藏文、维吾尔文、西夏文、契丹文以及女真文史料的发现、运用，近代档案、文集、方志、笔记、报刊的整理和出版，给历史研究提供了丰富珍贵的资料，使从前沉埋未知或争论不决的历史问题有可能得到解决。史料的发现、搜集、整理、考证是历史研究的基础工作。许多学者都很重视史料。傅斯年曾经说过，史料即是史学。这话未必全面，但强调史料的重要自有合理性。历史研究必须从大量的、确凿的史料出发，缺乏史料就不可能建立历史学的辉煌殿堂。20世纪的许多历史学家，长年累月，孜孜不倦，毕生从事史料的整理和考证，做了很重要的工作，他们的劳动理应受到尊重。

史料的发现、整理、考证关系到历史学的盛衰和历史学分支学科的建立。20世纪历史学之所以兴旺发达，取得巨大成绩，除了历史观、方法论的原因外，大量新史料的发现也是一个重要原因。安阳殷墟的发掘大大推进了殷商史的研究，并使甲骨学得以诞生。大批战国、秦汉、三国竹简的出土，推进了上古史的研究，使简牍学得以诞生。敦煌藏经、文书、壁画的发现推进了中国中古史的研究，使敦煌学得以诞生。故宫明清档案的公开于众，推进了明清史、近代史的研究，使中国历史档案学得以诞生。20世纪内，古代史料的大批发现是历史上从未有过的。汉代曾经在山东孔府的墙壁中发现了古代典籍，西晋时在汲郡的战国魏墓中发现过《竹书纪年》，此外各地零散地出土了一批钟鼎石刻，但其重要性不能与20世纪的发现同日而语。20世纪，在史料的发现、整理方面是得天独厚的丰收的世纪。

20世纪前半期的历史学家，处于社会剧变和转型时代。鸦片战争以后，中国遭受帝国主义的侵略，民族前途陷入危机。先进人士为寻找国家致弱之因、探求富强之道，必然要回顾历史，用新的观点和方法审视、研究中国的过去，其目的是寻求现实的出路、创造美好的未来。就像郭沫若所说："对于未来社会的待望逼迫着我们不能不生出清算过往社会的要求。古人说'前事不忘，后事之师'。认清楚过往的来程也正好决定我们未来的去向。"①当时中国社会的剧变和西方文化的输入，使他们的思想产生了飞跃，再也不能满足于传统的史学观念与方法，必须走新的道路，用新的观点与方法重新诠释全部的中国历史，中国近代历史学遂呱呱坠地。

中国20世纪的历史学分成两个部分，一部分是实证史学派，一部分是马克思主义史学派。

近代第一位起而呼唤新史学诞生的是梁启超。他批评了传统史学的弊端和不足，提倡近代的史学观念和方法，写了历史研究方法和学术文化史方面的著作。他是中国近代历史学诞生的助产婆。王国维、陈寅恪、陈垣、胡适、顾颉刚、钱穆等继承了乾嘉派的余绪，又吸收了西方实证主义、实验主义的观念与方法，对上古史、中古史、蒙古

---

① 郭沫若：《中国古代社会研究》，"自序"1，上海，上海书店出版社，1989。

史、宗教史、中外交通史、哲学史、小说史、学术思想史、历史文献学、历史地理学等做了多方面的开创性研究，为实证史学奠定了历史地位，对中国历史学界影响甚大。

20世纪是中国传统的历史学向近代历史学转变、迈进的时期。如何对待传统一直是20世纪学术界包括历史学界的重大课题，既要破除传统，背离传统，超越传统，又要归依传统，认同传统，继承传统，20世纪中国历史学就在这二者之间徘徊摆动。中国传统的封建思想禁锢人们的头脑已久，人们渴望从封建思想中获得解放，创造新生活。因此，人们在不同程度上都会叛离传统，向西方学习新观念、新方法，向传统挑战。"五四"是最激烈地反对旧传统时期，吴虞、钱玄同等主张打倒孔家店。李大钊说："孔子者数千年前之残骸枯骨也，历代帝王专制之护符也。"[①]鲁迅借狂人之口说，中国历史"满本都写着两个字，是'吃人'"[②]。梁启超说："若二十四史：真可谓地球上空前绝后之一大相斫书也。"(《新史学》)由于当时尊孔复古势力很大，儒家思想尚是阻碍中国进步的主要障碍，20世纪早期的历史学家对之做猛烈的抨击，自有必要性与合理性。但思想文化方面不可能长期摒弃历史遗产，此后不久，清华研究院和中央研究院历史语言研究所成立，表现出回归传统的倾向，一批学者致力于融合中西学术，继承和发扬中国的传统文化。王国维说："中西二学，盛则俱盛，衰则俱衰……未有西学不兴而中学能兴者，亦未有中学不兴而西学能兴者。"(《国学丛刊·序》)陈寅恪说："其真能于思想上自成系统，有所创获者，必须

---

① 李大钊：《孔子与宪法》，见《李大钊选集》，77页，北京，人民出版社，1959。

② 鲁迅：《狂人日记》，见《鲁迅全集》，第1卷，425页，北京，人民文学出版社，1981。

一方面吸收输入外来之学说,一方面不忘本来民族之地位。"其实,五四运动中反传统的战士们都受过充分的传统文化的教育和熏陶,既熟读经史,又精通西学,可称学贯中西、通晓古今。他们一方面认为传统文化从总体上说不适应近代要求,必须进行批判;另一方面又认识到传统中蕴含着珍贵的宝藏,需要发掘、继承、利用。如鲁迅开创了中国小说史的研究和辑佚;胡适提倡整理国故,做了思想史、文化史方面的许多考证;郭沫若研究了古代社会和先秦诸子;等等。

20世纪除了实证史学以外,还有一部分历史学家传播和运用马克思主义。20世纪20年代,李大钊出版《史学要论》,系统地介绍马克思的唯物史观、剩余价值论和阶级斗争学说。1930年,郭沫若出版了《中国古代社会研究》,用马克思主义结合大量考古和文献史料,第一次揭示了中国古代社会的发展规律,为历史研究开辟了新天地。此后,范文澜的《中国通史简编》与《中国近代史》二书,对整个中国历史做了全面的阐明,教育了当时千百万革命者和后代的历史学家。还有翦伯赞的《历史哲学教程》,系统地阐述了唯物史观的理论和方法。他们的研究成果为20世纪中国马克思主义历史学的发展奠定了基础。

20世纪前半期的实证史学和马克思主义史学,在历史观、方法论上有根本的不同,因此,二者对历史学的功能、历史研究的重点以及许多具体历史问题,有不同的看法。但二者之间也有许多重要的相通之点,如进化史观、理性主义、爱国主义、求实精神等。马克思主义史学吸收了实证史学的优点并加以发展。过去,用资产阶级历史学和无产阶级历史学区别这两个学派,用阶级属性标识某个学派和某种学说,这未必十分确切。阶级属性是由经济和政治地位决定的,知识领域里的阶级划分要复杂得多。很多知识带有普遍真理的性质,为各个阶级所认同。自然科学即属此类,它没有阶级性,不存在资产阶级的物理学和无产阶级的物理学。社会科学虽有所不同，但其中也包含与自然科学相类似的真理性知识。历史所提供的许多经验和智慧，任何阶级都可以借鉴，并不是对某个阶级才适用，对别的阶级就不适用。历史经验、历史智慧中的很大部分可以超越时空，超越阶级，成为全人类的共同财富。王国维、陈寅恪的研究成果，今天我们仍承认其价值。马克思主义学派与其他学派之间有一个相互学习和继承的问题。郭沫若的研究成果是在王国维、罗振玉的研究基础上，经过自身的努力而取得的。范文澜是黄侃的弟子，而黄侃又是章太炎的学生。梁启超、王国维、陈寅恪、胡适等除学习了西方的治学思想与方法，又和中国过去的乾嘉学派、公羊学派有密切关系。研究20世纪的中国历史学不能割断学术上的传承和联系，简单地把历史学家们置于相互对立的营垒之中。

中华人民共和国成立以后，马克思主义成为新中国各项工作的指导思想，历史学界热烈学习和运用马克思主义。在此以前的大学讲坛上，马克思主义者占很少数，而且是不合法的。新中国成立以后，马克思主义才占领了史学阵地。马克思主义把人类历史看作有规律的客观过程，不以主观意志为转移。它坚持以社会存在解释社会意识，坚持经济基础对上层建筑的决定作用，坚持人民群众在历史上的作用，把历史研究提高到科学的水平。新一代的历史学家们在马克思主义指导下努力在历史学的各个领域，建立了各个分支学科，形成了一支浩浩荡荡的史学队伍。历史学界在"百家争鸣"方针的指导下，讨论了中国古代史分期问题、中国近代史分期问题、封建土地所有制问题、农民战争问题、资本主义萌芽问题、少数民族史问题、历史主义与阶级观点问题，发表了各种不同意见，提高了思想认识，活跃了学术空气。新中国成立以后的17年间，出现了一些有水平、有特色的历史著作，如范文澜的《中国通史简编》修订本、郭沫若的《奴隶制时代》《中国史稿》、翦伯赞的《中国史纲要》、尚钺的《中国历史纲要》、罗尔纲的《太平天国史稿》、胡华的《中国革命史讲义》及其他通史、断代史、专门史著作。

17年间，中国历史学继承了上半个世纪马克思主义史学的传统，并吸收了实证史学的成果，取得的成绩是十分巨大的。但是，也产生了严重的失误和弊端，主要是：接二连三的政治运动严重地干扰了学术界，把学术问题当作政治问题进行批判，混淆了界限，挫伤了历史学家的积极性。"左"的倾向十分严重，教条主义、简单化、公式化盛行。"以阶级斗争为纲"，在史学领域表现为拔高历史上农民战争的地位，每个朝代都以农民战争打头。农民战争史几乎代替了整个的中国历史。不但帝王将相被打倒，连陶渊明、杜甫、苏轼这些著名的诗人、文学家也失去了光彩。到"文化大革命"中，甚至农民起义的领袖很多也被打倒。项羽出身贵族，自应在被贬之列。刘邦、朱元璋后来背离农民，蜕化为地主阶级。李密投降了唐朝，宋江受招安，李秀成成了叛徒，都受到了批判。历史人物大多被否定，中国历史上一片黑暗，历史内容贫乏干枯，文化遗产被无情践踏，表现了可悲而荒唐的历史虚无主义，令人浩叹，发人深思。

"文化大革命"即是从历史学界打开缺口的，对吴晗《海瑞罢官》的批判拉开了十年浩劫的序幕。此后，历史被践踏、被滥用，是非颠倒，黑白不分，影射史学流行，全民批林批孔，学习儒法斗争，批《水浒传》、批宋江，历史学成为阴谋家篡党夺权的工具，给国家和人民带来了巨大的灾难，也玷污了历史学的科学性和声誉。

这里，不能不提到历史与现实之间的关系，这是20世纪历史学汲取的重要教训之一。历史与现实是相联系的，现实由历史发展而来，历史学从根本上说要服务于现实。历史学如果不食人间烟火，对现实不发生任何作用，就会失去生命力而萎缩消亡。历史学的基本功能是揭示历史规律，提供历史经验，启发人们的智慧，提高人们的文化素质。在某种意义上，人类的知识都是历史的，都是对过去经历的经验总结。"鉴古而知今"，人类总是从过去了解今天，进而开拓未来。一个国家、一个民族，如果忘记了自己的过去，也就失去了今天和未来。但是，为现实服务，必须以尊重历史事实、尊重客观规律为前提，必须尊重历史学自身的科学性。只有实事求是，按照历史的本来面目揭示真相，才能昭示真理，给人们以真知和新知，推动人类的进步。任何以现实需要为借口，随意剪裁历史都是不允许的，都是对历史的歪曲和篡改。历史学要保持相对的独立精神，不能变成政治的侍婢。

中国历史学经历了十年浩劫，从一片文化废墟中走出来，经过拨乱反正，迅速地恢复发展，呈现出蓬勃生机。大学的历史教育重新恢复，走上正轨，培养了大批博士生、硕士生、本科生、师范生，新一代的史学工作者大批成长。"文化大革命"压抑下的积极力量，一旦被解放，就势如春潮奔放，形成生动、活泼、繁荣的局面，教条主义在很大程度上得到纠正，研究禁区被冲破，外国史学理论被大量引进，各种学术意见畅所欲言，百家争鸣，各种观点和体裁的史书络绎出版。改革开放20年来，累计出版的史学著作、回忆录、地方史、资料集有2万多种，各类史学文章不下20万篇[1]，研究工作得到长足的进展。

近20年，中国历史学处在一个新的反思和探索时期。一是经过

---

[1] 据《中国历史学年鉴》历年记载。

"文化大革命",接受了深刻教训,人们在反思20世纪中国历史学经历的曲折道路、取得的成绩、存在的问题,何以历史学一度被"四人帮"作为篡党夺权的工具?人们经历了前一段的灾难,才会有后来的清醒。二是新中国成立以后的将近30年间,由于国际国内的政治环境,中国史学界与国际史学界几乎隔绝,不了解国际历史学的动态和新发展。改革开放以来,人们思想解放,认识活跃,对于外国的各种学术流派,诸如德国和英国的文化形态史学、法国的年鉴史学、美国的边疆史学,以及近代化史学、计量史学、社会史学、心理史学、比较史学都感到很新鲜。外国史学在理论、方法和研究成果方面有不少可资借鉴的地方,许多史学家翻译介绍国外的史学流派和动态,试图探索中国历史学发展的路径。三是中国面临从计划经济向社会主义市场经济的转变,经济体制的巨大变革给思想文化领域带来很大冲击。历史学如何适应形势的变化,激发新的活力,保持发展的势头?尤其是苏联、东欧国家发生巨大的变故,马克思主义历史学受到严峻挑战,马克思主义理论是否已经过时?今后还要不要坚持?怎样坚持?这些重大问题,摆在了世纪之交的中国历史学家面前。

20世纪的中国历史学即将走完百年路程,跨进21世纪。在新的世纪,我国的社会主义建设将沿着邓小平理论指引的道路更快前进,国民经济将走上一个新台阶。从小康社会向着富裕社会迈进,更加需要加强社会主义精神文明建设。中国是个历史悠久、文明灿烂的国家,在近现代又经历了漫长、崎岖而独特的道路,将成为世界上最强大的国家之一。历史科学作为社会的记录,是先辈们实践经验、成就和创造性文明的贮存库,人类可以从中汲取智慧和力量。中国独立地发展起来的华夏文明和独特地走向社会主义的经验将能极大地丰富世界历史文明的宝藏。在21世纪会有许多重大的历史课题和文化工程被提上日程，如编写大型的中国通史、大型清史、大型中华民国史、大型中共党史、大型中华人民共和国史，并加强对中国古代史、近现代史、世界史和各种专门史的研究。社会将更加关注历史学的发展，会有巨大的人力、财力投入，会涌现大批历史学家，会有许多精品佳作问世，将从历史上开发出更多更好、符合群众需要的精神产品，中国历史学将迎来阳光灿烂的新世纪。

马克思主义是21世纪指导史学研究的理论武器。马克思主义是科学的体系，给我们提供研究的立场、观点、方法，使主观认识更加符合历史实际。尽管人们在学习和运用马克思主义时发生过这样那样的偏差，但20世纪的中国历史学正是在马克思主义指导下取得如此巨大的成绩的，完成了从传统史学向近代史学的转变。到21世纪，马克思主义、毛泽东思想、邓小平理论仍将引导中国历史学迅速前进，再创辉煌。马克思主义不是宗教，将在社会主义建设过程中不断丰富、发展。它依靠自身的理论威力确立指导地位，而不是靠行政手段发号施令。它允许各种学派、各种理论存在和发展，将和非马克思主义的理论、学说展开讨论，百家争鸣，明辨是非，从中汲取营养。马克思主义本身就是一个开放的学派，它在产生时期，吸收了德国古典哲学、英国古典政治经济学、法国空想社会主义的合理内核。"有容乃大"，我们只有批判地吸收全人类文化中的营养，才能发展马克思主义，而不能唯我独尊、排斥异己、故步自封。只有坚持马克思主义，才能发展马克思主义，而马克思主义又必须在发展中才能很好地坚持。如何正确对待各种学术流派和学说，是21世纪马克思主义面临的重大问题。解决好这一问题，马克思主义才能青春常驻，马克思主义历史学才能保持强大的生命力。

21世纪的中国历史学将更加拓宽研究领域。当前，历史学同社会科学的其他学科以及自然科学相互交叉、渗透、融合,科学研究呈现整体结合的趋势,一些边缘学科、交叉学科方兴未艾,诸如社会史学、人口史学、生态史学、心理史学、城市史学、计量史学正在崛起。由于跨学科的研究,历史学从其他学科借用了新概念、新模式、新方法,扩大了自己的研究范围,将真正全人类生活发展的整个过程纳入了历史学研究的视野,致力于通史研究与专史研究的结合,致力于宏观研究与微观研究的结合,不再局限于条块分割,不再满足于政治、经济、文化鼎足三分的格局。这将使整个世纪的历史学克服内容狭隘、选题单一、方法陈旧的缺陷,有利于历史学改变面貌、焕发青春。

21世纪的中国历史学将把20世纪的近现代史作为研究重点,而予以特别关注。尽管尘埃尚未落定,盖棺犹难定论。人们惯常要考察昨天的事件,从刚刚过去的历史中寻找经验,获取教益,增长智慧。因此,近现代史永远显示出新鲜的光泽和永久的魅力。历史学家总是努力克服收集资料的困难,冲破禁忌,越过雷区,投身于近现代史的研究,试图对刚刚完成的历史过程做出科学的、合理的阐释。司马迁作《史记》,一直写到刘邦、项羽和《今上本纪》。司马光作《资治通鉴》,隋唐五代史部分写得最为详尽,最为用心,篇幅亦最大。马克思所写《路易·波拿巴的雾月十八日》更是研究当代历史的典范,恩格斯称赞说:"他对当前的活的历史的有这种卓越的理解,他在事变刚刚发生时就对事变有这种透彻的洞察,的确是无与伦比。"[①]21世纪的中国历史学将深入研究20世纪的中国社会及其事件、人物、思想、制度,并做出公允的评价。20世纪是苦难的世纪,也是伟大的世纪,

---

① 《马克思恩格斯选集》,1版,第1卷,601页。

中国贫困、屈辱，进而奋起抗争，富有慷慨悲壮、可歌可泣、催人奋进的内涵。人的痛苦、人的力量、人的价值，表现得淋漓尽致。21世纪的历史学将透视、描摹、再现这个伟大的时代，给后人以深刻的教育。

历史学的繁荣常常和新史料的发现、公布有关。我国历史悠久，还有许多未为人知的重要史料隐藏在各处，如深埋在地下的古代陵墓、城垣、民居、实物。随着基本建设的进展，考古发掘将会有重大的收获。即拿现存古籍来说，亦数量众多，浩如烟海，分散庋藏于全国各地，至今尚无精确统计，更谈不上整理、出版和利用。21世纪将会对存世古籍进行全面清查和大规模整理，这批丰厚的文化遗产将推动历史研究更快前进。近现代档案是研究近现代历史最重要的史料，汗牛充栋，现尚深藏库中，许多文件有待解密公开。至于外国资料，分散在世界各国，用各个国家的语言写成，数量浩瀚，情况复杂，亦需要弄清藏地、数量、类别，进行认读。总之，21世纪，将有大量史料需要挖掘、整理、刊布、利用，将要投入大量人力和财力。大规模的史料整理工作，将是历史学繁荣的起点。

随着科学技术和电子信息的发展，历史研究的观念、手段、工具正在发生重大革命。这将给21世纪的中国历史学带来难以估量的影响。利用电子计算机寻找、积累、贮存历史资料将极大地减轻史料工作的劳动强度，使浩繁的史料得到方便而充分的利用。通过对计算机整理出来的数据进行分析，用统计图表和数字公式显示某种历史趋势，将使研究工作更加规范化、科学化，以弥补研究中例证性和罗列性的不足。我相信，高科技手段的应用和推广将使历史研究跨入广阔的新天地。

尽管在21世纪，中国历史学将会有很多发展的新机遇，但历史学要前进,最重要的是靠历史学家素质的提高和主观的努力。我们应该深入学习马克思主义、毛泽东思想、邓小平理论,用以指导历史研究工作,要树立勤奋钻研、孜孜不倦、淡泊名利的敬业精神,要坚持实事求是、秉笔直书、史论结合的优良传统,要发扬谦虚谨慎、戒急戒躁、严肃认真、尊重学术规范的学风。这样,21世纪的中国历史学就一定能繁荣昌盛,为建设我国社会主义精神文明做出重要贡献。

中国古代修史的传统及其对国史研究的重要启示[*]

编纂历史是一门大学问，古今中外许多历史学家都曾研究过。中国古代的著名历史学家刘知幾作《史通》、章学诚作《文史通义》，论述历史编纂的理论与方法。中国近代的梁启超专门作《历史研究法》，总结了中国以往的历史编纂学，并吸收了外国研究历史编纂的一些成果。外国也有许多这方面的探索，如德国的兰克学派、英国的著名历史学家汤因比、法国的年鉴学派、美国的边疆历史学派，等等。我不是专门研究历史编纂法的，所了解的只是一些皮毛的、粗浅的知识，大概地做一介绍，可能有不妥当的地方，希望大家批评、指正。

一、中国编写历史的传统

中国是世界上唯一有几千年不间断历史记录的国家，从甲骨文、金文、《尚书》，到《春秋左传》，到司马迁的《史记》。《史记》从《五帝本纪》黄帝记起，至汉武帝《今上本

---

[*] 原载《当代中国史研究》，2002年第4期。

纪》，成为一部通史，略古详今，最详细的是秦汉时期。如此连续未中断的历史记载，在全世界是独一无二的。埃及、巴比伦也是文明古国，但它们那里变化很大，今天埃及和两河流域的居民已经不是古代埃及与巴比伦的直接后裔，历史已然中断。文明古国印度也没有完整、系统的历史记录，关于中世纪的史书很少，有的需要依靠中国唐朝《大唐西域记》的相关记载。

中国的史书十分丰富，中国古代将知识分类为经、史、子、集，"经"即古代圣人传下的"十三经"，"史"即历史，"子"即各派学说——儒家、道家、墨家、法家、兵家、纵横家等，"集"即诗文集——主要是文学作品，史部列第二位，可见其重要性。

中国历史有连续未中断的记录，有两个原因。

一是因为中国人历史意识强烈，认识到历史学的重要性，将研究、编写历史作为自己的责任。

孔子作《春秋》，"其事则齐桓、晋文（霸王之间的斗争），其文则史（文字成为历史）"（《孟子·离娄下》），"其义则丘窃取之（包含的道理、观点，为孔丘得到了）"（同上），表明孔子十分重视历史。汉朝的太史令司马谈曾言："废天下之史文，余甚惧焉"（《史记·太史公自序》），其子司马迁继承父亲志愿，作《史记》，流传后世。不仅中国古代知识分子重视历史，而且中国古代统治者也十分重视历史。唐太宗就是一位非常重视历史记载的皇帝，"二十四史"中有8部是于他与其子在位时完成的，占1/3。唐太宗强调修史可以"览前王之得失，为在身之龟鉴"（《册府元龟》卷五百五十四），也就是说要以史为鉴。元世祖忽必烈，虽是蒙古游牧民族，但入主中原后同样重视历史，言"不可亡前人之史，若不立史馆，后世亦不知有今日"（《元史·董文炳传》），命令建立史馆，编纂历史。清朝龚自珍说："灭人之国，必先去其史"（龚自珍：《古史钩沉论》），把历史提到了国家存亡的高度。日本侵占我国东北和台湾，就禁止讲习中国史。人类社会有昨天、有今天、有明天，现在的社会是过去的发展，它不是无源之水、无本之木。现在治理国家的理念、方法、政策，都是过去经验的总结。所以，人类要开辟未来美好社会，就离不开学习历史，总结历史，从历史中吸取经验教训，吸取智慧。只有借鉴历史，才能够胜利地走向未来。中国人的历史意识非常强，这是一个优秀传统，也是中国有凝聚力的表现，是保证中国悠久文明传承不绝的一个重要原因。

二是因为有制度上的保障，即开馆修史，专门设立国史馆，专门设立历史研究、历史编纂的政府机构，这也是我们的一个优秀传统。

关于中国远古之史学机构的记载较少，但《汉书·艺文志》上说"左史记言，右史记事"。古代还有很多类似与史有关的官职设置，如内史、外史、太史，等等。春秋战国普遍设有史官，所谓孔子作《春秋》，观"百二十国宝书"，"宝书"即指各国的史书。西汉设太史令，而且是世袭官职，如司马谈、司马迁父子。东汉设兰台，它不仅是藏书机构，而且是史学机构，其官称兰台令，如班固，也是世袭的，其父班彪、其妹班昭都供职兰台令。魏晋设有著作郎修史。魏晋后，分裂割据，出现了许多国家、许多朝代，虽然政权不稳，经常改朝换代，但各朝各代都修纂自己的历史，非常盛行，出现了修国史的高潮。三国都有自己的国史，但多已失传，只有陈寿的《三国志》流传，连同裴松之的注本都保存下来了。因为《三国志》不完整，只有本纪、传，没有志、表，裴松之的注释将其时的三国史料记载下来，保存了三国历史的丰富记录。晋人修晋史达13种，可惜未能流传。十六国修史书29种，其中16种是写国史，即本朝人修本朝史。南朝有很多史书，尤其是宋时，开设儒学、玄学、文学、史学四个馆，史馆之名可能始于此。除记述当代史外，还有"起居注"，记录君王的言论行事，《魏书·经籍志》记载有41部两晋南北朝的起居注，这些著作只有沈约的《宋书》、萧子显的《南齐书》、魏收的《魏书》等少数史书流传下来，这三书后来被列入"二十四史"。其他史书的失传既有社会原因，如战争多、印刷术不发达，也有其自身的原因，其多数为私人修史，所见不广，资料的搜集不完备，仓促成书，有局限性，水平不高，当更好的史书出现时，就在历史的长河中被淘汰了。

唐代是一个重要的转折点，从私人修史转向政府修史，史馆设置正规化、规范化。唐太宗非常重视修史，从唐太宗到唐高宗，通过设立史馆修成8部纪传体史书，由宰相监修，如房玄龄、长孙无忌、魏徵等，还有所谓御修史书，如《晋书》中的《王羲之传》等是由唐太宗撰写的。故《晋书》冠以御纂之名。这时，政府开始参与修史，正史的编写逐步制度化，成为政府行为。政府修史是必要的，因为历史所跨年度很长，数十年乃至数百年，资料很多，涉及人物、事件复杂，史学家个人的精力难以顾及，个人修史很难，并且越到后世，越不可能。唐初由史馆修"八史"，集体创作，国家领导支持，宰相监修，既有政治上的权威，也有学术上的权威。从此史馆修史成为中国的历史传统，史馆在修史中的地位、作用得到确立。唐朝国史馆除修国史外，还修"起居注"，记载君主言行，修"实录"，用编年体记国家大事，但流传至今的只有温大雅的《大唐创业起居注》和韩愈的《顺宗实录》，这是我国保存下来最早的起居注和实录。为了使国史馆了解当代的事情，积累文献史料，朝廷颁布《诸司应送史馆事例》，规定各衙门将档案移交史馆。设立史馆成为固定的制度，修史也就成为国家的重要政务，史馆修史保证了有连续不断的历史记录。为前代修史的传统也沿袭下来，唐朝为前朝修了8部史书，宋朝为唐朝修史，元朝为宋、辽、金修史，明朝为元朝修史，清朝为明朝修史，直至民国为清朝修史，但民国所修的清史不太理想。

新中国成立初期，董必武建议修两部史书，一是重修清史，一是修中国共产党史，受到了中央的高度重视。20世纪50年代，吴晗与我谈及此事，当时周恩来总理委托吴晗搞一个修清史的规划。吴晗想建立清史馆，但当时缺乏研究清史的学者，所以考虑先从招收学生进行培养开始，但"大跃进"时被搁置下来。20世纪60年代批判《海瑞罢官》前夕，中央宣传部召开会议，决定成立清史编纂委员会，在中国人民大学设立了清史研究所。20世纪80年代初，邓小平将建议重修清史的一封人民来信转到中国社会科学院办理，其时改革开放刚刚开始，百废待举，未能进行。2001年中央再次关注修清史的问题，目前正在酝酿清史编纂问题，可见修清史的问题得到了党的三代领导人的关心。

二、对史学家的素质要求

中国史学著作很多，主要的体裁有纪传体、编年体和纪事本末体。《四库全书总目提要》将史书分成15类，还有三通——通典、通志、通考，地方志，等等。中国史学评论也很多，并且明确提出了对史学家的要求。

史学家应该具备什么样的素质？唐朝历史学家刘知幾当被问及为什么文学家多而史学家少时，他解释道："史家须有三长，世无其人，故史才少也"（《旧唐书·刘知幾传》），提出了对史学家的三个方面的要求——才、学、识。

所谓史才，就是要做到对历史事件的叙述和对史料的组织有条理性、逻辑性、生动性，文字简洁，条理清楚，叙人、叙事生动，文笔简练而又能抓住要害。典型的例子是新旧《唐书》和新旧《五代史》。宋朝大文豪欧阳修认为《旧唐书》《旧五代史》修得不好，太啰唆，叙述冗杂，于是重修《新唐书》《新五代史》，新史修好后，旧史无人使用，以至失传了。直至清朝修《四库全书》时，从《永乐大典》中辑出了《旧唐书》《旧五代史》的大部分内容，拼凑还原，与《新唐书》《新五代史》一并列入"二十四史"。欧阳修自称其书"事增于前，而文省于旧"。但后人也批评欧阳修"事增于前"，网罗野史、笔记中的记述，不足为信，"文省于旧"，但唐朝文章用骈体文，新书将旧书压缩节略反而晦涩难懂。新旧《唐书》和新旧《五代史》，从其简要、文章有条理而言，新胜于旧，但从记事详细、保存史料多且完整而言，旧胜于新，所以各有千秋。

所谓史学，是指史学家历史知识的广博、掌握资料的丰富、考证史料的严谨。既要求史学家掌握各个领域的知识，又要求史学家能鉴别史料的真伪。这一点，越到后代越难，因为现代知识领域更宽更广，而且史料积存越来越多。就拿清史来说，《清史稿》有536卷，《清实录》达4 000多卷，这些还都是第二手资料，第一手资料如中央档案基本上被完整地保存下来，达1 000多万件，而这一件并不是一片纸，而是一个卷宗，大的一件可以装一汽车，有200多人在管理这些档案资料。切实地掌握浩瀚的历史资料，很不容易。作为史学家就是要坐冷板凳，钻进去，下苦功夫。资料的海洋无边无际，一个人穷毕生之力也只能探索这片海洋的一个角落。只有掌握更多的知识、更丰富的史料，才能获得更大的发言权。我记得《第三帝国兴亡》一书的作者利用纳粹档案，数量之多要以吨计。现在各国政府档案多得不可胜计，我们中华人民共和国50余年的历史档案，用浩如烟海、汗牛充栋来形容，不为过分。

所谓史识，是指立场、观点、方法，也就是说如何认识历史，如何认识历史规律，如何判断历史。尽管叙述很有条理，文章很有文采，知识也很丰富，考证也很精细，但只要认识错了，观点不正确，其著作就会丧失价值。

刘知幾提出"才、学、识"，清朝的历史学家章学诚提出"史德"。"史德者何？著书者之心术也"（章学诚：《文史通义·史德》），是对史学家人品、道德、修养的要求。历史学最重要的特点就是实事求是，要求客观公正地记录历史，秉笔直书，不溢美，不隐恶。中国古代史学家非常重视史德。所谓"在齐太史简，在晋董狐笔"（文天祥：《正气歌》），是两个典故。春秋时齐国崔杼权力很大，杀了齐庄公，齐太史记"崔杼弑其君"，崔杼大发雷霆，下令把齐太史抓来杀了。齐太史的大弟仍然写"崔杼弑其君"，又被杀害。其二弟继续秉笔直书，亦被杀害。其三弟也视死如归，崔杼见状，只得将其三弟流放了。齐太史的三弟走出门时，看到南史氏拿着竹简在门口等候，就问他干什么，南史氏回答道：听说齐太史一门都被杀了，我怕这段历史无人记载，就想由我记下来，现在既已写上，没有我的事了，可以回家了。这些古代史官不畏强暴，为维护历史真实甚至不惜牺牲生命，难能可贵。还有晋国晋灵公时，赵盾是一个有权势的大夫，也是一位贤人，但和晋灵公产生矛盾，于是离开了晋国国都，其弟赵穿起兵政变，杀了晋灵公，把赵盾迎接回来，赵盾于是恢复了权势。晋国的史官董狐记道"赵盾弑其君"。赵盾辩解说，晋灵公乃赵穿所杀，当时他已经离开国都，与他无关。董狐答道："子为正卿，而亡不出境，反不诛国乱，非子而谁"，实际上你就是赵穿的后台，责任在你，你是想要避开弑君的恶名，但历史要写真相，不能被假象所隐蔽。孔子称赞"董狐，古之良史也，书法不隐"（《左传·宣公二年》）。秉笔直书，才能成为信史，这是中国历史学的优良传统，历史学家要有大无畏的精神，要有很高的道德修养。

三、编写当代史的特点与难点

中国古代修史，多写通史，常常包括国史、当代史在内。孔子作《春秋》，其实就是鲁国的国史，上起鲁隐公元年，下至鲁哀公十四年，而孔子死于鲁哀公十六年，所以写《春秋》对孔子而言是从古代写到当代。司马迁作《史记》也是如此。直至魏晋南北朝时期，编写当代史、国史的还很多。但唐朝以后，修当代史由国史馆承担，私人编修的少了，写的也主要是局部的历史而不是全国的历史。为什么？我估计编写当代史有一些特点与难点。

第一，当代史与现实密切相关，具有强烈的政治性，修史者必须有正确的立场、观点、方法，同样一件史事，从不同的政治立场出发，会有截然不同的看法和评价。例如，辛亥革命推翻了清政府，结束了2 000多年的封建帝制，是一件令人民拍手称快的好事，但是如果站在清朝遗老遗少的立场上，就会得出完全不同的评价。《清史稿》就是这样，其作者都是清朝的遗老遗少，他们对清朝忠心耿耿，对辛亥革命很仇恨，因此歪曲历史，颠倒黑白。例如：写武昌起义，"宣统三年八月，革命党谋乱于武昌"；写中华民国成立，孙中山当选临时大总统，"举临时大总统，立政府于南京，定号曰中华民国"[①]，至于谁是大总统，不写，不愿写出孙中山的名字。《清史稿》中根本不谈孙中山的活动，关于兴中会、同盟会也一句没有，无从知道清朝是怎

---

① 《清史稿》卷二十五《宣统皇帝本纪》，见赵尔巽等：《清史稿》，第4册，1003页，北京，中华书局，1976。

样被推翻的，其中有一处提到孙中山的地方，其言为"懿旨特赦戊戌党籍，除康有为、梁启超、孙文外"①。提到革命烈士秋瑾、徐锡麟等时，用"伏诛"一词。相反提到辛亥革命中被革命党打死的清朝官员如端方、恩铭、陆钟琦等，却大加歌颂，赞曰："或慷慨捐躯，或从容就义，示天下以大节，垂绝纲常，庶几恃以复振焉。"②这部书是民国政府出资，袁世凯下令编修的，竟大肆辱骂中华民国的烈士，而大加歌颂反革命敌人，所以北伐胜利后，国民党人评论道"诽谤民国，乖谬百出，开千百年未有之奇"③，禁止它的出版。

第二，历史发展，其后果、影响要经过一个长时间才能判断。历史上的新生事物刚刚出现，历史矛盾刚刚发生还没有充分展开的时候，不容易看清楚，很难预见它将如何发展，很难判定其结果和影响。如今天的巴以冲突正在激化，结果如何，是和平还是战争，难以预料。"不识庐山真面目，只缘身在此山中"，身处在历史事件中间，就看不清这段历史的全部情况，不容易把握其历史本质和发展趋向。所以，研究当代史最需要有慧眼，需要有深刻的洞察力。例如，法国拿破仑第三政变，在政变当时有三个人写了这段历史，一个是雨果，一个是蒲鲁东，一个是马克思，其中马克思写得最好、最正确、最深刻。马克思说"本书是根据对于事变的直接观感写成的"④。恩格斯在马克思《路易·波拿巴的雾月十八日》一书序言中说："紧接着这样一

---

① 《清史稿》卷二十四《德宗本纪二》，见赵尔巽等：《清史稿》，第4册，948页，北京，中华书局，1976。

② 《清史稿》卷四百六十九《赵尔丰 冯汝骙 陆钟琦》，见赵尔巽等：《清史稿》，第42册，12790页，北京，中华书局，1977。

③ 易培基：《呈行政院文》，1929-12-16。

④ 《马克思恩格斯选集》，1版，第1卷，598页。

个事变之后,马克思发表一篇简练的讽刺作品,叙述了二月事变以来法国历史的全部进程的内在联系……他对当前的活的历史的这种卓越的理解,他在事变刚刚发生时就对事变有这种透彻的洞察,的确是无与伦比"①。因此,我们研究当代史,必须要学习马克思的经典著作,学习马克思观察当代史的立场、观点、方法。

第三,资料方面的困难。研究当代史,在资料方面有两个特点,一是数量多,二是不容易看到。当代史由于时间距离近,资料被完整地保存,散失少,所以有大量的资料。搞一个专题,资料就浩如烟海。例如研究抗美援朝,既要涉及军事的、政治的、经济的、外交的方方面面,又须掌握中国以及美国、朝鲜、韩国等其他国家不同文字的资料,仅此一个专题,个人的力量就难以穷尽。古代由于文化不发达,资料较少,加上战乱等破坏,损失比较多。我国唐朝以前历史资料很少,一个人穷毕生精力可以读完。宋朝以后,由于印刷术的发展,资料大大增加,读完就困难了。例如《全唐诗》,有唐一代300年诗作共40 000多首,宋朝陆游一人《剑南诗稿》就有近10 000首,到清朝乾隆皇帝一人《御制诗文集》就有40 000首,相当于一部《全唐诗》。史料积累越到当代越多、越庞杂。另外,史料虽然很多,但却不易看到。因为许多重要的史料没有公开,造成研究上的困难。国家档案一般规定有解密期限,常常是30年、50年,甚至更长的时间。看不到原始档案,很难知道历史事件的底细和真相。不仅档案,即使是其他史料,其搜集、整理、发表也有一个等待时间。例如张学良的档案至今没有发表;又如李鸿章,中国清朝末年最重要的政治家之一,关于他的资料已经发表的有300多卷、1 000多万字,其家中还

---

① 《马克思恩格斯选集》,1版,第1卷,601页。

有 2 000 多万字。上海图书馆馆长顾廷龙先生购买了这些资料,保存在上海图书馆。1993 年,顾先生邀请我与他合作整理,又集中了七八个人编辑,至今尚未完成。这些是资料方面的困难。

  第四,由于当代史距离时间很近,历史人物很多还活着,或者他们的后代还活着,牵扯到利害关系、感情因素,写当代史要秉笔直书就更困难,会碰到很多干扰。古代司马迁作《史记》,因为在《今上本纪》中批评汉武帝,该书被称为"谤书"。北魏崔浩写国史,其中讲到北魏的祖先鲜卑族是落后民族,有许多野蛮习惯,崔浩因此被杀,并被满门抄斩,不仅如此,还牵涉到其他许多人。写当代史,容易得罪一些人,会遭到反对、打击、迫害。

中国档案与历史研究[*]

中国是个历史悠久的国家,它的档案事业和它的历史一样,非常悠久。中国最早的档案是距今3 000多年的甲骨文档案。在发明纸张以前,中国远古的文字都刻写在甲骨、金石、丝竹等各种载体之上。甲骨文是用刀子、玉石刻在龟甲牛骨上的远古文字。19世纪末,在中国的河南安阳出土了大批甲骨文,这里是殷商的古都城。当时,殷王从事生产、战争、祭祀、狩猎等活动,都要进行占卜,询问吉凶,祈求神灵、祖先的保佑,占卜的文辞刻在龟甲牛骨上,存贮备查,形成巨大的甲骨文档案库。年深日久,埋藏在地下。迄今已发现的甲骨多达15万片,这一发现是学术史上的重大事件,使得对中国古代历史、古代文明的研究发生了划时代的转折。

稍后,大约距今3 000年的周代,人们常常把文字刻铸在钟鼎等青铜器皿上,文字较长,有的多达四五百字,记事更详,包括册封、赏赐、记功、战争、诉讼、立法等,

---

[*] 原载《当代名家学术思想文库·戴逸卷》,北京,万卷出版公司,2011。

铸器勒铭，以做信证和纪念。

中国古代还有把文字镌刻或书写在竹简、木牍、缣帛、石头上的。近代发现了湖北曾侯乙墓竹简和云梦睡虎地秦代法律简、山东银雀山兵法简、湖南马王堆竹简和帛书、居延汉简以及长期传留的石鼓文、秦皇刻石，等等。近年发掘的一些遗址墓葬中往往埋藏着使用各种载体的古代档案，具有极为重大的历史和文物价值。

东汉以后，中国发明了造纸术，纸成为人类最方便、最常用的书写载体，人们活动中形成的文字记录急剧增加。但由于纸质脆薄，容易损毁，早期的纸张，因水火、虫蚀、霉烂多数已荡然无存。中国近代发现的最早、最重要的古代纸写文书是在甘肃敦煌与新疆吐鲁番出土的经卷和各种写本，距今已有1 000多年，其中有的是保存备考，属于档案性质的户籍、契据、账册、公文，其数量甚丰，价值极高。这批文书的发现使世界学术界大为轰动。

以上所述，深埋在地下千年或数千年之久，铭刻或书写在甲骨、青铜、竹木、绢帛之上的古代档案，近百年陆续出土，它们是中国和世界的文化瑰宝、稀世之珍，是了解古代中国人的历史活动、了解亚洲和中国的悠久文明的极为珍贵的第一手资料。研究这些古代遗存的学问分别形成了甲骨学、金石学、简牍学、敦煌学等学科，中国和全世界数以千计的杰出学者曾对之做了精深研究和重大贡献。

中国古代书写在纸张上、立卷存贮并流传至今的档案以明清两代为最多，尤其是清代（17—20世纪初）的档案最为丰富，也比较完整。中国第一历史档案馆所存的明清档案共计1 000多万件，分成74个全宗，其历史之悠久、数量之丰富，在世界上实属罕见。其中，清朝的内阁、军机处、宫中、内务府全宗都是中枢机构累年积存的重要文件。清朝灭亡以后，北洋政府和国民党政府的档案则保存于南京中国第二历史档案馆和其他地方档案馆。这些古老而浩瀚的档案中详尽记录着600年来中国政治、经济、军事、民族、边疆、社会、外交、文化、教育以及人口、环境、天文、气象、地理、水利、物产、灾荒、地震、医药卫生、民风习俗等情况。它们既是历史研究不可缺少的第一手资料，也是了解中国国情、追溯各种现实问题的来龙去脉以制定国家方针政策的重要依据。

中国历代的思想家、历史家十分重视档案的价值，把档案视为研究学术与编纂历史的最基本、最重要的材料。许多伟大学者在档案馆中进行长期研究，写出了不朽的著作。中国古代思想家老子为东周的柱下史，即管理图书档案的官员，他撰写了著名的《道德经》。伟大的思想家、教育家孔子曾向老子问学，他编纂"六经"，很大部分是古代档案文献的选录和汇编。汉代杰出的历史学家司马迁，继承父亲的职业，为太史公，管理政府的图书档案，故而见多识广，能博采史料，创作了中国第一部纪传体通史《史记》。另一位历史学家班固为兰台令，兰台也是贮藏图书档册、进行学术研究的机构，班固写成了第一部断代史《汉书》。自唐代（7世纪）以后，政府设立专门的编写历史的机构"史馆"，史馆中存贮大批档案，唐朝政府曾颁布《诸司应送史馆事例》法令，规定几十种政府档案，应移送史馆保存管理，以备修史之用。历代根据档案编纂的史书和汇编极为繁富，如历朝实录、唐六典、时政记、元典章、通典、通考、通志、会要、一统志、方略、地方志、则例，等等。在古代档案已大量损毁的情况下，这些篇幅浩大的典籍具有极为重要的价值，都是我国文化宝库中的珍品。

我国近代的许多历史学家十分重视对档案的利用。中国科学院原院长郭沫若长期研究古代甲骨文、金文档案，撰写了《中国古代社会研究》《卜辞通纂》《两周金文辞大系考释》，在中国古代史研究中取得了卓越成就。杰出的史学家陈垣参加过明清档案的整理，对档案工作特别关心。晚年，他对中国档案工作的进步十分满意和高兴。他说："多年以来，我对故宫这批珍贵而零乱的档案一直很关心……前些年已经成立了国家档案馆，档案已为人民所掌握，开始为人民服务了。比起以前存贮在皇史宬、内阁大库已不可同日而语了。我几十年惦念不忘的事完全可以放心无虑了。"这一席话充分表现了一位历史学家对档案的重视和关心。另一位历史学家邓拓辛勤收集、整理几百年前北京西郊民间煤窑的一批档案，精心研究，撰写了著名论文《从万历到乾隆》，对历史上民间采矿业的组织、经营与发展水平做了深入研究，成为档案工作与历史研究相结合的典范。

档案文书对于历史研究具有极为重大的价值，这是由于档案本身具有丰富性、现实性、直接性等特点，所以它被认为是研究历史最重要的第一手资料，离开了档案，就不可能进行严肃的、深入的历史研究。所以，古今中外的学者都十分重视利用档案。

当前，中国的档案事业正在蓬勃发展，中央和地方的各级、各类档案馆陆续建立，一边妥善保存、管理现代的各种档案，一边收集分散和流失在各地的历史档案，建立新的库房，使用恒温、通风、防虫、防火设备。在档案资料的利用方面，近十年来，仅第一历史档案馆整理出版的档案史料就近40种，1.6亿字。档案工作者为历史研究和其他应用做出了重大贡献。历史学界和全社会都衷心感谢他们的辛勤劳动，感谢他们对国家文化财富的保存、开发和利用。

论中国历史上统一与分裂*

大一统是中国历史的鲜明特点。中世纪欧洲分为许多小的封建城邦，中国则很早就统一，而且越来越走向大一统、大融合的趋势。自周代的诸侯千百，变为战国七雄，到秦始皇统一全国后，中国统一时间之长久，在世界各国无与伦比。

秦并六国，行中央集权制，置三十六郡，后又发展为四十郡，在我国建立了统一的多民族的国家。这时候，在我国领域内，与秦并存的还有东北部地区的东胡、北部地区的匈奴、西北部地区的乌孙和西域诸城国、西部地区的氐羌、西南汉藏语系与南亚语系的众部落。汉朝在秦统一的基础上，进行了更大规模的统一。北战匈奴，南平众越，通西域，郡县西南夷，设置东北诸郡，除台湾和西藏部分地区外，几乎完成了大部分地区的统一。东汉末，三国鼎立，数十年后，西晋结束了三国的分立。不久，北方游牧民族南下，中原动荡，出现了南北朝对峙，长达300年，

---

* 原载《中国民族教育》，1999年第2期。

继之而隋唐统一，封建社会趋于鼎盛。隋唐时期出现了较大范围的统一，但是与隋唐并存的还有我国吐蕃等族建立的政权。唐以后，仍有局部的分裂，如五代十国，辽和西夏分治、宋金对立。这种局面又经过300年，元朝兴起，混一区宇，以凌厉的武功达到范围更大的统一。元末群雄割据，中原扰攘。明朝建立，我国又分为两大部分，以汉族为主建立的明朝统治区和以蒙古族为主建立的统治区。但是统一是大势所趋，人心所向。清继明兴，复归于一，清代再次达到统一的鼎盛阶段，确立了近代中国的版图。从秦始皇统一以后的2 200年，中国统一的时间，大约占70%，分裂的时间约30%。

怎样估算中国历史上统一与分裂的时间？有的学者认为中国历史上分裂的时间很长，甚至认为从秦以来二千多年时间都是分裂的，只有清乾隆中叶平定准噶尔、统一西北至鸦片战争之间不到100年时间是统一的。鸦片战争后，香港岛被割，又告分裂。这样估算过于绝对化。所谓"统一"不是全国范围的铁板一块，完全一致，毫无分治分立现象。如果做那样绝对化的估算，那么，乾隆以后的100年间，澳门仍为葡萄牙所占，仍有局部的分裂，但这无碍于当时中国的统一。又如今天，台湾尚未回归，但中华人民共和国应是一个统一的国家。

那么又应当怎样看待中国历史上反复出现的统一与分裂现象？我国的统一，不是指某一部分地区某一民族的统一，而是指我国整个领域和居住在这一领域的所有民族的统一。这样的统一，不是自古以来就有的，也不是统一后没有分裂的。既然是多民族国家的建立和形成，各个民族之间既有矛盾和斗争，又有互相联系和日益接近的过程；既分别存在和建立过不同的国家政权，又日益趋向于政治的统一和建立统一的国家。各民族之间长期存在着斗争和冲突，在历史上表现为内乱、分裂、民族战争和改朝换代。纵观鸦片战争前中国数千年文明史，国家总是在统一、分裂而又复归于统一的轨道上运行着。实际上，每一次的统一都不是简单的历史重复，每一次分裂也不能简单斥之为历史的倒退，而是社会由低级向高级、由落后向进步的一种螺旋式的发展规律。每一次新的统一，都有一些新的民族融合于统一多民族的国家之中，都有新的土地得到开发和利用，生产力提高、社会进步、民族发展、国家领土不断拓展，最终凝聚为以汉族为主体的统一的多民族的国家。以中国最后一个封建王朝清朝为例。清初，清朝统治者所面临的局面并不是全国的大一统，而是明末所出现的中国边疆地区的多元化格局。也就是说，清朝虽然建立了对全国的统治，但是并未达到对全国的统一。在边疆地区出现的分裂与割据对于大一统局面来说是局部的和暂时的，是完成全国统一必然经历的过程。清朝统治者对于割据一隅的边疆民族政权并未简单地斥之为分裂或分裂政权，而是在不同的阶段、对不同的民族、按不同的地区所确立的不同关系采用了不同的称呼，实施不同的政策。这是因为，清朝继承明朝的统治，明朝未能达到元朝那样的疆域范围，清朝也只能采取稳妥的办法完成它的大一统目标，这也就体现出清朝政府在实现统一过程中的阶段性。对于已经明确纳入清朝统治范围的或者已经明确由清朝直接管辖的地区和民族，不管是汉族政权还是边疆民族政权，如果背叛清朝，再以独立政权形式与清朝对抗，清朝则坚决斥之为"分裂""谋叛"，坚决平定。

  清初的边疆民族政权又是如何看待国家统一和他们所处的割据一隅的地位呢？首先，对于清朝入关，持最积极拥护态度的是各个边疆民族政权。清初各个边疆民族政权对清朝入关的支持，既表明了它们对清中央政权的承认，同时也确认了自己的从属地位，这不但使清朝政府赢得了统一中原的时间，同时也为其最后统一全国奠定了基础。

综上所述，从清初至18世纪统一多民族国家最后形成的100年间，中国广阔的土地上，既有中央政权，也有边疆民族政权，多种政权和多种制度并存，相互之间既有吸收和融合，又有排斥和对抗，除了准噶尔与清朝对抗时间较长外，其他基本都处于和平交往的状态中，这种长时间的多种政权并存的局面为各民族和各民族政权的经济文化发展创造了有利时机，也为统一多民族国家形成和版图奠定的稳定性提供了时间的保证。

正确看待清朝对中原地区的统一行动及各民族的反抗，有助于理解清朝对边疆的统一和正确分辨边疆民族的反抗或叛乱，在谈到清朝入关及对中原地区的战争时，人们既肯定清朝对中原的统一，也颂扬中原汉民族对满洲贵族统治者进行反抗的精神。在这里，既称"征服中原"也称"统一中原"；既肯定了清朝统一中原的历史作用，也揭露批判了它实行民族压迫、剿杀反清义士的暴行。中国是一个领土广袤、民族众多、历史悠久的国家，边疆地区和中原相距遥远，中国的大多数少数民族都生活在边疆，历史上边疆民族政权与中原政权既有统一也有对峙。这些特点决定了历史上任何一个中央政权对中国实行统一过程的长期性和统一形式的多样化。清朝也不例外，它不可能在短期内完成统一任务。实现对中原的统一并不等于完成了对全国的统一，因此在肯定清朝对边疆的统一功绩时，不能否定边疆各民族对清朝民族压迫的反抗。同样，在全国大一统完成之后，边疆各民族反抗清朝的民族压迫是合理的，但是利用反抗清朝民族政策失误的机会进行民族分裂却又是极其错误的。

由此看来，统一和征服在某些方面有相同的意义，但又有不同的方面。在清代，对边疆既有和平的统一方式，也有残酷的征服战争。这些战争也应该称为统一战争，不管是征服战争还是统一战争，是进步的也是很严酷的。正如列宁所说的那样，历史上常常有这样的战争，它们虽然像一切战争一样不可避免地带来种种惨祸、暴行、灾难和痛苦，但是它们仍然是进步的战争，也就是说，它们促进了人类的发展。

统一有多种多样的形式和内容，有政治的、经济的、文化的、宗教的、军事的和民族的……有全局的和局部的，有全国性和地区性的各种不同的统一关系和统一方式。实现全国的大统一需要很多必要的条件，如地理的、政治的、文化的、经济的、民族的，这些条件是长期历史形成的。实现大统一需要时间和有利的时机，当条件成熟时，需要有把握时机、利用条件、驾驭全局的才能。大统一并不排斥局部地区的小统一，大统一所创造的和平环境为局部地区的发展和统一提供了条件，而局部地区的小统一又可以成为全局大统一的重要步骤。但是，如果不善于把握时机，就可能失去历史上出现的转瞬即逝的完成大统一的大好时机。

中国统一历史格局的形成有以下原因：

(1)经济原因。各民族和各地区经济联系密切，在很早时期，全国范围已有较大的商品流通，唐宋以后，中原和各地区经济、文化的互补性更加突出，南方的稻米、棉花、丝茶和北方的畜产品、麦豆互通有无。作为中华民族主体的汉族是农耕民族，急需治理长江、黄河、淮河、运河那样巨大的水利灌溉和交通工程，也迫切需要一个强有力的中央政府。

(2)民族原因。民族因素极大地影响着当代世界许多国家的各种社会关系和政治关系，影响着经济的发展和社会的进步。同样民族因素也极大地影响着历史上许多国家的形成和疆域的范围。中国统一历史格局的形成与中国历史上古代民族的多次迁移及民族间的频繁往来和长期融合密切相关。

在中国历史上出现的诸多民族或部族有的延续下来,有的却消失了。许多原先分散孤立存在的民族,经过不断的接触、混杂和融合,不断分裂和消亡,逐渐形成一个我中有你、你中有我的多元统一体。

在中国历史上出现的民族与国家统一问题上,有两点对国家统一与版图奠定起着决定性作用:

第一,从中国历史的发展过程来看,经历了从统一到分裂再到统一的两个历史大循环。第一个大循环是从秦汉的统一到魏晋南北朝的分裂,再到隋唐的统一;第二个大循环是从隋唐的统一到五代宋辽金西夏的分裂,再到元明清的统一。在这两个大循环中,中国广阔的疆域经历了三次民族大混杂、大融合,中原地区的汉族深入"夷狄"所居住的边疆,而"蛮荒异域"的边疆民族也流入中原地区与汉族融为一体。元明清三朝是由中国三个不同的民族建立的王朝,蒙古族和满族两个边疆民族先后完成了统一中国的大业,由此国家对边疆地区实行有效的管辖,大批汉族和中原其他民族流向边疆,部分边疆民族内迁,这都极大地加强了边疆民族与汉族融合的深度和广度,为国家的统一和中国疆域的拓展奠定了基础。

第二,中国统一多民族国家的形成,广阔版图的奠定,中国各民族都做出了重要的贡献。少数民族大多数生息、劳动、活跃在中原王朝的四周,它们最早开发、拓展边疆地区,或者率先统一了中国边疆的部分地区,为实现全中国的统一奠定基础,或者进而担当统一全中国的组织者和领导者。元朝和清朝的建立及其对统一的中华民族国家的贡献说明,中华民族多元一体格局的形成,不是由汉族一个民族单独缔造的,而是各个民族包括那些已经消失的民族共同缔造的。中国古代文明持久、稳定的统一,既表现在中原文明不断地扩展,不断地联合和统一诸多边疆各民族的趋势，也表现在边疆各民族不断增强的凝聚力。

(3)文化原因。中国文化具有很强的包容性、认同性。各民族长期共同生活，彼此吸收对方的文化成果，文化的融合为政治认同提供了基础，各民族之间发展起持久而巨大的亲和力、凝聚力。

从文化史来看，中国古代文明在文化史上的发展连续性，在整个世界史上尤其显得突出。文化史上的连续性应该包括两个方面：一是语言文字发展的连续性；一是学术本身发展的连续性。如果从这两个方面来衡量古代的各个文明，那么看来只有中国在文化史上的连续性最具有完整意义。中国古代的语言文字在发展过程中从未发生断裂的现象。从甲骨文到金文，从金文到篆书，从篆书到隶书，从隶书到楷书，从繁体楷书到简体楷书，全部发展过程基本上是清楚的、完整的。如果知道了这样连续发展的过程及其规律，那也就掌握了认识金文、甲骨文的钥匙。在中国古代历史上，发生南北分裂，但是学术传统从未中断。如南北朝时期，北方最混乱的十六国的史学不仅未中断，而且相当繁盛。

(4)地理原因。地理环境对任何一个国家或民族的疆域形成和国家统一都会有很大的影响。从世界范围来看，中国处于欧亚大陆的东端，西面有喜马拉雅山和帕米尔高原的屏障，不像某些古代文明那样处在民族迁移的交通要道上，因而有一个民族活动相对稳定的环境。东部是漫长的海岸线，太平洋一望无涯，波涌际天，水域无垠，长久以来被中国古人视为"万川归之，不知何时止而不盈；尾闾泄之，不知何时已而不虚"。难以横渡的"大瀛海"成为中国人与外界隔绝的障碍。在北方的"幕北地平，少草木，多大沙"。戈壁沙漠，亚寒带原始森林严密地闭锁了人的北行之路。西北古人称其地"上无飞鸟，下无走兽,遍望极目,欲求度处,则莫知所拟,唯以死人枯骨为标识耳"。天山、阿尔泰山、昆仑山、葱岭等雪峰横亘,"山路艰危,壁立千仞",尽管有通往西方的丝绸之路,但交通险阻,古人视为畏途。西南是"世界屋脊"喜马拉雅山、唐古拉山、冈底斯山、可可西里山等山脉造成的地理障碍,更甚于其他地区。

从中国内部来看,各地区之间有地理上的间隔和区别。尤其周边地区与中原地区相比,在气候条件、土壤条件和地理环境等方面有很大的不同,形成了地理条件局部的独立性,造就了若干个并存的经济、政治中心。但是,从整体来看,中国地理条件有其统一性。各地区之间地理上的间隔和区别并不能阻断相互间的交通,而就整体来说,由于天然特点,从北、西、南三个方向向中原辐辏而自成一个自然区。中国地理条件整体的统一性和政治形势有密切的联系,它是维系国家统一的一面。

地理条件的独特性,对中国多民族国家的形成和统一影响很大。在中国这个自然区域中,各个社会集团的活动主要受到整体的影响和约束。周边地区各民族建立政权,已经具备了一定的地理条件和经济条件,但是由于东、南濒海,北有沙漠,西和西南有高山,地理条件的阻隔,向内地发展比向外发展要容易得多,因而产生了一种自然的内向性,这种自然的内向性是形成国家统一和疆域完整的条件之一。

(5)鸦片战争以来,资本主义的侵略激起了中国各族人民的反抗,振奋了爱国主义精神。鸦片战争以前,中国多元一体的民族格局已有几千年的发展过程,其内在的联系不断得到发展,一体性不断得到加强,但是,尚未经受过来自外部力量的冲击和考验。鸦片战争以来,帝国主义的侵略威胁到中国各民族的共同利益,各民族在反帝救亡的斗争中结成了不可分割的中华民族整体。

关于中国传统文化的几个问题*

文化是人类改造世界的方式和能力，以及他们在改造世界过程中所获得的物质和精神成果，包括改造自然、改造社会、改造人类自我。这种方式与能力，各民族、各时代的情况很不相同。古代人对世界改造的方式与能力跟现代人大不一样，这个民族与那个民族的方式与能力也不一样。这是不同类型的文化所决定的。客观环境对人类提出挑战，人类怎么对付它，或者说怎么解决这个矛盾，各时代、各民族行动的目标、方法、知识水平、价值标准、生活态度、心理状态、世界观都不同，这些构成文化的因素就决定了人们改造世界的方式与能力不同，也决定了他们在改造世界过程中所获得的成果不同。

文化作为人类在改造世界中取得的物质成果与精神成果，有的是有形的，有具体的事物作为文化的载体。如上古时代的石器代表一种文化，陶器也代表一种文化，现代

---

* 原载沙莲香主编：《中国民族性》（一），北京，中国人民大学出版社，1989。

的工厂、铁路、轮船、飞机等具体事物代表工业时代的文化。这些具体事物反映了人类创造性劳动，凝聚了人类的智慧。可以说，它们是人类智慧的物化。如果离开了精神创造，那么具体事物就失去了文化意义，就不成为文化，只是一堆僵死的物质的外壳。在这里，物质与精神相互联系，精神的创造、人类的智慧通过具体事物表现出来。人类的科学技术通过工业产品表现出成果，人类的艺术通过艺术品如一幅画、一尊雕像来表现。物质必须凝结人类的智慧、人类的创造才能取得文化意义。自然资源不具备这一条件，所以它不是文化。另外一种文化成果是无形的，看不见，摸不着，但它又确确实实存在着，像典章制度、风俗习惯、道德规范，都不表现为具体事物，但也是人们在改造世界的过程中所取得的成果。甚至更深一层完全属于精神方面的，如科学、艺术、审美观、道德情操、价值观念，也是人类在改造世界、创造世界的过程中所积累起来的文化成果。

总之，广义文化既是改造世界的方式和能力，又是改造世界的成果；既表现为有形的物质的载体，又表现为精神和内在的心态。这样说来，四面八方，里里外外，无所不包。文化包含的内容这么宽广，怎样来进行研究呢？研究什么呢？

文化是个复合体，包括许多部门、许多学科，对它的研究必然涉及许多部门、许多学科。文化与哲学、社会学、历史学、文学、艺术、宗教、民俗学都有关，文化渗透到各个领域。但我想，文化的研究主要不是去研究文化系统中包含的各个具体的部分。一个文化体系、文化实体由许多要素、部门综合构成，所有这些具体的要素、部门综合在一起，有机构成文化实体，或者说，有机构成文化这个大系统。但是，文化实体本身并不简单地等于许多具体要素相加的和。当许多要素、部门相互联系，综合形成一个文化体系时，这个体系本身又具有新的质态，有自身的质的规定性，有它整体性的特点，这种整体性的特点并不表现在各要素的相加。整体包括部分，但整体并不简单地等于部分之和。所以中国文化并不是把中国的科技、文学、哲学、艺术、历史这些部门加起来，不能这样简单地等同，这样简单地相加不能把握文化的整体性。现在我们研究文化、讨论文化当然要涉及许多具体部门，但探索具体部门的规律性，不是文化研究的任务，这应由具体部门的研究人员来解决。文化研究的任务是把握文化体系整体性的特点，做综合性的考察。

文化研究的对象首先是文化的性质。一种文化系统总有它本身的质的规定性，区别于其他文化。我们一般用社会发展形态来区分文化的性质，也就是说，用生产方式、社会制度来决定文化的性质，表现文化的时代性。文化具有时代性，不同生产方式具有不同性质的文化，不同性质的文化是不能混同的。一般说来，后来者居上，愈是后来的文化，愈是先进，因为后来的文化吸收、综合了以前的文化，加以新的创造、新的发展。当然，一种较高的文化，刚刚处在新的阶段时，处在幼稚阶段时，不一定能显示出它的优越性。它还没有旧的文化那样成熟、丰满，但随着实践的发展，随着新文化全面的成长，必然超过旧文化。

其次，我们应研究文化的类别。文化是可以用种种方法、标准分类的。如用生产、生活方式分，可以分为渔猎文化、畜牧文化、农业文化、工业文化；用地域、国家加以分类，可以分为欧美文化、阿拉伯文化、中国文化、印度文化。原始时代的文化干脆用生产工具、生活用具加以分类，如石器文化（新石器文化、旧石器文化）、青铜文化、彩陶文化、黑陶文化。文化包含的领域宽广，内容复杂。为了研究的方便，可以用某种标准来加以分类，大类的下边可以分成小类别，成为亚文化。大文化体系可以分成许多亚文化。像中国古代文化这个大文化系统里，就包括了许多亚文化：中原文化、荆楚文化、吴越文化、巴蜀文化、幽燕文化等。所以应用各种方法、标准进行分类，在分类中加以比较、加以分析，认识各种文化的共性和特点。

文化研究还应包括对文化的功能，即文化的效用、价值之研究。前边我们说过文化是人类创造的（动物谈不上文化，只有它的本能反应），反过来，文化又塑造了人。每个人都在一定的文化圈子里生活、成长，受教育，取得知识，培养自己的能力，学会怎么思考问题、怎么行动、怎么适应环境、怎么改造环境。人是社会动物，是指人生活在一定的文化环境、社会环境中，他属于某种文化，我们说中国人跟欧洲人、美洲人不同，有两方面的意思：一方面是种族不同，欧美人是白种人，中国人是黄种人；另一方面是文化不同，中国人与欧美人有不同的文化背景、不同的文化史、不同的生活态度、不同的文化价值观念。有一些华裔的美国人，他从小在美国长大，如果完全吸收美国文化，虽然在血统上是中国人，但他在文化上是美国人，他对问题的反应跟我们已经不同。所以说，文化塑造了人。

此外，谈谈文化比较研究。各种各样的文化，有共性，也有个性，各有它们的优点与局限性。作为人类文化的一个部分，各种文化的产生，都有它的根据，都有它的合理性。随着时代的发展，有的文化跟不上时代的要求，衰落了、消失了。文化的比较研究很有意义，观察历史长河中各种文化的潮流，丰富多彩，变化无穷。当来潮的时候，一种文化开始生长，汹涌澎湃，很快地发展。当退潮的时候，它销声匿迹。文化的比较有高下之分、先进与落后之别。因为文化总是从初级形态进化到高级形态。不承认高下之分、先进与落后之别，就等于否认文化的前进性，也否认了人类历史的发展。但文化的比较不能简单地归结为高下之分，不能简单地归结为优劣之分。因为文化有类型、风格、情调上的差别和表现手法的不同，等等。文化是丰富多彩的，人类在不同的历史条件、不同的地域条件下，会创造出不同形态的文化。所以各种文化的差异性，不能完全用高低、优劣、先进与后进来判断。比如中国的荆楚文化、幽燕文化、巴蜀文化等一些地区性的文化，各有特点，但不能说哪种文化优越、哪种文化落后。之前上海提出海派文化，当然有它优越的方面，但不能说它比其他文化先进，它同样存在局限性，不能绝对地用先进与落后来区分这种地区性文化。即使人类早期的文化，从总体上来说，它处在初级阶段，当然比现在的文化落后。但在某些方面，它达到的成就，是现今先进文化不能比较的，赶不上的。像古希腊文化，是一种初级阶段的文化，但古希腊文化的许多成果，恐怕我们今天也创造不出来。文化的比较可以使我们对各种文化加以鉴别，更重要的是使我们认识它们的丰富多彩，认识它们的价值，认识它们在人类发展中所占的地位。

中国传统文化是个大问题。中国是个文明古国，历史悠久，我们在这样一个文明古国里建设社会主义，我们固有的文化传统是什么呢？先谈中国传统文化的起源、发展，即它产生于什么样的环境，是怎样发展的。对中国文化影响比较大的因素，有经济条件、政治结构、社会结构、地理环境，这些都影响中国文化的发生、发展。首先，中国是农业社会，6 000年以前，中国就种植农业作物。在中国，自给自足的小农经济长期占统治地位，商品经济不发达。在这样的一个农业社会里，民族性格既有勤劳朴实的一面，也造成了稳定、保守、散漫的一面。

其次。中国几千年的政治体制、政治结构是长期的封建专制主义。从秦始皇算起，已有2 000多年了。专制主义、官僚结构对中国的传统文化打下了很深的烙印。

再次，中国是个宗法、家族制度普遍盛行的国家。人们从小到老，生活在一个宗法结构中间。宗法意识、家族意识非常强烈。中国文化是在这样一个社会结构中形成的。

最后，地理环境也对中国文化产生了影响。中国在亚洲东部的大陆，东面是海洋，西北是高山、沙漠，将近1 000万平方公里的领土形成一个相对封闭的环境。跟其他文化发达地区隔得比较远，交流比较少（当然历史上也有过交流，如丝绸之路）。在这样一个相对封闭的地理环境中形成了一种独立的文化系统，不同于西方文化。

中国传统文化内容丰富，但它有个主干、核心，这就是儒家文化（以孔子为代表）。当然，儒家文化本身在历史发展的过程中也有很大的变化。在春秋战国时期，各学派"百家争鸣"，儒家只不过是许多学派中的一派。汉代，董仲舒发挥了儒家学说，使其成为统一的专制国家的官方意识形态，成为官方文化。汉代儒家已不同于先前的儒家了。以后，魏晋南北朝隋唐五代，儒家也有变化，它吸收了佛学。到宋代，产生了程朱理学。儒家文化本身也经历了一个很复杂的变化过程，也吸收、融汇了其他文化。儒家很明显地吸收了道家、法家、佛教思想，也吸收了少数民族文化。所以一部文化史就是文化的传播、交流、冲突、融合的历史。

中国文化在一个相对封闭的环境中成长，但它也有过与外来文化的接触。大规模的接触、交流有三次，第一次是佛教的传入。从东汉起，历经几百年，开始是比较粗浅的佛教教义的传播，但经过长期的消化、文化的整合，到唐代，发展到高峰，产生了中国化的佛学——禅宗，到宋代，产生了在佛学影响下的儒学。佛教的传入经过了几百年的过程，这是中国与印度文化的一次大交流，对中国传统文化影响极大。第二次中外文化交流是明清之际，西方传教士到中国来，从利玛窦到汤若望、南怀仁，从明末到康熙年间，100多年间，到中国来的传教士有好几百人，带来了西方的宗教，也带来了西方的文化，包括天文、历法、数学、武器、地图、建筑、绘画和其他自然科学。100多年的时间，西方译著和传教士随身带来的科学仪器也很多。但雍正、乾隆年间，这种交流中断了。原因很复杂，当时中国对西方缺乏认识，所以没有形成一种吸收融合西方先进文化的潮流。第三次文化交流是在鸦片战争以后，外国的大炮打开了中国的门户，中国被动地吸收西方文化，形成中西文化的冲突，这也是交流。从某种意义上说，这样的吸收、交流、冲突，到现在还没结束。当然，现在封闭的局面已打破了，不可能再回到历史上那样的闭关状态。中国已进入世界历史的潮流中，中国的社会主义新文化将在批判地吸收传统文化的同时，随着全人类文化一起前进。

中国传统文化的一个特点是重视人际关系。

在中国，伦理道德、历史学这一类学科比较发达，而不太着重于对自然的研究，不着重于研究人与自然的关系，所以中国自然科学相对来说不发达。

中国编《四库全书》时(这是中国古代文化最盛时，也是中国古文化的一个总结时期)，法国像狄德罗、卢梭等百科全书派正在编《百科全书》，通过这两部书的比较就可看出东、西方知识结构的不同，也可看出东、西方文化性质、价值观念的不同。当然古人对自然科学也不是漠不关心，但不是像西方人那样把它作为一个纯客观的对象，排除主观性去研究它；而是用"天人合一"的观点，用主观的思想感情、主观的意象赋予自然界以种种意义。中国的诗文里讲自然的很多，都是以自然界为题材，但这只是叙述，而不是用科学的眼光去研究它；

是欣赏它的美，而不是追求它的真。所以中国文化的特点，比较着重于人际关系，有人称之为人文主义。但我认为人文主义是西方的思潮，有它特定的内容，恐怕跟中国的传统文化还不是一回事。

中国传统文化重视人际关系、重视人，是将人放在伦理规范中来考虑的。不是肯定个人价值，而是肯定个人对其他人的意义。它的积极意义就是重视人的历史使命，它讲人对社会、对别人的关系，强调人要对社会、对别人做出贡献。但它也有消极的一面，就是忽视了人本身的权利，它把人的价值过分地放在对别人的关系上，而不在自己本身。它讲伦常关系、君臣、父子、夫妇等这一类，都是在讲人和别人应处在一种什么关系中，但是这个社会给人以什么保障呢？它忽略了这一点。

中国传统文化的另一个特点就是同政治结合得比较紧密。2 000多年来，儒家思想一直占统治地位，而且深深渗透到国民性中，它同官方结合得非常紧密，是官方哲学。"学而优则仕"，其治学目的就是入仕、做官。儒家有它积极的方面，即它是入仕的哲学，不像佛学。儒家重视文化对社会的作用，所以儒家有许多名言。"先天下之忧而忧，后天下之乐而乐"，"天下兴亡，匹夫有责"，等等。它强调要治天下，是治国平天下的学问。但是它密切结合政治也产生了另外一种缺陷，即依附于政治，经常以官方标准做判断，把很多事情都附会到政治上去，甚至彗星出现、火山爆发、地震等自然现象都成了被附会的对象，成为天人感应的一种现象，认为政治上有失误，天上就要"示警"。另外，缺少自由的创作，凡是不合于官方口味的，都被称为异端思想，所以中国古代的思想迫害屡见不鲜，文字狱历代都有，政治干预文化就会产生消极的后果。

中国传统文化的第三个特点是带有非常强烈的宗法家族色彩。中国没有统一的像西方那样强烈的宗教,没有那样大的教权(西方的教皇在中世纪甚至比国王地位都高),但是族权——宗族的权利、家族的权利——很大,它实际上控制着老百姓。老百姓把两个东西看得最重要:一个是真命天子——皇权,一个是老祖宗——族权。政权跟族权的势力渗透到各个方面,可以说在中国古代社会生活、文化生活中起极为重大的作用。"君"和"父"是中国人的两个最重要的概念。"无君无父是禽兽也",也就是说:人和动物最主要的区别,就在于人有"君"和"父"。与"君"和"父"相应,就是中国道德观念规范中的"忠"和"孝"。忠臣、孝子是最完美的人格。所以宗法家族在中国人心目中是很重要的,在国民性格中也是很重要的。这还可以从中国古人有两个重要的生活目的——光宗耀祖,传宗接代——看出来。

光宗耀祖。人活着是为了使他的家族光彩,个人奋斗、读书应举、做官发财,固然是为自己享受,但他更大的目的却是光宗耀祖,给家里立个牌坊或挂一块匾,或者给家里修坟扫墓。

传宗接代。就是生儿子,把他家族绵延下去。"不孝有三,无后为大"。所以人生活的目的就是家族的延续和家族的昌盛。

上面提到的"孝",我想也应该分析,它当然有好的方面,即它是对父母的正当感情、正当态度。赡养父母、尊敬父母,理应如此,但是如果把这种感情态度提升到一个道德原则,并且加以绝对化,就必然会产生许多流弊。中国古人心中最大的悲剧是什么呢?不是个人的死亡,甚至不是国家的灭亡,而是宗族的灭亡,灭族之灾是最大的不幸。比如中国古典小说《红楼梦》,它是一个悲剧,讲的是封建大家族的没落。

下边我再谈一点中国传统的思维方法和表现方法。中国人的思维方法似乎比较注重直观、着重于体验,相对来说在推理分析上比较薄弱。中国人的思维方法的特点是先直觉到某一个真理，然后用比喻或类比等方法来表现这个真理，用例证的方法来加强、说明这个真理，缺少从未知推到已知的过程（并不是没有，但这方面比较薄弱）。

　　读中国思想家的书，读中国古代的经典，往往感到有深刻的哲理，但是其思想是跳跃式的，在他们的体会中想象的色彩比较多，比较凝厚和强烈，所以它有许多精彩的片段，有许多闪光的颗粒，但是不连贯，缺少多方面的论证。中国古代圣贤喜欢用格言的方式来表达思想，这些格言没有展开，没有充足的论证，比如《论语》，它的道理就几句话或一句话，"有朋自远方来，不亦乐乎"，只有一句话，这个《论语》就是语录式的。老子的《道德经》也是非常简练。宋明理学家许多理论也都是用这种方式来表达，在一两句话中讲一个生活的道理，简短有力，把真理浓缩在片段中间。这同西方著作不太一样，西方的著作都是大部头，让人看了以后，觉得很烦琐。当然，这只是相对而言。

　　中国的艺术也有其特点——强调写意，而不是写真，现代的中国画采取了西方的一些表现手段，古典的中国画中的人很小、很远，画在山水风景中间，强调的是人跟景的交融，人在景中，而不是强调人的面目；"传神之笔"要传神，不像西方油画那样写实、写真。油画创作很真实，简直像照片一样，它讲究比例、线条、透视、色彩等，画人要画模特儿，要讲骨骼肌肉。国画不讲求这些，画人的比例也不大对，脸大身子瘦。中国的戏曲好像也有这种情况，也是表现神似，只求意思到了，而不是把真实的细节、生活中的真实都全盘托出。

　　中国人表达感情比较含蓄，保持分寸，保护感情，封闭自己的内心世界，不是无保留地表现。文化人与野蛮人是有区别的，他不能毫无节制地发泄感情。文化的作用之一就是在内心世界设置一层帷幕或纱巾，或薄或厚，挡住内心世界。中国文化设置了较厚的帷幕。人类的喜怒哀乐本是自发的、本能的，如果毫无节制地让它泛滥，就势必引起人与人之间的冲突。中国文化集中在人际关系，因此感情世界的面纱较厚，按一定规范、程式办事。所以中国人表现感情没有采取像西方的接吻这一类的方式，而是用打躬作揖，含蓄地表达自己的感情。

中国传统文化中有几个概念是值得注意的：首先是儒家的中庸。关于中庸已经写过许多文章了，中庸这一概念承认对立面的矛盾、统一，但解决矛盾的方法是缓和、调和矛盾，更多地强调了事物统一性的方面，保持一种和谐。中庸之道是不走极端，防止矛盾的激化。要理解中国文化，这是一个重要的概念。第二个概念是礼仪。这也是中国文化中一个很重要的范畴。对个人来讲，就是"克己复礼"，约束自己的欲望、自己的感情、自己的利益，不然就会互相冲突。"礼"是调解人和人关系的准则，也是工具，"克己复礼"即是理性的克制、自觉的克制，又是一种强制性的克制。人必须按礼义来办事，把自己约束在一个人际关系规范里，"礼仪"不仅约束个人，也约束国家、家庭，于是有了"礼仪之邦""礼仪之家"等。中国人向来自称是"礼仪之邦"，强调礼仪，不重视法。礼仪和法是相对的，"礼"带有更多的自觉性，带有更多的教育的性质，"礼教"形成一种"讲礼"的风气。而法更多的是强制，中国古代强调"礼制"，而不是强调法制。中国的法也有，而且在古代还很发达，但中国的法也有特点，即它似乎是专用来惩罚人的。一提法家就让人想起严厉、刻薄和无情无义来。所以，中国古代的刑法特别发达，民法不发达。对那些破坏社会制度、损害人民生命财产安全者惩治性很强，而那些财产纠纷、婚姻纠纷等老百姓日常间的冲突却不是付诸法律，而是由家族来处理，不惊动官府。由此可见,古代法规打击什么是很明确的,但它保护什么(老百姓的正当利益等理应置于它的保护之下)就不明确了。归结为一句,就是法制不健全。还有就是"义利"的观念,重义轻利,强调道德修养,强调主体性的自我完善,而不着重于物质利益。《孟子》开章第一句话,"王曰:'叟!不远千里而来,亦将有以利吾国乎?'"这话是很正常的,但孟子却当头一棒,说:"王何必曰利?亦有仁义而已矣。"然后是对梁惠王的教训,最后他的结论是:"上下交征利,而国危矣。"孟子把利和义对立起来,重义轻利。儒家文化追求的是自我的道德完善,孔子最好的学生颜回"一箪食,一瓢饮,在陋巷,人不堪其忧,回也不改其乐",这是孔夫子对他的道德修养的称赞。轻利重义,当然有其积极性的一面,这种思想培养许多为正义、为民族大业而奋斗的有高尚人格的人,不重视个人享受,讲究气节,讲究人格,追求自我的道德完善,"富贵不能淫,贫贱不能移,威武不能屈",不向权势低头。所以,在儒家所强调的"杀身成仁,舍生取义"的熏陶下,产生了一些英雄人物。但这种重义轻利也产生其消极的一面,轻视商人,轻视商业,过分地、绝对地强调人的道德完善、道德修养,其结果就使人的正常的要求权利受到压抑,到宋元时就发展为"存天理,灭人欲",人的欲望被消灭了。走到极端时,这种道德就变成对人的摧残。

以上是我对中国文化的粗浅感受。

清代书法浅论[*]

有清一代，实为我国书法史上之繁荣期，名家辈出，佳作如林，千枝竞秀，百舸争流，书法艺术极其丰富多彩。大体上，乾隆以前，帖派独盛，书法家远祧二王（羲之、献之），追摹唐贤，归于赵、董（赵孟頫、董其昌），继承传统，发扬光大，各具风格。乾嘉以后，碑派崛起，书法家搜求临摹鼎彝碑版，开辟创新，另成蹊径，篆隶真草，诸体大备，达到了书法史上的高峰。

所谓"帖派""碑派"，其分野始于晋室东迁。江左士族，雅擅风流，羲之、献之，为书派南迁之祖，唯南朝不尚碑刻，文字均写于缣帛，皆谓之"帖"。南帖派疏放妍妙，长于书牍，而篆隶古字，多所变更。北碑派则推崇索靖、崔悦，由于北朝刻碑勒铭之风气盛行，字体古质遒劲，长于碑榜，字体犹存古法。故南帖、北碑实由于时代、地区之不同，书写载体不同，书法之体裁风格亦迥然不同。唐太宗极喜王羲之书法，南帖遂掩北碑而上，但唐代书法家尚

---

* 原载《中国文化》，1997年第15、16期。

多识古碑，兼习南北书体，故卓然多书界之宗师。自宋刻《淳化阁帖》出，帖学更广泛流传，而汉魏碑碣掩埋于荒草黄沙之中，逐渐磨蚀。故宋元于书法家独尊南帖，其所见碑版亦不多。清代前期，承历史遗绪，唯尊南帖。尤其是康熙皇帝酷爱明末董其昌的书法，董其昌书疏淡秀逸，为帖学的集大成者。"上之所好，下必有甚焉"，董的书法，为当世所重，他刻的《戏鸿堂法帖》风靡海内。至乾隆皇帝又爱好元代赵孟頫书，一时圆润清丽的赵体字又大行于世。乾隆帝刊勒《三希堂法帖》收集魏晋至明末书法家135人，分为32册，而赵帖占5册，董帖占4册，两人已占全部篇幅的28%，可见清前期崇尚赵、董的时代风尚。晚清碑派兴起，力诋帖学，集矢于赵、董。如郑孝胥称要"以萧散宏远，涤赵、董之侧媚"，又说"国朝竞学董，阉然如乡愿"（《海藏书法抉微》）。康有为则称元明书法，多出赵孟頫之门庭，"姿媚多而刚健少"，又称董其昌"俊骨逸韵，有足多者。然局束如辕下驹，塞怯如三日新妇"（《广艺舟双楫》卷二）。碑派所说固然也抓住了帖派的某些弱点，但门户之见太深，贬斥异己，一笔抹杀，未必公正。平心而论，北碑派未必都是好字，南帖派也未必都是劣书，北碑南帖，各有特色。"短笺长卷，意态挥洒，则帖擅其长；界格方严，法书深刻，则碑据其胜"（阮元：《北碑南帖论》）。环境和风气对艺术的体裁、风格产生决定性的影响，很难以不同体裁和风格简单地论定艺术之优劣高下。北碑南帖是不同时代的产物，代表不同的艺术风格，雄浑质厚和俊逸妍秀的艺术品可以并存，体裁和风格的多样化正是清代书法艺术繁荣的表现，而不是信崇汉魏，就一定要贬低宋元明，推尊北碑就必须把南帖说得一无是处。

由明入清，最著名的书法家是王铎、傅山、朱耷、朱彝尊。王铎，河南孟津人，南明弘光朝东阁大学士，在南京迎降清兵为士林所不齿，然书法极佳，董其昌为明末"书圣"，王铎比董小 35 岁，而书名与董并称。当时著名学者黄道周曾对他揄扬备至，称："行草近推王觉斯（王铎）。觉斯方盛年，看其五十自化，如欲骨力嶙峋，筋肉辅茂，俯仰操纵，俱不由人。抹蔡（襄）掩苏（轼），望王（羲之）逾羊（欣）"（《石斋书论》），评价极高。但因王铎屈节事清，书名掩而不彰。与王铎齐名的书法家傅山，山西阳曲人，字青主。他为人与王恰好相反，傅山极重气节，清廷征召不就，以黄冠终老。他的诗说："作字先作人，人奇字自古。纲常叛周孔，笔墨不可补。"故傅山论字，推崇唐颜真卿，因其立朝正直，抗叛死节，而鄙视赵孟頫，因其以宋之宗室，出仕于元，谓赵字"熟媚绰约，自是贱态"（《霜红龛书论》）。当时人极称赞傅山的书法："行草书皆登宋人之堂，隶则中郎（蔡邕）以后，罕见其匹"（陈玠：《书法偶集》）。朱耷，南昌人，明宗室，晚号八大山人，善书画，遍临诸家法帖，善用秃笔，笔圆力重，拙中见巧，有晋唐人书风。另一位大书家朱彝尊，浙江秀水人，为博学多才的学者，既精经学，所著《经义考》为世所重。其诗词与王士禛、陈维崧齐名，其文章与魏禧、汪琬齐名。《桐阴论画》称"竹垞（朱彝尊）古隶，笔意秀劲，韵致超逸"，他精研隶书，把汉隶分为"方正""流丽""奇古"三种不同风格，为清代讲习汉隶的第一人。另一位也以书写汉隶知名的郑簠，南京人，号谷口。明亡不仕，家世业医，致力书法。自称"弱冠时，见闽中宋珏隶书颇奇，心悦而临仿之，学二十年，日就支离，去古渐远，深悔不求原本。转而直学汉碑，日夕临摹三十年，自得朴拙奇古之妙"。他和朱彝尊一起研究汉隶。在董其昌书风笼罩的艺坛上，朱、郑不满足于雷同划一之书体，努力别寻路径，虽尚未能开宗立派，自成壁垒，但其识见高远，振聋发聩，对以后碑派书法的崛起，有相当的影响。

清代前期，书法界人才鼎盛，竞呈才华，多尊崇董其昌，善行草书，以秀逸多姿见胜。其中魏裔介行书，"笔意洒脱，自饶古韵"；查士标书法精妙，"得董宗伯（其昌）神髓"；尤侗"书法有天趣"；汪琬书"在颜苏之间"；杨宾书"圆韵自然"；王士禛"书法高秀似晋人"；赵执信书"秀逸多姿"；查昇书"含蓄有致"；李光地书"妙在疏散而有风神"；林佶书"绰约可喜"。这些人的书法大多接近董其昌的风格，婉秀有余而劲挺不足。康熙中的江南三书家，姜宸英、陈奕禧、何焯颇有盛名。姜宸英，浙江慈溪人，号西溟，为清初著名散文家，字体摹法羲、献、米、董，莹秀悦目。有人评论"苇间先生（姜宸英）每临帖多佳，能以自家性情，合古人神理，不似而似，所以妙也"（梁同书：《频罗庵论书》）。"姜学晋人，用笔蕴藉，吻肩不露，结体亦高雅，不踏时蹊"（徐用锡：《字学札记》），但批评姜字"笔笔拆开看，有未足处"。陈奕禧为海宁望族，家藏碑拓甚多，习学既勤，见闻广博，他是王士禛的学生，王说："门人陈子文奕禧，号香泉……诗歌、书法著名当世。其书专法晋人，于秦汉唐宋以来金石文字，收藏尤富，皆为题跋辨证。米元章、黄伯思一流人也"（王士禛：《分甘余话》）。也有人批评"陈知用笔，点画有功。只好古字，反坠河北毡裘气"（《字学札记》）。当时书家均擅小楷而陈善写大字条幅。何焯，苏州人，号义门，学识渊博，楷书学欧阳询、文徵明，得其神韵。他和另一书家杨宾曾经在陆氏明瑟园中比赛写字，各逞所能，"是日，少长咸集，群聚而观，诧为盛事，凡四日而罢"（杨宾：《大瓢偶笔》）。也有人评论何焯的字，"自己面目少，塌着笔描字，不是提着笔写字"（《字学札记》）。

至18世纪，清朝承平日久，修文崇学，书法艺术颇兴盛。因董其昌的字体过于柔弱，不适应清中叶升平盛世的气象，故赵孟頫的书法流行于时，形成"香光(董其昌)告退，子昂(赵孟頫)代起"(马宗霍：《书林藻鉴》)的局面。乾隆帝本人喜爱文墨，摹写赵字，他的书法秀美潇洒，珠圆玉润。所谓"高宗袭父祖之余烈，天下晏安，因得栖情翰墨，纵意游览，每至一处，必作诗纪胜，其书圆润秀发，善仿松雪"(《书林藻鉴》)。董体和赵体字虽有不同的特点，但同属柔婉一派。清代书法长期受董、赵的影响，被讥为"馆阁体"，平正滑熟，缺少变化，传习既久，陈陈相因，宫廷和朝考时，竞相仿学，有千篇一律之弊，但许多书家亦勤研苦习，吸取历史上各种不同书法艺术的风格，或继承传统而力求精进，百尺竿头，更上一步，或变异传统，锐意革新，别出机杼，自立门户，使18世纪之书风分为继承与变异两个流派。

蒋衡、张照可作为传统的继承派，而王澍、金农、郑燮可作为传统的变异派。

蒋衡，江苏金坛人，他是书法家杨宾的学生，书风在董、赵之间，他勤于临池，朝夕不辍，工于楷书。杨宾说"湘帆(蒋衡)十五岁从余学书，今小楷冠绝一时，余不及也"(《大瓢偶笔》)。蒋书写《十三经》，共八十余万字，历时十二年，楷法工整，结构协调，笔墨酣畅。乾隆帝命刻碑，凡一百九十块，列太学，名《乾隆石经》，为书法金石史上之宏篇，今存首都图书馆。

另一代表人物是张照，江苏华亭人，与董其昌同乡，虽年代不相及，然张的舅父王顼龄、王鸿绪兄弟都是董书法的嫡派传人，康熙帝酷爱董其昌书，爱屋及乌，宠信王氏，南巡时曾两次到华亭王氏之秀甲园。王鸿绪之书法，人称"腴润有致"，张照推崇董、王的传承，谓"思翁(董其昌字思白)笔法真造化在手，有明一代推为独座，虽松雪(赵孟頫)亦莫能与京。学思翁者多，唯俨斋(王鸿绪)司农得其骨"

(《天瓶斋书画题跋》)。张照从舅氏得董派书法，而参以赵的书艺精绝，雍乾之间，独步一时。乾隆皇帝极其推挹张照的作品。御制《怀旧诗》中称张"书有米之雄，而无米之略。复有董之整，而无董之弱。羲之后一人，舍照谁能若。即今观其迹，宛似成于昨。精神贯注深，非人所可学"。诗注中又说：张照"尤工书，临抚各臻其妙，字无大小，皆有精神贯注，阅时虽久，每展对笔墨如新。余尝谓张照书过于董其昌，非虚誉也"(《乾隆御制诗四集》卷五九《怀旧诗》)。阮元也盛赞张照的书法超过了董其昌。他说："司寇(指张照)书自是我朝一大家，然间有剑拔弩张之处，内府收藏不下数百种，以《争座位》两帖卷为甲观，笔力直注，圆劲雄浑，如流金出冶，随范铸形，精采动人，迥非他迹可比，内府所藏董文敏(其昌)《争座位》帖，以之相较，则后来居上。"张照因事下狱，与天算家何国宗同被拘押，将董派的书法技巧传于何国宗，后来的书法家梁巘曾踵何氏之门请教笔法，时何国宗年迈，未能亲自接见，令其子与梁巘谈话。此段传承关系梁巘告知段玉裁。正因张照精于书法、音律、戏曲，故张虽得罪下狱，乾隆帝宽宥之，出狱复官。张照曾书写范仲淹《岳阳楼记》，置岳阳楼上，名楼、佳文、好字，人称三绝。

张照是乾隆帝身边的近臣。当时在军机处或内廷供奉翰墨者，均擅长书法，如大学士、军机大臣张廷玉笔意流畅、娴熟工稳、潇洒自然。军机大臣汪由敦书体力追晋唐人，庄重之中出以冲和渊秀。军机大臣裘日修书法超俗出尘，似不食人间烟火。乾隆帝得张即之所写《南华经》，缺数册，因裘书法酷似张即之，令裘补写足成之。在野的知识分子，书写风格亦近赵、董，如著名诗人袁枚，张问陶称其书"雅淡如幽花，秀逸如美女。一点着纸，便有风趣，其妙在神骨间"。这些人的书法艺术继承传统，不脱离赵孟頫、董其昌的畦町，是当时的主流。

同时，另一些欲思有所变异的书法家，如王澍、金农和郑燮。

王澍，江苏金坛人，号虚舟，年齿稍长于蒋衡、张照，他被认为是明代文徵明书法的传人。《清史稿》称他"绩学工文，尤以书名"，"摹古名拓殆遍，四体并工，于唐贤欧（阳询）、褚（遂良）两家，致力尤深"。他考订法帖，用功很深，作《论书剩语》《翰墨指南》《古今法帖考》揭示书法要领，书家宗派。他对赵、董影响下的书法界颇感不满，说"书道关于世运，自思白（董其昌）兴，而风会之下，于斯已极"。他的眼光从传统的法帖开始转移到陆续发现的古碑碣，欣赏其字体的雄浑遒劲。他曾说："江南足拓，不如河北断碑"。转而习写篆字，为书写玉筋篆之名家，善于藏锋圆落，字体瘦健挺秀，笔力内含，平生勤觅碑碣，临摹考证，努力不懈，实开后世碑派之先河。

18世纪前期，能够突破传统，别创书写新风的应推"扬州八怪"中的金农和郑燮。金农，浙江钱塘人，号冬心，性格奇特，晚年流寓扬州，书法得力于《国山》及《天发神谶》碑，师古而不受约束，笔力厚重，结体紧密，别具一格。创"漆书"，融隶楷为一体，具有惊世骇俗的怪异之风。郑板桥赠他诗句："乱发团成字，深山凿诗书。不须论骨髓，谁得学其皮。"

郑燮，江苏兴化人，号板桥。他以分书入行楷，"创六分半书"，在用笔、结体、布局上别出心裁，卓荦不群。笔法多样而具法度，结构独特，宽窄聚散、正斜，错落有致，奇趣横生，在帖派盛行的时代，能冲越藩篱，与金农异曲同工。他把作画的方法用来写字，故蒋士铨的诗云："板桥作字如画兰，波磔奇古形翩翩"。金农、郑燮新颖而怪异的书法，引起后人的许多议论。康有为说："乾隆之世，已厌旧学，冬心、板桥，参用隶笔，然失之怪，此欲变而不知变者"（《广艺舟双楫》)。杨守敬说："板桥行楷，冬心分隶，皆不受前人束缚，自辟蹊径。然以为后学师范，或堕魔道"。

降至18世纪后半期和19世纪前期，亦即清乾嘉时代，书法艺术进入分化、发展时期。帖学虽仍流行而碑学已迅速崛起，自成壁垒，分庭抗礼，成双峰对峙、两水分流的形势。书法作品更加丰富多彩，精品迭出。这时的帖派书法家，刘(墉)、翁(方纲)、成(亲王永瑆)、铁(保)，三梁一王(同书、国治、巘、王文治)，以及钱氏四家(大昕、伯坰、坫、沣)均负盛名、各具风格，而碑派书法则有桂馥导其先路，邓石如、伊秉绶立其中坚，阮元、包世臣作其护法，何绍基、赵之谦、康有为为其后劲，人才济济，各自显露丰采，形成书法艺术的蔚然大观。

刘墉，山东诸城人，号石庵。书体雄厚苍劲，味厚神足，"论者譬之黄钟大吕之音，清庙明堂之器，推为一代书家之冠。盖其融合大家书法而自成一体，所谓金声玉振，集群贤之大成也"(徐珂：《青稗类钞》)。他的特点是能融会诸家，变化创新。"少年时为赵体，珠圆玉润，如美女簪花；中年以后，笔力雄健，局势堂皇；迨入台阁，则绚烂归于平淡，而臻炉火纯青之境矣。世人每讥其肉多骨少，不知其书之妙处，正在精华蕴蓄，劲气内敛，殆如浑然太极，包罗万有，人莫测其高深也"(易宗夔：《新世说》)。他极受后人推崇，虽是帖派代表，稍后的碑派理论家包世臣也将他置于清代书家的第二人，仅次于碑派巨擘邓石如之下。而评论苛严的康有为亦称赞他："石庵出于董，然力厚思沉，筋摇脉聚。近世行草书作，浑厚一路，未有能出石庵之范围者。吾故谓：石庵集帖学之大成也"。

翁方纲，直隶大兴人，号覃溪。博学多识，为乾嘉时代著名学者，字体初学颜真卿，后学欧阳询，隶法《史晨》《韩敕》诸碑，"双钩摹勒旧帖数十本，北方求书碑版者毕归之"(《湖海诗传》)。善作隶书，小楷书体工整厚重，为馆阁体代表。翁讲书法，离不开考据，一点一画，穷究来历。包世臣讥评他"宛平(翁方纲)书只是工匠之精细耳。于碑帖无不遍搜默识，下笔必具体势，而笔法无闻"(《艺舟双楫》)。杨守敬也批评他"天分稍逊，质厚有余，而超逸之妙不足"。据说：翁方纲的女婿戈某正好是刘墉的学生，戈某问翁：刘墉的书法造诣如何？翁说：去问你的老师，他哪一笔合乎古人法度？戈某果然去问刘墉。刘墉对戈说：我写的是自己的字，不论古人法度。去问你的丈人，他哪一笔是自己的字？可见刘与翁的书法风格迥然不同，刘主创新而翁重守成。永瑆、铁保小于刘墉30多岁，小于翁方纲20岁，然四人齐名。永瑆是乾隆第十一子，封成亲王。永瑆亦学欧阳询、赵孟頫，其手迹刻为《诒晋斋帖》。他生长内廷，得博览所藏书迹，识见广阔，精于楷书，笔意瘦劲，神态俊逸。据称他："幼时握笔，即波磔成文，少年工赵文敏(孟頫)。又尝见康熙中某内监，言其师少时犹及见董文敏(其昌)握笔，惟以前三指握管悬腕书之，故王推广其语，作拨灯法，谈论书法具备。名重一时，士大夫得片纸只字，重若珍宝"(昭梿：《啸亭杂录》)。铁保楷书亦近馆阁体，后习摹颜体，草书学王羲之，旁及怀素、孙过庭，以纠早年板滞之病。刘、翁、成、铁四家，后世亦有訾议。如晚清书学理论家张之屏的《书法真诠》，对清代帖派一概抹杀，他有一段话说：

  友人周祗述曰："有清一代，大名鼎鼎者，子都置之不齿。若嘉庆时之翁、铁、成、刘则何如？"曰：有人负能诗名，而工力薄弱，局径太狭者，昔人称为"盆景诗"。吾谓书画亦然。古有妙于六法，而仅工小幅者，已屡见不一见矣，即可谓之"盆景画"。

> 清代之翁、铁、成、刘,均以书名震一时,奈既无雄伟之概,亦无妙远之情,是亦"盆景字"耳。但亦有别焉。翁则盆景之夹竹桃,铁则虞美人,成则吉祥草,刘则仙人掌也。

"盆景字"即是小摆设的意思。帖派书法秀逸多姿,而病在柔弱。平心而论,刘、翁、成、铁四家均有胜处,刘则雄健,翁则朴茂,成则俊逸,铁则丰腴,一概斥为"盆景字",未免诋毁太甚!

三梁一王之中,梁同书,浙江杭州人,初学颜柳,中年学苏轼、米芾,晚年变化自如,卓然名家,负盛名六十年。帖派书法家,罕有善大字者,而同书擅长擘窠大字又年登大寿,九十岁尚能作小楷。"论者谓清中叶善书者刘石庵(墉)朴而少姿,王梦楼(文治)艳而无骨,翁覃溪(方纲)抚摹三唐,面目仅存,汪时斋(承霈)谨守家风,规模稍隘。惟公兼数人之长,出入苏米,笔力纵横,浑如天马行空。汪师茗(由敦)、张得天(照)后一人而已"(易宗夔:《新世说》)。梁国治,浙江会稽人,工楷书,得力于临摹唐人,洪亮吉称其为"堆墨书"。梁巘,安徽亳州人,书学李北海,润泽而骨肉停匀,亦董派传人,他认为得董其昌其传的,唯张照一人,其他人均逊一筹,"王虚舟(澍)用笔只得一半,蒋湘帆(衡)知握笔而少作字乐趣"(《清史稿》卷五〇三)。梁巘虽属帖派,但他是第一个发现邓石如的书法才能,为之指授引荐,造就了碑派书法的开山大师,功不可没。

一王,指浙江钱塘王文治,与刘墉书法齐名,而笔法与风格不同。刘墉具魄力,笔法浓重,文治讲风神,笔法淡雅,刘墉为大学士,文治殿试第三名,故称"浓墨宰相,淡墨探花"。王喜冶游,又耽佛学,辞官不就。乾隆南巡时,在杭州僧寺见王文治所书碑,极为欣赏,内廷告文治,招之出仕,王不就。

四钱系指江苏嘉定钱大昕、钱坫叔侄，江苏阳湖钱伯坰与云南昆明钱沣。钱大昕号晓徵，为乾嘉史学大师，著作等身，善作隶书，有金石气。其侄钱坫，幼从大昕学书，习篆字，昼夜不怠，工铁线篆，有盛名。坫亦颇自负，以为直祧李斯、李阳冰，自刻一印曰："斯冰之后，直至小生。"钱伯坰初学董其昌、李邕，后习苏东坡、黄庭坚，取资甚广，博而返约，书风豪放跌宕。钱沣，号南园。为学习颜真卿之名家，清中叶学颜者甚多，唯钱沣入其堂奥，字体遒劲刚健，得其形神。据郑孝胥的评论："书法至鲁公实一大变，顾其，书拙重有余，秀丽不足，学之者易趋甜俗。……惟钱南园（沣）学之得其体，伊墨卿（秉绶）学之得其理，何子贞（绍基）学之得其意，翁常熟（同龢）学之得其骨，刘石庵（墉）学之得其韵，各有去取，均能避鲁公之失。盖南园、常熟兼参米（芾）法，子贞兼用北碑，石庵远溯钟繇，墨卿（伊秉绶）独用隶体，均鲁公之功臣也"（《海藏书法抉微》）。

乾嘉时代，传统的帖学，达到了兴盛期，除刘、翁、成、铁、三梁一王、钱氏四家之外，还有以下著名书法家。

王杰，陕西韩城人，状元宰相，工赵体，书法灵秀而又雍容，人称其"有仙佛气，具富贵姿"。

姚鼐，安徽桐城人，字姬传，为桐城文派的大家，亦为清中叶优秀书法家。包世臣极推崇姚的书法，认为清朝书家，邓石如为第一，而刘墉之小真书、姚鼐的行草应并列第二，誉为"酝酿无迹，横直相安"之妙品。又说姚鼐字体"洁净而能恣肆，多所自得"，"宕逸而不空怯，时出华亭（董其昌）之外"（《艺舟双楫》）。

奚冈，浙江钱塘人，字铁生，是书画神童，九岁能写隶书，成人后诸体皆精，字体潇洒，又能诗词、作画、刻印，为西泠八家之一。

王芑孙、曹贞秀夫妇，苏州人。该地书法家书体均清秀俊逸，而王书遒厚挺拔，人称其力矫吴门书法。其妻曹贞秀，书法钟、王，与其夫共写前后《赤壁赋》，为士林所重。人称"墨琴夫人（曹贞秀）书，气静神闲，娟秀在骨，应推本朝闺秀第一"（《鸥波馀话》）。

降至嘉道（19世纪前期），碑学日隆，而帖派传人，尚绵延不绝。其中吴荣光，书法欧、苏，他的榜书"神采雍容，气韵绝佳"，康有为极其推崇他的这位同乡前辈（吴与康均为广东南海人），称吴荣光"专精帖学，冠冕海内"（《广艺舟双楫》）。李兆洛，江苏阳湖人，勤于临摹，终日临池，长于草书。张迁济，浙江嘉兴人，初学王、颜，中年后"书法南宫（米芾），草隶独出冠时"（《清列传》），又能以大篆参颜法作楷行书，朴拙雄浑，饶有别趣。梁章钜，福建长乐人，习欧阳询、董其昌，工行楷，笔法劲秀。林则徐，福建侯官人，为爱国的民族英雄，又是近代睁眼看世界的第一人，习欧体，工楷书，晚年致力于书法，远近争来，缣楮为空。程春海曾给他赠联云"理事若作真书，绵密无间；爱民如保赤子，体贴入微"。将林的善书法和从政业绩联系起来，撰成联语，甚为贴切。

清初至中叶，有造诣的书法家很多，以上标举数十人，约略指明各个时期不同人物的书法风格。这些书法家绝大多数是帖派书法，宗尚晋唐宋明以来的传统法帖，尤其是沿着赵孟頫、董其昌的道路发展而来，但他们之中也各有优长和特色，有的刚健，有的婀娜，有的雄浑，有的平正。有的专宗赵孟頫、董其昌，有的兼习欧、颜、苏、米，也有的转向碑石。迨清代中叶，碑派异军突起，逐渐凌驾帖派之上，这是中国书法史上的一大变革。新起的不少碑派书法家对帖派颇多非议，讥责帖派书艺"卑弱柔媚，千篇一律"。如晚清书法家郑孝胥说：

盖以书取士，启于清代乾隆之世，尔时盛用赵孟𫖯，间及颜清臣（真卿），一时名流，书体大率相似，方板纤弱，绝无剑戟森森之气，自兹以后，杂体并兴，欧、赵、颜、柳，诸家并用，体裁之坏，莫此为甚。（《海藏书法抉微》）

他极力贬抑帖派书法家，认为碑学的式微造成了书法界"方板纤弱"之弊。另一晚清书法家叶德辉对清朝书法全部否定，进而非议唐人，专宗古碑，认为只有汉魏碑石才算书法的正宗。他说："碑体至宋而微，至元而绝。……自后《兰亭》《阁帖》，执耳主盟。终明之季，虽董文敏（其昌）负书圣之名，于碑法实未梦见。有清一代，百学复古，惟书法一道，陷于禄利之境，虽豪杰不得不随朝廷风气为转移。康熙好董书，故其时朝野上下皆尚董体。乾隆好松雪，故一时书家巨子皆染赵风，道光学颜书，迄于同光，颜体几为帝王家学。当乾嘉时，各书家至今为海内推重者，若刘墉、翁方纲、成哲亲王、梁同书、王文治、钱沣，寸缣片楮，珍若琳琅。刘书先董后颜，翁则一生学唐碑，终以欧阳询小楷《千文》为归宿，成邸早年学赵，晚年学欧，颇饶风采。梁出董，王出赵，钱出颜，均一朝所尚也。诸家唯翁有碑法，余皆帖耳"（叶德辉：《郎园山居文录》）。

郑孝胥、叶德辉把帖派书艺一概抹杀，实为片面之见。康有为和他们的意见一样，说："国朝之帖学，荟萃于得天（张照）、石庵（刘墉）。然已远逊明人，况其他乎！流败既甚，师帖者绝不见工"（《广艺舟双楫·尊碑》）。他在《卑唐》一篇中，鄙薄唐代书法，称：

至于有唐，虽设书学，士大夫讲之尤甚。然继承陈隋之余，缀其余绪之一二，不复能变，专讲结构，几若算子，截鹤续凫，整齐过甚，欧虞褚薛，笔法虽未尽亡，然浇淳散朴，古意已漓，而颜柳迭奏，渐灭尽矣……以魏晋绳之，则卑薄已甚。若从唐人入手，则终身浅薄，无复有窥见古人之日。(《广艺舟双楫》)

碑派理论家的这种意见，对后代书法界很有影响。其实所见偏执，并非公正之论。帖派，碑派，各有擅长，亦各有弱点，"碑重点画，务平直而易成刻板；帖重使转，务姿媚而易人偏软"，技法不同，字体不同，风格不同，不能以此家之标准，衡量别派之短长。譬如宋词为中国文学中之重要体裁，有周、姜之婉约，苏、辛之豪放，婉约派抒写花间月下，儿女情长，清丽秀逸；而豪放派高唱大江东去，英雄襟怀，慷慨沉郁，彼此不能取代。碑帖之技法亦不相同，包世臣等碑学家强调"腕平掌竖""全身力到"，用笔必"逐步顿挫，行处皆留"，这种技法，写大字、写篆隶比较适宜，字体显得刚劲、具金石气，而帖派执笔一般宽松虚灵，有时振迅疾书，勿任拘滞，适宜于行草书，字体显得潇洒流贯。故碑派善篆隶而帖派善行草，各有所长。书法家明于此理，碑帖皆习，取其长而去其短，书艺才能蒸蒸日上。

乾嘉以后，碑派的崛起，给书法艺术注入了活力，焕发出生机，可称是书法史上的一场革命。碑派的兴起自有其历史背景。自唐宋以后的一千多年，帖派统治书坛，一枝独秀，日渐衰落，群思变革，希望开拓书法艺术的新境界。明末清初的徐渭、朱耷、金农、郑燮，书体怪异，代表着探求的努力，但尚未能形成与帖派分庭抗礼的新书派。18世纪，中国整个学术风尚不变，汉学盛行，如日中天，乾嘉之际，名家辈出，崇汉考古之风大盛。而古代的鼎彝、碑刻、摩崖发现日多，其古朴端美的线条、雄浑腾越的意趣触发了艺术家的灵感，他们探求、研究、临摹、融通，倾注了大量的精力和热情，使得埋没千年的破铜断石、漫漶字迹显示出珍贵的价值。回归上古的浪潮犹如整个学术界崇汉之风一样，横扫书法界。因此，碑学大盛，一直发展到"三尺之童，十室之社，莫不口北碑，写魏体"。康有为有一段话阐述了碑派崛起的原因：

  碑学之兴，乘帖学之坏，亦因金石之大盛也。乾嘉之后，小学最盛，谈者莫不藉金石以为改经证史之资，专门搜辑，著述之人既多，出土之碑亦盛。于是山岩屋壁，荒野穷郊，或拾从耕夫之锄，或搜自官厨之石，洗濯而发其光采，摹拓以广其流传。……今南北诸碑，多嘉道以后新出土者……出碑既多，考证亦盛。于是碑学蔚为大国，适乘帖微，入缵大统，亦其宜也。(《广艺舟双楫·尊碑》)

对碑体兴起做出贡献的书法家应推桂馥、邓石如、伊秉绶、陈鸿寿、阮元、包世臣、何绍基等。

桂馥是著名的小学家，著《说文义证》50卷，习写分隶、临摹汉碑，融会贯通，自出机杼，字体醇厚质朴，气势磅礴，人称"百余年来，论天下分隶，推桂未谷(桂馥)第一"(《松轩随笔》)。他观摩清乾隆以前的隶书艺术，对许多书家作了评价："傅青主(山)如蚕丛栈道，级幽梯峻，康衢人裹足不往；王觉斯(铎)如壮夫挽强，徒以力矜，不必中的；郑谷口(簠)如淳于髡、东方曼倩滑稽谐谑，口无庄语；林吉人(佶)如茅山道士，辛苦求仙，恨无金丹换骨；朱竹垞(彝尊)如效折角巾，聊复尔尔；陈子文(奕禧)如田舍翁说古事，往往附会；查德尹(嗣瑮)如杨玉环华清浴罢，娇不胜衣；王虚舟(澍)如窗明几净，炉烟缕缕；金寿门(农)如孔雀见人著新衣，辄顾其尾；高且园(其佩)如山阴访戴，兴尽而返；杨已军(法)如左手持螯，睥睨食肉人；郑板桥如灌夫使酒骂座，目无卿相。"(桂馥：《国朝隶品》)他评点文字，睥睨众贤。在他看来，写隶书的人虽不少，均未臻上品，没有得到古碑书法的精髓，桂馥可算是振兴隶体、鼓吹碑学的先驱。

在书法艺术上能够开辟新径、壁垒一新的首推邓石如。邓石如，初名琰，字石如(后更字顽伯)，安徽泾县人，家境贫寒，布衣一生。少年时即好书法刻印，梁巘见之，以为可造之才，荐到著名数学家梅文鼎后裔的家中居住，梅家多藏鼎彝碑拓，邓石如在此居住八年，尽观秦汉以来金石善本，学篆五年，学隶三年。每天晨起，研墨汁满盘，临池摹写，至夜间墨尽，方才休息，严寒溽暑，从不停辍。其篆书习李斯、李阳冰，"而纵横开阖之妙，则得之史籀"，隶书"遒丽淳厚，变化不可方物"。离开梅家后，浪迹江湖，在皖南街市售字糊口，为阳湖学者张惠言所见，张告金榜"今日得见上蔡(和峤)真迹"。金榜与张惠言都善书法，爱才若渴，冒雨至荒寺中寻访，延请至家。金榜是乾隆时状元，家有宏丽之祠堂，楹联榜额本皆金榜所书写，见邓石如书，命尽数撤换，全部请邓改写，其见重如此。金榜荐邓于尚书曹文埴，誉为"四体(篆、隶、真、草)皆国朝第一"。曹携邓石如入京。著名书法家刘墉与鉴赏家陆锡熊见其书法，踵门求见，极赞邓之书法"千数百年，无此作矣"。后邓又入湖广总督毕沅幕，他一生作字，不应科举，不治营生，毕沅为之购置田产养老。邓石如发扬碑体，独步书坛。他撷汉魏之古体，寓近代之神韵，于雄浑古朴之中发扬俊逸的风采，取得创造性的成就，奠定了碑派的基石，故当时名流，对他无不倾倒。后来康有为赞颂他："上掩千古，下开百禩，后有作者，莫之与京矣！"

继邓石如之后有伊秉绶，福建宁化人，号墨卿，亦碑派中坚，善隶书，取法汉碑，参以颜楷，书法高古，别具风格，外似拙直，内蕴劲秀，笔画坚挺，人称其"力能扛鼎"，"墨卿（伊秉绶）遥接汉隶真传，能拓汉隶而大之，愈大愈壮"（《退庵随笔》）。何绍基作诗称赞："丈人八分出二篆，使墨如溱楮如简。行草亦无唐后法，悬崖溜雨驰荒原。不将俗书薄文清（刘墉谥文清公），觑破天真观道眼"，此诗道出了伊秉绶锐意复古的书风。

陈鸿寿，浙江钱塘人，号曼生，为西泠八家之一，工书画篆刻。他和伊秉绶相似，力追古风，从秦汉碑瓦铭刻和摩崖勒石中揣度笔意。善作篆书、隶书，古朴自然，空灵奇秀。有人称赞他"鸿寿篆刻遑秦汉，浙中人悉宗之，八分书尤简古超逸，脱尽恒蹊"（《桐阴论画》）。又有人说"曼生酷好摩崖碑版，行楷古雅有法度，篆刻得之款识为多，精严古朴，人莫能及"（《墨林今话》）。我们看到，18世纪之末，碑派名家接踵而起，他们寻索古碑，摹写汉魏石刻，锐意创造，善作篆隶，多写大字，形成了和清前期唯知法帖，多作行草小楷迥然不同的艺术风格。

碑派兴起，为它做理论上的鼓吹者是阮元和包世臣。阮元，江苏仪征人，号芸台，历任巡抚、总督、大学士，位高望重，又是知名学者，他寝馈《石门颂》，书法极有法度，"作擘窠大字，纵横排荡，无一不与神合"（《枕经堂题跋》）。作《南北书派论》《北碑南帖论》，俱载于《揅经室集》中，阐明了帖派、碑派的书法源流演变和特色，促进和推动了嘉道以后书法艺术的变化。包世臣，安徽泾县人，字慎伯，号倦翁，更是碑派书法的护法神。他是邓石如的弟子，著名的书法理论家和教育家。所著《艺舟双楫》为书法艺术的经典之作。包世臣把清代书法家91人列为九品，推崇自己的老师邓石如为清代书法第一人，说邓的篆隶，是"平和简静，遒丽天成"的神品。他的论书绝句说：

"无端天遣怀宁老(指邓石如),上蔡中郎(和峤、蔡邕)合继声。一任刘(墉)姚(鼐)夸绝诣,偏师争与撼长城。"其诗注中说:"怀宁布衣邓石如顽伯,篆隶分真狂章,五体兼工,一点一画,若奋若搏。盖自武德以后,间气所钟。百年来,书学能自树立者,莫或与参,非一时一州之所得专美也"(《艺舟双楫》)。包世臣少年时书法不佳,而力学不倦,临摹《兰亭序》数十遍,每日写四字,每字连书数百,"转铎布势,必尽合于本乃已"。晚年,遇邓石如,邓授以笔法"字画疏处可以走马,密处不使透风"。包世臣评自己的书法:"余书得自简牍,颇伤婉丽"。他的弟子和私淑者很多,几乎统治了晚清的书法界,如吴熙载、张裕钊、赵之谦等。但与包世臣齐名的碑派书法家何绍基却批评他:"慎翁(包世臣)于平直二字全置不讲,扁笔侧锋,满纸皆是。特胸有积轴,具有气韵耳!书家古法,扫地尽矣。后学之避难趋易者,靡然从之,竞谈北碑,侈为高论"(《东洲草堂书论钞》)。

何绍基是碑派书家的重镇,造诣极高。早年随其父何凌汉练字,后习北碑。自言其学书过程:"余学书四十年,溯源篆分,楷法则由北朝求篆分入真楷之绪"。又说"余二十岁时,始读《说文》,写篆字,侍游山左,厌饫北碑,穷日夜之力,悬臂临摹,要使腰股之力悉到指尖,务得生气"(《东洲草堂书论钞》)。这种作字方法,称"回腕法",很费力也很难学,据说:何作字片刻,便大汗淋漓。包世臣尊碑抑帖,而何绍基与之不同,尊碑而不废帖,早年临摹颜、欧,以后攻习《张黑女》《张迁》《礼器》《曹全》等碑铭,吸收各方面的长处,书法遒丽生动,人称有仙气。郑孝胥最服膺何绍基书法,郑的诗中说:"蝯叟(何绍基)吾酷爱,谓可追杨风。玩其使笔处,如开两石弓。篆书到阳冰,分书迈蔡钟。真行已小低,米董一扫空。主张在北碑,摆脱余颜公"(《题蝯叟书册》)。从此诗中可以窥见何绍基作品之佳及用笔方法。

晚清书法家多出于包世臣之门。吴熙载，江苏仪征人。"博学多能。从包世臣学书。世臣创明北朝书派，溯源穷流，为一家之学。……熙载恪守师法……篆分工力尤深"(《清史稿》)，其书法古雅质朴、圆匀工整。行书亦佳，"多从包世臣出，苍厚郁茂，掺入北魏笔意，一扫馆阁纤弱之风"(《广艺舟双楫》)。包的另一弟子梅植之，与吴熙载齐名，其书"跌宕遒丽，煅炼旧拓，血脉精气，奔赴腕下，熙载未之敢先"(《广艺舟双楫》)。包门弟子中最杰出的应推张裕钊，湖北武昌人，他是桐城派的古文大家，工隶楷，隶书得力于《张猛龙碑》，"由魏晋六朝以上窥汉隶，临池之勤，亦未尝一日辍"(《清史稿》卷四八六)，楷书亦清峻超俗，神采飞扬。康有为对张极为赞赏，说他"集碑学之成"。"湖北有张孝廉裕钊廉卿，曾文正公弟子也。其书高古浑穆，点画转折，皆绝痕迹而得态逋峭特甚，其神韵皆晋宋得意处。真能甄晋陶魏，孕宋梁而育齐隋，千年以来无与比"(《广艺舟双楫》)。康有为对张裕钊书法评价特高，张的笔意，以刚健胜，锋芒毕露，字形略长，别具一格，为"新魏碑体"的滥觞。包世臣的弟子很多，不一定都恪守包氏尊碑抑帖的观点，如吴德旋，江苏宜兴人。虽曾从学于包，但颇好法帖，自称"泛滥于唐宋元明诸家十余年，而私心所好，仍在东坡、思白(苏轼、董其昌)"(《初月楼论书随笔自述》)。

包派的另一传人赵之谦，浙江绍兴人，初字益甫，后改字撝叔，亦是晚清书坛的巨匠，对后世书法影响甚大。他初学颜体，后专意魏碑，篆隶师法邓石如、吴熙载，而能融会贯通，自成器局。又能以篆隶之法写行楷，书风圆融、妩媚、流丽，善作大字。继邓石如、何绍基之后，开创了碑派书法的新风格。赵之谦将自己的书法与何绍基相比较，称"何道州(绍基)书有天仙化人之妙。余书不过着衣吃饭、凡夫而已"。他说出了何与自己不同的书风，何书古雅奇崛，难以学习和掌握，而赵书平易优美，受人喜爱，成为众人模仿的对象。但康有为对赵颇有微词，他说"赵撝叔（之谦）学北碑，亦自成家，但气体靡弱。今天下多言北碑，而尽为靡靡之音，则赵撝叔之罪也"（《广艺舟双楫》）。

其他晚清书家，在碑体鼎盛的风气中，无不研习魏碑，而写作篆体者特众。其中，杨沂孙，江苏常熟人，善作篆籀，将钟鼎文的凝重，融入了小篆的线条，表现出方圆互济、明快健劲的特色，他自负篆籀已超越邓石如，说："吾书篆籀，颉颃邓氏，得意处或过之，分隶则不能及也"（《清史稿》卷五〇三）。徐三庚亦宗邓石如，其篆字细腰婀娜，体态多姿。莫友芝的篆书"漫厚宽博，有金石气"。吴大澂，江苏吴县人，好集钟鼎，手自摹拓，字形端正，神气内敛。翁同龢，江苏常熟人，戊戌维新中支撑变法的大臣。他幼学欧、赵，后学颜真卿，晚年又临摹《张迁》《礼器》等碑，博采各体之长，不拘一格，蕴藉雍穆，气势雄阔，"相国（翁同龢）生平，虽瓣香翁覃溪（翁方纲）、钱南园（钱澧），然晚年造诣，实远出覃溪、南园之上。论清代书家，刘石庵外，当无其匹。光绪戊戌以后静居禅悦，无意求工，而超逸更甚"（易宗夔：《新世说》）。翁同龢书法之所以有很高的成就，在于他既熟习欧、颜、赵、董之体，又"时采北碑之笔"，故能冶帖、碑于一炉，巍然为书界名家。

其他书家，如杨守敬收藏金石碑版甚多，四体皆工，尤擅行书，书体腾挪翻覆，如游龙舞凤，曾在日本教授书法。吴昌硕，浙江安吉人，兼善书画刻印，他的楷书学颜真卿，隶书学汉石刻，篆书学石鼓文，尤其是篆书用笔结体，一变前人成法，苍劲浑厚，朴茂雄骏，力透纸背，独具风骨，名满天下。近代书画家齐白石、陈师曾、王个簃、沙孟海均出其门下。沈曾植，浙江嘉兴人，字子培，融汉隶、魏碑、章草于一炉，自出机杼，字体生动活泼，仪态万千。金蓉镜说他

"由帖入碑，融南北书流为一冶，错综变化，以发其胸中之奇，几忘纸笔，心行而已"。郑文焯亦兼采碑帖之长，"遒逸古雅，美妙冲和"，"得碑意之厚，而无凝滞之迹"。李瑞清，早年学颜、柳、黄山谷，后习汉魏碑石。他写北碑，参以篆法，又穷究《阁帖》源流，博采众长，自称其书法"纳碑于帖"，亦卓然成家。

晚清书坛的殿军应推康有为。他继包世臣之后，作《广艺舟双楫》，扬碑抑帖，强烈鼓吹碑派书法，蔑视唐宋以后的一切书法家。其观点不免有偏激处，但阐明书法理论，品评书家特色，陈说书派源流，分析指法笔意，多独到之见，此书嘉惠学人，有功于书界。他少年曾学欧、赵、苏、米各体，后来听老师朱次琦盛赞邓石如"作篆第一"，"因搜求之粤城，苦难得。壬午入京师，乃大购焉。因并得汉魏六朝唐宋碑版数百本，从容玩索，下笔颇远于俗，于是翻然知帖学之非矣"（《广艺舟双楫》）。从此，康有为成为碑派的中坚人物。他攻习魏碑，得力于《石门铭》，称赞此碑"若瑶岛散仙，骖鸾跨鹤"，列为神品。他的书艺作品，雄奇刚健，极有奇势，开阖翕张，富有个性。"其执笔主平腕竖锋，其用墨浸淫于南北朝，气韵胎格，与写经为近"（《新世说》）。他自称书法鉴赏的能力高于创作的能力，所谓"吾眼有神，吾腕有鬼"。

以上略述有清一代近270年书法的发展变化。清前期继承千余年法帖的传统，书法是知识界普遍娴习的技能。一时书手如林，争妍竞秀，作品繁富。而有一些书家，不满足因袭旧规，思欲突破藩篱，有所变异。至清中叶以后，碑学崛起，摹研古石，名家踵起，碑帖分流。晚清的书法艺术在充分吸收帖学的丰厚积累之后，又得到新发现的汉魏碑碣的启示和滋养，进入了更加丰富多彩的新境界。故叙述其书法之源流演变，略加抒发，以就正于方家。

清代宣南士文化*

宣南文化历史悠久，内容丰富。我们把范围收缩，可以作一篇"清代宣南的士文化"文章。清代历经268年，会试超过百次，每次都有几千知识分子到北京来，住在北京宣南来应试的知识分子非常多。清代士文化怎么写？抓什么？我觉得是否可以考虑写士文化中的典型。至少可以提出三个典型。

第一个是清朝初年，以吴梅村、龚鼎孳、王士禛、朱彝尊、陈维崧、陈廷敬为代表的这批诗人群体，以至康熙年间诗人、词人，他们都在宣南活动。吴梅村住在魏染胡同，王渔洋经常在报国寺活动，他曾住在下斜街，龚鼎孳住在宣武门南边，朱彝尊住的古藤书屋，在保安寺街。他们周围有一大批诗人，宋琬、施闰章、赵执信、曹溶，他们的活动时间很长，吴梅村、王渔洋从清初一直到康熙，半个世纪。有人讲王渔洋主持诗坛五十年，他是诗坛盟主，影响全国的诗。这是一个代表清初知识分子的诗人群体。

---

* 原载《北京文史》，2000年第1期。

第二，清朝中叶乾嘉时代的汉学家群体。戴震、周永年、钱大昕、纪晓岚、翁方纲、朱筠、王昶、王鸣盛，这批人都在北京活动。戴震乾隆十九年进京时住在安徽歙县会馆，他去看望钱大昕，钱在北京搬了好几次家，南横街、潘家园，文献里都有记载。钱大昕第一次见戴震，一番谈话以后，非常钦佩。钱称戴是"天下奇才"，戴说钱在学术上居国朝第二，第一是谁呢？第一是自己，戴震自负之高，可以想见。戴刚到北京，连饭都吃不上。钱为他介绍了新科进士，全是汉学家，像王鸣盛、王昶、朱筠、纪晓岚、卢文弨。这样，戴才在北京站住脚，才有后来的进种成就，"于是海内始知有戴先生"。如果不到北京来，如果戴震老在安徽待着，没有同各方面交流、切磋，长进不了，他就成不了人们公认的大学者。这一汉学家群体也活动了将近五十年，从乾隆十几年开始一直到嘉庆时代。钱大昕活到77岁，纪晓岚一直活到嘉庆时代。这个学者群体是当时学术界领袖，影响了一代人，甚至影响到今天。第三，晚清。康有为、梁启超，他们都住在宣南，康有为在南海会馆，梁启超住在新会会馆，谭嗣同住在浏阳会馆，很近，都在菜市口一带。整个"公车上书"在松筠庵，保国会在粤东会馆，都在这一带。后来，戊戌六君子也在菜市口刑场被杀。这是一个改革家的群体。

第一个以吴梅村、王渔洋为代表，诗人群体；第二个以戴震为代表，汉学家群体；第三个是改革家的群体，开近代改革先河，抛头颅、洒热血，像谭嗣同这样为改革而献身。这样一个群体，对中国来讲也是开风气之先，非常重要的群体。我觉得这样三个群体，活跃在清初、清中叶、清晚期，可以看出宣南文化的重要性，影响全国的力量。

这三个群体他们代表了什么时代精神？我觉得第一个诗人群体代

表中华民族的创新精神,他们追求在诗歌上的创造性。精益求精,精品意识,像吴梅村的《圆圆曲》,王渔洋的《秋柳》,都是千古绝唱,非常著名的作品。反映了创新精神,反映了在诗歌领域攀登高峰的精神。王渔洋的神韵学说,长期领导全国诗坛。乾嘉学派的精神我觉得是求实的精神,它最根本的一条,是排斥主观成见,排斥盲目崇拜,讲证据,无证不立。这是一种理性的精神,理性精神到乾嘉学派是一个高峰。当然也有其局限性,光研究书本,不研究自然科学,讲理性、证据、归纳、逻辑,这是它了不起的地方。根据证据,阎若璩著《古文尚书疏证》,他敢于说《古文尚书》是假的,不盲目崇拜,实事求是。中国的理性精神到乾嘉学派时是一个高峰,这是求实精神。戊戌变法是改革精神,处在民族危机、国家很困难的情况下,要求改革,力图富强、独立、维新。清代近三百年,当然不能全面论述,我们挑选这三个群体,从这三点切入。民族精神是随历史发展演变的,不同历史有不同的民族精神,这是中华民族在不同时期、不同领域遇到挑战而形成的。清初文学界求新创造,清中叶学术界是求实,清后期是改革,这是统一的,总的说都是中华民族的优秀精神。宣南地区是创新、求实、改革的发源地。这是宣南文化大致的发展脉络。

  宣南文化的形成,我觉得至少有两个原因。第一,因为北京是政治中心,五朝帝都,辽、金、元、明、清。更早是燕,往后移,北洋军阀也在这儿,共产党也在这儿,长期是政治中心,经济也比较发达,因此文化昌盛。第二个原因是首都的特殊地位,是首都文化与地方文化的结合。中国是个大国,疆域辽阔、人口众多,各种文化都要到北京来。戊戌变法时,康有为、梁启超把广东文化带到北京来,带来了改革精神。北京与地方文化交流、汇合、融合、发展。所以一个学者不到北京不能成为大学者,一种文化、一种学术不到北京也不能成为显学。这一点非常重要。地方文化如果没有一个吸收、融合的过程，就不能发育得更加丰满。地方文化不到北京，就不能影响全国。北京之所以能汇聚文化精华，是首都地位决定的。康有为如果不到北京，就不能影响全国。汇集四面八方，再加上中外文化交流，更加充实。宣南文化的形成至少有这两个原因。

宣南到处是文物古迹、名人故居。现代人弄了许多故居，说实在的，其中许多人的知名度远远不如古人。现在这个故居、那个故居，不少没有多大意思，过几年人们就淡忘了。宣南有许多没有指明的地方却确实是名人故居，这里是富有历史感的地方。

清代已经过去了，繁花凋谢了，文化氛围已经淡褪了，但遗址还在，要保护它。湖广会馆是湘军曾国藩的，安徽会馆是李鸿章搞的，他们的会馆比较大，各省大员都是湘淮系，要钱有钱，要势有势，所以湖广会馆、安徽会馆都很大，当然，广东会馆也不小。广东会馆、报国寺、顾亭林祠保存下来都非常有价值，有历史意义，有旅游价值。一般旅游点靠什么吸引人，一个是它的自然景观，有山，有水，有花木，有建筑，再一个就是有人文意蕴。旅游点如果没有人文意蕴不会吸引人。就拿圆明园遗址来讲，一片废墟有什么价值，价值在于背后的文化底蕴。正如刘禹锡讲的"山不在高，有仙则名"，杭州有苏东坡、白居易的苏堤、白堤，才有意思。在大观园红楼宴，就联想到《红楼梦》中的饮食文化，有联想才有意思。宣南地区文化历史积淀非常深厚，全国数一数二，所以对宣南文化研究很有意义。

谈桐城派*

今天很高兴和各位先生见面,谈谈《桐城派名家文集汇刊》如何编纂。我是搞史学的,对桐城派是外行,很多问题要向你们学习。清史编纂委员会对这个项目非常重视,这是文学领域相当重要的一个项目,困难也比较大。桐城派是清代历史上主要的文学流派,它的重要性、价值和影响都不容低估。我们希望能够编好这部书,也相信在严云绥先生的领导下,各位专家学者努力以赴,一定能够很好地完成这项任务。

桐城派源远流长,传播了两百多年,几乎与清朝历史相始终。从康熙时候开始,一直到清朝灭亡以后,这个文派还在社会上有一定影响。我觉得在中国古代文学史上,桐城派是传承最久、作者最多、影响最广的一个文学派别。它的传承达七世之久,如果戴名世、方苞算第一世,那么刘大櫆就是第二世,他们相距约三十年。刘大櫆到姚鼐又是三十年,姚鼐是第三世。姚鼐的几个弟子,梅曾亮、管

---

* 原载《清代人物研究》,北京,故宫出版社,2013。

同、刘开、方东树，包括他的侄孙姚莹，与他也相距三四十年，是第四世。再下去是曾国藩、吴敏树、戴钧衡，是第五世。曾国藩以后是张裕钊、吴汝纶、黎庶昌、薛福成，这些人都是他的幕僚，是第六世。吴汝纶下边有曾涛、二姚（姚永概、姚永朴）、马其昶、范当世，这样算来总共七世。试看中国文学史上哪有流传七世的文派？没有。中国的文学流派，从散文来讲，《左传》下来是《孟子》《荀子》，以后隔了几百年转到《史记》《汉书》。史汉之后又没有了，转到六朝骈文，至唐宋，散文复兴，韩、柳、欧、苏一代二代而终，韩愈的传人有李翱，苏轼的传人有秦观、黄庭坚，再下去就没有了。所以，中国文坛数不出像桐城派这样的文派，"代有传人"是桐城派在中国文学史上的一个特点。桐城派能够流传下来，发挥那么大的影响，这个特点值得研究。桐城派流传两百多年，人数之多前所未有，有人说共有600人，有人说是1 200人，当然像曾国藩、梅曾亮、范当世都不是桐城人，他们也属于桐城派。"天下之文章其在桐城乎！"可见当时影响之大，盛况空前。因此，我认为这个文学派别流传之久，人数之多，与中国历史上其他的文学派别不一样，此现象值得我们研究。我们要跳出清代的范围，与前代的文学流派相比较。史汉以后到六朝骈文，文体变了，从韩、柳、欧、苏下来到明代，古文显得比较疲弱。而清代散文的作者队伍庞大，作品非常多，而且写得很精彩。桐城派的特点是不仅有文学实践，而且有其理论：方苞提出的"义法"，刘大櫆提出的"神气"，姚鼐提出的"义理、考据、辞章"，曾国藩再加一个"经世"。但是理论分散在文章中，没有总结性的。我立这个项目，是从这样的角度来考虑的，不管以前曾经出过多少桐城派的书，是否会重复，我们是从这样一个高度——从总体上看桐城派这个文学现象有什么规律性。所以我们要编这部书，就要抓住桐城派的特点，它究竟是一个什么样的文派，为什么在这个时候会出现这样一个文派，它和以前的文派有什么不同，与其他的文体有什么不同。诗词有很多派别，但都没有桐城派影响那么深，只是昙花一现。只有桐城派的生命力特别强，为什么呢？值得我们深思。我觉得桐城派的研究刚刚开始，值得研究的地方还有很多。

所以我要求编文集要反映桐城派的整体特点、作家在桐城派中的地位。我们现在选定了23位作家，其中有几位作家的集子已经出版，如《方望溪集》《惜抱轩集》和刚刚出版的《吴汝纶全集》。现在就产生一个问题，我们出的文集和已经出版的集子有什么差别？我们不管他们，重复出了也没关系，李白、杜甫、韩愈、苏轼出版的文集不知其数，也不碍于重复。我们出版的应该是选集而并非全集，"取其精华，去其糟粕"，而非将其全集照单全收。名家的作品重复出版的很多，从不同角度选择就有不同的意义。像姚鼐的《古文辞类纂》，所选的古代文章大家都熟悉得很，都是重复的，但是经过姚鼐的选编，成为一个精品。我原来的设想，比如方苞的文章，我们可以抛开《方望溪先生全集》，一篇一篇地重新选。我开始很惊讶，为什么你们的项目一千万字还不够，现在才明白，你们不是选，而是全部搜集进来。我是想有一定的选择，这样就跟其他的全集不一样了，是用我们的眼光来看，最能代表桐城派特色的文章是什么。比如现在我们选《郭沫若集》《巴金集》《冰心集》，他们的全集都出了，有几百万字、上千万字，而我们要出这些名家的汇集，每人只选一本，只选几十万字，这样就可以看出选家的眼光。但是，你们现在已经把框架搭起来了，是根据底本来补、校，补以前文集所未收，所以篇幅更大了。因此，必须明确我们这部"汇刊"不是钩沉辑佚之作，而是选录，用力之处应在精选而非补足。所以有的图书馆拥有佚作，我们要求提供，他们开出了天价，我们不必去补遗失的文章。究竟怎么做，我们可以商量。这就有个诗选不选、选多少的问题。我原来的设想是，诗可以选，桐城派不是以诗著名，但是像范当世是以诗出名的，不选诗不行。我认为每人选30万字，20多个人就是六七百万字。而你们是找到底本去补，那当然会多了，底本里的好多东西可以不要，比如不是代表他最精华的东西。我们这一套书，就是要他最精华的东西，从这个角度来体现选集的价值。当然，我们是代表21世纪的人来选的，是代表21世纪人的眼光来看问题。到了22世纪，人家认为我们选得不好、有偏见，那是另外一回事。

你们现在的做法也是比较费劲的，找底本来补，这样将来就不能再叫《惜抱轩集》，而是以《惜抱轩集》为底本重新编的《姚鼐集》；也不叫《方望溪先生全集》，而叫《方苞集》，等等。这样做也有一定价值。我认为我们还是应当选一选，一些比较短的、不太重要的文章可以去掉，经学部分很多可以去掉，诗也可以适当减少——不是搞全集而是选集。由补全集改为精选，当然是较大的改变，但不会很困难。如果某个作家文集中有一百篇文章，削去30%或40%，就选出六七十篇，不必再找其他的书来补充。文集中宣扬愚忠愚孝的，宣扬不近人情的贞女节妇的，为对抗农民起义而被击毙者所作的传记、墓志铭、神道碑，以及含有迷信鬼神、荒诞不经的作品，都可以去掉。总之是把思想性、艺术性很差的文章删去，能删多少就删多少。这样工作量反而减少，不是增加，而"汇刊"的精华之处更加凸显，篇幅也可以大大节约。

桐城派还有个问题，在发展晚期受到五四运动的冲击，这个冲击是非常激烈的，被全面否定、抹杀。在新文化运动中，陈独秀曾说，方、刘、姚等妖魔，"尊古蔑今，咬文嚼字，称霸文坛，胸中无物。所谓桐城派者，八家与八股之混合体也"。陈独秀作为文学革命的主将，对桐城派批评得非常厉害。胡适也同样，他说："下规姚曾，上师韩欧,皆为文学之下乘,二千年文人的文学都是死文学。"他不仅把桐城派骂倒了,而且把中国整个文学都骂倒了,这显然是不合适的。还有钱玄同,标举要打倒"《选》学余孽,桐城谬种"。当年五四运动中这些激烈的言论,我们今天都是可以理解的,因为有其时代背景。桐城派形成于封建社会后期,到"五四"时,中国要摆脱封建主义,向近代社会迈进,要求文学能够跟上时代、接近大众。文言文和大众的口语脱节,为了使文学为近代服务,就要从内容到形式进行彻底的改革,使大众传媒革命化。而当时文坛势力最大的就是桐城派,当然不符合时代的要求,所以首当其冲,成为激烈的批判对象。因此他们发出了一些很激烈的言论,矫枉过正,可以理解,不破不立,不塞不流,不止不行。言论虽然有片面,但五四运动的大方向是正确的,功绩是伟大的,开辟了白话文的发展道路。但是他们这种激烈的言论到今天也应该冷静地来看待,所以评价桐城派不能把他们的文章都当成糟粕,扫进垃圾堆。五四运动人物的古文修养实际都是很好的,他们也很了解古代文学中精髓的东西。桐城派古文的"义法",就是"言有物,言有序",就是内容的充实和形式的美,这都是文学的要求,不能算是错误的。五四运动中批判的"言有物"是程朱理学。其实桐城派的文章很多都不是讲理学的,而是丰富多彩的,文章讲究形式、讲究艺术、讲究结构和方法,这个还是很有必要的。你可以说它讲得不够,或者不全面、不完整,但你不能说"言有序"有问题。当时将桐城派比之于"八股",但桐城派的文章与八股文是不一样的,当然桐城派中的许多人善于作八股文,像方苞、戴名世。桐城派的文章在内容上还是比较丰富的,有讲学理的文章,有叙事的文章,有描写景色的文章,也有人物的传记,形式也是曲折变化,不是千篇一律。所以我们今天来编书时,要对这个问题有一个清醒的认识。如何来评价桐城派?它有缺点、问题和时代的局限,比如说有些文章的内容不行,许多妇女传记中讲贞节，还没出嫁就殉死，还有许多文章讲封建的愚忠愚孝。我们要选精华，这是些糟粕，而且相当多，应该将这些宣扬封建道德迷信的东西去掉，要选出桐城派的精神。这样你们的任务就比较繁重了，甚至可以增补几个作者，最好把曾国藩、吴敏树、黎庶昌、薛福成、贺涛、王拯几个人都补上，形成一部千万字以内的"汇刊"。是不是可以打开另外一个思路，每个人选三四十万字，选三十家，不要超过一千万字。有些人可以多选一些，有些人可以少选一些，适当地做出调整。我感觉到，把那些封建糟粕也放在里面，对我们这套书没有好处。

另外，我有两句话：质量重于泰山，质量等于生命。我们编清史关键不在于数量，而在于质量。我最担心的就是质量问题，哪怕少一点，但是做得很精，这就是好书；虽然做得很多，但是很庞杂，也算不上是好书。保证质量，一个就是要用心去搜集文献，另外还要选。选就要有眼光，就看得出功力，用我们时代的眼光去选择。一些无关紧要的东西也可以不选，根据我们的篇幅来决定。再就是编，不一定按照底本来编，将各种版本的文章编在一起。整套书的体例要统一，全部按照时间来编，或者全部按照问题、文体来编，有统一的规范，不要八仙过海，否则就不是一套书了。再一个是校，校勘是很难的，有的是内校，有的是对校，我们能够找到几个文本对校就行了。另外一个就是标点，有很多书是原刻本，没有标点的，我们在标点时千万不能闹笑话，有报纸报道甚至于将五言诗标成七言诗了。最后是校对，完成后的校对也是很复杂的，一两遍是不行的，现在一般要校五六遍。按照新闻出版署的规定，错误率不能超过万分之一，否则就不能评奖，那是很难的，不能完全依靠出版社。所以我拜托先生们要把住这些关，达到一个高的要求。今天就说到这里为止吧。

论"清官"*

"清官"是我国古代历史上很复杂的一种政治现象，它在漫长的阶级社会中一再重复地出现，并被各个不同的阶级所重视。统治阶级的"圣训""谕旨"和官修"正史"里，往往表扬一批"循吏""良吏"，作为官场的楷模，民间的文艺作品中也塑造了一些圣洁无疵的清官形象，历千百年而传诵不绝。被对立的阶级所共同称赞的"清官"，既不纯粹出自统治者欺骗性的虚构，也不完全是人民群众虚幻理想的产物，而是多少被美化了的实际政治现象。这种政治现象在一定的历史条件下出现，成为封建社会直接暴力统治的一个补充，在政治斗争中发挥实际的影响。

目前，学术界对"清官"的评价很不一致。有的同志强调"清官"所作所为有利于人民，称"清官"是"人民的救星"，"代表着人民的利益和要求"，在封建社会里是人民的最高理想，等等；也有的同志认为，"清官"的作用"只是为了消

---

* 原载《人民日报》，1964年5月27日。署名"星宇"，系集体创作，戴逸为主要执笔人。

除和缓和人民的革命斗争……这种人在历史上起的作用是反动的,没有什么值得赞扬"。这两种截然相反的评价,究竟有多少根据?本文试图就"清官"的特点、产生条件和历史作用,提出一些粗浅的看法。

一、"法定权利"和"习惯权利"

什么是"清官",我们从许多历史和文艺作品的描写中,大体上可以归纳出"清官"的若干特点,如"自奉廉洁""爱民如子""赈贫扶弱""断狱如神""压抑豪强""执法公平",等等。"清官"和一般官吏有所不同,他们比较俭朴,不接受贿赂,不投靠权门;他们赈济灾民,减免赋税,兴修水利,奖励扶植农业生产,给老百姓做了一点好事。而且,不少"清官"还和豪强权贵进行了一定的斗争。例如,西汉的郅都,"行法不避贵戚,列侯宗室见都侧目而视,号曰苍鹰"①。北宋的包拯,"立朝刚严,闻者皆惮之……贵戚宦官,为之敛手"②。元朝的耶律伯坚有一个信条:"宁得罪于上,不可得罪于下。"③明朝的海瑞说:"弱不为扶,强不为抑,安在其为民父母哉!"④他们具有刚强不阿的性格,所作所为使豪强地主们不能不有所畏忌。我们要问一下:在整个封建官场的滔滔浊流中,何以出现了少数"清官"的"美德嘉行",这种"美德嘉行"具有什么性质?"清官",作为封建统治机构中的一员,何以要把斗争的锋芒指向豪强权贵?这种斗争具有什么意义?

为了理解"清官"的思想、性格和行为,就不能不把这一政治现象

---

① 《史记》卷一二二《酷吏列传》。
② 朱熹:《五朝名臣言行录》。
③ 《元史》卷一九二《良吏传》。
④ 《海瑞集》上册,74页。

和当时的整个阶级斗争以及封建政治统治的形式联系起来考察。

任何统治阶级如要维持一定的统治秩序,都要制定一套法律规范体系。一定的法律规范体系是一定生产关系的反映,是保障统治阶级利益和特权的工具,是依靠国家政权力量而强制实现的统治阶级的意志。但是,我们这样说并不是指统治阶级剥削劳动人民的全部贪欲随时随意地都表现为法律的形式。统治阶级的贪欲能够在多大程度上转变成法律条文,这并非取决于统治者(也就是立法者)的主观愿望。在任何时候,统治阶级总是希望从劳动人民身上榨取掠夺尽可能多的贡物,总是希望法律赋予自己尽可能大的剥削特权;而实际上,统治者的贪欲却总是要碰到一定的界限,这个界限是由一定社会生产发展水平和人民群众反抗斗争所造成的。如果剥削程度超过了这个界限,那便会使得特定集团的统治趋于崩溃而出现新旧王朝的更替。一般说来,法律所反映、所维护的就是不过分超越这个界限的统治权力。马克思《资本论》说,在这里和在到处一样,社会的统治阶级的利害关系,总是要使现状当作法律,成为神圣不可侵犯的,并且要把它的由习惯和传统而固定化的各种限制当作法律的限制固定下来。法定的剥削权利所以需要某些限制,恰恰是为了能够经常持久地保障这种权利,这完全符合统治阶级的长远需要。

在封建社会里,农民群众是封建剥削特权和封建法律体系的坚决反对者。封建法律是束缚农民群众的锁链,使农民处在完全无保障的地位,长年过着奴隶牛马一样的生活。所有的农民起义和农民战争都以否定现存的法律体系为前提。封建的法律体系和农民的利益是根本对立的。

封建的法律不但经常遭到来自农民方面的挑战,而且也不时被地主阶级自己内部某些集团和某些个人所突破。这些集团和个人不满足于享受法定权利，他们千方百计地越过法律界限，进行不法活动，追求集团的和个人的特殊权利。只要有可能任意违反法律，统治阶级总是不会放过这种机会的。地主阶级贪婪的本性撕裂了法律尊严的假面具，暴露了封建法律的本质。法律权利不过是被神圣化了的不法活动，而不法活动又是法律权利形影相随的伴侣。

像所有事物都一分为二那样，封建剥削权利也分裂为法定权利和法外权利（或习惯权利），两者互相依存而又互相对立，马克思这样写道：

> 在封建制度下也是这样……当特权者不满足于**法定权利**而又呼吁自己的**习惯权利**时，则他们所要求的不是法的人类内容，而是法的动物形式，这种形式现在已丧失其现实性，并已变成纯粹野蛮的假面具。
>
> 贵族的习惯权利按其**内容**来说是反对普遍法律的形式的。它们不能具有法律的形式，因为它们是已固定的不法行为。这些习惯权利按其内容来说和法律的形式——普遍性和必然性——相矛盾，这也就说明它们是**习惯**的**不法**行为。因此，决不能维护这些习惯权利而对抗法律，相反地，应该把它们当作和法律对立的东西废除，而对利用这些习惯权利的人也应给以某种惩罚。①

封建统治阶级的"法定权利"和"习惯权利"同样都生根在封建社会的土壤上，它们是地主阶级对农民两种不同形式的剥削。"法定权利"体现了地主阶级长远的、整体的利益。这个剥削之神是用普遍法律形

---

① 《马克思恩格斯全集》，中文1版，第1卷，143页。

式的圣洁光轮装饰起来的,它仿佛凌驾于一切贫富贵贱之上,显示了不可侵犯的凛凛尊严。而"习惯权利"则体现了地主阶级特殊的、眼前的利益,它像一头显露出狰狞本相的恶兽,一心要吞噬掉所能看得见的一切。"习惯权利"在封建法律界限之外,追求无限制的剥削;而"法定权利"为维持本身的长期生存,就不能不限制"习惯权利"的活动范围。这一对矛盾在整个封建社会里贯彻始终,影响到封建社会的各个方面,使得当时的政治斗争和思想斗争呈现更加错综复杂的色彩。只有在这一矛盾的基础上,我们才能够理解"清官"这一政治现象的本质,才能够说明"清官"们压抑豪强地主以及其他种种行为的实际意义。

二、"压抑豪强""执法公平"和"爱民如子"

"清官",按其本质来说,就是地主阶级中维护法定权利的代表之一。尽管"清官"们对豪强权贵的暴行进行过斗争,对人民群众的苦难流露过同情,以及在思想、性格、才能和作风上具有各不相同的个人特征,但维护封建的法定权利,这是"清官"们所共有的本质特点之一。

"清官"反对豪强地主的斗争,就是封建的法定权利和习惯权利相冲突的一种表现形式。豪强地主追求无限制的剥削,而"清官"的所作所为不过是在一定程度上限制了这种非法剥削。这种斗争不但是封建制度所许可的,而且还是维护封建法定权利所必需的。

有名的"清官"海瑞迫使江南地主退还占夺的土地,这是一则脍炙人口的"压抑豪强"的佳话。当时江南的一些豪强地主,用巧取豪夺的手段,大量兼并土地。封建经济的发展必然引起土地兼并,而大规模的土地兼并迫使人民破产死亡或起而反抗,又严重威胁到地主阶级的整个统治。封建统治陷在这种不可克服的矛盾之中,它必须进行某种自我调节,才能够延续自己的存在。海瑞和其他"清官"一样,都是自觉或不自觉地充当着封建统治进行自我调节的工具。海瑞的退田斗争,无非是在一定程度上遏制非法的兼并之风,以利于封建统治的稳定。他在《复李石麓阁老》的信中说得很清楚:"存翁(指江南大地主徐阶——引者)近为群小所苦太甚,产业之多,令人骇异,亦自取也。若不退之过半,民风刁险可得而止之耶!为富不仁,有损无益……区区欲存翁退产过半,为此公百年后得安静计也。"①退田的目的是防止"民风刁险",退田斗争也只能以"退之过半"为限度,"清官"的阶级性格决定了他们的步子只能跨出这么远。当然,这种斗争也会使一部分农民的生活得到改善,但是,这种"改善"充其量只是从做不稳奴隶"改善"到做得稳奴隶而已。我们指出这一点不是要苛求"清官"去做他们无法做到的事情,而仅仅是为了指出所谓"压抑豪强"的斗争并没有超出封建统治所许可的范围。有的同志把这种斗争描写成仿佛是站在人民立场上的反封建斗争,这是完全不正确的。

"清官"们反对不法的习惯权利,往往是为了保障法定的剥削权利。如果法定权利被豪强权贵所突破,"清官"们固然会起而反对;而如果法定权利遭到起义农民的破坏,他们也会毫不犹豫地凭借军事力量使革命农民陷入血泊之中。在农民起义的时候,尽管起义军对"清官"常常表现了宽容和礼遇,而"清官"却总是顽抗到底,死而不悔。对于他们来说,反对豪强的斗争和反对起义农民的斗争有着一致性,其目的都是封建统治的永世长存。像包拯这样一个家喻户晓的"清官",当小规模的农民起义发生时,就主张严厉镇压。他说:"无谓邾

---

① 《海瑞集》下册,431页。

小,蜂虿有毒。……虽乌合啸聚,莫能久长,而生灵涂炭矣,则国家将何道而猝安之?况今国用窘急,民心危惧,凡盗贼若不即时诛灭,万一无赖之辈相应而起,胡可止焉!……应有盗贼,不以多少远近,并须捕捉净尽,免成后害。或少涉弛慢,并乞重行朝典。"① 这种态度距离"人民的立场""人民的利益""人民的救星"是何等遥远!

"清官"们不能不在两条战线上作斗争。他们既要反对豪强暴行,又要反对农民起义,而反对豪强暴行的目的又是为了消解农民起义。他们始终站在维护封建法定权利的立场上,严肃认真地把法律付诸实现。人们往往称赞他们"执法公平""铁面无私"。的确,在"清官"手里也曾平反过一些冤狱,解除了豪强权贵加在人民头上的一些灾难;但如果夸大了这一点,把"清官"当作公正的仲裁者,救民于水火的救世主,甚至说"凡农民与乡绅财主发生讼案,总是乡绅财主吃亏的时候多",那是根本错误的。"清官"的职务是贯彻实施封建国家的法律、制度、政策。在这一方面,他们也许可以做到丝毫不苟,但他们所执行的封建法制,是早已被地主阶级的利益和意志所决定的。即使他们抱着对受难人民的同情和对豪强权贵的愤慨,但他们的良心并不能改变或影响封建法制的本质。作为狱讼判决的依据并不是他们的良心,而只能是吃人的封建法律。如果判决的依据是地主阶级的法律,那么,公正判决也就是意味着贯彻地主阶级的意志。马克思说得好:"如果认为在立法者偏私的情况下可以有公正的法官,那简直是愚蠢而不切实际的幻想!既然法律是自私自利的,那么大公无私的判决还能有什么意义呢?法官只能够丝毫不苟地表达法律的自私自利,只能够无条件地执行它。在这种情形下,公正是判决的形式,但不是它的

---

① 《包拯集》,58页。

内容。内容早被法律所规定。"①当然，在"清官"的判决下，疯狂地追求习惯权利的恶霸豪绅也可能个别地受到制裁。但是，我们应当记得：第一，在漫长的封建社会里，"清官"本来是很少的，而受到"清官"严厉制裁的豪强权贵更是极少数。第二，统治阶级完全可能牺牲其个别成员的利益来维持法律的公正外貌，因为法律的公正外貌对整个阶级长治久安至为必要。放弃一些次要的、特殊的东西，往往是为了牢牢地保持住主要的、普遍的东西。把这种情形认为是"乡绅财主吃亏的时候多"，这岂不正好受了历史假象的欺骗？

"清官"是封建统治机构的成员，为统治阶级的利益服务。从根本上说，他们和人民群众站在对立的立场上。但是，这一点并不妨碍他们在主观思想形式方面对人民群众表现一定的同情、怜悯和关心。明朝东林党的领袖顾宪成说："官封疆，念头不在百姓上……即有他美，君子不齿也。"②海瑞则把做官的目的说成是为贫苦人民打抱不平，他说："举凡天下之人，见天下之有饥寒疾苦者必哀之，见天下之有冤抑沉郁不得其平者必为忿之。哀之忿之，情不能已，仕之所由来也。"③"清官"们在讲这种话的时候，主观上可能完全是真诚的。我们一点也不想否认促使"清官"们行动起来的这种观念冲动力，但是问题在于不应该停止在这种观念冲动力的前面，而应该进一步探究这种观念冲动力怎么可能发生，隐藏在这些冲动力后面的是什么，以便确定这种观念冲动力的实质。地主阶级剥削和压迫农民，它的存在是以农民的存在为前提的。较有远见的封建政治家和封建思想家完全能理解

---

① 《马克思恩格斯全集》，中文1版，第1卷，178页。
② 《明儒学案》卷五八。
③ 《海瑞集》上册，37页。

这一点。有名的"好皇帝"唐太宗说:"水所以比黎庶,水能载舟,亦能覆舟。"地主阶级之所以重视农民,正因为只有农民,才能够载负起或者颠覆掉封建统治的巨舟。历代"圣君""贤相""清官""名儒"都以"民为邦本""爱民如子""关心民瘼"作为信条,事实上,这些冠冕堂皇的信条,只是包裹着地主阶级狭隘利益的观念形态的外衣而已。对于"清官"来说,他们对掩盖在自己观点、感情背后的阶级利益可以并无觉察,因为这种观点、感情在长期的历史发展中通过非常曲折的途径早已形成。马克思说:"通过传统和教育承受了这些情感和观点的个人,会以为这些情感和观点就是他的行为的真实动机和出发点。"[1]任何一个"清官"决不会因为信奉"爱民如子"的信条而主张终止本阶级的政治统治和经济剥削,因为"爱民如子"的信条是和"小人耕而以有余养君子"之类的信条密不可分地联结在一起的。如果说"清官"的所作所为是出于对人民的同情、怜悯和爱护,那么这种同情、怜悯和爱护无非是反映了地主阶级对劳动人手的需要和对残酷剥削的伪装。毛主席说:"爱是观念的东西,是客观实践的产物。我们根本上不是从观念出发,而是从客观实践出发。……世上决没有无缘无故的爱,也没有无缘无故的恨。"[2]如果"爱民如子"之类的思想感情不符合地主阶级的需要,那就成了"无本之木,无源之水",根本就不会在执行镇压职能的封建国家机构中发生影响,更不会被历代统治者奉为神圣的"信条"。

---

[1] 《马克思恩格斯全集》,中文 1 版,第 8 卷,149 页,北京,人民出版社,1961。

[2] 《毛泽东选集》第三卷,827 页。

三、"清官"和"党争"

维护封建的法定剥削权利,这是"清官"的共性。但是,仅仅指出这一点,还不足以说明他们在不同历史条件下的不同特性。一般说,"清官"处在封建官僚机构的中层和下层,只是封建王朝整套统治机器上的一些机件。因此,必须结合封建王朝的升沉降替和各个时期阶级斗争的具体形势来进行考察,才能够理解"清官"在漫长历史发展过程中所表现的各种不同形态和所发挥的不同作用。

当大规模的农民战争过去之后,新的封建王朝刚刚兴起,地主阶级的势力受到了重大打击,它的习惯剥削权利受到较大限制。这时候,接受了农民起义教训的所谓"圣君贤相"不得不减轻对人民的压迫,采取一些有利于恢复和发展生产的措施,其中也包括奖励清廉、惩治贪污的措施。明太祖告诫各地的地方官说:"天下初定,百姓财力俱困,譬犹初飞之鸟,不可拔其羽,新植之木,不可摇其根,要在安养生息之。惟廉者能约己而利人……尔等当深戒之。"①他对贪官的惩处也特别严厉,不惜施用重典,甚至将贪官剥皮实草,陈列在官员的公座旁边,以示警诫。在这个政治上比较安定的时期,会出现一批"清官"。这类"清官"是社会矛盾相对缓和的产物,是"圣君贤相"执行其"安养生息"政策的得力助手。在他们面前没有什么重大的阻力,没有什么需要大干一番的轰轰烈烈的事业,他们的名字也不大被后代人们所注意。"清静宽简"是他们居官的准则。他们的无所作为意味着少去扰乱人民的正常生产,这就是他们最好的作为。他们的历史作用就在于他们是"好皇帝"的助手和工具。一个"好皇帝"如果没有忠实的助

---

① 《明洪武实录》卷二五,18页。

手和得心应手的工具，自然就无法推行自己的政策，无法完成历史所赋予的使命。

随着封建经济的恢复、发展，地主阶级对农民的剥削逐步加紧。统治者的贪欲无休止地增长扩大，农民群众的生活一天一天地更加不好过。开国初期奖廉惩贪的律令渐成具文，最高统治的宝座上换了一批奢侈昏愦的庸才，官场中则充斥着贪赃枉法的惯家。在这种黑暗的局面下，官僚中的少数人觉察和忧虑腐朽风气将会给整个封建统治带来极其不利的后果。他们力图用自己有限的权力去约束习惯权利的横行，希望扭转统治阶级日益腐败的趋势。这一类"清官"是社会矛盾逐步尖锐化的产物。他们一反前一阶段"清官"清静宽简、平流顺进的特点，显示出倔强不阿的性格和雷厉风行的作风，他们虽然仍是封建专制制度的附属物，离开专制君主所赋予的权力，便没有什么影响社会的有效手段，但是由于君主权威的衰落，整个统治机器的运转失灵，"清官"们便不得不比较独立地担负起支撑统治局面的责任，在历史上或者在人民的心目中占据一个比较显著的地位。他们在局部地区和局部范围内，改革弊政，平反冤狱，减轻赋税，赈济灾荒，约束豪强权贵的不法行为，这一切无非是为了抑制决堤而出的习惯权利的逆流狂澜，以缓和人民的反抗，延续王朝统治的生存寿命。"清官"们所要执行的任务，和他们所拥有的权力是很不相称的。由于权力的不足，他们只得以"刚直""严厉"、敢于任事和敢于任怨等个人特点来弥补。人所共知的"清官"包拯、海瑞，都是属于这种类型的。包拯和海瑞活动的时代，一在北宋仁宗年间，一在明朝嘉靖、隆庆和万历初年，正当宋王朝和明王朝由盛转衰的时期。特定的时代需要有特定的人物来执行特定的使命。包拯、海瑞之流的"清官"，实际上是封建制度在矛盾尖锐化过程中的一种自我调节器。

一个大一统封建王朝各种矛盾的积累和尖锐化，是一个长期的历史过程，需要几十年以至一二百年才会达到总爆发的程度。在矛盾逐步尖锐化的长期过程中，引起农民起义的各种因素日积月累，小规模的起义不时地发生，但还没有来得及汇合成冲击王朝统治的巨大洪流。因此，"清官"们所面对的不是一个大规模农民战争已经展开的局面，而是一个表面上繁荣升平，实际上习惯权利横行无忌、反抗激流潜滋暗长的局面。"清官"们的注意力集中在遏制豪强权贵的不法行为上面，因而还能够暂时地、局部地减轻农民群众的负担。统治阶级中的"清官"在人民中传颂不绝的根据就在于此。

　　当然"清官"们的行动是徒劳无功的。统治阶级一天一天腐烂下去，这是无可挽回的必然趋势。海瑞曾经说："本县初意直欲以圣贤之所已言者，据守行之，自谓效可立至。迄今四载，中夜返思：日日催征，小民卖子鬻产，未有完事之日；时时听讼，小民斗狠趋利，未有息讼之期。感孚之道薄而民不化，烛奸之智浅而弊犹存。徒有其心，未行其事；徒有其事，未见其功。"[①]这是一个"清官"沉痛而真实的自白。后代人们在戏曲舞台上看到的顶天立地、叱咤风云、诛权贵如屠猪狗的喜剧式的"清官"，在历史上却是一些抑郁不伸、赍志以没的悲剧式人物。

　　有的同志不分析各个时期的"清官"，笼统地一概否定，甚至以为"清官"比豪强权贵还要坏一些。这些同志的逻辑是这样的：豪强权贵的残暴行为引起人民的反抗，"清官"反对豪强权贵的暴行只是为了消除和缓和人民的革命斗争；如果消除斗争、灭绝斗争，历史就不会取得任何进步。因此，"清官"的所作所为应该完全否定。这些同志几乎

[①] 《海瑞集》上册，49—50页。

把任何暴行都当作了进步的源泉。

剥削阶级的暴行有两种。一种暴行是打通历史前进道路的手段，如原始积累时期资产者的暴行。无产阶级当然也谴责这种暴行，但如果因为反对这种暴行而去抗拒历史发展的趋势，那就是反动的。剥削阶级的另一种暴行则是阻碍历史前进的，我国封建社会中豪强权贵的暴行即属于这一类。"清官"的反暴行斗争当然极其软弱，他们所能干预的只是千万桩暴行中的一桩和两桩，不可能改变人民水深火热的处境。但是，如果以为残酷的剥削和压迫根本就不应该反对，那就等于说：贩奴者的鞭笞可以引起奴隶反抗，因此就不应该反对这种鞭笞。

"清官"的所作所为会不会消除斗争和灭绝斗争？的确，"清官"在主观上确实抱有这种目的，指出这一点是必要的。但是在不同的历史时期，"清官"所起的实际作用却并不完全一样。当统治阶级正在腐烂，而人民斗争尚未展开的时候，"清官"的反豪强斗争却往往起了揭露封建制度的作用，这种斗争进行得越猛烈，豪强的不法行为就暴露得越彻底，人民群众对于在"太平盛世"幌子下的王朝统治的真实内容也就看得越清楚，豪强权贵粗暴地践踏"清官"的信条和设施，使"清官"标榜的理想归于澌灭，这也正好向人民群众证明了"清官"想要挽救的东西是无可挽救的。在各种复杂因素的交叉作用下，"清官"的行动产生了和预期恰好相反的结果。他们的失败引起了人民对封建统治者幻想的破灭，这种幻想的破灭是掀起大规模农民起义不可缺少的条件。海瑞死后，地主分子何良俊说："海刚峰爱民，只是养得刁恶之人。"[1]另一个地主分子沈德符说："海忠介所颁条约云：'但知国法，

---

[1] 何良俊：《四友斋丛说》卷十三，109页，北京，中华书局，1959。

不知有阁老尚书'，于是刁民蜂起，江南鼎沸，延及吾浙。"①地主阶级异口同声地发出的这种咒骂，是不无道理的。笼统地认为"清官"的行为后果都会达到他们自己预期的消除斗争和灭绝斗争，这是对复杂历史过程过分简单化的看法。

个别"清官"挽救没落王朝的企图失败了，他们退出了历史舞台。但是，统治阶级的内部斗争还在继续下去，并且愈演愈烈。大规模的党争开始出现了，如东汉的党锢，唐朝的牛李之争，宋朝的元祐党人，明朝的东林党人，清朝的前后清流。这些党争是统治阶级内部各种矛盾的集中爆发。造成党争的因素十分复杂，每次党争都有各不相同的背景和意义，但党争中不当权的一方总是以"清官"的姿态出现（而实际上党争的双方都有许多贪赃枉法者参加在内），并在反暴政反贪赃的旗号下攻击对方。法定权利和习惯权利的矛盾达到了最尖锐的程度，采取了集团之间公开对抗的形式。大规模党争显示封建王朝最后阶段的分崩离析，它往往就是农民革命风暴来临的征兆。没落王朝的当权集团总是无比地顽固和无比地愚蠢的，它失去了任何调整改革的能力。在前一阶段，它还能对"清官"表示一定的宽容；而当人民革命阴影日益迫近的时候，它就不择一切手段地匆忙结束党争。党争的结果免不了一场恐怖的屠杀，统治阶级用相互残杀的行动向人民群众再一次证明了自己的顽固不化和野蛮残酷。腐朽的当权集团埋葬掉内部反对派，也就为外部反对派准备好了埋葬自己的条件。

伟大的农民战争像一阵疾风暴雨，把这个积满了污秽的腥臭世界大加荡涤。革命的农民既反对习惯的剥削权利，又反对法定的剥削权利。统治阶级的各个集团面临毁灭的威胁，不得不抛弃旧怨，携起手

---

① 沈德符：《万历野获编》。

来，共同对付革命的农民。在你死我活的阶级搏战中，统治阶级所需要的不是那种可以装饰门面的"清官"，而是能够瓦解起义军的骗子以及残杀起义军的屠夫。这时候以"清官"作标榜的人，包括以前在"党争"中孑遗的党人，往往就来充当这种极其反动的角色。

农民不能够推翻旧制度、创立新制度，农民战争最后仍不免于失败。但它打乱了封建统治秩序，清理了几百年积累起来的各种矛盾、冲突，扫除了旧王朝的恶风邪气，用血和火在一片荆榛中开辟出了历史前进的道路。伟大的农民战争是推进历史发展的动力。

以上我们结合各个时期的形势对各种类型的"清官"做了一个概略的描述。当然，这种描述是极其粗糙的，需要做更进一步的剖析。我们的主要目的是想说明这一政治现象阶级的和历史的性质。"清官"是封建统治阶级中维护法定剥削权利的一种势力，从根本立场上说，他们是和人民对立的，不可能代表人民的利益和要求，忽略这一点是不应当的。这种维护法定权利的势力在不同历史条件下表现为几种各不相同的"清官"类型，有的是"圣君贤相"的得力助手，有的是封建制度自我调节的工具，有的是对付农民起义的骗子和屠夫。他们的特点和作用不完全一样。因此，笼统地肯定和笼统地否定都是不对的。只有用马克思主义观点，结合各个时期阶级斗争的形势进行具体分析，才能够对这一历史现象做出恰如其分的评价。

《四库全书》和法国《百科全书》*
——为纪念法国大革命二百周年而作

今年(1989)是法国大革命的二百周年,当革命的风暴在巴黎卷起,一时飙举霆击,扫荡了法国和欧洲的封建制度,很快改变了各国的政治局面,揭开了全球历史新的篇章。

法国大革命的发生是和革命前夕一大批思想敏锐、才华焕发的先进思想家的活动分不开的,其中包括伏尔泰、孟德斯鸠、狄德罗、卢梭、爱尔维修等,他们主张无神论或自然神论,反对政府专制和宗教迷信。在编撰《百科全书》中,他们集结成为启蒙思想的大军。思维的理性成了衡量一切现存事物的唯一尺度,政府、社会、宗教、学术,一切都要站到理性的审判台前,辩明自身存在的价值。在一定意义上说,法国大革命正是百科全书派所宣布的思想原则的实践和展开。在纪念法国大革命之际,大家当然不会忘记这些启蒙思想家的巨大贡献。

正当法国思想家在孜孜不倦编写《百科全书》的时候,中国的一部最大书籍也将开始编纂,这就是著名的《四库全

---

* 原载《历史研究》,1989年第2期。

书》，它是保存和整理我国古代文化遗产的巨大汇编。《百科全书》于1751年开始出版，28卷全部出版完毕是在1772年，即清乾隆三十七年，这一年正是清政府下令在全国征集书籍，第二年（1773年）开设四库馆，进行规模浩大的修书工作。法国《百科全书》的补编5卷、索引2卷分别于1777年（乾隆四十二年）和1780年（乾隆四十五年）出版。1781年（乾隆四十六年），《四库全书》的第一部，即文渊阁《四库全书》告成。《四库全书》全部完成于乾隆五十二年，即1787年，两年之后，法国爆发了惊天动地的资产阶级革命。东西方两部鸿篇巨著在18世纪下半叶先后修纂，接踵告成，可称是同一时代的产儿。

两部书都是工程浩大的集体作品，代表东西方文化发展的成就。但它们产生的社会背景，编纂的宗旨、目的，以及在体例、方法、内容、影响等各方面是很不相同的。两书之间的差异是那么巨大，犹如18世纪东西方社会以及中华民族和法兰西民族之间的巨大差异一样。

一

《四库全书》和法国《百科全书》是迥然不同的两种书籍。前者的着眼点在收集、保存前人已经撰写的书籍，用力于"汇编"。而后者的着眼点在综合过去的知识成果，加以阐述发挥，用力于"撰写"。《四库全书》是把已有的书籍搜罗集中，考证校勘，分类提要，共收书3 500余种，存目6 700余种，其特点是"博大"。编纂工作由清政府主持，第一步工作是把现存的书籍全部收集起来。从清乾隆三十七年谕令全国征书，几年之内各省进献图书1.3万余种，其中很多是善本、孤本，加上宫廷藏书，已极为丰富。还有一件很有意义的工作，即从《永乐大典》中辑录已经散佚的书籍。如邵晋涵辑薛居正的《旧五代史》先据《永乐大典》各韵部所引，"甄录条系，得十之八九"，又从类书、史籍、说部、文集中辛勤采摘，使已经失传的《旧五代史》恢复原貌。在许多学者的长期努力下，380余种古书失而复得，传为我国学术史上的佳话。

《四库全书》所收书籍都经过大量考证。鉴定版本、辨别真伪、考析篇章、校勘文字，进而"分别流派，撮其要旨，褒贬评述，指陈得失"。因此，《四库全书》并不是简单地把许多书籍凑集誊写，而是做了大量的研究，对中国古代文化做了大规模的清理和总结。例如，戴震校郦道元的《水经注》，该书长期流传，辗转抄录，经注混淆，讹误不可卒读。戴震经过细致的研究，发现了区别经文和注文的三条原则。按照这三条原则，长期混淆的经和注，可以清楚地区分。段玉裁说："得此三例，迎刃分解，如庖丁之解牛，故能正千年经注之互讹。"[①]可见这样的校书工作实际上是很有价值的创造性劳动。又如《四库全书》子部首列《孔子家语》，旧称传自孔子后裔，《汉书·艺文志》虽曾著录此书，然书实已散失，后世所传乃魏王肃的伪作，《四库全书》提要列举了许多理由，明确判断"其出于肃手无疑"[②]。《四库全书》的编纂中，像这类研究成果是很多的。

《四库全书》由于卷帙浩繁，不能雕版印刷，只能誊写缮录。共缮录七部书，分贮于北四阁（内廷文渊阁、圆明园文源阁、避暑山庄文津阁、沈阳文溯阁）和南三阁（扬州文汇阁、镇江文宗阁、杭州文澜阁）。书手开始是从乡试落第的士子中挑选，后来发内府帑银雇用，历时十余年，前后参加缮写人员共3 800多人，7部书共缮写1 600万页。该书缮写格式每页18行，每行21字，7部书共60亿字，这是

---

① 《戴东原年谱》。
② 《四库全书总目提要》子部，儒家类，《孔子家语》条。

历史上从未有过的巨大文化工程。

法国《百科全书》编写的起因是出版商出于营利的目的,要翻译张伯斯的《艺术与科学大辞典》,此书于1728年用英文出版,商人们委托著名的法国思想家狄德罗主持译事。狄德罗认为:当时科学文化的发展已突破了张伯斯所编书籍的内容,已无翻译的必要,应该用新的观点和成果重新撰写一部书籍。于是,以狄德罗为主编、达朗贝尔为副主编,集结了一批学者、能够囊括一切领域的知识精英,从事《百科全书》的编撰。工作延续20多年,开始计划出10卷,后扩充至28卷,包括17卷条目正文和11卷表格插图。

一开始,狄德罗就拒绝了官方的干预。法国司法部长阿格索向他提出,编撰工作可以得到国王路易十五的支持,狄德罗断然拒绝。他说:"如果政府参预这项工作,工作就无法完成。君主一句话可以叫人在荒草中造出一座宫殿,但一部百科全书不能凭命令完成。"①

《百科全书》在十分困难的条件下开始撰写,狄德罗和达朗贝尔的工作很繁重,构筑框架,设计条目,确立整体思想,组织写作,直到修改、定稿、付印、校对,都要亲自参与。而出版商只给狄德罗交付月薪100里弗,撰稿者的酬金也很微薄,就像房龙所说:"重要书籍总是由一贫如洗的学者们编写的。他们靠每星期8美元过活,劳苦钱还不够买纸和墨水。"②

1752年,《百科全书》出版2卷,触犯了统治阶级的忌讳,即遭查禁。不久开禁后又出版至第7卷,1759年再遭查禁。《百科全书》的命途多舛,在巴黎不能公开出版。官方认为它亵渎上帝、危害道德、攻

---

① 安德烈·比利:《狄德罗传》,64页,北京,商务印书馆,1984。
② 房龙:《宽容》,344页。

击宗教，御用文人和教会势力写了许多文章、诗歌、戏剧冷嘲热讽。"对于法国统治集团中的顽固分子来说，《百科全书》是个恶魔。每出一卷都要遭到厚颜无耻的攻击"①。但与反动势力的愿望相反，疯狂的攻击只能使狄德罗等更加声名远播，《百科全书》不胫而走，印数激增。由于在巴黎被禁，狄德罗改组了编辑部，继续秘密撰写下去。德皇腓特烈和俄国女皇叶卡捷琳娜怀着各自的目的，邀请狄德罗将《百科全书》移至柏林和彼得堡继续出版，而狄德罗却谢绝了邀请，坚持在巴黎工作下去，终于争取再次解禁，于1772年将28卷出齐。

二

在《四库全书》和《百科全书》周围，集结了当时最优秀的知识分子。列名《四库全书》的编纂者多达360人，分别担任总裁、纂修、校阅、提调等职，其中有乾隆皇帝的三个儿子和大学士、尚书等，又有大批翰林院的检讨、编修、庶吉士。贡献最多的是总纂官纪昀，毕生精力耗费在编纂工作中，他"学问渊通，撰《四库全书提要》，进退百家，钩深摘隐，各得其要旨，始终条理，蔚为巨观"②。和纪昀同任总纂官的陆锡熊始终其事，用力亦多，"考字画之讹误，卷帙之脱落，与他本之互异，篇第之倒置，蕲其是否不谬于圣人，又博综前代著录诸家议论之不同，以折中于一是，总撰人之生平，撮全书之大概"③；另一任总校官的陆费墀，后任全书副总裁，制定馆务的各项条款章程，组织编纂、誊录和校阅工作，"综核稽查，颇能实心勤勉"④。此

---

① 《英国百科全书条目选译》，《百科全书》条。
② 《清史稿》列传一〇七。
③ 王昶：《春融堂集》卷五五，《陆君墓志铭》。
④ 《办理四库全书档案》，乾隆三十九年十一月十三日上谕。

外，著名学者戴震，以举人身份，破格征召入馆，"馆中有奇文疑义，辄就咨访，震亦思勤修其职，晨夕披检，无问寒暑，经进图籍，论次精审"①。邵晋涵"善读书，四部七录，靡不研究""尤长于史"②，史部提要的草稿，多出其手。周永年始作《儒藏说》，为编纂《四库全书》之先声，"在书馆好深沉之思，四部兵农天算术数诸家，钩稽精义，褒讥悉当"③。他辑录《永乐大典》，极为勤奋，所存1.8万卷大典，翻阅殆遍，"丹铅标识，摘抉编摩"，所辑文集多种，皆前人所未见。翁方纲也是有名的诗人、书法家、金石家，"宏览多闻，于金石谱录、书画词章之学，皆能抉摘精审"④。他所写《四库全书总目提要》的草稿，至今尚保存九百余篇。

在《四库全书》馆内，汉学家占据主导地位。这一学派，尊重汉儒的学说，研究古代典籍从文字、音韵、训诂入手，长于考据、校勘、辑佚，反对穿凿附会，反对宋明理学家空谈心性，其治学态度较切实，方法较缜密，其缺点是烦琐和脱离实际。四库馆是乾嘉学风的发源地，也是考据学派的大本营。但馆内存在宽松、良好的学术风气，不同学派之间能平心静气地讨论问题。如翁方纲记载他的工作情况："每日清晨入院，院设大厨供给桌饭，午后归寓。以是日所校阅某书应考某处，在宝善亭与同修程鱼门（晋芳）、姚姬传（鼐）、任幼植（大椿）诸人对案详举所知，各开应考证之书目，是午携至琉璃厂书肆访查之"⑤，程晋芳、任大椿都是著名的汉学家，而翁方纲、姚鼐则是

---

① 《清史稿》列传二六八。
② 同上。
③ 同上。
④ 《国朝先正事略》卷三五。
⑤ 《翁氏家事略记》。

汉学的激烈批评者，但相互之间尚能"对案"商讨，交流学术，颇有点像百科全书派的学者们在沙龙中的定期聚谈一样。

《百科全书》的编撰也团聚了许多杰出学者，撰稿人多达160人。他们的观点各有不同，从自然神论到无神论，从开明专制论者到民主主义者，但他们博学多才，熟知一切领域的知识成就。主编狄德罗至少撰写了1 200多个条目，涉及面十分广博。他一心扑在这部书上，耗尽了精力，"一个重要问题不断折磨我，使我头昏脑涨，我走在街上也想着它，它使我和人相处时心不在焉，它使我在最主要的工作中停步不前，它使我在夜间无法入眠"，"要使作品得以出版还有许多工作：有润饰工作，这是最棘手、最困难、使人衰弱、劳累、厌烦的、没完没了的工作"[①]。副主编达朗贝尔学习法律、医学，通晓数学，写过天文学、动力学著作以及哲学讲义、音乐教程，学问渊博，为狄德罗分担了编辑和修改工作。后期的副主编若库尔也是个医生，但也研究过哲学、历史、考古学、文学、地理、自然科学，狄德罗称说："自他青年时起。对人间各类知识就产生了兴趣"[②]。其他撰稿人都是法国启蒙运动的杰出思想家、当时照耀着欧洲天空的灿烂群星，如伏尔泰是法国思想界的泰斗；孟德斯鸠是著名的哲学家、法学家，三权分立学说的倡导者；卢梭是民主主义思想家、社会契约论的宣扬者；爱尔维修是无神论者、唯物主义的杰出代表；布封是自然科学家、进化思想的先驱者；孔狄亚克是洛克哲学的继承者；孔多塞是百科全书派最年轻的撰稿人、后来法国大革命中的吉伦特派；魁奈和杜尔阁是经济学家；还有重农学派的创始人、文学家马蒙泰尔，神父莫雷列、

---

① 安德烈·比利：《狄德罗传》，267页。
② 同上书，308页。

库尔廷文，德国男爵、著名的唯物主义者霍尔巴赫等。在巴黎拥有财富和产业的霍尔巴赫定期开设沙龙，接待《百科全书》的撰稿人，"整个下午在十分激动的情绪中吃喝、争论。基督教教条之荒诞，教士之奸诈，他们暗中伤风败俗，宗教狂所特有的残忍，排斥异己的罪行，教廷之不合理和令人不快的性质，全部被毫不留情地拿来同泛世自然伦理所具有的正直优美相对照。灵魂不朽、对死亡的恐怖、自杀、宗教是否对伦理和政治是必要的，玻璃制造、矿物学、冶金化学、地质、矿业、农业，这些问题也并非不受'犹太会堂'（百科全书派沙龙的绰号）常客们的关注"①。参加沙龙的人们意见和观点不尽一致，他们之间经常发生激烈的争论，有时甚至反目，例如狄德罗和卢梭之间、狄德罗和达朗贝尔之间的失和。但他们的研讨和争论恰好磨砺了指向封建主义的刀剑。当时，自由平等的要求激动着法国民众的心灵，传统的权威摇摇欲坠，政治、理论、宗教、科学、文艺，一切都要重新估价，这一正在法国高涨起来的民主革命思潮，是《百科全书》同人们的共同信念和最高理想。

三

《四库全书》和《百科全书》都有一个宏伟的理想，即要囊括前人的知识成果。两书以不同形式对繁复的人类知识体系进行探讨和分类，粗泛看来，其分类亦有相似之处。《四库全书》的经部与子部，相当于《百科全书》中的宗教和哲学类；《四库全书》中的史部相当于《百科全书》中的历史类；《四库全书》中的集部相当于《百科全书》中的诗类。但如果仔细分析，两者有很大的不同，《四库全书》是汇集书籍的丛

---

① 安德烈·比利：《狄德罗传》，127页。

书，它的分类是书籍的分类，属于目录学范畴，而《百科全书》以各门知识的统一为基础，勾画了一个包罗万象的学科分类体系。两书分类的不同，既是体例上的差异，也是东西方知识结构的差异。

《四库全书》继承了《中经新簿》和《隋书·经籍志》的传统，把全部书籍分成经、史、子、集四大部，四部下分四十四类，有的类下分立子目，共六十六子目。根据书籍的实际情况，对传统的分类法变通损益，多所改进，强调"古来有是一家，即应立是一类，作者有是一体，即应备是一格"①。在四部和类目之下又写成序录，论述每类书籍的内容、体例的演变，使全书包罗宏富而分类清楚、次序井然，形成一个有机的整体。书籍的分类，从一个侧面反映了中国古代的文化成就和知识结构。中国文化着重伦理和政治关系，忽视自然科学、生产技术、商业工艺和民间文艺，古籍很多以注释儒家经典的面目出现，经部特别膨胀，史部著作亦多。在四库馆臣看来，经史二部是最重要的学问，"学者研精于经，可以正天下之是非；征事于史，可以明古今之成败。余皆杂学也"②。我国古代自然科学不发达是造成四库分类缺陷的重要原因，而纂修诸人的忽略，使我国有限的自然科学著作未能在《四库全书》中得到充分反映。全书中虽然著录了经戴震的努力从《永乐大典》中辑出的古代算书，也收进了利玛窦和徐光启合译的《几何原本》等西方的科学著作。但像明末宋应星所撰《天工开物》，总结了我国农业手工业的技术成就，内容丰富系统，却未被《四库全书》收录，连存目中也未列入。我国很早发明和运用珠算，明人程大位所撰《算法统宗》，是我国仅有的一部研究珠算的书籍，《四库全书》亦未著

---

① 《四库全书总目提要》卷首，《凡例》。
② 同上书，子部，总叙。

录，只列存目。理由是"其法皆适于民用，故世俗通行，惟拙于属文，词多枝蔓，未免榛楛不翦之讥"①。这样一部有价值的著作，仅因"词多枝蔓"而遭摒弃。四库馆臣对民间文艺更加鄙薄，虽有"词曲"一类，但认为"词曲二体，在文章、技艺之间，厥品颇卑，作者弗贵，特才华之士以绮语相高耳"②。词曲中又扬词而抑曲，词类尚收词集、词选、词话、词韵、词谱，而曲类只收品题、论断及中原音韵三种书。元明清三代，戏曲传奇极为发达，形成文学史上的一大特色，《四库全书》却一概不录，反而批评王圻的《续文献通考》"以西厢记、琵琶记俱入经籍类中，全失论撰之体裁，不可训也"③，其识见更在王圻之下。《四库全书》虽列小说家类，此类书籍，叙述杂事，记录异闻，缀辑琐语，和今天所说文艺创作的小说是不同的。至于源自话本的《三国演义》《水浒传》《西游记》，以及清代的《聊斋志异》《红楼梦》被视为"猥鄙荒诞，徒乱耳目"，当然都在摒斥之列。

狄德罗在当时自然科学和社会科学发展的基础上，相信关于世界知识的统一性，要使各门知识都成为统一的科学的具体组成部分。尽管《百科全书》的知识分类从今天来看缺陷很多，不适应用，甚至有的显得离奇古怪，例如有人讥讽它把制锁业归入记忆类，把驯隼术归入理性类。但它毕竟包罗宏富，知识领域宽广而较全面，具有近代知识结构的雏形。《百科全书》继承了培根的知识分类体系，把人类知识分为来源于记忆的历史，来源于理性的哲学和神学，来源于想象的诗。历史之下有圣贤史、民众史、自然史，哲学之下有人文科学（道德、教育、政治、法律）和自然科学（数学、物理、化学、医学），诗之下

---

① 《四库全书总目提要》，子部，天文算法类存目，《算法统宗》条。
② 同上书，集部，词曲类，小序。
③ 同上书，集部，词曲类，小序。

有诗歌、音乐、绘画、建筑、雕刻、戏剧。狄德罗的意向是要创立一个无所不包的科学、艺术、工艺的知识分类谱系,在这个谱系中,每门学科都有相应的位置,以显示我们知识之树的总干和各个分支。这个知识分类谱系曾在《百科全书》第 1 卷中加以描述,并贯穿于全书的条目、表格和插图之中。其显著特点是十分重视正在蓬勃发展的科学技术。此书定名为《百科全书——科学、艺术和工艺详解辞典》,把科学和工艺明确地标明在书名上。《百科全书》的撰写者不少是著名的科学家和在实际岗位上的工艺师,后人称赞狄德罗"在人类历史上破天荒第一次像我们现在通常做的那样吸收有经验的实际工作者来同著作家合作"①。狄德罗非常重视在当时生产中日益重要的机器性能和工艺流程,他在《百科全书》的《大纲》中写道:"有些工艺很特殊,操作很复杂,如果不亲自干,不亲手转动一下机器,不亲眼看看零件的装配,就很难准确地加以描绘。因此,我们往往自己搞到机器,自己当学徒,制作蹩脚的模型。"《百科全书》的另一个特点是现实性很强,不仅总结过去达到的文化成果,而且反映了法国当时的社会生活,展现了经济、政治、生产、生活多方面的情况,涵盖面很宽广,它是 18 世纪法国社会的一面镜子。一位伯爵曾向路易十五称赞此书的优点,他说:"陛下,您多么幸运在您的统治下有人能够研究一切领域里的知识,在这部书里,可以找到一切,从别针的制作方法直到铸造大炮和瞄准射击的方法,从无限小到无限大"②。

四

《四库全书》和《百科全书》的最重要差异是在指导思想方面。《四

---

① 阿基莫娃:《狄德罗传》,148 页,北京,三联书店,1984。
② 安德烈·比利:《狄德罗传》,139 页。

库全书》是清政府主持编纂的,自然站在官方立场上,编纂的目的是有助于巩固封建主义思想统治,所谓"稽古右文,聿资治理"。所以,著录的书籍并非兼收并蓄,而有严格的去取标准,这个标准就是乾隆谕旨中所说:"阐明性道治法,关系世道人心者自当首先购觅,至若发挥传注,考核典章,旁暨九流百家之言,有裨实用者亦应备为甄择,又如历代名人,洎本朝士林宿望,向有诗文专集及近时沈潜经史,原本风雅……并非剿说卮言可比,均应概行查明"①,如果违反或稍稍背离此项标准则只存其目,不录其书。《四库全书》著录的书籍达 3 500 余种,存目的书籍 6 700 余种,存目几达著录的两倍。对于著录及存目的书籍都分别撰写提要,提要除叙述作者的简历和书籍的源流、篇章文字的异同之外,最重要的是评论书籍的是非得失,评论的标准亦以皇帝的意见为转移。乾隆说:"朕命诸臣办理《四库全书》,亲加披览,见有不协于理者……即降旨随时厘正,惟准以大中至正之道,为万世严褒贬,即以此衡是非"②,亦即《凡例》中所说:"宏纲巨目,悉禀天裁,定千载之是非,决百家之疑似"③,这一官方的评判立场,给《四库全书》造成了重大的损害。

《四库全书总目提要》是众多学者的精心撰著,固然有很高的学术价值,但也充满着卫道者的偏见。如东汉的唯物主义思想家王充所著《论衡》,因其中有《问孔》《刺孟》二篇,《提要》称其"露才扬己""其言多激""奋其笔端以与圣贤相轧,可谓悖矣"④。明代的进步思想家李贽、焦竑,四库馆臣对他们毫无好感,说"二人相率而为狂禅,贽至

---

① 乾隆三十七年正月初四日上谕。
② 乾隆四十二年十月初七日上谕。
③ 《四库全书总目提要》卷首,《凡例》。
④ 同上书,子部,杂家类四,《论衡》条。

于诋孔子而竑亦至尊崇杨墨,与孟子为难,虽天地之大,无所不有,然不应妄诞至此"①;又称才士祝允明"放言无忌,持论矫激,圣人在上,火其书可也"②;称袁宏道"矜其小慧,破律而坏度"③。像这类偏颇不公正的评论,在《四库全书总目提要》中是相当多的。所以鲁迅先生提醒我们,此书"是现有较好的书籍之批评,但须注意其批评是'钦定'的"④。正是由于这一官方的指导思想,在编纂《四库全书》的同时发生了禁毁书籍事件,清廷在全国征书过程中发现大量所谓内容"悖逆"或有"违碍词句"的书籍,不是焚毁劈板,就是删改挖补,当时禁毁书总数达3 100多种,其数量和《四库全书》著录的书籍几乎相等,形成我国文化事业的一次浩劫。

法国《百科全书》的情况完全不同。编撰者不受官方束缚而自由表达自己的思想,他们的评价标准是普遍理性和人性,让人在《百科全书》中占统治地位,他们阐扬民主、自由,主张天赋人权,人的尊严不容侵犯,人的权利不容剥夺。为了使得《百科全书》能够继续出版下去,他们也常常用隐晦曲折的语言来表达自己的意见,但在许多条目中,"异端"思想还是鲜明地表露出来,因此,《百科全书》一再被查禁,几乎夭折。例如,狄德罗所写《农业》《狩猎》,魁奈所写《农场主》,杜尔阁所写《税收》等条目中,揭露了当时法国经济衰退,大批农民丧失土地、贫困无告,而政府苛捐杂税,民不聊生。又如在《政治权威》条目中,狄德罗宣称:"自由是天赐的东西,每一个同类的个体,只要享有理性,就有享受自由的权利",他和《百科全书》的另一

---

① 《四库全书总目提要》,子部,杂家类存目二,《焦弱侯问答》条。
② 同上书,子部,杂家类存目一,《祝子罪知》条。
③ 同上书,集部,别集类存目六,《袁中郎集》条。
④ 许寿裳:《亡友鲁迅印象记》。

位撰稿人、"社会契约论"者卢梭的观点一样,说君主的权威"只是凭着臣民的选择和同意,君主决不能运用这种权威来破坏那个使他获得权威的法规或契约"①。在《暴君》这一条目中,狄德罗指斥"滥用权力,践踏法律,将属下臣民变成自己各种欲望和无理贪求的牺牲品"的"暴君",是"折磨人类的最致命的祸害"②。显然,《百科全书》团聚和联合了一批启蒙思想家,高扬理性的精神,他们触摸到新时代的脉搏,并为其降临而努力奋斗。《百科全书》不仅仅是一部书籍,而且是政治、经济和文化纲领,它具体陈述了不久以后将统治整个世界的那些思想,它为法国大革命铺平了道路。所以,有人评论说:"《百科全书》是众书之书,是当时法国生活的镜子和轰击旧制度的攻城武器"③,"对于十八世纪中教士中的保守分子来说,这部书就像吹响了走向毁灭、无政府、无神论和无秩序的嘹亮号角"④。

五

当《四库全书》和《百科全书》分别在中法两国编撰的时候,东亚和西欧已航路初辟,经济文化的交流已开始。明清之际,大批耶稣会传教士来到中国,他们在东西方之间架设了交流的桥梁。通过耶稣会士的介绍,中国人开始对西方的科学文化有所了解,而西方的许多先进人士也对中国和中国文化怀抱强烈的兴趣,在《四库全书》和《百科全书》中保留了东西方文化交流和相互影响的早期痕迹。

百科全书派通过传教士所写的作品,发现了远方中国的许多新鲜

---

① 《百科全书条目选辑》,《政治权威》条。
② 同上书,《暴君》条。
③ 阿基莫娃:《狄德罗传》,152页。
④ 房龙:《宽容》,346页。

事物。中国的文明对百科全书派学者具有重大意义,因为,在遥远的东方存在这个不属于基督教的文明古国,这就证明了人类不需要基督教也能够创造出辉煌的文明,这一点大大地加强了百科全书派反对教会的立场和论据。百科全书派的学者对中国文明的评价各不相同,大多数人持肯定和推崇的态度。霍尔巴赫盛赞中国的伦理政治,说:"中国可算世界上所知唯一将政治的根本法与道德相结合的国家","欧洲政府非学中国不可"①。狄德罗写了《百科全书》中的《中国》和《中国哲学》等条目,全面介绍了中国和中国的思想文化,赞美"中国民族,其历史的悠久,文化、艺术、智慧、政治、哲学的趣味,无不在所有民族上之"②。经济学家巴夫尔曾随商船到过广州,是《百科全书》撰稿人中唯一到过中国的人,他称赞:"中国农业的繁荣胜过世界各国","中国政府普遍情形是把全部关心直接向着农业方面"③。对中国最为倾倒的是伏尔泰、魁奈和杜尔阁,他们三人都是《百科全书》的撰稿人和支持者,伏尔泰认为:中国文化最合乎理性与人道,中国历史不记载超自然的奇迹。他佩服孔子"不语怪力乱神"和"述而不作"的态度,他还为中国的政治制度做辩护,并撰写文章反对孟德斯鸠在《论法的精神》一书中对中国封建专制主义所做的尖锐抨击。伏尔泰还根据中国元曲《赵氏孤儿》写成《中国孤儿》一剧,于 1755 年在巴黎上演,他甚至宣称:中国文化的被发现,对欧洲思想界来说,同哥伦布发现新大陆一样重要。被马克思称为"现代政治经济学始祖"的魁奈撰写《中国专制政治论》,赞美中国政治遵循自然法,推崇中国的礼治、伦理与重农政策,他对《易经》《周礼》《论语》相当熟悉,有"欧洲孔夫

---

① 霍尔巴赫:《社会之体系》。
② 赖赫维恩:《中国与欧洲》,92 页。
③ 马弗利克:《中国为欧洲的模范》,43 页。

子"的雅号。另一位经济学家杜尔阁也推崇中国文化,曾向在法国学习的两位中国青年学者高类思和杨德望提出有关中国的52个问题,要求中国学者解答。百科全书派中也有对中国文化抱批判态度的,如孟德斯鸠,论述了中国专制主义与文化习俗的缺陷;卢梭则指出:中国文明的进步恰恰造成了社会的弊病;孔多塞则称中国"被一群儒生的迷信所阻碍,故不能进步"①。

不管百科全书派的学者对中国文化是推崇还是批判,当时还处在中法文化交流开始阶段,他们都只能通过耶稣会传教士这面棱镜来观察中国,对中国情况当然不可能透彻了解。但他们都很关心中国文化,深受中国文化的影响,并通过评价中国文化去反对当时法国的宗教和政治制度。伏尔泰、狄德罗、魁奈、杜尔阁从中法文化相异之点出发,论证法国制度的不合理;而孟德斯鸠、卢梭、孔多塞看到了东西方封建主义的共性,他们抨击中国的封建专制主义,实际上也反对了法国的教会和政府。

《四库全书》的编纂者也通过耶稣会士开始了解西方文化。农家、天文算法、杂家、谱录等类著录了传教士利玛窦、熊三拔、邓玉函、艾儒略等十余种作品,肯定了西方数学、天文、科学技术的成就,说"西洋之学以测量步算为第一,而奇器次之,奇器之中,水法尤切于民用……固讲水利者所必资也"②,"其言皆验诸实测,其法皆具得变通,可谓词简而义赅者"③,"其制器之巧,实为甲于古今"④,"欧罗

---

① 捷鲍登姆:《传教士与士大夫》,281页。
② 《四库全书总目提要》,子部,农家类,《泰西水法》条。
③ 同上书,子部,天文算法类,《乾坤体义》条。
④ 同上书,子部,谱录类,《奇器图说》条。

巴人天文推算之密，工匠制作之巧，实逾前古"①。经过一段中西交流，西方的科学技术已显示出了优越性，故四库馆臣们承认它的价值，但又囿于见识，把西方科技视为不登大雅之堂的奇技淫巧，不承认它在社会生活中所起的重大作用，所谓"徒矜工巧，为耳目之玩"②，不屑于进一步去了解和学习。明清之际，耶稣会传教士的汉文著作很多，介绍了各种西方的学术文化，这是当时中国最需要的知识，但收入《四库全书》者寥寥无几，特别是来华较晚，包括汤若望、南怀仁、蒋友仁等的作品，全被摒斥于《四库全书》之外。馆臣们认为：传教士的书籍虽有一些长处，"特所格之物皆器数之末，而所穷之理又支离神怪而不可诘"③。他们还有一个错误观念，以为西学都渊源于中学，说"西法出于周髀……特后来测验增修，愈推愈密耳。明史历志，谓尧时宅西居昧谷，畴人子弟散入遐方，因而传为西学者，固有由矣"④，可见当时士大夫对西方文化甚为隔膜，且多误解。

在当时闭关锁国的条件下，四库馆臣对西方文化缺乏了解，这是并不奇怪的。但中国当时并非无人了解西方，本文上面提到的两位中国青年学者高类思和杨德望在法国留学11年以后，于1765年(清乾隆三十年)返回中国。高类思是北京人，回国后一直住在北京，写过不少著作，至1780年(乾隆四十五年)逝世，当时正是四库全书馆进入紧张编纂的时候。但像高类思这样一位长期在法国学习、熟知西方文化、非科举出身的学者，虽近在咫尺，却没有资格进入四库全书馆，不能发挥自己的专长，甚至他的名字和行踪在本国湮没无闻，只

---

① 《四库全书总目提要》，子部，杂家类存目，《寰有诠》条。
② 同上书，子部，谱录类，《奇器图说》条。
③ 同上书，子部，杂家类存目，《西学》条。
④ 同上书，子部，天文算法类，《周髀算经》条。

能从外国人的记载中略知一二。中国封建的政治和文化机制，缺少宽容和活力，不能将多方面人才网罗入馆，使《四库全书》在反映世界文化科学成就方面产生重大的缺陷，这不能不说是中国文化发展的不幸和损失。

六

《四库全书》和法国《百科全书》是同时诞生于18世纪的东西方两部辉煌巨著，各自有它的成就。《四库全书》汇聚了中国大量古籍，网罗广博，内容丰富，考订精审，编次有序，在清理和总结中国历史文化遗产方面做出了重大贡献，后人深入研究中国的传统文化都将离不开这部大书。历代学者对它评价很高，章学诚说："四库搜罗，典章大备，遗文秘册，有数百年博学通儒所未得见而今可借钞馆阁者"[①]。阮元说："凡六经传注之得失，诸史记载之异同，子集之枝分派别，罔不抉奥提纲，溯源彻委。所撰定总目提要多至万余种，考古必衷诸是，持论务得其平"[②]。

至于法国的《百科全书》则总结了西方科学与文化的成就，利用已有的知识和思想资料，发展了唯物主义和进步的历史观、政治观。它对后世的影响极为深远，伏尔泰说："狄德罗和达朗贝尔在给自己装上翅膀，以飞往后世。他们是驮着宇宙的阿特拉斯和赫克里士。他们的《百科全书》是世界上最伟大的作品，是雄伟壮观的金字塔"，恩格斯也说："法国的唯物主义者没有把他们的批评局限于宗教信仰问题；他们把批评扩大到他们所遇到的每一个科学传统或政治设施；而为了

---

① 《章氏遗书》卷九，《为毕制军与钱辛楣宫詹论续鉴书》。
② 《揅经室三集》卷五，《纪文达公集序》。

证明他们的学说可以普遍应用,他们选择了最简便的道路:在他们因以得名的巨著《百科全书》中,他们大胆地把这一学说应用于所有的知识对象。这样,唯物主义就以其两种形式中的这种或那种形式——公开的唯物主义或自然神论,成了法国一切有教养的青年的信条。它的影响是如此巨大,以致在大革命爆发时,这个由英国保皇党孕育出来的学说,竟给了法国共和党人和恐怖主义者一面理论旗帜,并且为《人权宣言》提供了底本。"①

当然,产生《四库全书》和法国《百科全书》的历史背景和文化氛围是很不相同的。18世纪的中国正是封建社会的后期,乾隆中叶,经济繁荣,国力鼎盛,文治武功达到了新的高度,经济生活中已出现了资本主义萌芽,明清之际思想界也呈现了一度活跃的景象。但清朝强化了封建统治,对异端思想严加镇压,闪眼即过的民主启蒙思想未能给中国的封建制度造成重大冲击。什么样的社会条件和经济基础就会产生什么样的文化思想成果,乾隆时代尚是封建盛世,它能为总结汇集封建文化典籍而做出巨大的贡献,但当时新的经济因素和阶级力量尚未成长,外来思想的影响还很微弱,产生于这样条件下而又为清政府主持的《四库全书》不可能偏离封建主义正统儒学的轨道。法国在1789年革命前夕,生产力迅速增长,资本主义工场手工业已蓬勃发展,科学技术与民主思想随之勃兴,第三等级正在崛起,烂熟了的封建制度百孔千疮,已容纳不下日益发展的新生产力和新社会力量,新的制度即将破土而出,而法国的贵族、僧侣仍保持封建特权,顽固地抗拒法国社会的前进,只有经过暴力扫荡,只有经过革命洗礼,才能

---

① 《马克思恩格斯选集》,1版,第3卷,394—395页,北京,人民出版社,1972。

洗涤封建主义的污泥积垢，振兴法国，使孕育成熟的资本主义制度脱胎诞生。法国《百科全书》的学者们是唱起新时代乐章的歌手，是呼唤暴风雨的海燕，他们为行将到来的法国大革命做了思想准备。不同的时代赋予人们以不同的历史使命，由此也决定了中国和法国两部划时代巨著根本趋向的歧异，而两国民族陛格、文化传统、学术源流的不同又使得两书在编纂体例、思想内涵、知识构成等多方面各具自己的特色。当此纪念法国大革命两百周年之际，对这两部产生于两个世纪前的巨著进行研究，对于理解中法文化的特点和差异，促进两国文化的进一步交流是有重要意义的。

中国经济的千年态势与复兴之路*
——读安格斯·麦迪森的《中国经济的长期表现》

英国经济学家安格斯·麦迪森的《中国经济的长期表现》，由上海人民出版社于 2008 年 3 月出版。这是一部论述自古至今的中国经济史的力作。麦迪森是英国经济学家、英国国家人文与社会科学院院士、剑桥大学赛尔温学院荣誉院士，长期担任经济合作与发展组织（OECD）发展中心的研究员，擅长于研究宏观经济，进行计量分析和比较研究，已出版 20 余种著作，是西方经济研究领域的权威。

中国近 30 年来的经济增长创造了全球奇迹，举世瞩目，赞誉者有之，惊叹者有之，质疑者有之，甚至心怀忌妒诽谤者亦有之。而辛勤收集大量资料，潜心研究，进行客观分析，得出科学而令人信服的论断，应推麦迪森的这部新作。麦迪森搜集并运用了浩瀚的资料、数据，制录成各式图式表格，经过冷静缜密的思考，全面、系统而深入地剖析了自唐宋至今天的中国长期的经济进程，把它与世界经济联系起来并进行比较，预测了今后 20 多年中国的经

---

* 原载《中华读书报》，2009 年 1 月 9 日。

济发展前景，视野宽广，材料充实，论证严谨，分析深入。中国经济学家、历史学家以及工作在经济建设第一线的同志值得一读此书。中国经济学家林毅夫说："任何一个希望理解中国经济的过去和未来的人不应错失此书。"经济史学家李伯重称赞它是"经济领域的一本大师级杰作，它将成为全世界未来几代学者们所赖以站立的伟人的肩膀"。诺贝尔经济学奖获得者劳伦斯·克莱茵说："对于所有希望了解中国过去、现在以及未来在世界经济中的作用的读者，这是一本必读书。"

中国是一个具有五千年文明史的国家，唐朝以前的经济情况由于史料和数据缺少，语多不详。许多经济史专家承认宋朝是中国经济发展的一个高峰。宋朝以前中国有三次人口的大规模南徙：第一次是公元4世纪初永嘉之乱，晋室南渡，中原地区被所谓"五胡十六国"占领，大批汉族人渡长江避难；第二次是8世纪中唐朝安史之乱，中原望族大批南徙；第三次是12世纪金人攻陷北宋首都开封，高宗南渡，汉族人又一次大规模南渡。汉族人的三次南徙充实了南方的人口，提高了生产力，使长江以南沮洳不毛之地得到大规模开发，推广种植水稻作物，长江以南的经济迅速发展。唐以前，中国人口的3/4居住在黄河流域的中原地区，宋元之后，中国人口的3/4居住在长江流域和广东、福建，经济随之南移，当时。中国在世界经济发展中位列前茅。

据麦迪森估测，公元960年北宋赵匡胤登基称帝，中国当时总人口为6 000万，人均GDP为450美元（国际美元，以1990年美元的价值核算，本段下同）。这时，欧洲各国的总人口仅3 200万，人均GDP仅422美元。至13世纪末南宋灭亡，中国人口达1亿，人均GDP为600美元，而欧洲此时人口为5 200万，人均GDP为576美元。中国人口数字长期以来高于欧洲几达1倍，人均GDP亦略高于欧洲。当然要精确确定一千年前悠远岁月的经济数据几乎是不可能的。但我相信麦迪森尽其毕生之力研究世界各国的宏观经济，他提出的基本数据是有某种根据的，相对接近于实际，他所勾画的中世纪中外经济对比的轮廓大体上是可信的。

唐宋以后直到清朝中叶，历经千年，中国的经济并没有落在欧洲国家的后面。唐代，中国开始种植茶叶，宋代引进了占城稻，元代引进了棉花和高粱，明代引进了玉米、甘薯、花生、土豆、烟草，至清代所有这些新的农业作物得到了大范围的推广种植，大大提高了以农立国的中国的农业生产能力。中国农业的基本制约是地少人多，可耕地只占国土面积的10%，而欧洲则占27%，这是中国农业的劣势。但中国的农具和耕作技术精良，胜于其他国家。政府重视农业，以农业为本，积谷备荒，减轻赋税，高度重视水利灌溉。18世纪以前，中国的灌溉面积约占全部耕地的30%，印度只占5%，欧洲也远低于中国。中国农民勤奋劳动，精耕细作，在较少的土地上投入大量的劳动，虽然所得报酬与投入的劳动量逐渐递减，但是勤奋仍是中国农业高产的重要原因。英国马戛尔尼使团访华，一路见到丰茂的农作物，盛赞"在整个路途上，我没有见到一块土地不是用无限的辛劳来加以耕作，生产它能够生产的每一种粮食和蔬菜"，"中国人一定是世界上最好的农民"[①]。使团中随行的农学家巴罗估计中国的农业收获率高过欧洲，他写道："麦子的收获率是15比1，而在欧洲居首位的英国为10比1。"[②]后来，法国汉学家谢和耐也称道："中国农业于18世纪达到了其发展的最高水平，由于该国的农业技术，农作物品种的多样

---

① 《中英通使二百周年学术讨论会论文集》，张芝联主编，北京，25页，中国社会科学出版社，1996。

② 同上书，186页。

化和单位面积的产量,其农业看来是近代农业科学发展出现以前历史上最科学和最发达的。"①

18世纪是中国的康雍乾盛世,是中国传统经济发展的最高峰,乾隆末年中国人口已达3亿,耕地面积约10.5亿亩,年产粮食2 040亿斤(皮粮),平均每人每年可有粮食680斤(去粮壳后约有540斤)。这一数字已可保证人民温饱、安定的生活,达到了中国有史以来最富足的繁荣盛世。手工业、商业也甚为发达。棉纺织业、丝织业、矿冶业、制造业达到了很大规模。航运发展,市场活跃,城镇增多,对外贸易繁盛,常年出超,白银不断从全世界滚滚流入中国。据贝罗克统计,1750年(清乾隆十五年)中国GDP是最高的,占世界GDP份额32%,印度占24%,欧洲五国(英、法、德、俄、意)占17%。由此可见,唐宋以后到18世纪约900年之久,中国经济体的实力一直稳居全世界的榜首。

18世纪是世界历史的分水岭,英国发生了产业革命,法国发生了资产阶级革命,美国发生了独立战争,这些伟大事件震撼和改变了全世界。历史改变了迁缓的步伐而急剧前进。欧洲经济迅速增长,人们像取得了神奇的钥匙那样一下子打开了珍贵的宝库,束缚着的生产力突然被释放出来,工业产量几百倍成千倍地增长,在不到100年的时间,人类创造的生产力比过去一切世代创造的全部生产力还要多,还要大。资本主义展翅高翔。尽管全世界出现了更多的不平等、更多的贪婪榨取和更多的凶残剥削,留下了无产阶级和殖民地人民的斑斑血迹和泪痕,但人类总体的生产能力和物质财富大大提高了。西欧国家创造了奇迹,首先打开了可以持续发展、不断前进的历史通道。

---

① [法]谢和耐:《中国社会史》,南京,461页,江苏人民出版社,2008。

而18世纪康雍乾时代所取得的一切成果，却仍然是在传统封建社会框架内的量的变化，未能突破传统封建社会的外壳。经济繁荣，财富积累，消费增加，人口扩大，然后是经济发展的势头消退，耕地不足，人口膨胀，贫富分化，矛盾尖锐，引起了农民反抗，社会动荡，战火频起，杀伐连年，历史跌进了马尔萨斯的陷阱中，一治一乱，循环往复，而并没有走上近代化的轨道。

18世纪中国的经济实力，位居世界前列，何以未能跨越近代化的门槛？学者们就这一问题进行了长期的探索和激烈的争辩。看来可以指出以下一点：近代化是一项复杂的社会系统工程。经济、政治、思想文化、科技、法制等各个方面相互联系、相互制约，同步前进。经济是最为重要的，没有经济的增长，就没有其他领域的真正进步；而没有其他领域的进步，经济也不可能一枝独秀，制造出近代化的奇迹。社会发展到一定程度，某些领域会出现一些近代化因素，甚至呈现繁荣局面，但如果没有其他领域的同步前进，相互支持，合力推动，经济和其他个别领域的进步与繁荣也难以持久。只有多个领域、多个因素协同前进，才能激发整个社会的持续进步，才能一往直前，冲破传统的阻力。中国在康雍乾时代虽然已有相当的近代因素的积聚，但要看到政治、文化、思想、科技、法制多个领域中存在许多陈规陋习，榛莽密布，严重阻碍着近代化的步伐。直到19世纪初，中国的GDP总量尚属领先。但麦迪森的表格中已经显示：就人均GDP而言，宋末中国的人均GDP为600美元，欧洲为576美元，中国尚略高于欧洲；至1700年(康熙三十九年)中国的人均GDP仍为600美元，处于停滞状态，而欧洲的人均GDP已攀升到927美元，近于经济将要起飞的阶段。历史经常被迷雾所笼罩着，康雍乾盛世表面上灿烂辉煌，人们睡在天朝上国的沉沉大梦之中，但其社会结构已陈旧僵化，难于逾越近代化的门槛，必然面临着下滑跌落，变成凄凉衰世。

随着岁月推移，迷雾消散，矛盾激化，人们从大梦中醒来，才认识到社会千疮百孔的真容。历史的悲剧只有在悲剧造成以后很久，人们才会感受到切肤之痛。

1840年鸦片战争以后，中国外受列强的侵略，内受封建政府的压迫，战火频起，兵戈不息，经济残破，民不聊生，国家力量迅速下跌。战前，中国GDP尚占世界30%多，为各国之首，过了60年，到1900年八国联军侵华时，中国的GDP只占世界总额的6%，跌到了深谷之底。该年欧洲5国占54.5%（英国18.5%，法国6.8%，德国17.9%，俄国8.8%，意大利2.5%），美国则后来居上，占23.6%，日本也已攀升到2.4%。7个国家占世界生产总额的80.5%。这一系列数字正衬托出列强横行全球而世界其他国家（包括中国）人民受苦受难的历史。

20世纪，经历了两次世界大战，各个角色的力量对比有所变化，到1952年美国在第二次世界大战后称霸世界，其GDP占世界份额的27.5%。苏联、英国、法国虽是战胜国，但因战争破坏，疮痍满目，苏联的GDP占世界份额的9.2%，英、法、德加上其他欧洲国家占29%。日本为战败国，占3.4%。当时中国拥有5.6亿人口，略高于美国和欧洲（除苏联外）人口的总和，但是GDP仅占世界份额的5.2%。经过苦难的半殖民地社会的100多年，经过战火不断的摧残与损毁，刚刚站立起来的新中国，贫困落后，经济萧条，力量十分虚弱。

中华人民共和国的诞生带来了民族复兴的新契机。新中国初期经济呈现蓬勃上升的新气象，但由于当时国际环境险恶，发生了抗美援朝战争，新中国遭受列强的封锁与孤立，之初又盲目搬用了计划经济的模式，国内受"以阶级斗争为纲"的影响，政治运动频繁，尤其是"文化大革命"，自我戕害达10年之久。即使有这样多的不利因素，但中国经济仍取得可观的成绩。1952年GDP总值3 050亿元,至1978年为9 350亿元,26年间增长3倍多。经济结构出现了可喜的转变,1952年工业产值只相当于农业产值的1/7,而1978年工业产值与农业产值已相等,中国在工业化道路上起步前进。

  1978年的十一届三中全会吹响了民族振兴的号角,这次会议破除了"两个凡是"的迷信,肯定了"实践是检验真理的唯一标准",拨乱反正,改革开放,端正了中国前进的正确方向。30年来,在党中央的领导下,全国人民团结一心,解放思想,排除各种干扰,千方百计调动一切积极因素,进行经济建设,取得了举世瞩目的伟大成就。2007年全国GDP总量达到24.95万亿元人民币,按当时汇率折合3.6万亿美元,排到世界第四位。

  麦迪森在书中还论述了今后中国经济发展的远景与问题,他列举了今后20余年中国经济会面临的困难:资源问题(主要是能源)、环境污染、地区发展不平衡、农业与农村建设、国有企业的发展与监管、金融体系脆弱、外贸数量减退、技术创新和制度创新等。所有这些正是我国政府十分关注和全力以赴努力解决的重大问题。麦迪森对中国的经济前景十分乐观,他认为中国经济至2030年的增长虽然会逐渐缓慢下来,但支持中国发展的各种条件如不发生重大变化,"中国占世界GDP的比重由1928年的5%增加到2013年的15%,到2030年时可能会增加到23%。中国经济将超过美国成为世界的第一大经济体,恢复中国在长期历史上的经济领先优势"。

  阅读麦迪森的著作,结合中国的历史现实、前景进行思考,启迪甚多,不仅复习了悠久的历史,也更清醒地认识到前进道路上将面临的挑战,加强了对中华民族经济复兴的责任感与信心,感到十分欣慰和鼓舞。我们需要的是:继续解放思想,推进各项工作,实现制度创新,逐个地克服困难,脚踏实地,迈步前进。

世纪反思　卧薪尝胆[*]

——从 2005 年我国 GDP 达 18.2 万亿元说起

据近日报载：2005 年我国 GDP 同比增长 9.9%，总量达 18.2 万亿元（折合美金 2.2 万亿元），跻身于世界第四位，闻之不胜欣喜。近代以来，中国受列强侵略，期盼国家富强，中国人民历尽艰辛奋斗，而今建设成绩辉煌，民族复兴有望。

GDP 是反映国力的最重要因素之一，回顾历史上我国 GDP 之升降变化，即能见到国运之盛衰兴替。GDP 的统计是近代以后的事，几百年前的历史上未曾有人统计过当时的 GDP，但后来的历史学家和经济学家为了衡量世界各国在各个历史时期的国力，对很久以前各国的 GDP 做了大致的估算，由于缺乏详细确凿的数据，自然不能有很精确的数字，但据此也能了解各国历史发展的一般趋势。最权威的统计数字来自贝罗克《1750—1980 国际工业化水平》一书，本文中的数字即来自该书。

为了考察 18 世纪以来中国国力的兴衰，这里选用了五

---

[*] 原载《光明日报》2006 年 3 月 30 日。

个年代作为考察点，即 1750 年、1830 年、1900 年、1945 年、2005年。每个年代之间相距 45 年至 80 年不等。

1750 年(清乾隆十五年)

当时中国统一，经济繁荣，国力强大，封建社会处在鼎盛时期，史称"康乾盛世"。这一年中国 GDP 占世界份额的 32%，居世界首位，其次是印度(包括今巴基斯坦)，占 24%，欧洲英、法、德、俄、意 5 国的 GDP 共占 17%，只有中国的一半稍多。

当时的世界，是中国、印度、欧洲鼎足三分之势。但应该看到：英国、法国的 GDP 总量虽少，但两国人口仅 3 500 万，人均 GDP 高于中国，它们的政治、经济、文化、科技，均衡发展，互相促进，已经突破了封建社会的临界点，处在近代化道路的起跑点上；中国的 GDP 虽高，但人口多，人均 GDP 少，它还是封建专制国家，很少与外国交往，不了解外部世界的精彩，而且固守旧传统，轻视科技与工商业，不具备持续发展的条件。由于这一点，英国、法国在经济上即将起飞，超过中国。

1830 年(清道光十年)

这是鸦片战争爆发前 10 年。从 18 世纪以来，世界历史发生了巨大变化，英国经历了产业革命，法国于 1789 年爆发了大革命，美国经过独立战争，建立了新国家。这三件大事极大地改变了历史的走向，而中国的"康乾盛世"已成明日黄花。从 GDP 看，中国下降 3 个百分点，占世界的 29%，仍是首位；印度已沦为殖民地，GDP 急剧下降 7 个百分点，占 17%；而西欧 5 国的 GDP 上升 12 个百分点，达 29%，与中国持平。其中，英国的 GDP 达 9.5%，但当年英国只有 1 800 万人，而中国已达 4 亿人，我们的人均 GDP 已远远低于英国。美国当年建国不到 50 年，人口稀少，然 GDP 已占世界 2.4%。

1830年以后的世界和中国,处在激烈的动荡中,德国、意大利相继统一,美国致力于西部开发;而中国在经历五次帝国主义侵华战争后,一步步沦为半殖民地半封建国家,进入了极为悲惨黑暗的时代。

1900年(清光绪二十六年)

这是义和团运动和八国联军侵华的年代。该年中国GDP只占世界生产总值的6%,印度只占1.7%,中印两国的GDP之和在18世纪中曾高达56%,至此,则从光辉的顶峰跌落低谷。两国的GDP之和只占世界生产总值的7.7%,可说是惊人的史无前例的沉沦,两国的GDP甚小而人口最多,因此是当时世界上最穷最弱的国家。英、法、德、俄、意已占54.5%(英占18.5%、法占6.8%、德占17.9%、俄占8.8%、意占2.5%),美国更是后来居上,占23.6%,还有日本经过明治维新后30多年的努力,GDP攀升到2.4%,这7个国家占世界生产总值的80.5%。它们称霸全球,横行于世界各地,当年的八国联军,就有这七大强国在内。

1945年

这是世界反法西斯战争和中国抗日战争胜利的一年。进入20世纪,世界经历了两次大战,这是人类历史上最惨烈、最残酷的战争,生命财产的损失不计其数。中国历尽欺凌和屈辱,开始民族觉醒,进入革命时代。辛亥革命推翻了清政府,结束了漫长的封建专制统治,接着发生了五四运动、马克思主义传入、中国共产党诞生、国民革命、土地革命等,迎来了14年的中国人民抗日战争。1945年,正义终于战胜了邪恶,中国人民终于迎来了近代以来在反抗外来侵略斗争中的第一次胜利。1949年建立了中华人民共和国,中国历史的新篇章揭开了。两次世界大战留下了满目疮痍,除了美国之外,并没有真正的战胜国,德国和日本是战败国,国内一片废墟,而中国、苏联、英国、法国遭到的破坏更甚。1945 年,美国的 GDP 达世界生产总值的 56%,而中国的 GDP 只占世界的 4%。直到 1950 年,即战后经济重建五年之后,美国的 GDP 达 3 810 亿美元,而英、法、德、日、意和苏联的 GDP 总和只有 3 500 亿美元,尚不及美国之多。

2005 年

第二次世界大战后,世界从战争中复苏,经历了两个阵营的冷战时代和政治多元化时代,原来的殖民地纷纷成为独立国家,但美国仍一路领先,日本和德国则在战败后努力重建,GDP 排名第二和第三。改革开放以来,中国经过 20 多年努力,在 GDP 排名中已名列第四。美国 2005 年 GDP 可能达到 12 万亿美元以上,日本可能达到 4.8 万亿美元以上(两国去年 GDP 尚未见报,此据前年数字估测)。我国刚公布 2005 年 GDP 为 2.2 万亿美元(18.2 万亿元人民币),美国是中国的五倍半,日本是中国的两倍多。

以上回顾了 250 多年来世界大国 GDP 的变化,但反思过去是为了认清中国今天所处的地位和今后的奋斗目标。

第一,18 世纪以来,世界各国先后进入现代化进程,走得有快有慢,GDP 的名次经常变化。鸦片战争以前,中国 GDP 居世界首位,后来落伍了,跌入谷底。改革开放以后,步伐甚快,上升到第四位。先进和落后经常变换,中国的先进地位在 19 世纪让位于英国,以后英国又让位于美国。先进可以变为落后,落后可以变为先进,这是历史的规律。

第二,先进和落后的转换有客观和主观的原因,如国土大小、人口多少,还有资源、政治体制、社会秩序、人民素质、科技水平、社会风气以及国家发展的指导思想、制度政策、政府能力等,但最重要的是国家发展战略。乾隆时期,中国 GDP 曾占世界第一,但因为其他领域落后,不能进入产业革命的行列,使经济滞后倒退,国力一落千丈。又如德国和日本,战后重建非常迅速,除了两国人民的努力以外,法西斯政权被摧毁,原来的工业基础和科技水平良好,人民教育程度较高,长期和平无战争以及美国的扶植,各方面条件和机遇的汇合,才能有顺利的战后重建。

第三,中国目前正处在一个加速前进的阶段,年增长速度达 9.9%,而且后劲强大,民族复兴必能实现。历史上大国的兴衰都会改变力量对比与利益分配,引起大规模战争,英国和法国的兴起发生了拿破仑战争,德国、日本、美国的兴起,发生了两次世界大战。但今天,世界政治格局正在发生重大变化,新独立国家和国家集团(如欧盟、东南亚联盟、非洲联盟、阿拉伯联盟)的力量日益增强,世界日益走向一体化,形成相互制衡的机制,国家之间成了紧密的利益相关者,消弭大规模战争变得更加可能。中国必须也只能走和平崛起的道路。中国长期受帝国主义侵略,决不会把自己受过的苦难加到别国身上,中国的振兴离不开友好国家的支持和帮助,必须走互利双赢的和平发展之路。世界人民的力量越来越强大,任何侵略和霸权行径都会遭到世界人民的反对,都将碰得头破血流。

第四,我国经过长期艰苦的努力,已经取得了举世瞩目的成绩,今后仍需继续努力。我们和最发达国家水平相距尚远,美国的 GDP 是我们的五倍半,日本是我们的两倍多。如果以人均 GDP 计算,我国的排名尚在世界第 100 位左右,仅是一个中等水平的国家。我们固然不应妄自菲薄,失去信心,但绝不能盲目乐观,懈怠疲玩。建设国家的任务,任重而道远,前进道路上尚有许多前所未有的新困难需要我们逐个去克服。春秋后期，越国被吴国战败，但越王勾践为了复兴国家，苦心励志，卧薪尝胆，十年生聚，十年教训，终于达到复兴越国的目的。今天要实现中华民族的复兴，目标更加宏伟，困难更加增多，时间需要更久，我们一定不能被成绩冲昏头脑。事业总是成于忧患，废于安乐。我们要始终保持忧患意识，保持开拓创新的精神，在科学发展观的指导下，再来一个卧薪尝胆 20 年，到本世纪中叶，中国就一定能够成为世界上的富国强国，一定能为全人类的和平幸福做出更大的贡献！

第二辑　清前期、中期历史文化

满族兴起的精神力量*

满族是女真族的后裔。女真族历史悠久,源远流长,曾建立了与宋朝对峙的金朝政权。岁月星河,山川巨变,1234年,蒙古铁骑踏平了金朝京城,女真族流落于白山黑水之间。三大部族沿江而居,建州居牡丹江,海西住松花江,野人布黑龙江,各立山头,不相统属,势力衰微,陷入了发展的低潮时期。

历史的车轮慢慢前行,到16世纪末叶,迎来了民族再兴的机运。1583年,建州女真的英雄努尔哈赤起兵攻打尼堪外兰,开始了统一女真各部的事业。20多年的统一战争,联海西、野人各部为一体,创八旗,筑都城,造人才,设议政,理诉讼,制满文,奠定了日后对抗明朝政权的基础。1618年努尔哈赤以"七大恨"发檄征明,攻城略地,使明朝疲于奔命。1644年满族挥师入关,败李自成、张献忠,灭南明小朝廷,建立了大清王朝,成为全国的统治力量。

满族崛起于青萍之末,力量可谓弱小。努尔哈赤发兵

---

* 原载《满学研究》第五辑,北京,民族出版社,2000。

征战，最初只有遗甲 13 副，聚合胞弟舒尔哈齐的兵力也不过 1.5 万人，估计全部满族也只在六七万人。到满族入关，挥师南下之际，整个满族人口估计为 60 万人。然而她面临的强劲对手是疆土广阔、物产丰饶、人口众多的明朝，记录在册的人口就达到了 7 000 万，实际数目要逾 1 亿之多，几乎是满族的 200 倍！两者相比，简直不可同日而语。然而，满族居然在半个世纪的时间内，发奋图强，潜滋暗长，壮大力量，最终打败了曾经仰视数百年的明朝政权，开 268 年统治中国之基业。这不能不被称为历史奇迹，也是历史发展之谜。

剖析历史奇迹，破解历史之谜是史家义不容辞的职责。多年以来，治史者析史料、调视角、分层次、构框架，梳理出明灭清兴的种种因素。从明朝一方来看，政治腐朽，内耗争斗，实力消磨；农民起义波澜壮阔，风起云涌，削弱了国力；吏治腐败，辽东政策失误，自毁长城。再从满族一方来看，努尔哈赤、皇太极、多尔衮等杰出人物接连而出，代有人杰；内部适应于急剧变幻的社会大势，组织结构全方位迅速调整；实施了正确的军事战略与策略。凡此种种，都可看作满族取得胜利的原因。但我认为：满族崛起的最为重要的因素在于精神力量。充满蓬勃朝气、奋发向上的满族，托起了民族的脊梁。艰苦拼搏，百折不挠，以少胜多，以弱胜强，直至创建全国政权，精神力量是不可或缺的根本因素。这种精神因素表现在四个方面。

一、骑射尚武的精神

满族散居东北沃野，山林茂密，草场广阔，形成狩猎与农耕并重、锄镐与骑射并举的社会习俗。1601 年，努尔哈赤创建八旗制度，融军政体制为一体，突出八旗制度的军事特征，培养满族骑兵勇猛剽悍、奋勇拼杀的尚武精神。激战萨尔浒，五日三战，勇猛顽强，铁骑如风卷残云；攻打锦州，三次增兵，不惧死亡，亲王贝勒冲锋陷阵，身先士卒；八旗铁骑金戈铮铮，旌旗猎猎，所至无不披靡。人数虽寡，但能够战必胜、攻必克。尚武精神锻造了一支勇猛顽强、意志坚定的民族力量。没有这种尚武精神，满族凭什么与强大的明朝对抗呢？

二、民族凝聚的精神

女真本是分散的部落，建州、海西、野人互相征伐，部落之间的侵扰连绵不绝。然而，努尔哈赤统一女真各部，诞生了满族之后，满族从此像被注入了一种神奇的活力，整个民族呈现出前所未有的向心力，捐前嫌，释旧怨，重团结，产生了影响久远的民族凝聚力。新兴的满族，内部团结坚如磐石，表现出极端的坚忍性。当然，满族上层不乏争权夺势、互相倾轧之人。努尔哈赤起初与弟舒尔哈齐共领建州，各自拥有自己的部众与财产，不相上下的实力促使舒尔哈齐频频挑战努尔哈赤的权威，受挫后企图率众出奔，摆脱努尔哈赤的控制。努尔哈赤果断囚禁舒尔哈齐，扼分裂势态于萌芽之中。皇太极承续大统，最初与代善、阿敏、莽古尔泰三大贝勒共同分享权力、人口、财产，位势相埒，后来皇太极从打破旗主专权入手，进而幽禁阿敏，降格莽古尔泰，处罚代善，独领正黄、镶黄、正蓝三旗，兵不血刃，剪除异己势力，恢复汗位权威。皇太极死前未指定继承人，于是两黄旗拥立的豪格和两白旗推出的多尔衮势同水火，以至于皇太极驾崩之际，双方调兵戒备，几乎同室操戈。结果两王妥协，拥立福临（即顺治帝）。满族的发展躲过分裂的劫难，汹涌奔腾，迎来了世所瞩目的康乾盛世，从而把中国两千年来的封建社会的发展推向了顶峰。

满族上层矛盾的成功化解，是民族凝聚力的典型体现。在面临关内强劲对手的形势下，顺大局，识大体，使内部争斗规限在家族范围、言辞交锋的程度之内，严格控制矛盾的激变与扩大，力图以妥协让步的办法化干戈为玉帛，于事态初萌之际一朝化解，从未演成巨大的民族内部动荡，动摇民族延续的根本。这种克制上层矛盾的广度与深度，关注民族大局的精神，保障了满族草创政权之初，能够几经风霜雨雪，却依然坚定不移地向共同的目标奋进。200多年后，太平天国统治集团未能很好地把握内争的分寸，洪、杨政争引发了一系列的流血事变，数万将士没有战死在抗清的疆场，却死在自相残杀的"天国"土地上，因而战斗力衰落了，凝聚力散失了，元气大丧，一蹶不振。太平天国由盛而衰的史实，给后人以永远的警示。坚忍的民族凝聚力是满族崛起的关键。

三、团结包容的精神

满族不仅团结本民族共同发展，而且还包容其他民族，团结一切可以团结的力量，化部分敌人为友，削弱敌人，壮大自己，使力量对比逐渐彼消此长，把优势掌握在自己手中。

满族十分重视团结地域广大、实力超群的蒙古族势力，将如何处理好同蒙古族的关系看得至关重要。皇太极起初与蒙古族并不亲睦，曾派大军深入漠南，武力征服林丹汗，但随后皇太极会盟漠南蒙古于盛京，联络漠北蒙古喀尔喀三部。蒙古族归附，化敌为友，从此骁勇善战、疾如闪电的蒙古骑兵与八旗将士并肩作战。清朝初年满族通过藏传佛教（俗称喇嘛教）与蒙古上层深相结纳，满蒙一体，休戚与共，不仅稳定了后方，退有依托，而且极大地弥补了满族人口单薄、兵力不足的缺点，背靠满蒙，窥视中原，进攻退守，游刃有余。

汉族是满族最主要的敌对势力。努尔哈赤兴兵伐明，与汉族的民族矛盾上升到政治斗争的最高形式——军事战争。然而,满族并非只是一味固守民族观念,驱全部汉族人众与自己为敌,而是分化利用,凡是投降归附的文人士宦,位尊威崇,加以重用,范文程、李永芳、马光远、高士俊遂成为皇太极的左膀右臂。尤其范文程参与帷幄,领受机密,"每议大政,太宗(皇太极)必曰:范某知否"①,宠爱信任,无以复加!清军明朝武将,对峙疆场,生死鏖战,性命相搏,双方可谓仇深似海。孔有德、耿仲明、尚可喜、祖大寿、洪承畴、吴三桂都是明朝辽东能将,数度与八旗狂飙殊死厮杀,筑起明朝的辽东屏障。但这些人投降之后,皇太极即广为包容,收编重用。满族团结包容其他民族力量,变消极因素为积极因素,削弱敌人,壮大自身,故能以弱胜强,统治全国。

四、学习先进的精神

满族初兴,文明低下,狩猎稼穑,仅供所需;领主部落,尚处于奴隶制度时代。但满族不因循守旧、拒绝先进,而是虚心学习,剔劣纳优,加速文明进化的步伐。红衣大炮由西方传教士引进,威力巨大,杀伤力强,曾使努尔哈赤在宁远城下受挫。清兵日后缴获该炮,悉心研究,俘虏明朝降将降卒仿造大炮,也拥有了攻城利器。满族与汉族,属文明阶段的两个层次,差距甚大。但满族不故步自封,而是倾心学习,承续明朝体制,吸纳汉族文化、典制中的先进部分,结合本民族的特点,创设出符合历史发展的文化传承、典章制度。女真文字已不通行,努尔哈赤遂命额尔德尼、噶盖两人仿蒙古文为字,以女真语为音,创制了老满文,尽管文法不备,缺点甚多,但文字的创制

---

① 李果:《在亭丛稿》卷六《范文肃公传》。

推动了女真社会向更高文明迈进。

儒家学说长期被奉为封建王朝的治世经典，满族入关即派官祭祀孔子，允许孔氏后代袭衍圣公。入关随俗，尊孔崇儒，笼络汉族知识分子，恢复科举取士，给饱读诗书的士子以"学而优则仕"的出路，淡化了他们心中滋生出的恋明反清的情绪。

清朝初兴，追踪先进，倾心学习，即使是自己的敌人，只要优而有长，亦纡尊求教，虚心仿制。这种海纳百川的胸怀和如饥似渴的学习精神，使满族在半个世纪的风雨征程中，从小到大，从弱到强，最终建立了全国政权。

朱诚如教授在《明清之际的历史走向》一文中说："一个天崩地裂，天下大乱的时代，谁抓住了机遇，就会赢得胜利。"的确，明朝覆亡赋予李自成大顺军、张献忠大西军、南明政权、东北满族四方以平等的机遇。四方角逐，表面上拼打的是政权体制、后方补给、军事战略等浅表因素，实际上较量的是综合素质，而具有拼搏向上、锐意进取的一方无疑能够超乎其他三方，抓住历史机遇。李自成大顺军入城之后，追赃逐利，沉湎陶醉，失去进取之心。张献忠大西军杀戮过甚，树敌众多，矛盾重重，分崩离析。他们都抓不住历史机遇。南明政权偏处一隅，安于现状，惰性充盈，锐气全无，更不能抓住历史机遇。而满族凭借骑射尚武、民族凝聚、团结包容、学习先进，故能在历史机遇来临之际，因时乘势，席卷全国，取得全面胜利，这绝不是历史偶然的偏爱，而是历史必然的结局。当然，清朝统治后期，钟鸣鼎食的优裕生活消弭了满族优秀的精神品格，满洲贵族腐朽堕落，已经成为社会发展的阻碍，失去了早期的精神力量。辛亥革命，义旗高举，满族政权灭亡也是必然的。"其兴也勃焉"，"其亡也忽焉"。历史公平地对待每一个统治政权，关键在于能否自觉自强，适应历史的趋势，大踏步前进。

毛泽东曾经说过，人总是要有一点精神的。一个民族的崛起，一个社会的复兴，固然需要物质力量丰厚，军事实力强大，更重要的是要有精神力量的支撑。一个萎靡不振、腐败丛生、不思进取、见利忘义、舍本逐末的群体是不会有远大前途的。中外朝代更迭几乎如此，概莫能外，显示出了一个兴衰更替的社会规律。

满族精神力量在几个世纪的凝结与衰微的变迁历程，并由此精神力量所导引的清朝历史轨迹，给了我们发人深省的启示。

雍正继位的历史疑谜[*]

近日,全国正在播放电视连续剧《雍正王朝》。此剧描述并赞扬了雍正帝的历史功绩。雍正的确是一位安邦治国的杰出政治家。电视剧围绕当年太子的废立、皇位的争夺、惩治贪污、西北用兵等展开了一幕又一幕惊心动魄的斗争。我这里只是从一个历史研究者的角度,对雍正继位的问题谈点个人见解。

一

关于雍正继承帝位,历史学界从来就有两种意见:一种认为雍正是由康熙临终传位的合法君主,另一种认为雍正继位是夺权篡立。后一种篡立说由孟森、王钟翰、许曾重、杨珍等学者进行研究,提供了越来越多的、坚实的证据。

康熙六十一年(1722)冬,康熙帝在热河和南苑行猎之后"偶感风寒",住在畅春园休息,命皇四子胤禛往天坛代

[*] 原载《中华儿女》,1999年第3期。

行冬至祭典。十一月十三日凌晨，康熙帝病情恶化，至夜间猝然逝世。据称：临终遗言由皇四子胤禛继位，即雍正帝。官书言之凿凿，似无可怀疑。但当时社会上流言四起，说雍正系篡立夺位，较早见于记载者为《大义觉迷录》，其中说：

先帝欲将大统传与允禵，圣躬不豫时，降旨召允禵来京，其旨为隆科多所隐，先帝宾天之日，允禵不到，隆科多传旨，遂立当今。

圣祖皇帝原传十四阿哥允禵天下，皇上将"十"字改为"于"字。

圣祖皇帝在畅春园病重，皇上就进一碗人参汤，不知何如，圣祖皇帝就崩了驾，皇上就登了位，随将允禵调回囚禁。太后要见允禵，皇上大怒，太后于铁柱上撞死。

此处所说雍正夺位的情节，曲折离奇，与官书记载大相径庭。一方面官方文书不可全信，因为它是雍正即位后编写的，自然不会有篡立的痕迹。另一方面民间流言亦不可全信，因为这些流言多出自雍正政敌之口。雍正继位之谜遂扑朔迷离，成为千古疑案。例如改写遗诏之说是不可能的。按照清朝的书写格式，允禵写作"皇十四子"，胤禛写作"皇四子"，第一个"皇"字不可省略，改诏是不可能的。但否定这一民间传言，并不排斥雍正的矫诏篡立。雍正继位确实存在许多疑点，这件公案扑朔迷离，众说纷纭，成为千古疑案。

康熙晚年，因太子废立，闹得举朝不安，储位虚悬已十年之久。但康熙心目中似乎已将皇十四子允禵视为自己的接班人。当时准噶尔入侵西藏，清援军入藏战败，西线军情紧急。康熙五十七年（1718），允禵被任命为抚远大将军，率大军西征。这次援藏之役，出兵多，任务重。当时，太子人选正待确定，康熙给允禵这一重大任命，当意有所属，大概是为了考验和锻炼允禵的才能。为了树立允禵的威信，此次出兵仪式隆重，规格甚高，康熙"亲诣堂子行礼"。允禵可用正黄旗纛，称大将军王。随允禵出征的有一批亲王、郡王及康熙的几个爱孙。康熙十分看重允禵的才能，对蒙古亲王说："大将军王是我皇子，确系良将，带领大军。深知有带兵才能，故令掌生杀重任。尔等或军务，或巨细事项，均应谨遵大将军王指示，如能诚意奋勉，即与我当面训示无异。"(《抚远大将军奏议》)

允禵到前线后，康熙对他关怀备至，屡通音问，告诉他"阿玛、额娘身体都好……自去年以来，一剂药也没吃……上炕时不再需要旁人扶持，骑马时也不用安放马镫了"，"朕的白头发、白胡子有些变青了，你不要将此告诉别人"(《满文朱谕》)。允禵在前线两年内受赏赐物件、食品达16次之多，包括眼镜、鼻烟壶、康熙用过的腰带，"凡有各省进献之佳品，父皇皆一项不漏，立即赏给臣"(《满文朱批奏折》)。允禵的几个儿子也被康熙带到热河"仁爱训育"，使他们"时常依绕皇祖膝前"(《满文朱批奏折》)。允禵的儿子、女儿结婚，康熙亲自照料，赏赐财物妆奁。康熙给允禵兵权，且关系十分亲密，这在当时已给人以允禵将是接班人的印象。故皇九子允禟说允禵"聪明绝世"，"才德双全，我弟兄们皆不如"，"十四爷现今出兵，皇上看的很重，将来这皇太子一定是他"(《文献丛编·允禩允禟案》)。连当时的朝拜使者也说："十四王拥兵在外，屡建大功，众心咸属。"(《燕行录》)

把这些记载与雍正夺位后对允禵出任大将军之事的评论相对照，雍正说："(康熙)知允禵在京毫无用处，况秉性愚悍，素不安静，实借此驱逐之意也。"(《大义觉迷录》)照这说法，康熙竟会派一愚悍不安静的儿子担任大将军之职，视军务如儿戏，这是不可信的，是雍正为了破坏允禵形象编造的诋毁之词。

二

康熙怎样传位给雍正，据官书所说，也是破绽百出，无以自圆其说。最早是雍正元年(1723)八月上谕："圣祖……命朕缵承统绪，于去年十一月十三日仓猝之间，一言而定大计。"这里未提及听到遗命的人。至雍正五年(1727)十月上谕说："皇考升遐之日，召朕之诸兄弟及隆科多人见，面降谕旨，以大统付朕。是大臣之内，承旨者唯隆科多一人。"这里出现了诸皇子和隆科多聆听遗命的记载。至雍正七年(1729)九月，雍正为了驳斥夺位流言，写《大义觉迷录》，叙述康熙临终授命情形，极为详细具体：

> 康熙六十一年十一月冬至之前，朕奉皇考之命，代祀南郊。时皇考圣躬不豫，静摄于畅春园……至十三日，皇考召朕于斋所。朕未至畅春园之先，皇考命诚亲王允祉、淳亲王允祐、阿其那(允禩)、塞思黑(允禟)、允䄉、允祹、怡亲王允祥、原任理藩院尚书隆科多至御榻前，谕曰："皇四子人品贵重，深肖朕躬，必能克承大统，著继朕即皇帝位。"是时，庄亲王允禄、果亲王允礼、贝勒允禑、贝子允祎俱在寝宫外祗候。及朕驰至问安，皇考告以症候日增之故，朕含泪劝慰。其夜戌时，龙驭上宾。朕哀恸呼号，实不欲生，隆科多乃述皇考遗诏。朕闻之惊恸，昏仆于地。诚亲王等向朕叩首，劝朕节哀。朕始强起办理大事。

这段话存在许多问题：其一，康熙传位的重要情况，按理当在雍正即位之初，即行披露，何以延至七年之后才说出来，其二，雍正一直强调，自己在康熙去世之前，不知道会继承帝位，"朕向者不特无意于大位，心实苦之。前岁十一月十三日，皇考始下旨意，朕竟不知。朕若知之，自别有道理，皇考宾天之后，方宣旨于朕"（《上谕内阁》）。而按照《大义觉迷录》所言，雍正在康熙弥留之前八个时辰赶到了病榻前，其时康熙尚能言语，"皇考告以症候日增之故"，何以康熙未向雍正透露已传位于他？这是何等大事，是康熙遗忘了吗，还是向雍正保密？这都于理不通。而且已听到康熙面谕传位的兄弟们和隆科多亦无一言道及，直到康熙死后，"隆科多乃述皇考遗诏"，情形未免离奇。其三，隆科多既是面承遗诏的"唯一大臣"，而雍正五年（1727）的谕旨中却说"圣祖仁皇帝升遐之日，隆科多并未在御前，亦未派出近御之人"（《东华录》），前言后语相互矛盾。其四，雍正说，康熙死时，果亲王允礼（皇十七子）亦"在寝宫外祗候"，而隆科多却说："圣祖皇帝宾天之日，臣先回京城，果亲王在内（指皇宫内）值班，闻大事出，与臣遇于西直门大街，告以皇上绍登大位之言，果亲王神色乖张，有类疯狂，闻其奔回邸，并未在宫迎驾伺候。"（《上谕八旗》）可见允礼并不在"寝宫外祗候"，他听到康熙去世的消息后立即赶往畅春园，在西直门大街遇到隆科多，才听说雍正继位，深感意外，甚为惊骇，逃回家去。其五，据雍正说："皇考升遐之日，朕在哀痛之时，塞思黑（允禟）突至朕前，箕踞对坐，傲慢无礼，其意大不可测。"（《大义觉迷录》）"圣祖仁皇帝宾天时，阿其那（允禩）并不哀戚，乃于院外倚柱，独立凝思，派办事务，全然不理，亦不回答，其怨忿可知。"（《清世宗实录》）允禩、允禟的举止不像是八个时辰以前已聆听康熙的传位遗言，而像是康熙刚刚逝世，听到雍正即位的消息而胸怀激愤之情。由此可见,所谓八人受康熙面谕传位雍正的事十分可疑,很可能是在七年之后伪造出来的。

三

从皇族中人对雍正继位的反应亦可看出问题。雍正的兄弟很多,支持雍正继位的只有皇十三子允祥一人。皇十四子允禵和雍正是一母所生,二人又是角逐帝位的死敌。允禵从军前调回北京奔丧,与雍正发生口角冲突,被永远囚禁。皇八子允禩、皇九子允禟是雍正的死对头,他们势力大、影响广,对雍正篡立不服,进行抵制,是雍正的重点打击对象,至雍正四年(1726),允禩、允禟被迫害致死。两人死后雍正把他们改名为阿其那(狗)、塞思黑(猪),可见积恨之深。皇十子允䄉是允禩一党,雍正二年(1724)即永遭囚禁。皇三子允祉也反对雍正继位,雍正说他"与阿其那、塞思黑、允禵交相党附"(《清史稿》)。其子弘晟看不惯四叔的作为,雍正斥其"凶顽狂纵,助父为虐",与父亲同被禁锢。皇五子允祺是位胆小怕事的人,但他的儿子弘昇也对雍正不满,被削除世子。皇十二弟允祹,本封履郡王,于雍正元年因"并不感激效力",降为贝子。其他兄弟年龄较小,未卷入皇位的争夺,故得保全。雍正的生母德妃,民间流言说她触柱而死,虽无确切佐证,但雍正和允禵两个亲生儿子为争位而拼得你死我活,小儿子被大儿子终身囚禁,她在康熙去世、允禵被囚后"不饮不食",不久死亡,其死因可能与帝位争夺、兄弟阋墙有关。连雍正的大儿子弘时(三阿哥)也不满父亲的所作所为,有所抗争,雍正竟和他断绝父子之情,令他去当允禩的儿子。"雍正四年(1726)二月十八日奉旨:弘时为人断不可留于宫廷,是以令为允禩之子。今允禩缘罪撤去黄带,玉牒内已除名,弘时岂可不撤黄带?著即撤去黄带,交与允祹,令其约束养赡"(《宫中档雍正朝奏折》)。到雍正五年(1727),弘时又进一步与其他几个皇室兄弟获罪,被雍正赐死。

雍正初年,皇室内部这场血腥的屠杀,是雍正篡立而引起皇族内部的集体抗争,不仅他的许多兄弟参加了,连他的生母、亲子也站在敌对营垒中。朝内外稍知情形者均不直雍正的行为,不服的人很多。故雍正说"在廷诸臣为廉亲王(允禩)所愚,反以朕为过于苛刻,为伊抱屈,即朕屡降谕旨之时,审察众人神色,未尝尽以廉亲王为非"(《上谕内阁》)。故在清除允禩、允禟集团时被株连杀害的皇室、大臣甚多。连朝鲜的史料中也说,"清皇(雍正)为人自圣,多苛刻之政,康熙旧臣死者数百人"(《朝鲜李朝实录中的中国史料》)。如果雍正确属康熙传位,是合法继承,就难以想象会集结起这样强大的反对力量,会激起众叛亲离,成为孤家寡人。

雍正对年羹尧、隆科多、张廷玉等大臣的态度也很令人费解。这三人都是雍正夺位的功臣,年羹尧是雍邸旧人,妹妹是雍正的贵妃。当时,允禵在西北为大将军王,手握重兵。雍正夺位,按当时的集权体制,允禵很难举兵反抗,但雍正也不能不心存顾虑。当时年羹尧任川陕总督,掌管粮饷,扼允禵之后路,正好是牵制允禵的一枚重要棋子。故雍正对年羹尧极为倚重,言听计从,荣宠异常。雍正给年羹尧的批语中有此甜言蜜语:"你此番心行,朕实不知如何疼你……尔此等用心爱我处,朕皆体到,每向怡(怡亲王允祥)、舅(隆科多),朕皆落泪告之。"雍正二年(1724)十月年羹尧到北京,雍正尚称其"公忠体国,不矜不伐,内外臣工当以为法,朕实嘉重之至"(《雍正朱谕》)。不久,雍正突然翻脸。年羹尧的奏折中"朝乾夕惕"被误写作"夕惕朝乾",雍正斥其有意倒置,"羹尧不以朝乾夕惕许朕,则羹尧青海之功,亦在朕许不许之间未定也"(《清史稿》)。将年羹尧贬为杭州将军。

官员们看到年羹尧失宠，纷纷上奏劾，不久逮年羹尧至北京，胪列92条罪状，令其自尽。

另一功臣隆科多，以国舅之尊任职步军统领，掌管北京的卫戍任务。康熙去世，他正手握兵权，一手促成雍正登基。雍正以前和隆科多交谊不深，在关键时刻隆科多倒向雍正一边，雍正对他感激涕零，尽心笼络，脱略了君臣的形迹。雍正即位，对年羹尧说："舅舅隆科多，此人朕与尔先前不但不深知他，真正大错了。此人真圣祖皇考忠臣，朕之功臣，国家良臣，真正当代第一超群拔类之希世大臣也。"隆科多究竟立了什么大功，值得雍正这样吹捧他，不能不令人怀疑。后来也突然翻脸，以隆科多私藏玉牒（皇帝的家谱）在家，犯大不敬罪，罗织罪名41条，囚禁至死。

如果说年羹尧、隆科多恃宠狂傲，擅作威福，贪污纳贿，任用私人，那也是雍正娇宠太过而造成的。年羹尧、隆科多一贯的作为，雍正心内始终很清楚，何以即位之初甜言蜜语，而后突然翻脸，即屠杀囚禁，前恭后倨，一至于此？雍正曾批评："年羹尧、隆科多办事不能慎密。"如果雍正继统有不可告人的秘密，年羹尧、隆科多二人完全掌握其中隐私，他们平时出言不慎，透露了消息，可能是遭到杀身之祸的主要原因。

康熙晚年，身边有一位内务府重要官员赵昌，他贴身侍候康熙，照料其起居，传达其意旨，康熙晚年和传教士的交往都通过赵昌进行。据当时在京的意大利传教士马国贤说："雍正即位，发布了一个使全国震惊的命令，赵昌被拘执，处死刑，财产抄没，子女为奴。"（《京廷十有三年记》）为什么雍正即位后急急忙忙要处死此人？合理的解释是：赵昌知道康熙去世和传位的真相，而且不肯附和雍正，所以拿他问了刀。最近出版了《雍正朝满文朱批奏折全译》，雍正元年正月初六即赫然列有查抄赵昌家产的奏折，计有奴才家丁 400 余人、房 500 余问、田地 5 600 余亩及大批金银物件，可以证实马国贤所说赵昌很快被杀为不虚。

张廷玉的命运和年羹尧、隆科多、赵昌完全不同。康熙晚年，张廷玉还是中级官吏，且是汉人，对雍正登基帮不上忙。雍正即位后，他被提拔上来，做文字工作，雍正夸奖他"纂修《圣祖仁皇帝实录》，宣力独多，每年遵旨缮写上谕，悉能详达朕意"（《清世宗实录》）。《实录》是清朝的历史，康熙晚年有太子废立和雍正继统两件大事，如何编写这段历史，关系到雍正的威信和名誉。张廷玉纂修《实录》，把历史剪裁得完全符合雍正的心意，而且天衣无缝，不留破绽。故雍正特别宠信他，称他是"第一宣力之大臣"，允诺张廷玉死后可配享太庙，有清一代，汉臣中得此殊荣者唯张廷玉一人。其实，张廷玉专事笔墨文字，从未建功立业，他的功劳就是撰写历史，销毁档案，为雍正掩饰当年夺位的真相。张廷玉还有一个不同于年羹尧、隆科多的长处，就是保密，不从自己嘴里流露半点机密，他的作风影响到后来的军机处，"致使汪文端、于文襄辈（汪由敦、于敏中皆乾隆时军机大臣）互相承其衣钵，缄默成风，朝局为之一变"（《啸亭杂录》）。

雍正如果矫诏夺位，又用残酷手段处置了诸兄弟和儿子，那就不能不受到良心的谴责。后来乾隆说允䄉、允䄉"觊觎窥窃，诚所不免。及皇考绍登大宝，怨尤诽谤，亦情事所有，特未有显然悖逆之迹。皇考晚年屡向朕谕及，愀然不乐"。这明显透露了雍正的惭愧不安，故乾隆即位后，很快就为牵涉于此案中的哥哥、叔叔及宗室、大臣们平反昭雪。

雍正的举动也很异常。他口口声声说自己是最受康熙爱重的孝顺儿子，但即位之后，似乎很害怕康熙的亡灵。康熙一直住在畅春园，这是当时规模最大、富丽堂皇的皇家园林，雍正弃而不用，另营新居，大兴土木，扩建圆明园，作为自己起居的行宫。康熙经常去热河避暑山庄，行围打猎，练兵习武，接待蒙古王公，雍正先前也常陪侍父皇去热河。但他即位以后的13年，一次也没有去过避暑山庄。顺治、康熙的陵墓都在北京以东的遵化马兰峪，此处形势雄峻，地面开阔，后称"东陵"。雍正偏偏不肯和康熙葬在一起，到北京西南易县，另建"西陵"，仿佛在故意躲着康熙。须知，尽管雍正雄才大略，很有见识，但迷信思想很浓重，他说："鬼神之事，即天地之理，不可以偶忽也，凡小而丘陵，大而川岳，莫不有神焉主之，故皆当敬信而尊事。""朕于天人感应之际，信之甚笃。"（《东华录》）一个相信天命鬼神的人如果干了对不起父亲、兄弟的事，他就会心中有鬼，无论起居、娱乐、埋葬都要远远地躲开他父亲的亡灵。这虽然算不上夺位的直接证据，但如果其他证据能够成立，也不失为一个旁证。

　　雍正继位存在很多疑点，很可能是矫诏篡立，由于改写了历史，销毁了档案，现在难以找到更确凿的证据，斧声烛影，是千古难解的疑案。当然，即使篡立是实，也不能抹杀雍正的历史功绩。应该说，封建统治阶级为争夺权位而相互残杀是经常发生的。汉武帝攻杀儿子，唐太宗屠弟逼父杀子，武则天杀子，即使是英明的君主也往往用阴谋手段和残酷斗争来为自己开辟道路、巩固地位，雍正并不是个例外。雍正，作为最高统治者，他具有杰出的才能，勤于政务，洞察下情，办事认真，御下严格，以雷厉风行的手段纠正了康熙晚年吏治疲玩、贪污公行的弊端，又实行"地丁合一""耗羡归公""改土归流"等政策，减轻人民负担，促进经济发展，巩固国家统一。雍正统治13年，厉行整顿改革，为以后的乾隆盛世奠定了基础。

乾隆朝初平准噶尔部*

18世纪中叶，即乾隆中期，清朝统治达到鼎盛阶段，不仅生产发展、经济繁荣、社会安定。尤其重要的是平定了准噶尔和回部，完成了康熙和雍正朝的未竟之业，巩固了国家的统一，奠定了近代中国的版图，达到了几千年历史上从未达到的辉煌业绩。

当时的准噶尔据有今新疆的天山以北及中亚巴尔喀什湖一带，回部即今新疆南部的维吾尔族地区。这里自古以来是中国的领土，古称"西域"。汉唐元时期均属中国管辖，中央政府在此设置都护府，并屯田驻兵、设官治理。但频繁的战乱常常将这里和中原地区的联系切断，形成边疆地方政权和中央政权的并存或对峙。中央政权对这里难以实现持久、稳定而有效的管辖。乾隆朝的一大功绩是重新统一了西北地区，并在此建立了持久、稳定的统治，其巩固的程度，是有史以来从未达到的。在外国资本主义侵略势力日益迫近中国的时候，乾隆帝及时地平定西北割据势力，

---

* 原载《乾隆帝及其时代》，北京，中国人民大学出版社，1992。

重新统一祖国，增强了边疆的防务和管理，巩固了各民族的团结。在近代史上，帝国主义的侵略风狂雨骤、鲸吞蚕食，中国失去了大片领土。但新疆伊犁和喀什噶尔以东，几经斗争，仍属于中国的版图之内，这是新疆各民族和全国人民一道，团结一致、共御外侮的伟大成果。而乾隆时代的重新统一、发展经济、加强防卫措施也起了积极作用。这是清代在中国历史发展上的一项极为重大的贡献。乾隆帝是完成这一统一大业的领导者、决策者，他的功绩是不可磨灭的。

准噶尔是我国蒙古族的成员，属厄鲁特蒙古，元代称斡亦剌惕，明代称瓦剌，清代亦称卫拉特和厄鲁特，西方史学家把厄鲁特蒙古族称作加尔梅克。加尔梅克不是他们自己的称呼，而是欧洲人从他们的突厥族邻部和俄国人那里借用来的。早在元朝建立之前，斡亦剌惕即归附了成吉思汗。成吉思汗将自己的女儿嫁给斡亦剌惕部的领袖，从此结成了世代的姻亲。元亡明继，该部改称瓦剌，向明进贡，明政府封其领袖马哈木为顺宁王、太平为贤义王、把秃孛罗为安乐王。15世纪初，顺宁王马哈木之孙也先，和明王朝作战，在离北京不远的土木堡击溃明军，俘获皇帝明英宗，史称"土木之变"。也先"统治着中亚细亚的东半部，并自认完全代表中国行事的"①。在经济上，瓦剌和明朝中央政府有密切的联系，每年向明政府贡马，多达几千匹，以换取中原地区的粮食、丝绸、布匹、铁器。大约16世纪，厄鲁特蒙古分成和硕特、准噶尔、杜尔伯特、土尔扈特四部，"分牧而居"②、

---

① [英]约·弗·巴德利：《俄国、蒙古、中国》第二卷，44页，北京，商务印书馆，1981。

② 邓廷桢：《蒙古诸部述略》。

"部自为长"①、"逐水草，无城郭"②，过着迁徙不定的游牧生活。他们主要活动于伊犁河谷、额尔齐斯河两岸、塔尔巴哈台、乌鲁木齐一带，有的部族，沿额尔齐斯河游牧、向北远至鄂毕河和塔拉地区。厄鲁特蒙古很早就有一个最高的联盟会议，称"丘尔干"，由各部的封建贵族参加，共同决定内外大政，调整内部的利害冲突。"丘尔干"设一至两个首领，一直由和硕特的贵族担任。后来准噶尔的势力发展起来，因为准噶尔游牧在伊犁河流域的肥沃牧场上，和中原地区、漠南北蒙古、西藏以及中亚细亚的贸易较发达，经济发展最快，实力最为雄厚。17世纪初，准噶尔领袖巴图尔珲台吉已取代了和硕特贵族的领导地位，居于厄鲁特四部之首。游牧于塔尔巴哈台的土尔扈特不愿服从准噶尔，1628年，其部5万余帐、约20余万人向西迁移，辗转至伏尔加河下游居住。自从土尔扈特西迁后，辉特部代其位，仍为厄鲁特四部。1637年，和硕特部首领图鲁拜琥（即顾实汗），因和巴图尔珲台吉发生冲突，率所部离开原来牧区乌鲁木齐地区，向东南迁移，到达青海一带。1640年（明崇祯十三年、清崇德五年），为了缓和各部蒙古的内部矛盾，在巴图尔珲台吉的主持下召开了大会。参加的有厄鲁特蒙古各部首领，包括已迁往伏尔加河下游的土尔扈特部首领和鄂尔勒克、已迁往青海的和硕特部图鲁拜琥，还有喀尔喀的土谢图汗、扎萨克图汗、车臣汗。除了漠南蒙古，所有蒙古各部的重要领袖都参加了大会。会议上制定了蒙古——卫拉特法规，调整了蒙古各部的相互关系，巩固了封建贵族、牧主对牧民的剥削权利，并保证要在对外作战中统一部署、相互支援。但是，会议以后，蒙古各部的矛

---

① 祁韵士：《皇朝藩部要略》卷九，《厄鲁特要略》一。
② 《西域图志》卷一，《西域全图说》。

盾仍十分激烈，巴图尔珲台吉和喀尔喀蒙古的阿勒坦汗多次交战，厄鲁特蒙古内部也经常冲突，战乱频仍。17 世纪中，巴图尔珲台吉死去，其子僧格继为厄鲁特"丘尔干"的主持人，内部发生了激烈的斗争。清康熙九年（1670），僧格被谋杀，准噶尔陷入了群龙无首的状态。僧格的第六子噶尔丹，从小在西藏学习喇嘛教。僧格被杀后，他立即赶回准噶尔，平定内乱，夺取了权力。他用残酷的手段杀掉自己的哥哥索诺木·阿拉布坦，囚禁自己的叔父楚琥尔乌巴什，攻杀自己的岳父鄂齐尔图车臣汗，剪灭异己，巩固统治。噶尔丹自称"博硕克图汗，因胁诸卫拉特奉其令"①。他曾进向青海，攻打和硕特部，又乘回部的教派之争，进兵天山南路，灭叶尔羌国，奴役维吾尔。并勾结沙俄，向喀尔喀蒙古进攻。喀尔喀三汗战败南逃，依归清朝政府。17 世纪下半期，在噶尔丹的统治下，准噶尔发展为一支强大的割据势力，控制着天山南北，远至中亚，并威胁着青海、西藏、喀尔喀地区，成为巩固国家统一、实现民族团结的严重阻碍。

  清政府在消灭了南明和吴三桂等势力，统一中原和西南、东南以后，感受到的最大威胁就是雄踞西北边疆的准噶尔和入侵东北的沙俄。因而把力量转移到北方，反对沙俄入侵，并和准噶尔作长期的斗争。这场斗争可以分成三个阶段。第一阶段自康熙中叶至康熙末，约 30 年。康熙二十七年（1688），当喀尔喀蒙古土谢图汗部正在贝加尔湖以南抵抗俄军入侵的时候，噶尔丹乘其空虚，发动突然袭击。土谢图汗大败，率部南奔。噶尔丹追入内蒙古境，京师震动。康熙帝发兵堵击，二十九年（1690），两军战于乌兰布通，厄鲁特战败，退回漠北。几年后，噶尔丹重振军旅。三十五年（1696），康熙帝亲征漠北，

---

① 祁韵士：《皇朝藩部要略》卷九，《厄鲁特要略》一。

分兵三路。西路军与噶尔丹军在昭莫多遭遇，噶尔丹再次大败，主力尽丧，势穷力蹙。翌年（1697），病死于荒漠之中，战争告一段落。厄鲁特的势力退出喀尔喀，但其伊犁的老根据地，由噶尔丹之侄策妄阿拉布坦所继承。策妄起初对清廷表示恭顺，清廷在历经10年战争以后，力量耗损，不可能远征伊犁，完成统一，遂罢兵休战20年。

第二阶段从康熙末年至乾隆十九年（1754），将近40年。准噶尔死灰复燃，势力复振，和清廷的矛盾加深。康熙五十五年（1716），策妄阿拉布坦遣兵进入西藏，杀死亲近清廷的拉藏汗，洗劫拉萨。康熙帝闻讯，即派兵入藏，驱逐准噶尔军，恢复了西藏的秩序。从此，清朝和准噶尔的战端又起。策妄死，其子噶尔丹策零立，仍与清军连年作战。北路战线在科布多、乌里雅苏台，西路战线在巴里坤、哈密。雍正九年（1731），两军战于科布多，清军中埋伏之计，被围于和通泊，几乎全军覆没，损失极重。翌年（1732），准噶尔军战胜而骄，深入喀尔喀，被喀尔喀亲王、额驸策凌击败。双方一胜一负，各有损伤。故雍正末，谈判议和，划定牧场，乾隆初年，和议告成，双方休养生息又近20年之久。

康熙、雍正两朝，与准噶尔进行了长期的激烈战斗。当时，准噶尔部治理有方，内部团结，人多畜广，兵精粮足。清朝竭尽全力，虽能遏制其进攻的兵锋，但无力深入作战，犁庭扫穴，擒捉渠魁。故经过两个阶段、70年之久，战争时打时停，准噶尔割据政权，屹立如故，这对清朝统治是重大的威胁，也对中国的统一构成巨大的障碍。当时，沙皇俄国的势力已达到中亚地区，骎骎东向，觊觎中国的西部地区。如果准噶尔部不能及时平定，统一问题不能解决，其后果实不堪设想。接着，历史跨入第三阶段，准噶尔部发生争权内讧，形势变得对清朝极为有利。乾隆帝抓住时机，毅然举兵、进行平准战争，终于解决了准噶尔这一重大隐患。

清朝政府和准噶尔割据政权，势均力敌，长期对峙。至乾隆前期，形势豁然开朗，准噶尔发生内部变化。乾隆十年(1745)，准部很有威望的领袖噶尔丹策零逝世，贵族们为争夺汗位掀起了内部纷争。噶尔丹策零有三子，长子喇嘛达尔札，时年19岁，次子策妄多尔济·纳木札尔，13岁，幼子策妄达什，7岁。喇嘛达尔札虽年长，因系庶出不得立。次子策妄多尔济·纳木札尔遂"以母贵嗣汗位"①。但年纪最小的策妄达什却为准噶尔部权势显赫的大小策零敦多布部属所拥护。登上了汗位的策妄多尔济·纳木札尔，"童昏无行"，肆意荒淫，不听其姊鄂兰巴雅尔的劝告，反而说鄂兰巴雅尔"欲效俄罗斯自立为扣肯汗(即女皇)，拘而系之"②。对当时札尔固(部族会议)的谏劝，更是置若罔闻，并处死了许多名宰桑，引起许多贵族的不满。纳木札尔的姐夫萨奇伯勒克助其庶兄喇嘛达尔札，密谋杀害纳木札尔。不料这一密谋被小策零敦多布之子达什达瓦泄露，纳木札尔集结军队，抢先下手，企图消灭反对势力，而反对势力强大，纳木札尔战败被擒，被剜去双目，与达什达瓦一起囚禁，后被杀害，喇嘛达尔札取得了厄鲁特的汗位。达什达瓦继承其父小策零敦多布之业，为准噶尔一大部落，他被囚后，其属下宰桑萨喇尔率部分牧民千余户内迁，于乾隆十五年(1750)归附清政府。清廷十分重视，"将萨喇尔等照例安插，赏给畜产等项，编设佐领，即令萨喇尔管理，命安插于察哈尔"③。据《啸亭杂录》所记："准夷初乱时，达什达瓦部下有宰桑萨赖尔者(即萨喇尔)，不肯他属，率千户首先降。纯皇帝(即乾隆)召见，

---

① 魏源：《圣武记》卷四，《乾隆荡平准部记》。
② 祁韵士：《皇朝藩部要略》卷一二，《厄鲁特要略》四。
③ 《清实录》乾隆十五年九月壬戌。

询以准夷事。萨曰：'目今诸台吉皆觊觎大位，各不相下。达尔札以方外之人，篡弑得国，谁肯愿为其仆……今达尔札妄自尊大，仿效汉习，每召对时，长跪请命，罄颏之下，死生以之。故故旧切齿，其危亡可立待也'。上悦，授散秩大臣。"①

喇嘛达尔札虽取得汗位，因系庶出，又已出家，难孚众望，大小策零敦多布的后裔和其他贵族都反对他，拟拥立其幼弟策妄达什。其主谋人物，除已被囚系的达什达瓦外，尚有大策零敦多布之孙达瓦齐和辉特部台吉阿睦尔撒纳、和硕特部台吉班珠尔。阿睦尔撒纳与班珠尔虽分为两部台吉，实均为和硕特拉藏汗长子丹衷所生，又都是策妄阿拉布坦的外孙。当年，策妄阿拉布坦为笼络控制着西藏的拉藏汗，将自己女儿博托洛克许配拉藏汗之子丹衷为妻，丹衷长期住在准噶尔，先生育了班珠尔，后博托洛克又怀阿睦尔撒纳。策妄阿拉布坦因争夺西藏，发兵攻杀拉藏汗，并将自己的女婿丹衷处死，将女儿博托洛克改配辉特部台吉韦征和硕齐。婚后不久，生下丹衷的遗腹子阿睦尔撒纳。他继承为辉特部台吉，为人精明能干，勇悍善战，野心极大。他率辉特部游牧于雅尔地区；其嫡兄班珠尔为和硕特台吉，游牧于库尔乌苏；又与游牧于塔尔巴哈台的达瓦齐拉拢联络，达瓦齐恃其祖父大策零敦多布的声威，在准部地位很高，且据地广阔，部众甚多，"依照传统的习惯，达瓦齐有合法继承汗位的理由"②。

喇嘛达尔札夺取汗位后，为巩固权力，杜绝觊觎，杀死了自己的幼弟策妄达什与助其夺汗位的达什达瓦。阿睦尔撒纳、班珠尔本与达什达瓦密谋，知事败露，逃往达瓦齐处，怂恿达瓦齐起兵谋反。阿睦

---

① 昭梿：《啸亭杂录》卷四，《萨赖尔之叛》。
② [苏联]伊·亚·兹拉特金：《有关阿睦尔撒纳的俄国档案资料》，见《蒙古民族的语文与历史》，293页，莫斯科，1958。

尔撒纳说："喇嘛达尔札既将与尔同仇之达什达瓦杀戮，恐祸将及汝。"①达瓦齐深为惊惧。奔和通呼尔哈，准备归顺清朝。定边左副将军成衮札布将这个消息上报清廷。乾隆帝说："达瓦齐乃大策凌敦多布孙……自噶尔丹乱后，收养准噶人甚众，若达瓦齐至而不纳，是绝其归路矣。达瓦齐果力穷来归，可量给粮骑，驰至京师。"②后来由于喇嘛达尔札派兵追击，达瓦齐未能投奔清朝，而与阿睦尔撒纳等逃往哈萨克中玉兹的阿布赉处去了。一个准噶尔人伯勒克向清朝官员详细供述了达瓦齐逃跑、被追又返回伊犁的情形。他说："被喇嘛达尔济（札）所派的兵赶上，将他家眷、部落下人拿回。大瓦齐（达瓦齐）只剩得一百多人，内有塔尔巴哈台地方住的一个头目叫阿木尔沙那（阿睦尔撒纳），一同投往哈萨克地方去了。喇嘛达尔济（札）知道了，把阿木尔沙那管的人分给众人一半，其余一半给阿木尔沙那的叔叔插克答尔管了，又把大瓦齐家眷拿到伊里（伊犁）看守，要等拿住大瓦齐一同伤害"。"喇嘛达尔济随派了两个宰桑，带领三万人去拿大瓦齐……有哈萨克的一个小头目与大瓦齐相好，就把情由告诉大瓦齐，帮了一匹马一个人，叫大瓦齐自己取便，大瓦齐随同阿木尔沙那并原带的一百多人，又带了素日相好哈萨克的几个人逃走。路上看见准噶尔的兵，大瓦齐们暗暗地绕路，走到原住的塔尔巴哈台地方，同阿木尔沙那将原管的旧人都收了，又把插克答尔全家杀死，插克答尔管的人都归顺，共凑有一千多人……一路遇见的人，也有杀的，也有收的，直来伊里拿喇嘛达尔济。喇嘛达尔济听见，复差四个宰桑，一叫兔勒苦，一叫乌克兔，一叫阿什尔，一叫卜地，著在沿边地方挑兵截拿大瓦

---

① 傅恒：《西域图志》卷首，一，《准噶尔全部纪略》。
② 祁韵士：《皇朝藩部要略》卷一二。

齐。这四个宰桑兵还没有挑齐，走到半路，就迎着大瓦齐，这兔勒苦、乌克兔两个就顺了，阿什尔、卜地两个不顺，被达瓦齐赶上杀了"①。乾隆十七年（1752）十一月底，达瓦齐、阿睦尔撒纳的军队到达伊犁，与喇嘛达尔札作战。据陕甘总督永常的报告，一个到肃州贸易的维吾尔族人曾目睹这场战争，"我前年跟随额连胡里（按：此人系乾隆十七年率领准噶尔商团到肃州贸易的宰桑，维吾尔族人）贸易回去。那时达瓦齐正领着人到伊里（犁）与喇嘛达尔济（札）打仗，将达尔济营盘围了两天。有达尔济办事的缠头（按：即维吾尔族）头目，大家商量，说是为他一个，苦了众生，遂将喇嘛达尔济拿献与达瓦齐，那是腊月二十一日。达瓦齐就把达尔济杀了，自己坐了台吉。如今噶尔丹策零子孙已是绝了"②。以上这些是目击者口述有关达瓦齐灭喇嘛达尔札的详细情形。

这段情形，在汉文史籍中作如下记载，"达瓦齐等兵败，窜入哈萨克。达尔札以二人不除，终为祸害，遂遣心腹人率兵六万追之。期于必获。达瓦齐计无所出，日夜涕泣而已。阿逆（指阿睦尔撒纳）曰：'与其束手待擒，何若铤而走险，兵法所谓往扼其吭者也'。因率精锐卒一千五百人，裹粮怀刃，于山岭僻径绕道入伊犁，乘其不备，夤夜突入其幕。达尔札方围炉拥妾饮酒，阿逆趋而斩之，抚定其部落。迎达瓦齐入，立之"③。这段记载较简单而大体正确，但未谈到四宰桑的或降或杀，未谈到收取塔尔巴哈台的旧部，也未谈到维吾尔族的作

---

① 中国第一历史档案馆藏，《宫中档》第二七一三箱，二二包，四四六九号，乾隆十八年八月初九日陕甘总督永常奏。

② 中国第一历史档案馆藏，《军机处录副奏折·民族类·蒙族项》，第二二九四卷，五号，永常《奏报蔡询准噶尔情形及闻知贸易将到折》。

③ 昭梿：《啸亭杂录》卷三，《西域用兵始末》。

用，却强调了攻打伊犁的突袭性和阿睦尔撒纳的功绩，大概是阿睦尔撒纳归附清朝时所陈述的。

　　达瓦齐虽立为汗，然而"颠顸无能"，"终日饮酒，事务皆废。遣人往擒额琳沁，旋即败回。哈萨克兵来，行文各处备兵，兵皆未到，自斋尔至伊犁，俱被抢夺。其属皆言，自伊为台吉以来，无一日安宁，人人嗟怨"①。达什达瓦之子，属于小策零敦多布的讷默库济勒噶在一些宰桑的支持下，起来争汗位，于是大小策零敦多布家族之间又发生火并。阿睦尔撒纳助达瓦齐，擒杀济勒噶。在这场火并中，"两酋争立，各征兵于诸部，人们莫知适从"。杜尔伯特部不愿附从达瓦齐，达瓦齐竟勾引哈萨克兵去攻打，使杜尔伯特部遭到重大损失。哈萨克士兵"粉碎了许多卡尔梅克（指杜尔伯特部）的兀鲁思"，破坏了大片牧场，掳去"将近三千名男女和儿童"，"其余牲畜全由达瓦齐所独占"②。杜尔伯特部深受准噶尔内部纷争之害，其领袖车凌、车凌乌巴什、车凌孟克"集族谋曰：依准噶尔非计也，不如归天朝为永聚计"③。遂于乾隆十八年冬(1753)率所属3 000多户、1万多人离开多年游牧的额尔齐斯河，赶着大批畜群翻山越岭，冲寒冒雪，摆脱追兵，经一个多月跋涉，来到清朝定边左副将军成衮札布的驻地乌里雅苏台，归附清朝。三车凌的归附削弱了厄鲁特蒙古的力量，表明其内部正在分崩离析。乾隆帝十分重视此事，派侍郎玉保料理其屯驻地和生产、生活，赏赐牛500头、羊2.1万只，粮食4 000石，以解决其生活困难，并编旗分设佐领，把杜尔伯特部命名为赛因济雅哈图盟，下设13个札萨克，以车凌为盟长、车凌乌巴什为副盟长。十九年

---

① 《清实录》乾隆二十年正月己亥。
② ［苏联］伊·亚·兹拉特金：《蒙古近现代史纲》，71页，莫斯科，1957。
③ 张穆：《蒙古游牧记》卷一三。

(1754)五月,乾隆帝比常年提前去避暑山庄,接见三车凌和其他蒙古王公,封车凌为亲王、车凌乌巴什为郡王、车凌孟克为贝勒。连续八次举行宴会,多次在万树园接见。入夜,避暑山庄内灯火通明,乐声大作,放烟火,演杂技,从山庄建立以来,从未有如此热闹的场面。当时供职内廷的耶稣会传教士、画家、法国人王致诚所画《万树园夜宴图》,就是描绘当时盛况的历史图卷,为现存的稀世珍品。乾隆帝写诗歌咏当时的情形:

> 万树参天焕曙霞,穹庐酒醴乐柔遐。
> 薰风五月偏含爽,湛露三巡共拜嘉。

> 倒碗吞刀百戏陈,升平歌里踏灯轮。
> 重裀列坐欢情洽,底用通言藉舌人。

清廷已与准噶尔相持数十年,历经大战,劳师糜饷。然而准噶尔兵强财富、内部团结,无隙可乘。清康雍两朝,竭尽全力,仅能阻挡其势力,不使东进。自从议和之后,乾隆帝也没有兴兵征讨的想法。三车凌的来归,反映了厄鲁特蒙古广大牧民对准噶尔贵族制造的战祸极为不满,表明其内部已在严重分化。乾隆帝在避暑山庄多次接见三车凌,了解到准噶尔内部的真实情况,不由萌生了乘机出兵平定准部的念头。乾隆帝说:"伊部落数年以来,内乱相寻,又与哈萨克为难,此正可乘之机。若失此不图,再阅数年,伊事势稍定,必将故智复萌,然后仓卒备御,其劳费必且更倍于今。况伊之宗族车凌、车凌乌巴什等,率众投诚,至万有余人,亦当思所以安插之。朕意机不可失,明岁拟欲两路进兵,直抵伊犁,即将车凌等分驻游牧,众建以分其势。此从前数十年未了之局，朕再四思维，有不得不办之势。"①因下令调兵筹饷，做明年出征的准备。

这时，准部内讧还在发展，达瓦齐与阿睦尔撒纳的联合本来就是相互利用，他们的共同敌人被打倒之后，彼此之间的矛盾尖锐起来。达瓦齐为酬谢阿睦尔撒纳的功绩，将塔尔巴哈台牧地尽归给他。阿睦尔撒纳初时势力薄弱，且非准噶尔直系，只能依附达瓦齐，但他蓄意乘准部内讧之机，扩大自己的势力，谋求取得统治厄鲁特四部的权力。他自己是辉特部台吉，其兄班珠尔是和硕特台吉，阿睦尔撒纳又娶杜尔伯特台吉达什之女为妻，后又杀死岳父达什，胁诱达什之子讷默库依附自己，因迁帐于额尔齐斯河而据其地。于是他"令行三部"（辉特、和硕特、杜尔伯特）、势力大盛。他向达瓦齐提出分统厄鲁特的要求，被达瓦齐拒绝。据准噶尔降人供称："阿木尔沙那同达瓦齐自哈撒克带兵回到伊里，将嘛喇达尔济攻灭，向达瓦齐曾说，伊里以北，让我管理，卜罗塔拉以南给达瓦齐管理，后因达瓦齐不允，所以争杀。"②阿睦尔撒纳拥兵6 000，开始时，达瓦齐战败，陷于困境，后得回部贵族和宰桑玛木特、台吉沙克都尔曼济之助，重整军旅。乾隆十九年(1754)六月，达瓦齐率军3万，与阿睦尔撒纳战于额尔齐斯河源，阿睦尔撒纳战败，牧地被占，人众伤亡，畜群尽失。阿睦尔撒纳遂与其兄班珠尔、其妻弟讷默库率所部4 000余户、兵5 000余名、人众2万，经科布多投奔清朝。

在厄鲁特的长期内讧中，其西邻哈萨克统治者起了推波助澜的作用。阿布赉汗曾掩护过流亡中的达瓦齐和阿睦尔撒纳，在达瓦齐和阿

---

① 《清实录》乾隆十九年五月壬午。
② 中国第一历史档案馆藏，《宫中档》第二七二五箱，三十五包，七五七二号，乾隆十九年九月初五日刘统勋奏。

睦尔撒纳返回伊犁，掌握权力后，又出兵帮他们攻打杜尔伯特。到了达瓦齐和阿睦尔撒纳争权反目，相互攻杀之时。哈萨克又派兵参与。他们的目的是趁火打劫，抢掠财物、人口，"一会儿帮这个活动家，一会儿又帮那个，每次都带回大批牲畜和俘虏之类的战利品"①。

　　阿睦尔撒纳与达瓦齐作战失败，狼狈逃窜，归顺清朝。这标志着厄鲁特部的分崩离析，更加引起乾隆的重视，说："阿睦尔撒纳乃最要之人，伊若来降，明年进兵，大有裨益。"②对其部众，特别优待。当前线大臣策楞、舒赫德建议将降众兵丁留在军营，家属安置别地时，乾隆极为震怒，斥责其错误，"试思远方归顺之人，尚未知内地作何安插，乃甫经归命，即将其父母妻子发遣，留伊本身军营，伊心岂有不生疑惧……倘或心生怨望，激成事端，伊二人又将如何办理？"③将策楞、舒赫德严加处分。此时已是十九年（1754）七月，乾隆帝从热河至盛京谒祖陵，因急欲会见阿睦尔撒纳，以早定平准大计，决定于当年十一月再去避暑山庄，接见阿睦尔撒纳等。乾隆帝从盛京返回北京，主持冬至节的祭天大典之后，又风尘仆仆，不辞辛劳，再从北京去避暑山庄。北京至热河例作六站行走，令日夜兼程，并作三站行走，一日行140里。乾隆说："朕亦急欲见其人。"④可见阿睦尔撒纳在皇帝心目中的重要地位。接见时，乾隆帝详询了准部情形和出兵意见，关于进兵的时间，阿睦尔撒纳等提出"塞外秋狝时，我马肥，彼马亦肥，不如春月乘其未备且不能远遁，可一战擒之，无后患"。

---

　　①　[苏联]伊·亚·兹拉特金：《准噶尔汗国史》，423页，北京，商务印书馆，1980。
　　②　《清实录》乾隆十九年七月己丑。
　　③　《清实录》乾隆十九年七月辛丑。
　　④　《清实录》乾隆十九年十月癸亥。

关于进兵时所用旗帜，乾隆本欲用上三旗的正黄、镶黄、正白三色，阿睦尔撒纳等建议"所用旧纛，每到准噶尔地方，彼处人众易于认识，投降甚便"，乾隆帝同意"明年进兵时，著仍用伊等旧纛"。觐见后，即封阿睦尔撒纳为亲王，讷默库、班珠尔为郡王，其余首领20多人俱封贝勒、贝子、公等，并多次宴赉，健锐营的骑兵表演马术，万树园放烟火，宫廷画家郎世宁绘《马技图》以纪其盛。继后，准噶尔骁将玛木特"见诸台吉相踵内附，必合大兵，知准噶尔事不可为，达瓦齐不可辅，亦脱身来归"①。乾隆授以内大臣职。

三车凌来归，乾隆已在考虑平准，并做了准备，但尚有犹豫。②阿睦尔撒纳等的降附，使厄鲁特力量大大削弱，已无抵抗清军之力，乾隆帝平定准噶尔的决心乃坚定不移。

乾隆二十年(1755)初，清政府分兵两路，进攻准噶尔。北路统帅班第，封定北将军，阿睦尔敬撒纳，封定边左副将军，参赞有亲王、额驸色布腾巴勒珠尔，郡王讷默库、班珠尔、青滚杂卜，尚书、公达尔党阿，总督、伯鄂容安等。西路统帅永常封定西将军，萨喇尔封定边右副将军，参赞有亲王额琳沁多尔济、亲王车凌、郡王车凌乌巴什、贝勒车凌孟克、贝勒色布腾、贝子札拉丰阿、将军阿兰泰等。北路兵3万，西路兵2万，内含京城满洲兵4 000、黑龙江兵2 000、索伦巴尔宪兵8 000、绥远右卫兵2 500、西安满洲兵2 400、凉州庄浪满洲兵1 000、宁夏兵1 000、察哈尔兵4 000、新降厄鲁特兵2 000、归化城土默特兵1 000、阿拉善蒙古兵500、哲里木兵2 000、昭乌达

---

① 魏源：《圣武记》卷四，《乾隆荡平准部记》。
② 三车凌来归，乾隆已采取措施，做出兵平准的准备，但另一方面，乾隆又说："即车凌等始至时，朕尚无意及此(指：出兵平准)。"《清实录》乾隆十九年十月甲戌）

兵2 000、喀尔喀兵6 000和托辉特兵500，以及宣化大同绿旗炮手兵1 000、甘肃各营安西绿旗兵1万。后又增加阿睦尔撒纳归附兵2 300，马7万匹。

准噶尔内讧，带来了削平割据、统一中国的千载难逢的良机。力量的天平完全有利于清军，准部已严重削弱，分崩瓦解，平准大军胜券在握，这在过后回顾是十分清楚的。然而，当局者迷，处在任何历史关键的时刻，人们往往左顾右盼，观望犹豫，看不到全局，认不清有利和不利的因素而不能做出正确的抉择。但是，有利的时机往往稍纵即逝，不会永远等待你去摘取。如果不能及时牢固地抓住历史提供的短暂机会，那么机会很可能永远消失，不再来临。当准噶尔部众纷纷归附的时候，清朝的大臣们几乎都没有看清有利的形势，全体一致，反对出兵平定准部。他们鉴于雍正年间的和通泊之败，这场灾难虽已过去将近30年，但是大臣们余悸尚存，谈虎色变，不敢侈谈进军。在这关键时刻，乾隆帝却能不失时机地做出正确的选择，独排众议，决定出师平准，赞成这一决定的只有大学士傅恒一人。乾隆帝述及当年决策的情形："初未有兴师致讨之成心。迩年因其篡夺相寻，人心瓦解，诸部台吉车凌、车凌乌巴什及阿睦尔撒纳等叩关内附，先后踵至。其人皆熟悉彼地情形，洞晓军务。朕于热河召见时，伊等皆深知感激朕恩，以愿效前驱为请。是其势有可乘，机不容失，因筹及两路兴师之举，而人心狃于久安。在廷诸臣，惟大学士傅恒与朕协心赞画，断在必行，余无不意存畏葸。今日诸王大臣具在，试各自揣本心，方创议伊始，确然信为必当从事者谁乎，甚至如策楞、舒赫德身肩其任，而懦怯乖张，几至偾事……即朕筹办之初，亦未敢遽信大功计日可就，是以祃牙推毂之典，概未举行。设若时会稍有濡迟，朕亦惟有自为引咎耳。"①又说："西师之役，在廷诸臣，皆有鉴于康熙、雍正年间，未获蒇事，莫不畏难沮议。朕以达瓦齐篡夺频仍，诸部瓦解，接踵内属，有机可乘，且无以安来者。爰命将兴师，分路致讨。斯时，力排众议，竭尽心力。"②的确，乾隆帝的这一决策，英明而及时，关系到国家的统一和各民族的命运。一个杰出的领导人重要的是能够看清楚那些过后看来是一清二楚的事情，并且具有权威和魄力，带动他的国家跟随他一起前进。乾隆帝做到了这一点，他比其他人高出一头，他为国家和民族做出了重大贡献。尽管他在平准战争中也有许多错误和局限，但和他的贡献相比要微小得多，决不能因此而抹杀了他的贡献。

在平准战争中，择帅命将是一个重大问题，乾隆帝深感困难，因承平日久，缺少娴于军事的将帅，而且大臣中没有一个赞成进军，思想分歧，自难做到调度得宜。初时处在第一线的成衮札布、策楞、舒赫德素称勇敢或干练，但在这场即将到来的战争面前"委靡懦怯"，措置失当。使乾隆帝感到苦恼的是竟物色不到一位能在第一线指挥大军的主帅。他认为伊犁用兵，前后所用之人往往过于怯懦，"昧于机宜，屡致偾事，殊为愤懑。朕于始事，即为之踌躇审顾，不欲办理者以此。"③所以，这场战争的特点是前线主将很不得力，准噶尔忽降忽叛，战局迭起迭落，变化很快。而清军都要听命于万里之外的乾隆帝的指示。战争瞬息即变，清军的行动跟不上形势的变化，错失战机，战争屡现险情，几乎功败垂成。

战争中的另一重要问题是粮食料秣、后勤供应，这是异议极多、

---

① 《清实录》乾隆二十年五月壬辰。
② 《御制诗五集》卷九二，《阅旧所书识后，示诸臣咸为悦服、复成口号》。
③ 《御制诗文十全集》卷六，《免甘省诸郡正供诗以纪事》，乾隆二十一年。

而且迄无妥善解决办法的难题。"兵行粮随",这是军行的常规,但平定准噶尔的战争,其有利时机突然到来,这是清廷意料未及,缺乏准备的。前线既无大军,更无粮秣屯贮,短时间绝对不及准备。如果按照"兵行粮随"的惯例,这场战争根本无法进行,这也是大臣们反对出兵的理由。西征运粮的费用昂贵,如北路粮运,从张家口至乌里雅苏台5 300余里,共运米5万石,由商人范天锡等用驼马牛车拉运,每石运费高达九两八钱(内地每石一两数钱),这些粮食仅敷北路军官兵夫役四五个月的口粮。西路军运粮费更高,据总督吴达善称:"现在内地运粮至辟展,每石即需脚价将二十两",何况从辟展至伊犁尚有遥远的路程。即使清廷财力充裕,负担得起昂贵的运费,但时间仓促,粮食的征购与运送也万万赶不上。在这一难题面前,乾隆抛弃行军的常规,而采取"因粮于敌"的方针。一兵只令裹带两个月口粮,外加武器锅帐,另由马驮运载一部分辎重,食用不敷,则取给于厄鲁特牧民。他说:"官兵前进,沿途打牲,及疲乏牲畜,俱足以资口粮。现在投诚厄鲁特等,所有牲畜产业,虽不宜索取,然或暂时取用,登记数目,将来或换给什物,或补给银两,皆无不可。"①这实际上是允许清军沿路骚扰抢掠,所谓"将来或换给什物,或补给银两",是难以兑现的空话。当时,以筹饷运粮为急务的大臣如陕甘总督刘统勋、定西将军永常均遭乾隆帝的痛斥,他说:"刘统勋所奏,仍系军行粮随,从前岳锺琪等所办旧例,全不合此次机宜……现在北路办理,俱系兵丁自行裹带,西路自应画一"②,又说:"永常全不知事理之轻重,颠倒舛谬,至于此极……即如平定伊犁后,将军、大臣、官兵等驻扎彼

---

① 《清实录》乾隆二十年四月丙辰。
② 《清实录》乾隆二十年二月戊申。

处，亦岂有源源运粮接济之理，即应照朕前降谕旨，将收取达瓦齐所有牲畜备用。倘有不敷，则以茶叶银两，向厄鲁特、回子等换易口粮，办理分给"①。平准之役，仓促从事，行军万里，跨越绝漠。乾隆帝解决军食的办法固属不得已的权宜之计，但清军初克伊犁后，因该地无粮，大兵不能久留，旋即撤退。且进军时食粮取之于敌方，对厄鲁特牧民骚扰太甚。这些大概是初次平准后，又迅速发生叛乱的重要原因。

乾隆二十年(1755)二月二十日和二十五日清军两路出师，北路出乌里雅苏台，西路出巴里坤，约期会师于伊犁东北之博罗塔拉(今新疆博乐市)。此次出征的特点是专以新降之厄鲁特兵作前锋，建旧纛先行，以分化敌众，招纳降人减少抵抗。即乾隆所说"朕此次即满洲兵亦不多用，仍以新归顺之厄鲁特攻厄鲁特耳"。大兵随先锋之后隔数日启程，乾隆帝预先考虑了善后事宜，平定达瓦齐后，拟仍分封厄鲁特四部，各统其众。以车凌为杜尔伯特汗，阿睦尔撒纳为辉特汗，班珠尔为和硕特汗，准噶尔汗暂未定其人，后来拟封后降的噶勒藏多尔济。两路清军，均以副将军阿睦尔撒纳和萨喇尔率厄鲁特降众先行。这时厄鲁特连年内战，人心厌乱，清军所至，纷纷归降，"各部落闻风崩甬……所至台吉、宰桑，或数百户，或千余户，携酮酪，献羊马，络绎道左，师行数千里无一人抗颜行者"②。大军刚刚出动，即有札哈沁部1 300户来降、德济若等头目亦归附，称："我等为达瓦齐残害，愿率属效力"。又有准噶尔大台吉噶勒藏多尔济称："达瓦齐残虐，众心解体……我屡劝不从，数年不通信。去岁向我调兵，我

---

① 《清实录》乾隆二十年四月庚申。
② 魏源：《圣武记》卷四，《乾隆荡平准部记》。

不发。今年令我备兵一万，我不备……今闻恩旨，愿率属投诚"①。噶勒藏多尔济是大台吉，部属众多，势力强大。他的投清，使乾隆帝十分欢喜，他说："噶勒藏多尔济乃准噶尔大台吉，今率所属来降，平定准噶尔大功告成必速，此实上天眷佑，大兵所到，不烦一矢，皆已稽首归诚。"②接着又有阿巴噶斯、哈丹等重要领袖以及呼尔璊台吉纳木奇率1 600户、衮布札卜率4 000户和五集赛宰桑等迎降。五月，两路清军会师于博罗塔拉，向伊犁挺进。伊犁人众亦纷纷迎降，贸易回人阿卜达莫米木十三宰桑告称："我等共二千余户，自伊犁河南哈什至伊犁河北察罕乌苏等地方居住，俱系旧台吉噶尔丹策零属人，因达瓦齐苛虐元厌，今俱穷困，情愿派兵三百名，协力同剿达瓦齐。"③又"伊犁有佛寺喇嘛并回人等二千余户、看船人十户、贸易宰桑博尔博等四十五户来降"④，伊犁已指日可定。乾隆帝踌躇满志，写下如下的诗篇：

乘时命将定条支，天佑人归捷报驰。
无战有征安绝域，壶浆箪食迎王师。

其诗注说："据副将军阿睦尔撒纳等奏称，大兵至伊犁，部众持羊酒迎犒者络绎载道，妇孺欢呼，如山水火，自出师以来，无血刃遗

---

① 《清实录》乾隆二十年三月壬寅。
② 《清实录》乾隆二十年三月壬寅。
③ 《平定准噶尔方略》正编卷一二，14页。
④ 《平定准噶尔方略》正编卷一二，14页。

镞之劳，敉边扫穴，实古所未有。"①

达瓦齐众叛亲离，无力抵抗，撤出伊犁，率1万人，退据伊犁西南180里的格登山（今新疆昭苏县境内），负崖临水，筑营暂驻。清军穷追，其前驱实皆厄鲁特兵。这时，从达瓦齐营中逃出归降的人报告：达瓦齐军"军械不整、马力亦疲，各处可调之兵，已收括无遗，现在众心离散，愿降者多"②。清军了解这一情况后，士气倍增。已归顺的厄奇特勇士阿玉锡、巴图济尔噶尔与察哈什等25人前往侦察，知其士气不振，兵无斗志，昼夜直闯达瓦齐军营。达瓦齐军已成惊弓之鸟，慌乱自溃。阿玉锡等25人跃马横戈，往来驰逐，竟获大胜。达瓦齐率2 000人逃遁，其余人众降于阿玉锡。乾隆帝闻之，作《阿玉锡》长诗记其事，以旌其勇。阿玉锡本是准噶尔的"司牧臣"，雍正十一年（1733），"徒步万里"，归顺清朝，夙称骁勇。乾隆曾召见他，擢为宫廷侍卫，此次随军出征。巴图济尔噶尔为杜尔伯特部，半年前归顺清朝，察哈什则是清军进入伊犁时刚刚降顺的准噶尔宰桑。其余22名士兵都是准噶尔人。格登山战役充分说明了准噶尔已土崩瓦解，达瓦齐众叛亲离、毫无抵抗的能力。

达瓦齐向天山以南奔窜，部众沿途离散，只剩70余人。这时南疆的维吾尔族纷起响应清军，摆脱准噶尔的奴役。达瓦齐逃经乌什，当地维吾尔族领袖霍集斯将他擒获。达瓦齐被押解到北京，乾隆帝登午门城楼受俘，念其曾为厄鲁特领袖，因赦其罪。雍正年间在青海叛乱的罗卜藏丹津，长期逃匿于准噶尔，也被擒获，乾隆亦赦宥之。达

---

① 《御制诗文十全集》卷四，《西师底定伊犁捷音至，诗以述事》，乾隆二十年。
② 《清实录》乾隆二十年六月丙午。

瓦齐被封为亲王,住在北京,妻以宗室之女,受到清廷的优待。从此,与清廷长期对峙的准噶尔政权结束,乾隆帝初步完成了统一大业。

乾隆朝再平准噶尔部*

清军克伊犁后,原以为可以缴获一部分牲畜、粮食。不料准部屡经战祸,伊犁并无积贮,口粮不继,大军难留。乾隆帝谕旨中说:"准噶尔地方数年以来,屡遭兵革,又为哈萨克抢掠。现在居住之厄鲁特、回人等,自计自属拮据。若于伊犁多驻大兵,深属未便。从前萨喇尔等奏请停止伊犁驻兵,经朕传谕班第等,令其酌留兵丁一二百名,为驻扎大臣差遣委用。"①后班第、鄂容安、萨喇尔驻守伊犁,留下了500名士兵,力量单薄、孤悬边徼,造成了阿睦尔撒纳发动叛乱的机会。

阿睦尔撒纳的降清,并非出自真诚。他利用清军,击败了达瓦齐,一心自立为汗,当厄鲁特四部的总领袖,与清政府分庭抗礼。他以定边左副将军的名义,一路先行,收纳降众,广占地盘,扩大势力和影响。乾隆初时,对阿睦尔撒纳很信任,说他:"自到军营,诸事尽心,办理井

---

* 原载《乾隆帝及其时代》,北京,中国人民大学出版社,1992。
① 《清实录》乾隆二十年五月己亥。

井。此次进兵,惟伊是赖。"①又称赞他"征战甚勇""办事果断",但同时也有所警惕。平准大军尚未出发,阿睦尔撒纳请移牧乌里雅苏台,要求发给印文,招收降众。乾隆帝指出:"是其欲取多人、占据地方之意,已经微露,似平定准噶尔全为伊一人集事矣。萨喇勒到彼务须留心防范,慎勿任其所行。"②并密谕定北将军班第"凡事宜会同商办","切勿令彼先行独办"。进克伊犁后,论功行赏,封阿睦尔撒纳为双亲王,食亲王双俸。但他欲壑难填,图谋割据,对班第说:"我等四卫拉特与喀尔喀不同,若无总统之人,恐人心不一,不能外御诸敌,又生变乱。"③请求清廷"于伊(指噶尔丹策零)亲戚中,不论何姓,择其众心诚服,能御哈萨克、布鲁特者,公同保举,奏请皇王施恩,俾领其众"④。这一请求是企图使自己凌驾于众人之上,成为四卫拉特的首领,其野心已昭然若揭。又擅杀达瓦齐的宰桑,抄没其家产,作威作福,秘密招纳降众。他不穿清朝官服,不用官印,自用珲台吉菊形篆印,行文各部。又献媚于随军的参赞大臣、乾隆帝的长婿色布腾巴勒珠尔,挑拨色布腾与班第的关系。当色布腾返京时,又托他探听皇帝对阿睦尔撒纳总统四部的意向。乾隆帝对这种狼子野心自然不能容忍,他说:"伊犁既定,阿睦尔撒纳觊得为总台吉。朕以此人必不可使独据准噶尔,因分封四卫拉特为四汗。"⑤他和大臣们讨论对策,当时已令厄鲁特重要领袖入觐,受赏晋封。大臣们以为阿睦尔撒纳将入觐,但虑其回去后,跋扈难制。乾隆则断言他不会来热河,因

---

① 《清实录》乾隆二十年正月乙未。
② 《清实录》乾隆二十年正月戊戌。
③ 《清实录》乾隆二十年五月己亥。
④ 《平定准噶尔方略》正编卷一三,3页。
⑤ 《御制诗二集》卷五九,《冬夜怀军前》,乾隆二十年。

令班第相机行事，即于军中正法，勿贻后患。但班第身边只有兵五百，不敢下手，因促其和厄鲁特其他领袖同行去热河，待觐见时再做处置。为防其中途脱逃，令喀尔喀亲王额琳沁多尔济同行监视，阿睦尔撒纳不得已由伊犁启程。乾隆帝与班第等信使往还，讨论对阿睦尔撒纳的处置，不料这些消息被喀尔喀郡王青滚杂卜泄露给阿睦尔撒纳。八月十九日，入觐队伍行至乌隆古河，阿睦尔撒纳诡称要暂回自己的牧地治装，让额琳沁先行。额琳沁庸碌无能，且同情阿睦尔撒纳，竟允其离队。阿睦尔撒纳交出定边左副将军印信，扬长而去，额琳沁事后悔悟，派兵追赶，已不及。乾隆闻阿睦尔撒纳叛逃消息，即派1 000名官兵驰往其游牧地，以防其潜取家眷、增加羽翼。阿睦尔撒纳果然派班珠尔往游牧地，潜约其妻儿部属赴会，清军将其围困，无一得脱，班珠尔也被拿获。

阿睦尔撒纳叛逃，其同伙阿巴噶斯、哈丹迅即响应，抢劫西路军台，切断军报文书。接着宰桑克什木、巴朗与敦多克曼集煽诱伊犁的喇嘛、回人叛乱。留驻伊犁的500名清军，势寡力弱，"疏于自卫，兵散处，马远牧，缓急无应，而军营金帛茶布以备赏赉者颇充裕，夷众眈眈以视"①。驻守伊犁的三将，班第、鄂容安、萨喇勒才略地位各有所短，措置亦未尽合宜，"班第为人过于谨慎，气局狭小，好亲细事。鄂容安虽尚知大体而不能通蒙古语，一应机密筹画，未能洞悉，颇有汉人习气。至萨喇勒之在准噶尔，譬之内地王府长史、护卫者流耳，今虽授以显秩，彼众原所不服，而伊复粗率自大。三人者性习各殊，安望其能和衷共济"②。清军从伊犁突围，撤至哈斯河，被

---

① 《清实录》乾隆二十年十一月戊申。
② 《清实录》乾隆二十年十一月戊申。

叛军围困，难以脱走。"班公持剑叹息久之，刎颈而死。鄂故书生，腕弱不能下，命其仆割腹而死"①，萨喇勒则被叛军俘获，降于叛军。其时厄鲁特重要领袖入觐热河，响应阿睦尔撒纳叛乱的部落尚不多。定西将军永常拥兵6 000，驻乌鲁木齐，一闻乱讯，惊慌畏惧，乾隆令他西进援班第，他反将军队后撤至穆垒，又撤至巴里坤，致使伊犁无援。他又托词兵少粮缺，乞求"先办理马驼口粮，以利遄行"，而陕甘总督刘统勋更要求放弃巴里坤，退守哈密。乾隆帝坚决反对这种怯懦逃跑的行径。"阿睦尔撒纳在此时不过一亡命逸贼耳……焉能一时鼓动诸部，飞越数千里，至巴里坤？此事理之必无者。军营众心所恃，全在领兵大臣，今一将军、一总督、一都统（指永常、刘统勋与吴达善）无端自相惊怖，舍穆垒而回巴里坤，今又议舍巴里坤而就哈密，军心其何所恃？"②乾隆帝毅然撤革永常、刘统勋，拿解来京。令策楞代为定西将军，玉保、达尔党阿、富德为参赞大臣，黄廷桂为陕甘总督。永常解京途中，病死于临潼，乾隆帝疑其畏罪自尽，而刘统勋因系汉人，素不知兵，回京得宽释。

时厄鲁特内部矛盾严重，阿睦尔撒纳威信不足，很多人不愿跟随他。所部不过2 000人，驻在博罗塔拉，不敢进伊犁。原来被煽惑叛乱的人，也相约倒戈，欲擒捉阿睦尔撒纳。如已叛之锡克锡尔格、约苏图等，曾俘获副将军萨喇勒，旋即释放萨喇勒，奉之为主，对阿睦尔撒纳进行攻击，攻击虽失败，但说明阿睦尔撒纳在厄鲁特四部无多大号召力，并不能笼络各部，共抗清师。后萨喇勒回至清营，乾隆因其未能和班第、鄂容安并肩力战，而又降附于准噶尔，令拘押至京，

---

① 昭梿：《啸亭杂录》卷三，《西域用兵始末》。
② 《清实录》乾隆二十年九月庚寅。

但念其为准噶尔最先降附之人，未可责以大节，宽释之，复授为内大臣。

乾隆二十一年(1756)二月，清军分两路出击，西路由策楞、玉保率领，为主力军，北路由哈达哈率领，为牵制之师。厄鲁特之未叛者噶勒藏多尔济、巴雅尔、札那噶尔布、沙克都尔曼济、哈萨克锡喇、尼玛等均随军西进，已叛者复又降附。故声势颇盛，进展顺利，三月收复伊犁。据报："阿睦尔撒纳向哈什处败奔，因被乌鲁特兵截击，复奔至雅木图岭，正在斫冰开道之际，被台吉诺尔布等追及擒获。"①这是一个大好音信，参赞大臣玉保驰报将军策楞，策楞未辨真伪，即以红旗报捷，上写"为恭报捉获逆贼阿睦尔撒纳捷音事"。乾隆闻知非常高兴，宣示军务告竣并封赏诸将，各省督抚亦纷纷具折奏贺。不料这竟是一个假消息，阿睦尔撒纳未被拿获，已从霍尔果斯西走远飏，使乾隆帝空欢喜了一场。

伊犁屡经兵燹，地方残破，人众乏食，纷纷至军营乞讨，清军自己的口粮尚无着落，何能援助。乾隆帝令伊犁厄鲁特赴巴里坤自运粮食。他说："朕思聚数万穷乏之人，使就军营而乞食，此非良策，故无奈令其就巴里坤乞食。"②而新任陕甘总督黄廷桂答复：伊犁距巴里坤遥远，粮运艰难，厄鲁特人赴巴里坤就食"亦有未便"，请于附近蒙古、回民人等处所，换取粮面牲畜，以资食用。其实，中央和地方都解决不了伊犁的缺粮问题，故厄鲁特人饿死病毙者甚多。

乾隆帝坚持"擒贼先擒王"的方针，命令策楞等"此时所有伊犁应办事宜，尚可稍缓。惟当追擒逆贼为第一要务"③。但这一方针未被

---

① 《明清史料》庚编第十本，策楞奏，920页，北京，中华书局，1987。
② 《清实录》乾隆二十一年四月乙巳。
③ 《清实录》乾隆二十一年三月丁亥。

策楞领会和贯彻，他以"收集流亡，抚慰喇嘛，安插失业贫人"为理由，株守伊犁，玉保又与策楞不和，相互钳制，仅遣一副都统乌勒登率50人去追击，乌勒登又擅自停止西进，致使阿睦尔撒纳得以从容脱走，招集残部顽抗。乾隆嗟叹，将帅非人，贻误军机，他说："大兵复进，前徒倒戈，阿逆众叛亲离，成擒在迩。乃因将军策楞、参赞玉保等不和，又无克敌致果之略，阿逆得以亡命"①，因将策楞、玉保撤换，拿解送京。改由达尔党阿为定西将军，兆惠为定边右副将军。后策楞、玉保在解京途中，被厄鲁特叛军杀害。

阿睦尔撒纳逃入哈萨克，聚集千人，负隅抗拒，被清军击溃。时清军探知阿睦尔撒纳仅在二三里之外，争欲进击。阿睦尔撒纳势穷，又派人哄骗达尔党阿，说哈萨克欲缚献阿睦尔撒纳，但须待其领袖阿布赉赶到，达尔党阿竟信以为真，怕进击会与哈萨克失和，因制止士兵前进。乾隆帝后来提及此事："我兵以逆贼在目前，争欲进捉，而达尔党阿以为天朝当示大义，彼既缚献，不宜加师，力阻众兵，徘徊观望，而贼得以橐载远飏矣。"②达尔党阿亦被撤革拿京。

阿睦尔撒纳每次战败，均以哈萨克为逋逃薮，而背后还有俄国支持，当俄国奥连堡当局知道他因反叛清廷，作战失败，逃入哈萨克后，即派卡斯金诺夫，携带政府信函，前往哈萨克，秘密会见阿睦尔撒纳，表示愿意帮助，并邀请阿睦尔撒纳前往俄国。由于当时哈萨克阿布赉汗慑于清廷的兵威，态度游移，他们的会见甚至也瞒过了阿布赉汗。阿睦尔撒纳很高兴俄国肯帮助自己，要卡斯金诺夫向奥连堡当局转达感谢之意，并先派代表达瓦宰桑前往彼得堡，向俄国乞求援

---

① 《御制诗文十全集》卷一二，《西师》，乾隆二十三年。
② 《御制诗文十全集》卷一二，《西师》诗注。

助。不久，喀尔喀青滚杂卜发动反清叛乱，北路震动，驻在伊犁的清军匆忙撤回，以对付北路叛军，伊犁空虚，出现了有隙可乘的时机。阿睦尔撒纳率领残部，赶回伊犁，以策应青滚杂卜叛乱，因此，这次应邀赴俄，未能成行。

他的使者达瓦宰桑于乾隆二十一年(1756)末启程，彼得堡路途遥远，达瓦宰桑在路上走了半年，到达彼得堡，与俄国进行谈判。而国内政局瞬息变化，青滚杂卜与阿睦尔撒纳相继战败。二十二年(1757)夏，叛乱势力全部被击溃，俄国政府和他们之间的阴谋勾结，也没有得逞。

乾隆帝排除群臣的阻挠，抓住有利的时机，坚持平准方针，虽碰到困难和挫折，但毫不动摇，进行到底，这无疑是正确的。对国家的统一、版图的奠定做出了不可磨灭的贡献。但在一些具体问题的处理上，则有得有失，可以引起思考和评论的地方很多。我们在前面讨论过采取"因粮于敌"方针的原因，其所引起的后果是很严重的。由于军队不带粮草，多骚扰牧民，致使人心不满；由于缺粮，大军不能久留，致使伊犁空虚，这都是发生叛乱的直接原因。当时，不仅厄鲁特久乱乏食，群情汹汹，连喀尔喀蒙古也因这场战争受到严重损失，"喀尔喀具有简单产业的劳动人民，他们的主要财富，除了帐篷之外，就是少量的马匹和大小牲畜。这些劳动人民对清军以及皇家的官吏和信差来说，即便不是唯一的、也是主要的运输工具、奶类和肉类的供给者。毡子、毛皮和其他畜产品都被清朝当局以动员和征用的方式夺走了。除了这些，喀尔喀劳动者越来越频繁地被招去服兵役，而且他们必须自备武器弹药，丢下生产劳动去参加各种阅兵式和军事训练。

总之，大部分男人，脱离生产，被打发去打仗"①。军队靠地方资金（募捐）供养，用于军队的苛捐杂税使一般蒙古人破产。因此，一般蒙古人都感到准噶尔战争是个累赘"②。再加上1755—1756这个冬天颇不吉利，寒气逼人，积雪很深，引起牲畜大量倒毙，这个地区痘疾蔓延。因此，喀尔喀蒙古族困难极大，怨恨增长，普遍有不满情绪，像一个火药桶一样，有一触即发之势。

乾隆帝在处理喀尔喀问题时，显然有重大失误，他没有注意到需要团结他们，反而因阿睦尔撒纳逃亡，迁怒于陪送阿睦尔撒纳来热河的蒙古亲王额琳沁多尔济。此人是大活佛哲布尊丹巴·呼图克图和土谢图汗的兄弟，袭封札萨克和硕亲王，是极有影响的喀尔喀上层人物。他思想上同情阿睦尔撒纳，致使阿有兔脱的机会。乾隆帝对阿睦尔撒纳的叛逃耿耿于怀，他的长婿、额驸色布腾巴勒珠尔与阿睦尔撒纳交好，曾为阿说话，替阿探听消息，乾隆帝盛怒之下，"以额驸匿情不奏，欲立正典刑。来文端公（来保，老臣，时为军机大臣、武英殿大学士）请曰：'愿皇上念孝贤皇后，莫使公主遭嫠独之叹'。上挥泪太息，勋其死，只褫其爵"③。但乾隆帝因阿睦尔撒纳在额琳沁手中逃逸，毫不留情地赐令额琳沁自尽，"呼图克图请博格德汗（即乾隆帝）赦免和硕亲王，但是博格德汗没有赦免他"④。二十二年（1757）春，额琳沁死于多伦。"处决有权势的亲王、呼图克图和土谢图汗的

---

① ［苏联］伊·亚·兹拉特金：《准噶尔汗国史》，419页。
② ［俄］瓦西里耶夫：《外贝加尔的哥萨克史纲》，第二卷，133页，北京，商务印书馆，1977。
③ 昭梿：《啸亭杂录》卷三，《西域用兵始末》。
④ ［俄］瓦西里耶夫：《外贝加尔的哥萨克史纲》，第二卷，133页。

弟兄，损伤了蒙古人的民族感情"①。扎萨克图汗所属和托辉特部领袖青滚杂卜，利用这种情绪，举起反清的叛旗。青滚杂卜的部落，在喀尔喀极西，其曾祖根敦、祖博贝、父班策，世受清廷封爵，青滚杂卜于乾隆二年(1737)袭封多罗贝勒，后封郡王。他随从进军伊犁，与阿睦尔撒纳同行，相交甚密，见阿睦尔撒纳"潜谋叛志，亦隐有二心"②，遂与阿结纳，军营信息尽以告阿。清廷知他不稳，曾下令擒捉，后又顾虑他手握兵权，且事关喀尔喀的向背，又将命令撤销。青滚杂卜利用喀尔喀群众，因征调兵马和额琳沁被赐死而激起的不满情绪，发动叛乱。他"自军营私行逃归，遂将伊卡伦、台站兵丁尽行撤回"③，使清军北路台站从 10 台到 26 台，全部瘫痪，军报不通，供应断绝，是为"撤驿之变"。青滚杂卜还抢劫了从内地赴恰克图贸易的商队大车，"抢劫之后，沙达尔王(指青滚杂卜)带领他的两千个帐篷到了科索戈尔湖""沙达尔王有万人大军，分为两部：五千人在草原上放牧，为掩护部队，另外五千人同沙达尔王躲在森林里"④。

青滚杂卜的叛乱引起了极大的震动。在厄鲁特地区，正在作战的清军后路被切断，文报不通，军心惶惶，急忙撤退，去征讨青滚杂卜，保护后路；在喀尔喀地区，蒙古首领们被煽动起反清的情绪，形势不稳，23 个札萨克王公聚集在克鲁伦河畔，酝酿要起兵抗清。额琳沁之死激怒了这些王公们，"故事，元太祖裔从无正法者。诸部蠢动曰：'成吉斯汗后从无正法之理'。因推其兄哲敦国师(即哲布尊丹

---

① [俄]瓦西里耶夫：《外贝加尔的哥萨克史纲》，第二卷，133 页。
② 《平定准噶尔方略》正编，卷三〇。
③ 同上。
④ [俄]瓦西里耶夫：《外贝加尔的哥萨克史纲》，第二卷，136 页。

巴呼图克图)为主，势多叵测"①。哲布尊丹巴亦因其弟被处死而愤愤不服，站在青滚杂卜一边。"哲布尊丹巴格根愤怒地袒护他(指青滚杂卜)，并与四部商议举行更大的骚乱"②。"蒙古王爷们召集了一万五千大军之后，没有去征讨沙达尔王(指青滚杂卜)，而是同呼图克图一起，请求宽恕叛乱者"③。形势十分紧张，可能一触即发。一星火花就足以使一座火药库突然爆炸。

这时，喀尔喀蒙古面临重要的抉择。一方面它长期受清廷的保护，尊以爵秩，优加赐赉，和清朝的联系十分密切；另一方面，它与准噶尔虽是宿敌，互相攻杀，但又同为蒙古族。准噶尔的败亡，不免使之有物伤其类的感触。而战争时期的征调骚扰以及额琳沁赐死，又严重损害了他们的利益和自尊。他们究竟跟随青滚杂卜，发兵叛乱，还是仍忠诚于清廷？这将决定西北边境的力量对比，也将影响平准战争的胜负和今后中国的历史进程。在这关键时刻，哲布尊丹巴呼图克图是个举足轻重的人物。他是喀尔喀蒙古人的精神领袖，享有极高的威信，在喀尔喀王公们对何去何从犹豫不定的时候，他的态度足以左右局势，决定事态发展的方向。

这时，乾隆帝已醒悟到政策上的失误，"北京理解到了这一危局。博格德汗(乾隆帝)知道了蒙古人的不满，于1756年9月(乾隆二十一年秋)写信给库伦呼图克图和土谢图汗，说他不知道蒙古人的贫困，对蒙古人他将因功赏赐，博格德汗要呼图克图劝告王爷们保持忠诚"④。

① 昭梿：《啸亭杂录》卷十，《章嘉喇嘛》。
② 《水晶鉴》，卷一四。
③ [俄]瓦西里耶夫：《外贝加尔的哥萨克史纲》，第二卷，136页。
④ 同上书，138页。

乾隆帝碰了壁，不再一味采取强硬措施，而通过种种渠道进行调解、抚慰，最重要的是通过活佛章嘉三世的个人影响，进行幕后斡旋，向哲布尊丹巴进言。章嘉是青海蒙古人所信奉的宗教领袖，和哲布尊丹巴地位相埒，两人交谊甚笃。而乾隆皇帝与章嘉亦有一段历史关系。雍正二年（1724），章嘉三世年方8岁，曾奉召入宫，与乾隆帝一起读书，时乾隆帝14岁，长于章嘉6岁，两人有同窗之谊。时，秋狝木兰，章嘉扈从随行，乾隆帝将喀尔喀的危险形势告知章嘉，章嘉三世说："'皇上勿虑，老僧请折简以消逆谋'。因夜作札，备言：国家抚绥外藩，恩为至厚。今额（琳沁）自作不轨，故上不得已施之于法，乃视蒙古与内臣无异之故，非以此尽疑外藩有异心也。如云元裔即不容诛，若宗室犯法又若之何？况吾侪方外之人，久已弃骨肉于膜外，安可妄动嗔相，预人家国事也。遣其徒白姓者，日驰数百里，旬日始达其境。哲敦（即哲布尊丹巴）已整师刻日起事，闻白至，严兵以待，坐胡床上，命白匍匐而入。白故善游说，备陈其事颠末，哲敦已折服。更读师札，乃善谕白归，其谋乃解"①。章嘉不仅写信去劝说，乾隆帝还派他亲赴喀尔喀，与蒙古王公及哲布尊丹巴会盟，以坚其内向之心。乾隆二十一年（1756）八月的谕旨说："特派章嘉呼图克图率同内地大臣及内扎萨克王公等前赴鄂尔坤、塔密尔等处，齐集尔喀尔喀众王公等会盟。尔等果能感念国恩，深悔误听青滚杂卜之罪，即晓谕擅弃卡座台站人等，仍回各处当差，协力擒拿市滚杂卜，不惟宽宥尔等之罪，并将格外加恩……一切与章嘉呼图克图陈明转奏"②。乾隆再三申明对喀尔喀将加恩宽宥，以安抚其心。同时，命成衮札布为

---

① 昭梿：《啸亭杂录》卷十，《章嘉喇嘛》。
② 《清实录》乾隆二十一年八月戊午。

定边左副将军，出兵征讨青滚杂卜。在失去了哲布尊丹巴和喀尔喀王公们的支持后，青滚杂卜孤掌难鸣，势力穷蹙，东奔西窜。乾隆二十一年十一月二十八日参赞大臣纳穆札尔追拿青滚杂卜，至与俄罗斯交界之杭哈奖噶斯，与青滚杂卜相遇。据说：青滚杂卜"听说有支部队在逼近，心神不安地骑马迎向走近的部队，想探明来的是些什么军队"，当他弄清楚来的是清军，转身走避，他"骑着疲惫不堪的马慌忙逃跑，这匹马从未吃过草料，只喂杂食，冬季无力，不能救出自己的主人"①。青滚杂卜终于被擒获，解送北京处死。青滚杂卜就擒后，乾隆帝改变了对喀尔喀的严厉态度，尽力拉拢，不但不追究哲布尊丹巴的暧昧态度，反而有意把平叛的功绩记在他的账上。谕旨称："哲布尊丹巴呼图克图于青滚杂卜煽惑众喀尔喀时，即齐集各部落王公等申明大义，晓示利害，俾不为逆贼所惑，深堪嘉予，著晋加敷教安众喇嘛名号，赏给缎匹。"②这是乾隆帝为安抚喀尔喀、稳定边疆局势而采取的策略。与此同时，清廷开始在喀尔喀设置库伦办事大臣，以加强中央对该地区的管辖。

青滚杂卜的叛乱迅速被平定，清廷才能腾出手来，部署力量，去解决因再次叛乱而陷入极度混乱的准噶尔。

青滚杂卜叛乱时，厄鲁特蒙古处于鼎沸之中，大部分领袖都被卷入了叛乱的旋涡。这次叛乱扩大的原因：一是厄鲁特地区连年战争，各部乏食，彼此争夺牲口粮食。厄鲁特叛众不但攻击清军，各部之间亦因争食而自相残杀，秩序大乱。二是青滚杂卜的叛乱和喀尔喀的不稳，被厄鲁特视作有力的奥援，助长了叛乱的情绪，增加了叛军的声

---

① ［俄］瓦西里耶夫：《外贝加尔的哥萨克史纲》，第二卷，161页。
② 《清实录》乾隆二十一年十二月辛未。

势和决心。三是清军大部队再次撤出伊犁，仅留兆惠率2 000人驻守，伊犁空虚，使叛军有隙可乘，故叛乱的规模扩大，有燎原之势。连清政府认为比较可靠、新封的四部之汗，参与叛乱的也有二人，即新封绰罗斯汗（准噶尔汗）噶勒藏多尔济、新封辉特汗巴雅尔，只有新封杜尔伯特汗车凌、新封和硕特汗沙克都尔曼济不叛。其他如哈萨克锡喇、札那噶尔布、尼玛、莽噶里克等重要首领均参加叛乱。清都统和起欲制止叛乱，反被叛众杀害。乾隆二十一年（1756）十一月定边右副将军兆惠等2 000人，自济尔噶朗河突围，转战数月，艰苦卓绝，返回巴里坤。兆惠初尚以兵单粮匮，欲效法班第、鄂容安自尽。"都统莽阿难，老将也。掀髯笑曰：'将军休怯，若以阿难独当殿队，可保诸君生入玉门'。公从其言。莽率本部百人殿队于后，有追兵至，辄为莽所败，夹锋矢间，贼争畏之，曰'无敌修髯将军'。转战数十日，虏贼渐远，公欲屯营休息士卒。莽曰：'我兵惟余十日粮，而去边境尚数千里。若使粮尽兵散，强敌追至，何以御之？'因日驰数百里"①。乾隆二十二年（1757）初，兆惠军撤至乌鲁木齐，又撤至特讷格。叛军追及，团团围困。兆惠军饥疲不堪，无力突围，只得筑营固守。坚持多日之后，侍卫图伦楚从巴里坤率生力军800人往援，始得解围，兆惠军返巴里坤休整。

阿睦尔撒纳闻厄鲁特再次叛清，急从哈萨克赶回，与新叛领袖们会盟于博罗塔拉，自立为总台吉。此时，厄鲁特内讧不已，噶勒藏多尔济被其侄札那噶尔布所杀，台吉达瓦又杀札那噶尔布。阿睦尔撒纳则乘其纷乱，抢掠札那噶尔布的游牧地，并派兵东出，至喀尔喀边界，欲与青滚杂卜会合。在探知青滚杂卜失败被擒的消息后，意气沮

---

① 昭梿：《啸亭杂录》卷十，《兆武毅公》。

丧地撤回了军队。

乾隆二十二年(1757)三月，清军进行第三次平准战役，成衮札布为定边将军，其弟车布登札布代理定边左副将军，兆惠为定边右副将军，舒赫德、富德、鄂实等为参赞大臣。官兵 7 000 名，分两路出动，一由额林哈毕尔噶进，一由珠勒都斯进。这时，战争已进入第三年，大批粮食已筹集，运至前线，巴里坤、哈密贮粮 11 万石，足敷大军三四年食用。乾隆帝接受了以前进军缺粮的教训，调黄廷桂为陕甘总督，主持后路粮台，使粮饷供应无缺。时厄鲁特饥荒乏食，疾病流行，死亡甚多，故清军进展顺利。兆惠率军越库陇癸，逼近伊犁，叛军头目昂克图塔尔巴据险顽抗。清军后卫部队 80 余名官兵乘着晨雾迷漫，夺取险隘，叛军败逃。兆惠军长驱而入，再克伊犁，分路追击叛军。富德追阿睦尔撒纳，进入哈萨克。兆惠追巴雅尔，不久在塔尔巴哈台将巴雅尔擒获。玛瑺、乌勒登追尼玛、札那噶尔布，札那噶尔布病死，有人将其首级献至清营，尼玛亦被擒。明瑞、博尔奔察追阿巴噶斯、哈丹，其他叛军头目或死、或俘、或逃，纷纷星散。乾隆帝对阿睦尔撒纳的行踪最为注意，谕令"应先擒首贼，其他厄鲁特等皆可从容办理"。时阿睦尔撒纳入哈萨克，欲向其借兵，清廷派人至哈萨克汗阿布赉处，表明平叛决心，要求协拿阿睦尔撒纳，阿布赉汗愿与清廷合作。阿睦尔撒纳有所察觉，与其妻毕捷伊(前准噶尔汗噶尔丹策零之女)、子邦杜克等八人盗马逃出哈萨克，沿额尔齐斯河走入俄国境。

应该指出：尽管清政府的平准战争对于恢复国家统一、维护西北边防有着极为重大的意义。但是，正像历史上的很多进步事业都要付出重大的代价一样，乾隆帝实现统一的手段是十分残酷的。由于准噶尔长期割据，反复叛乱，使清军遭受重大损失，清朝统治者对之抱着根深蒂固的敌视和不信任心理。在第三次平准战争中，清军烧杀抢劫，波及无辜，杀人之多，超过了一般战争的范围。乾隆帝自认为：以前对厄鲁特降众十分宽大，但他们"反复狡诈，饰词投顺，旋即生变"，故决心严厉处置，将他们"尽行剿灭，不得更留余孽"。他再三指示前敌将领们："此等贼人，断不宜稍示姑息。惟老幼羸弱之人，或可酌量存留，另筹安插。前此两次进兵，皆不免过于姑容，今若仍照从前办理，则大兵撤回，伊等复滋生事端，前事可为明鉴。"①"大兵进剿，厄鲁特等自必畏罪投诚。如有前赴巴里坤者，即将伊等头目先行送赴京师，所属人众，亦随即移至内地。俟过巴里坤后，其应行剿戮者即行剿戮。所余妻子，酌量分赏官兵，毋得稍存姑息。"②

当时，如果将厄鲁特降众就地杀戮，恐惊动其他部落，必殊死抵抗。故先将降人迁移至肃州内地，然后杀死。杀降之名不好听，官文书中称为"办理"。厄鲁特蒙古族确实遭到了浩劫，将军成衮札布在一次奏报中，历数剿灭"克哷特种地贼人"，在图尔根河，"剿杀一百余人，收其妻子器械"，"剿杀塔里雅图口贼百余人，察克玛河口贼四十余人"，"于济尔哈朗河剿杀乌噜特七户四十余人，于博多美和啰剿杀克哷特一百五十余人，收其马驼牛只"，"搜取绰和尔所种地亩，剿杀玛哈沁三百余人，追获绰和尔五十余人，收其牛羊"③。从这篇十分简略的报告可以看出：清军所剿杀的是分散居住在各条河流旁的厄鲁特农民、牧民，杀其人众，俘其妻儿，掠其牛羊，他们并不是有组织的叛乱部队。尽管乾隆帝坚决平准，实现统一，厥功甚伟，但杀戮降人，多杀无辜，其功其过，实不能相掩。封建统治阶级在完成巨大的

---

① 《清实录》乾隆二十二年二月戊辰。
② 《清实录》乾隆二十二年三月辛亥。
③ 《清实录》乾隆二十二年九月癸巳。

历史事业时，采取了卑劣残忍的手段，这正表现了其凶残的阶级本能。

在清廷与准噶尔的战争中，哈萨克的态度十分重要。哈萨克与准噶尔毗邻，土地辽阔，人口众多，力量强大。清廷平准，它有唇亡齿寒之感，故庇护和协助准部抗清。准噶尔人战败，即西入哈萨克，为逋逃之薮。如有哈萨克的支持，准部叛乱，甚难完全平息。当阿睦尔撒纳于乾隆二十一年(1756)败投哈萨克时，哈萨克汗阿布赉把女儿嫁给了他，为他向清廷求情，称阿睦尔撒纳"如穷鸟投林，擒献无难。恳求大皇帝开一面之网，全伊一命"，甚至还出兵帮阿睦尔撒纳打仗。乾隆的态度十分坚决，必欲俘捉祸首，如"阿逆不获，断不中止"①，"叛贼一日不获，则伊犁一日不安，边陲之事，一日不靖"②。他对阿布赉汗笼以恩信，慑以兵威，多次派人去，用好言相劝，又用严词威吓，"尔等若不即将阿逆擒献，明春仍令大兵前来，尽将尔部落剿灭"③。

二十二年(1757)五月底，清军穷追阿睦尔撒纳入哈萨克境，哈萨克军公然扼战，清侍卫奇彻布中枪阵亡，事态趋于严重。阿布赉汗忽然辩称，与清军作战，出于误会，"仓猝不知，是以拒战"，向清军献马谢罪。大概是清大军压境，而乾隆帝缉凶的态度极坚决，阿布赉汗自料不能抵抗，故改变了态度，前倨而后恭。一方面让阿睦尔撒纳同亲信逃走，一方面奉托忒字表文，遣使入觐，"愿以哈萨克全部归顺"。乾隆帝很高兴，下谕旨说：

---

① 《清实录》乾隆二十一年九月乙亥。
② 《清实录》乾隆二十一年十一月庚戌。
③ 《清实录》乾隆二十一年九月乙亥。

阿睦尔撒纳釜底游魂，其能久逃斧钺耶！况叛贼之所以虚张声势，煽惑诸厄鲁特及回子等众者，惟恃一哈萨克耳。兹阿布赉既已请降，约以阿睦尔撒纳如入其地，必擒缚以献，则叛贼失其所恃，技无所施，此一大关键也。朕心实为之庆慰①。

乾隆帝所高兴的，既是哈萨克臣服，准部即可平定，战争即将成功。同时，哈萨克是远方大国，它的臣服，显示了天朝上国的声威，满足了乾隆帝虚骄自大的心理。但他深知，对哈萨克不可能采取与准噶尔、喀尔喀相同的方针，预先宣布不将哈萨克归入版图。他说：

哈萨克，即大宛也，自古不通中国。昔汉武帝穷极兵力，仅得其马以归，史册所传，便为宣威绝域。兹乃率其全部，倾心内属，此皆上苍之福佑，列祖之鸿庥，以成我大清中外一统之盛，非人力所能与也……哈萨克越在万里之外，荒远寥廓，今未尝遣使招徕，乃称臣奉书，贡献马匹，自出所愿，所谓归斯受之，不过羁縻服属，如安南、琉球、暹罗诸国，俾通天朝声教而已，并非欲郡县其地，张官置吏，亦非如喀尔喀之分旗编设佐领②。

阿布赉臣服于清，阿睦尔撒纳失去了庇护所，遂于乾隆二十一年（1756）七月渡额尔齐斯河，逃往俄国。俄国曾对他寄予希望，鼓励和支持他叛乱抗清。清军曾缴获俄国政府给阿睦尔撒纳的信件，其中说："凡是准噶尔地方的人，即使宰桑，如若率出其属下之众，前来

---

① 《清实录》乾隆二十二年七月丁未。
② 《清实录》乾隆二十二年七月丁未。

投诚我俄罗斯,则予以接受。"①乾隆二十一年(1756)底,阿睦尔撒纳为争取俄国的支持,派遣以宰桑达瓦为首的使团,前往圣彼得堡,谈判投降俄国的条件。达瓦向俄国表示,"阿睦尔撒纳愿意服从俄国女皇的旨意……请求俄国政府在额尔齐斯河和斋桑湖之间地区,修建要塞,以防满洲人。他还请求俄国当局协助,使卫拉特人承认他为汗,并服从他的旨意"②。由于沙俄正忙于对普鲁士的战争,不可能出兵支持准噶尔叛乱。

乾隆帝对阿睦尔撒纳逃往俄国,深为忧虑。他认为:"逆贼一日不获,西路之事一日不能告竣","俄罗斯既收留叛贼,必且抚而用之"。遂命理藩院再三照会俄国,援引《尼布楚条约》和《恰克图条约》中双方不收容对方逃人的规定,要求俄国把阿睦尔撒纳和另一叛逃首领舍楞,引渡给中国,参赞大臣富德且亲至谢米巴拉丁斯克交涉。俄国方面支吾推脱,起初诡称阿睦尔撒纳已于渡额尔齐斯河时淹死。西伯利亚总督格拉勃连洛夫"担心此事会泄露出去,就决定把阿睦尔撒纳安置在离托波尔斯克二十俄里已经废弃的库杜斯克酒厂的一所房子里"③。后来,阿睦尔撒纳染天花,于乾隆二十二年(1757)八月初九日病死,年35岁。清政府要求俄方归还其尸体,屡经交涉,俄政府于乾隆二十三年(1758)初将阿睦尔撒纳的尸体运至中俄边界恰克图,清廷派侍郎三泰、亲王齐巴克雅喇木不勒到恰克图验视,证实阿睦尔撒纳确已病故,缉凶之事,遂告了结。

---

① 中国第一历史档案馆藏,《满文月折档》乾隆二十八年七、八月,一三九函。

② [苏联]伊·亚·兹拉特金:《俄国档案材料记载的阿睦尔撒纳的情况》,见《蒙古民族的语文与历史》,310页。

③ 同上。

阿睦尔撒纳的败死标志着准噶尔割据势力的结束。清朝政府经过长期努力，终于打败了强大的准噶尔，这对保卫祖国疆域、巩固国家统一、防御外来侵略、增强民族团结具有深远的历史意义。乾隆帝作为这一伟大事业的决策者、领导者，发挥了卓越的作用。

乾隆朝平定回部*

在平定准噶尔战争的后期，如何处置天山南路的回疆问题被提上了议事日程，"回疆"指天山南路塔里木盆地的周围，今之新疆南部。该地为维吾尔族聚居地，居民均信奉伊斯兰教，故名"回部"。本来属于察合台后裔叶尔羌汗国统治。清朝入关后，叶尔羌汗国就和清廷建立了朝贡与贸易关系。顺治初，叶尔羌汗国的哈密当局曾支持甘肃回汉人民的抗清斗争，一度与清政府断绝关系。至顺治十三年(1656)，叶尔羌汗阿布杜勒又和清廷恢复关系，"贡使至京，初议遣十人入觐。请益，乃定额三十人。从者三百留肃州，请给粮赏"。这次带来的贡物有骆驼、马和璞玉，清廷赏赐缎338匹、绢720匹，并议定五年一贡，只许30人入京，其余留甘肃，"所带货物，许在京会同馆，照例互市"①。叶尔羌国的人民早已皈依伊斯兰教。在明朝末年，察合台后王拉什德汗统治时期，有个名叫玛赫杜姆·艾札

---

* 原载《乾隆帝及其时代》，北京，中华人民大学出版社，1992。
① 祁韵士：《皇朝藩部要略》卷一五。

木的人，从撒马尔罕到喀什噶尔传教，自称"和卓"。所谓"和卓"是伊斯兰教上层一个家族的名称，据说是教祖穆罕默德的后裔。玛赫杜姆·艾札木被叶尔羌汗国的统治者奉若神明，他娶了许多妻子，生了许多儿女，世居喀什噶尔与叶尔羌，有很大的权势和影响，"回部以为贵种，所至辄拥戴之"①。时叶尔羌汗国的统治阶级内争甚烈，伊斯兰教也分化为白山派与黑山派。玛赫杜姆·艾札木的长子依敏（或称伊善·喀兰）是白山派的首领，庶子伊萨克·瓦力是黑山派的首领。这两个派别各自支持割据称雄的察合台后裔，成为两个势不两立的宗教派别。和卓家族受到教民的狂热崇拜，聚敛大量的钱财、土地，具有极大的政治势力。叶尔羌汗国末期的政治舞台，成了白山派与黑山派的角斗场。哪一个教派得势，即对另一个教派残酷迫害，教派的势力骎骎超过了叶尔羌汗王的势力。清初，叶尔羌阿布杜勒汗依靠黑山派，其子尧勒瓦斯为和父亲争权，扶植重用白山派，尧勒瓦斯死后，其弟司马依执政，即叶尔羌的末代汗王伊思玛业勒汗，他又一反其兄长所为，信用黑山派，反对白山派。把白山派领袖伊达雅图勒拉驱逐出境，伊达雅图勒拉后称阿帕克和卓，是前面说到的依敏的次子。他逃往西藏，投奔达赖五世。达赖五世将他推荐给准噶尔汗噶尔丹。当时，噶尔丹在与邻近部族的战争中屡获胜利，气焰方张，不可一世，于康熙十七年（1678）进兵南疆，"尽执元裔诸汗，迁居天山以北。回部及哈萨克皆为其属"②。延续了164年之久的叶尔羌王国灭亡，天山南路被准噶尔所扶植的和卓家族统治。白山派的阿帕克在准噶尔的保护下回到南疆，成为那里的统治者，每年向准噶尔交纳沉重的赋

---

① 阙名：《回部政俗论》，见《小方壶斋舆地丛钞》第二帙，二。
② 魏源：《圣武记》卷四，《乾隆戡定回疆记》。

税。准噶尔派出"昂吉",分驻南疆各城,进行监视。白山派得势后,对黑山派进行严厉镇压,杀死、关押了许多黑山派的信徒。康熙二十四年(1685)阿帕克和卓死,葬于喀什噶尔,其陵墓称阿帕克和卓麻札,和卓家族的成员葬在这里的很多,至今其墓尚存。以前有不少人说这是乾隆帝维吾尔族妃子香妃之墓,其说不确。

阿帕克和卓死后,天山南路又经历了政治动荡。阿帕克和卓的继妻哈奈姆帕夏与阿帕克和卓的长子雅雅和卓争权,哈奈姆帕夏用阴谋手段刺杀雅雅和卓,并残忍地杀死许多政敌和被怀疑的人,后来哈奈姆帕夏也被人杀死。天山南路群龙无首,陷入一片混乱。这时准噶尔与清朝作战失利,噶尔丹败死,策妄阿拉布坦新立,势力衰落,无力过问南疆的事务。南疆的教派首领和贵族们纷起割据,黑山派教徒卷土重来,占据了叶尔羌,立伊萨克·瓦力之后达尼亚为汗,白山派教徒则拥立雅雅和卓的儿子艾赫麦德在喀什噶尔称汗,阿克苏、乌什、和田、哈密、吐鲁番的阿奇木或首领各自为政,有的归附清朝,有的倾向准噶尔。以后,策妄阿拉布坦重振准噶尔,重新干预南疆事务,于康熙五十四年(1715)派兵到天山南路。准噶尔军队在攻占阿克苏以后,穿越塔克拉玛干沙漠,直驱叶尔羌,迫使达尼亚不战而降。又以达尼亚为前驱,攻占喀什噶尔。战争结束后,将达尼亚与艾赫麦德都禁锢于伊犁,并迁移大批维吾尔族到伊犁种地,这就是乾隆帝在诗中所说:"准噶尔昔全盛日,役使若辈如奴佃,令弃故居来伊犁,课其引水种稻籼,服劳供赋不敢怠,讵知隐恨已有年。"①

后来,白山派首领艾赫麦德死于伊犁,其二子布拉尼敦和霍集占仍被拘执,这就是后来发动反清叛乱的大小和卓兄弟;而另一被拘囚

---

① 《御制诗文十全集》卷七,《花门行》,乾隆二十一年。

的黑山派首领达尼亚，因降顺准噶尔较早，未加抵抗，故被释放回故土，为阿克苏、和田、叶尔羌、喀什喀尔四城之阿奇木，臣属于准噶尔，仍须按时交纳苛重的赋税。维吾尔族不堪准噶尔的压迫，矛盾甚深。达尼亚死后，其子尤素夫本在伊犁做人质，设计逃回南疆，企图摆脱准噶尔的统治。准噶尔内讧之际，尤素夫举兵反抗准噶尔统治者达瓦齐，但尤素夫兵力较弱，尚未能统一天山南路，白山派以及各种割据势力尚相当强大。准噶尔平定以后，回部何所归属？清廷当然要求回部像从前臣属于准噶尔那样臣属于自己，交纳贡赋。但希望和平解决这一部题，可以减轻贡赋负担，给以较大的自治权力。后来的事态发展与始愿相反，由于和卓兄弟发动叛乱，清政府不得不诉诸武力，在平准之后，立即进行平定回部的战争。

清军第一次平准，迁移或拘押在伊犁的维吾尔族解除了准噶尔强加的束缚，纷纷归顺清军。乾隆二十年（1755）四月初八日，大和卓布拉尼敦与小和卓霍集占来到清营称：在策妄阿拉布坦时，其父被拘来此，至今不得放回，愿率属下三十余户归顺。又有喀什噶尔巴喇特和卓称：其部归准噶尔已有五十多年，父死后，他和其兄毕尔干至今尚被看守，愿为清廷效力。准噶尔首领达瓦齐被清军所败，逃往乌什，即为乌什的维吾尔族领袖霍集斯擒捉，献于清军，故霍集斯深得清廷的信任。霍集斯曾协助达瓦齐攻打黑山派尤素夫，这时虽将达瓦齐擒献给清军，但他反对黑山派的立场未变，建议清朝定北将军班第释放在伊犁的白山派布拉尼敦、霍集占兄弟，使其率领伊犁维吾尔人返回故土，并派兵护送，回疆可不战而定。霍集斯说："伊犁有阿帕克和卓后裔艾赫麦德的两个儿子。一个叫和卓·包尔汗尼丁（即布拉尼敦），另一个叫汗和卓（即霍集占）。这两位和卓是喀什噶尔百姓的和卓，如果能有一位清军将领率领一部分军队，一位蒙古将领率领另一部分军队去的话，并且宣布这些和卓为吐热的话，就能使所有阿克·达斯塔（白山派）不经战斗、不经争执地臣服。"①无论班第还是乾隆帝对当时回部的形势都茫无所知，自然就采纳了霍集斯的意见。令布拉尼敦和霍集斯入觐，并且预先告诉他们，将令他们复回原部，恢复统治，"俾知感戴"。后来的事实说明，清廷对统治着南疆的黑山派尤素夫视而不见，盲目支持了白山派，这是未经调查和慎重考虑的决定。黑山派当时与准噶尔统治者达瓦齐的矛盾很深，已兵戎相见，很有可能站到清朝方面来。且黑山派在回疆的统治并不稳定，尤素夫和其他贵族各据一方，难以形成统一的力量，不敢与清朝对抗。而在伊犁的白山派，曾经协助达瓦齐、阿睦尔撒纳向喇嘛达尔札夺权，和他们的关系密切，而和卓兄弟，尤其是小和卓霍集占野心极大，不肯服从清朝政令，清廷错误地支持了一支异己力量，酿成了日后的苦果。

由于形势的变化，和卓兄弟并未入觐，清朝派遣 1 000 名厄鲁特兵和 400 名清军，护送布拉尼敦回天山南路，清侍卫托伦泰同行。被准噶尔拘来伊犁作耕奴的维吾尔族大多跟着布拉尼敦返回故里。所谓："回人还向故土迁，拆屋伐树示不还。"②而霍集占则仍留伊犁。清朝扶植白山派布拉尼敦，使黑山派极为失望，他们集结兵力于乌什，进行抵抗。这时，正值尤素夫病死，其弟和卓·加罕继其位，黑山派失去了能干的领袖，军心不稳，在乌什战斗中失败，喀什噶尔也很快被布拉尼敦夺取。和卓·加罕退守到最后的据点叶尔羌，顽强抵抗。这时，布拉尼敦或者是不知道阿睦尔撒纳已叛乱，或者是有意依附阿睦尔撒纳，竟然将乾隆帝与阿睦尔撒纳的名字并列，以震慑还在

---

① 参见穆罕默德·萨迪克·喀什噶里：《和卓传》，见《民族历史译文集》，第 8 集，中国社会科学院内部资料。
② 《御制诗文十全集》卷七，《花门行》，乾隆二十一年。

抵抗中的黑山派，他写信说：

> 尊贵的和卓·加罕，尊贵的叶尔羌百姓庶民，我提醒您们，我首先是依照可汗秦（乾隆帝）的旨意，其次是依照阿睦尔撒纳的旨意，向您们通知如下：许久以来，这块土地是由加尔梅克（准噶尔）的吐热统治的。您们是在承担了每年每月如数输送赋税义务的条件下，被委以统辖这块土地的。如今您们违背诺言，竟然不顾后果地起来抗衡。
>
> 达瓦齐已离开了吐热的宝座。根据可汗秦的旨意，阿睦尔撒纳已执掌了吐热的职责，整个加尔梅克境内已安全无事，这块疆域已转归可汗秦所有。
>
> 他们以自己的宗教对我们起誓说："派您们这些人去掌管蒙兀尔斯坦，传达可汗秦的旨意。他们领受了，则好。不肯领受，就对他们宣战。如果您们不能获胜，我们将源源不断地派出军队，俘获他们的百姓，掳掠他们的城镇。"
>
> 现在对您们的良言忠告是，放弃宿怨的宝剑，率领百姓庶民来到我们的面前。我们将向可汗秦和阿睦尔撒纳请求赦免您们的罪过。我们还期望解脱罪过以后，您们仍然能成为某一城池的帕夏。
>
> 凭着族亲的血统，我们所能做到的就是这些。如果不肯接受这些忠告，必将自食其果。①

可以看出：布拉尼敦在这封信中表明，他首先是按照乾隆皇帝的

---

① 参见穆罕默德·萨迪克·喀什噶里：《和卓传》。

旨意去统治天山南部的。他返回故里得到了清朝的支持，并有源源不断的军队作为其后盾。同时又可看到：他和阿睦尔撒纳有特殊关系，把阿睦尔撒纳奉为天山南北的统治者，地位和乾隆帝相提并论。故阿睦尔撒纳的叛乱必然对他们有很大影响，使他们朝着与清廷对抗的方向走去。

黑山派在军事上战败，在政治上孤立，处于极不利的地位。乾隆二十年(1755)冬，叶尔羌被围，内无粮草，外无救兵。城内弥漫着沮丧情绪，不断发生倒戈事件。和卓·加罕知事不可为，命令突围，向帕米尔逃去。《和卓传》描写了突围的经过和结局：

> 有的骑着马，有的骑着骆驼，有的徒步，你推我搡地涌出麦斯哈热门(叶尔羌的正东门)。沿途有柯尔克孜人拦截，逃亡的人群只好离开大道，在漆黑的夜里，向旷野奔跑。父亲顾不得儿子，儿子顾不得父亲。旷野里荆棘丛生，盘根错节，无法通行。历尽千辛万苦总算来到则热甫夏河边。这时，河里飘浮着齐屋高的冰块和雪堆，人畜碰着就粉身碎骨。有人骑马跃入河中，转眼间就被激流卷走。艰辛困苦，难以尽言，人们总算在喀喇洋塔克地方登上了对岸。失去控制的人群绝对无法到达目的地。天亮以后，包括和卓·加罕在内的全部逃亡者作了俘虏。

在清军第一次平准的同时，天山南路维吾尔族之间争夺统治权的斗争，以布拉尼敦的胜利告终。被俘的和卓·加罕以下的许多黑山派首领均遭杀戮。留在伊犁的小和卓则参加了阿睦尔撒纳的叛乱，与清军作战，后来也率众逃往南疆。天山南路重新被白山派控制，布拉尼敦与霍集占兄弟成为新的统治者。

乾隆帝本想利用和卓兄弟的影响去招抚维吾尔群众,从而和平地统一南疆。但经验告诉他,在争取和平解决的时候,决不能排除使用军事力量的可能性。只是准噶尔尚未平定,还腾不出手来处理回部问题。其时定边右副将军兆惠已遣副都统阿敏道与厄鲁特兵3 000人,至阿克苏、库车一带招抚维吾尔族。布拉尼敦与霍集占虽怀野心,但慑于兵威,还在首鼠两端,观望形势,未敢贸然与清朝决裂。他们遣使沙呢雅斯至北京,觐见乾隆帝,声称感激恩典。故乾隆二十一年(1756)十月兆惠欲以武力解决南疆,上奏说:"布拉尼敦似属恭顺,霍集占素不安分,前曾党同阿逆(指阿睦尔撒纳),后畏惧大兵,又袭击阿逆,比图掩饰,反复无常……此时不立定贡赋章程,又并未遣人前来,显有背逆情状",欲令阿敏道迅速进兵。乾隆帝加以制止,答称:"霍集占虽未可深信,然其遣使远来,明有畏惧天朝之意",令兆惠派人到霍集占处,"将伊遣使前来,奉旨准其投诚之处,明白晓谕。但令其将每年贡赋,照数交纳。毋用加以兵威,办理方为妥协"①。可见乾隆帝一直抱着和平解决南疆问题的希望。

和卓兄弟的态度有所不同,布拉尼敦认识利害,愿意服从中央。他说:"从前受辱于厄鲁特,非大国兵力,安能复归故土?恩不可负,即兵力亦断不能抗。"而霍集占则被北疆的叛乱所鼓舞,过高地估计清朝进兵的困难,力主反抗。他说:"你我兄弟二人被准噶尔禁锢,历有年所,今始得归故土。若听大皇帝谕旨,你我二人中必有一人唤至北京为质,当与禁锢何异?莫若与中国抗拒,地方险远,内地兵不能即来,来亦率皆疲惫,粮运难继,料无奈我何!且准噶尔已灭,近地

---

① 《清实录》乾隆二十一年十月丙子。

并无强邻，收罗各城，可以自立。"①霍集占能言善辩，他的权力、地位超过了其兄布拉尼敦，分裂割据的主张也随之占了上风。霍集占以狂热的宗教口号，进行蛊惑性宣传，号召大家去反对"异教徒"，网罗和胁迫一大批维吾尔族上层人物，形成一股反清叛乱势力。大小和卓建立起了政教合一的封建农奴制反动政权，他们对广大维吾尔族人民的压迫是苛重的，小和卓霍集占返回南疆，只相信他从伊犁带回来的维吾尔族，对南疆原来的维吾尔人敲诈勒索，要求纳租服役，人民稍有不满，即严刑峻法，加以迫害。原库车阿奇木鄂对不肯附和叛乱，投奔清军，霍集占将鄂对的家属全部杀死。清朝派使者阿敏道等一百多人，前往劝谕招抚，霍集占将阿敏道等软禁于库车。乾隆二十二年（1757）三月间，霍集占准备杀害阿敏道等，库车城的维吾尔族伯克给阿敏道暗中报信，阿敏道等杀死看守人，步行逃出。两和卓派遣300人追及，将阿敏道等尽行杀死，正式举起了反清的叛旗。故清廷在平准战争尚未完全结束时，又不得不投入平回战争。

乾隆二十二年一年以内，清廷仍忙于北疆的战争，全力打击和搜捕阿睦尔撒纳，暂时无力顾及南疆。等到北疆大局已定，立即调兵南下，指向霍集占兄弟。乾隆二十三年（1758）正月，清廷以雅尔哈善为靖逆将军，额敏和卓、哈宁阿为参赞大臣，顺德讷、爱隆阿、玉素布为领队大臣，率满汉官兵一万余，攻库车，并宣示霍集占的罪状：

> 布拉尼敦、霍集占兄弟，在噶尔丹策零时被拘于阿巴噶斯、哈丹鄂托克，我兵初定伊犁，释其囚絷，令为回人头目。方欲加恩赐爵，授以土田，乃乘厄鲁特变乱，率伊犁回人逃往叶尔羌、

---

① 和宁：《回疆通志》卷一二。

喀什噶尔。朕以其或惧厄鲁特骚扰，暂避以图休息，尚未加兵。第遣使招抚，不料竟敢戕害使臣，僭称巴图尔汗，情尤可恶，若不擒获正犯，则回众终不得安生。用是特发大兵，声罪致讨。但闻霍集占起义倡乱，布拉尼敦被迫从行，已命分别办理。夫伊等以兄弟至亲，朕尚较其情罪轻重，期无枉抑。何况尔等回众，全无干涉，岂有株连扰害之理？惟是霍集占颇称奸狡，自知身犯重辟，或图苟延残喘，造言惑众，以厄鲁特多被剿杀为比。殊不思尔等皆无罪之人，朕何忍与叛逆之徒，一体诛戮。此次兴师，特为霍集占一人。尔等若将霍集占缚献，自必安居如旧，永受殊恩。如执迷不悟，听从逆酋指使，大兵所至，即不复分善恶，悉行剿除，悔之何及。尚其熟思利害，毋自贻误。①

从这道谕旨可以看出：平准战争，杀戮过多所造成的惨象压抑在人们心头。新的平回战争，会不会再演悲剧，这是各方面所关心的问题。在谕旨中，乾隆帝一面指责和卓兄弟忘恩负义，戕害使者，申明这次征伐的理由；一面解除各方面的顾虑，说明平回的方针与平准不同，矛头只对准霍集占一人，不株连扰害维吾尔族一般人民，连大和卓布拉尼敦也可以从宽处理。当然，宣示这一方针，最主要的是为了分化敌军营垒，争取维吾尔族群众，以减轻进军阻力。

五月，清军围攻库车，这里是从吐鲁番进入南疆的要隘。霍集占率数千人来援，这支队伍是临时征调来的，未经训练，军心不协、仓促上阵。清军设埋伏于托和鼐，一战而胜。乾隆诗中形容当时的战况"长箭大炮如雨下，狂回乱奔气消磨。填沟受杀敢回顾，血流漂杵时

---

① 《清实录》乾隆二十三年正月癸丑。

无何。剿贼一千四百余,是为狂回第一战"①。霍集占只率领800人进入库车城内。这对清军来说是极好的战机,霍集占坐困围城,外无奥援,"溃围不得出",正可严密围困,一举聚歼,擒获霍集占,南疆可不战而定。

但是,清军统帅雅尔哈善是个不知兵的书生,颟顸无能,措置失当。库车城坚固,清军用炮轰击,未见效果,又用地道攻城,雅尔哈善急于成功,严令昼夜挖掘,维军瞥见灯光,掘一横沟,用水淹火攻,把挖地道的数百名清兵烧死。雅尔哈善不自引咎,把责任全都推到主持挖地道的提督马得胜身上。已归降的阿克苏伯克鄂对进言,霍集占困守孤城,粮尽援绝,必将突围。请在城西鄂根河水浅处,及通向戈壁的北山口"二路各伏兵一千,则贼酋可擒矣"。雅尔哈善不加理会。霍集占果然率领400名士兵向西突围,防守西门的领队大臣、副都统顺德讷认为黑夜难以辨认,不能作战,不敢发兵,竟任令霍集占等徒涉鄂根河,向阿克苏逃去。两军对战,作为主帅的雅尔哈善诸事不理,但知饮酒下棋,一切听之将弁。后来乾隆帝愤怒地声斥他"身任阃帅,遇事高居简出。对敌则藉称凭高瞭望,并不亲身督战;守垒之兵,戒严数月,亦不亲身巡视……霍集占窜入库车,则始付之于不知,且宽其西逸之路,不即追捕……授意顺德纳,有得一空城,亦可报命之语"②。乾隆帝在诗中悔恨自己用人不当,嗟叹自责:"咄哉堪掘腕,选将吾未慎。失机有如此,是岂疏防仅……自责不知人,遑敢弛国宪。"③将雅尔哈善、顺德讷、马得胜问罪正法,参赞大臣哈宁阿

---

① 《御制诗文十全集》卷一二,《托和鼐行》,乾隆二十三年。
② 《清实录》乾隆二十四年正月癸巳。
③ 《御制诗文十全集》卷一二,《军书》,乾隆二十四年。

亦责令自尽。

雅尔哈善失机后,乾隆帝命定边将军兆惠、副将军富德进军南疆。时霍集占虽然逃出了库车,但清朝已显示出军事力量的优势和平定回部的决心。越来越多的维吾尔族不愿追随霍集占等作乱。原在哈密的玉素布、在吐鲁番的额敏和卓、阿克苏的鄂对早已归顺清朝,曾经擒献达瓦齐的乌什领袖霍集斯也派人迎接清军,拒绝霍集占的败军入城。鄂对又前往和田招抚,"和田回人,奉到传檄,倾心投诚。即将逆贼霍集占遣往之数十人,攻击奔窜"①,且哈拉哈什、玉陇哈什等五城伯克,亦来归顺。乾隆对形势判断过于乐观:"今回部诸城,迎降相继,逆酋计日可获",严令兆惠迅速进兵,并责备兆惠在伊犁停留太久,"抑或不愿前往,从中观望,若如此存心,避难就易,则更不可",又表示"今年断不撤兵,且必于今冬竣事"②。兆惠在皇帝的催促下,只率领800人匆忙到阿克苏,未及等待军队集结完毕,带着4 000士兵,于乾隆二十三年(1758)十月初六日进抵叶尔羌城下。这次没有充分准备的进军,造成严重的后果,几乎招致全军覆没的命运。

叶尔羌为回疆重镇,人烟稠密,物产丰富。城大十余里,四面有十二门,城防措施坚固。霍集占决心负隅顽抗,割掉了城外的庄稼,将人民驱赶入城,烧毁城外房屋,坚壁清野。布拉尼敦则领兵出喀什噶尔,与霍集占作犄角之势。兆惠军只有4 000人,后方基地远在千里以外的阿克苏,孤军深入,敌众我寡,后援不继,形势十分不利。且清军远来,径行戈壁,人马困乏,马只剩下1 000匹,口粮虽敷两个月食用,但军器火药严重缺乏。清军先攻占近城土台,霍集占军退

---

① 《清实录》乾隆二十三年十二月乙卯。
② 《清实录》乾隆二十三年八月甲戌。

入城中，清军人少，不能合围，因在城郊叶尔羌河畔有水草处立营自固。当地人称叶尔羌河为黑水河，故后称黑水营。七天后，兆惠侦知城南英奇盘山有霍集占放牧的畜群，可以攻取以充军食，遂亲自率领1 000人，夺桥渡叶尔羌河，去攻打英奇盘山。不料，从桥上刚刚渡过400人，桥即断裂，余众不得渡。霍集占从城中派步骑1.5万人出击，把渡河的清军团团困住。清军被隔断在河的两岸，该地多沮洳沼泽，难于驰逐，损失严重。夙称英勇的高天喜，由守备从征，因功拔擢总兵，闻兆惠陷阵，冲阵鏖战，殁于阵。前锋统领鄂实（鄂尔泰之子，在伊犁战败自尽的鄂容安之弟）、侍卫特通额（原定西将军策楞之子）、副都统三格亦战死，兆惠面部和腿部中伤，坐骑两次中枪倒毙。清军人自为战，竭力突围，浮水逃生，回营固守。霍集占组织队伍，乘势扑攻。这场激烈战斗延续了五天，清军深入，无撤退逃生的余地，拼命抵抗。但"所掘壕既浅，垒亦甚低，贼可步屦入，遂日夜来攻。我兵处危地，皆死中求生，故杀贼甚力。贼惧我兵致死，欲以不战收全功，别筑一垒于壕外，为长围守之，如梁、宋所谓夹城者。意我兵食尽当自毙也"[①]。形势十分危急，兆惠遣弁卒7人各携告急文书，分两批突围赴阿克苏，留守阿克苏的参赞大臣舒赫德闻讯后，一面飞章入告，一面催集援兵。乾隆帝接到兆惠的告急文书，醒悟到冒险进兵、急于求成的失策。兆惠在文书中自责"轻敌妄进，罪实难逭"。乾隆帝称赞他："尚为有进无退之良将，向来之轻视逆回，乃朕之误，又何忍以妄进轻敌为兆惠之责乎？"[②]总算承担了这次出师失利的责任。

---

① 昭梿：《啸亭杂录》卷六，《平定回部始末》。
② 《清实录》乾隆二十三年十一月甲辰。

黑水营的情况甚危急。维军多次冲杀，幸清军拼死抵御，维军未能奏捷。维军于叶尔羌河上游决水，淹灌清营，清军挖沟排水，化险为夷，来水且可资饮用。黑水营依傍树林，维军密集施放鸟枪，弹丸落入树林中，清兵获弹丸数万，缓和了缺乏弹药的困难。又掘得窖藏粮食若干，以济军食。霍集占把维吾尔族平民征发作战，民多怨忿，不肯出力，平日亦无训练，未经战阵，故维兵虽四倍于清军，却不能攻破清军营地。当时，乾隆帝根据前线的战报，写诗歌咏此次战役说：

元戎乘良机，率众直前进。其奈隆冬时，枯草经踩躏。
以此马不肥，奚堪供斫阵。况临彼巢穴，螳臂孤注奋。
借一诱我军，万骑逞驱趁。我师才千余，鼓勇无退寸。
桥圮渡四百，忠义人争劝。杀贼至千余，矢尽接短刃。
涉淖退保营，相持城下顿。壮士遴七人，星驰两致信。
舒赫德留守，诸回静以镇。羽檄催后师，继进期飚迅。
毕齐阿克苏，赴援雪深恨。夷考兵兴来，曾无遭挫韧。
此番客主殊，不幸致事偾。兆惠称轻敌，请罪诚不吝。
此非退缩比，谁逆料利钝。终能寡胜众，允由效忠荩。
奚忍更加罪，褒嘉章服晋。诸臣诸军士，行赏以功论。①

后来，黑水营围解，明瑞从前线返北京详述战况，乾隆又作诗《黑水行》称：

---

① 《御制诗文十全集》卷一三，《我军》，乾隆二十三年。

去年我军薄回穴,强弩之末难称雄。筑垒黑水待围解,讵人力也天䭱幪。明瑞驰驿逾月到,面询其故悚予衷。蜂屯蚁聚张数万,三千余人守从容。窖米济军军气壮,奚肯麦曲山鞠蓊。引水灌我我预备,反资众饮用益丰。铳不中人中营树。何至析骸薪材充,著木铳铁获万亿。翻以击贼贼计穷,先是营内所穿井。围将解乃眢其中。闻言为之怅,诸臣实鞠躬。既复为之感,天眷信深崇。①

这两首诗简要地反映了黑水之围的激烈战斗和危险情形。乾隆帝对黑水营孤军被围三个多月而未致溃败,终能化险为夷,诧为上天保佑的奇迹。

十月十三日当兆惠在黑水河立营七天后,新任命接替雅尔哈善的靖逆将军纳木札尔与参赞大臣三泰,率200余名士兵赶往敌前,奉旨往代兆惠,中途遭到叛军3 000人进攻,寡不敌众。纳木札尔、三泰等均被害。

在黑水营被围二十余天后,不肯附和霍集占叛乱的和卓家族别克额色尹等曾联合布鲁特(柯尔克孜)人进攻英吉沙尔,使叛军感到十分惊惶。他们怀疑这是兆惠与布鲁特人的联合夹击,布拉尼敦遣人向兆惠求和,称"霍集占抗拒时,布拉尼敦本不知情,今奉书请和,愿助口粮,并求亲信人同行入觐"②。兆惠遵照乾隆帝以前的谕旨,令布拉尼敦擒送霍集占,而这一点是布拉尼敦所做不到的,故和议未成,清军仍困守黑水营中。

---

① 《御制诗文十全集》卷一四,《黑水行》,乾隆二十四年。
② 《清实录》乾隆二十四年三月甲申。

这时，清军增援部队，星夜奔驰。定边右副将军富德与舒赫德会合，率健锐营、索伦、察哈尔官兵迅速赴援，于乾隆二十四年（1759）正月六日行至呼尔璊。霍集占派5 000人前往截击，两军鏖战激烈，乾隆帝曾作《玛瑺斫阵歌》歌颂这次战斗中勇士玛瑺的战绩：

今春我军急进援，富德率军如熊罴。玛瑺命领涂路首（蒙古语，先锋探信者），呼尔璊处贼迎攻。堂堂之阵贼辟易，乃独进蹑寇穷。金鞭连策大宛马，绣鍪不用周雕弓。一箭正中贼要害，再箭仓卒乃落空。三箭终殪贼堕马，忽忘深入贼队中。蜂屯蚁杂齐拥簇，瑺之马毙倒沙蓬。舍马步战短兵接，叱咤凌厉气如虹。我军随进瑺乃出，检伤十处中其躬。以帛裹伤明复战，义胆自有神姘幪。花门降胡咋舌叹，如此超勇闻何从。①

这场战斗经四昼夜，且战且进。"沙碛乏水，啮冰救渴，又乏马力，半步行。九日渡叶尔羌河，距黑水军尚三百里，贼愈众，不能进"②。这时正好有两支部队赶来，一支是巴里坤大臣阿里衮于十月间奉到兆惠调拨马匹的咨文，挑选马2 000匹，驼1 000匹，亲自领兵600人解往前线军营；另一支是黑水营被围之初，兆惠派副都统爱隆阿率兵600，扼喀什噶尔的来路，以为牵制之师。这两支部队会合在一起，前来接应。遥望篝火连绵10余里，知两军对战方酣，阿里衮、爱隆阿分两路驰出，直压叛军营垒，所带马驼3 000，一齐奔驰，声尘杂沓，声势大振，富德军亦合力冲击。叛军不知来援清军的虚

---

① 《御制诗文十全集》卷一四，《墨尔根巴图鲁玛瑺斫阵歌》，乾隆二十四年。
② 魏源：《圣武记》卷四，《乾隆戡定回疆记》。

实，撤兵逃走，清军奋力追赶。兆惠那边，见围营的叛军减少，又闻远处枪炮声，知道援军到达，即整师出击，与富德等会合，霍集占败入叶尔羌城，黑水之围解除，时兆惠孤军已被围三个月。黑水之战是乾隆朝的一次重要战役，清军深入敌后，以寡敌众，勇敢地完成了防卫战斗，使叛军震慑，兵心瓦解，为下一阶段的战斗铺平了道路。

黑水营解围以后，清兵撤回阿克苏休整。二十四年夏，清兵集结3万人，大举出征。兆惠由乌什进攻喀什噶尔，富德则率军穿越戈壁，往援已归降的和田地区，击退正在攻打和田的霍集占军，返旆西行，攻打叶尔羌。经过上年的几次战斗，大小和卓深知清方的军事优势，不敢迎战，劫持了大批维吾尔族民众，驱赶着牲畜，于清军到达20天以前，已向西逃窜。大和卓于六月二十七日逃离喀什噶尔，小和卓于闰六月初二日逃离叶尔羌，两路会齐后，向帕米尔高原窜去。

清廷平定回疆，改变了对准噶尔那样杀戮过多的方针。乾隆帝再三谕令，强调"攻心之策"，"大兵进剿，唯欲擒获布拉尼敦、霍集占，与回众无涉"①。和卓兄弟很不得人心，只信任从伊犁带回的维吾尔人，对广大维民课税征兵，维民负担很重，"两和卓在伊犁久，惟垦种之回数千羁旅相倚。及归，而旧部数十万户念其先世，推戴恐后。小和卓顾虐用其民，厚敛淫刑，惟以伊犁同归之回及新投之厄鲁特为亲兵，故众解体"。"两和卓木归旧部……而兵饷徭役烦兴，供给稍迟，家立破。及出亡，又尽其赀以行，民脂殆竭"②。而清政府却能减少赋税，与民休息。准噶尔每年在喀什噶尔收税6.7万腾格（维吾尔族货币单位，一腾格相当五十钱），清朝当年只收6 000腾格；准

---

① 《清实录》乾隆二十三年六月辛酉。
② 魏源：《圣武记》卷四，《乾隆戡定回疆记》。

噶尔在叶尔羌收税 10 万腾格，清朝当年只收 1.2 万腾格。由于清廷减轻了维民负担，实行比较宽大的政策，故清军再次进入回疆，兵不血刃，所至望风归顺。兆惠军至喀什噶尔，"沿途经过村庄，回众皆献牛酒果饵"，富德军至叶尔羌，"沿途回人，扶老携幼，道左跪迎"①，南疆地区的社会秩序很快安定下来。

霍集占兄弟率众逃跑，乾隆帝严令必获首犯，故清军跟追不舍，在帕米尔高原多次鏖战。第一场战斗是明瑞率前锋 900 骑，追及叛军于霍斯库岭，歼敌 500 人，因兵单马乏，和卓兄弟仍得逃去。第二场战斗发生在七月初七日，清军 4 000 人，追敌至阿尔楚。该地为一狭长山谷，叛军在谷口设伏，欲诱清军入伏。清军攻势凌厉，富德率火器营、健锐营，与霍集斯等居中路，明瑞、阿桂为左翼，阿里衮、巴禄为右翼。别出奇兵，夺下了左右山峰的制高点，俯临敌阵。敌阵动摇，清军三路奋击，杀敌千余。三天以后，清军追叛军至伊西洱库尔淖尔（叶什勒池），又进行了第三场战斗。此地已接近巴达克山，地势险峻，山重水复，叛军 1 万数千人，据高临险，负隅顽抗，清军乘战胜余威，分两路进击。并令已归降的维吾尔人喊劝叛军放下武器，叛军已无斗志，在强大的军事和政治攻势下，土崩瓦解。据记载，当时的战况，"其山麓又狭逼水，仅容单骑，贼辎重徒属拥塞，我两军分扼其走路，贼无所遁。乃令鄂对、霍集斯树回纛，大呼招降，降者蔽山而下，声如奔雷，小和卓木手刃之，不能止也。凡降回众万有二千，牲畜万计。两和卓木挈其妻孥、旧仆三四百人，走巴达克山"②。

和卓兄弟只率数百人，进入巴达克山，乾隆帝为了平息叛乱，彻

---

① 《清实录》乾隆二十四年七月丁巳。
② 魏源：《圣武记》卷四，《乾隆戡定回疆记》。

底稳定回疆，必欲擒获叛乱祸首和卓兄弟。他责备富德行动迟缓，未能追及，"贼踪已近，不行速追，殊与机宜未合……劳瘁多时而稍一迟疑，渠魁即失，殊为可惜"①。令檄谕巴达克山汗素勒坦沙，令其缚献布拉尼敦、霍集占兄弟，如或违抗庇护，即进兵征剿。当时有人认为和卓兄弟已远飏，"何必更事穷追，致滋劳费"。而乾隆帝从安定边疆、根绝后患着想，擒捉叛首的意志极其坚决。他说和卓兄弟"负恩反噬，不得不明正其罪，以彰挞伐"，"此时大军方驻彼地，不过贾其余勇，即可集事，又何所增其劳费。若意在苟且迁就，遽欲贡谀称贺，谓可息事宁人，则朕断断不为也"②。清廷索俘甚急，素勒坦沙汗不得不服从，但又念在同族、同教的分上，不肯斩尽杀绝。他向清廷声称：已与和卓兄弟对阵"邀击二贼，现已枪毙霍集占、生擒布拉尼敦。所差侍卫萨穆坦（清方派往之人）俱经目睹。但回部信奉经典，从无自擒族类、转送与人之例。若竟呈献天朝，恐别部落必来滋事，是以求免"③。这分明是庇护和卓兄弟，希图含糊了结，乾隆帝驳斥他"即以回部旧俗，不自相戕为词，则已不应有生擒枪毙之举。况虑他日诸部之滋事，较此时天朝大兵之压境，其利害尤为明白易晓"④，又嘱咐富德等"将来二贼如仍未献出，则来年进兵，断不可已，必以获贼为竣事"⑤。素勒坦沙怵于兵威，只得将霍集占的首级呈交，而布拉尼敦始终没有下落。素勒坦沙有时说"枪毙霍集占、生擒布拉尼

---

① 《清实录》乾隆二十四年八月壬寅。
② 《清实录》乾隆二十四年九月丁丑。
③ 同上。
④ 同上。
⑤ 同上。

敦"①，有时又说："当将霍集占、布拉尼敦剿杀"。②清廷谕旨中则说："霍集占既殒于重伤，布拉尼敦旋毙于众怒。"③而富德的奏报中又说："布拉尼敦身尸未获，回人等有盗往喀什噶尔之语。"④布拉尼敦的生死存亡还是个疑团，其尸首更无下落，但此次叛乱的主犯是小和卓霍集占，确已身死献馘，大和卓布拉尼敦早想投诚，因其弟反对而未成，乾隆帝对他也就从宽处置，不闻不问。如再穷究下去，恐与巴达克山及浩罕等国闹翻，兵连祸结，难以收场。并且为了安抚回部，尊重其宗教，保持其风俗，前代和卓的坟墓妥加保护。布拉尼敦的幼子萨木萨克系已离异之妾爱什阿哈察所生，为维族人博罗特索丕收养，并有乳母。半年多以后被清军查获。乾隆帝亦宽大处理，谕旨说："萨木萨克尚属童稚，不应缘坐，送来京师，惟加恩养可耳。即博罗特索丕留养旧主之子，情亦可矜，俱著照例安插。但闻布拉尼敦尚有二子，或藏匿回地，亦未可定。著传谕永贵等以留养萨木萨克一事，晓谕回众，仍留心访察其余子嗣，毋任藏匿"⑤。

至此，平准、平回的战争历时五年，大功告成，清廷亦需休兵整顿，处理善后，因令兆惠、富德等班师凯旋。乾隆二十五年（1760）二月二十七日，乾隆帝亲至良乡城南，迎接回京将士，登坛列纛，行郊劳之礼。礼毕，御黄幄，兆惠、富德及参赞等，以次趋进，行抱见礼。时兆惠已封武毅谋勇一等公，加宗室公品级，赐朝珠及马，授御前大臣。富德封一等靖远诚勇侯，赐双眼孔雀翎，授御前大臣。其余将领士卒俱封赏有差。

---

① 《清实录》乾隆二十四年九月丁丑。
② 《清实录》乾隆二十四年十月庚子。
③ 《清实录》乾隆二十四年十一月辛亥。
④ 《清实录》乾隆二十四年十月庚子。
⑤ 《清实录》乾隆二十六年三月甲寅。

一场得不偿失的战争[*]
——论乾隆朝金川之役

金川战争发生于清代乾隆年间,列名于"十全武功"之内,是清王朝对聚居于四川西部高山上的藏族部落的征讨。这场战争距今已有二百数十年,在现实生活中,它的形象已经淡褪,人们几乎已经忘记了它。但它却是18世纪内时间最长、耗费最大、动员兵力最多的一次战争。战争的起因、经过、结局很特殊。在不应该也不需要进行战争的时候,清王朝却点燃战争的烽火,从小规模的惩罚措施逐步升级,变成大规模的征讨屠杀。清朝调兵远地,转饷数千里,狮子搏兔,竭尽全力,去讨伐地不过数百里、人不过数万口的边远部落。顿兵坚碉之下,劳师縻饷,损兵折将,屡遭挫折,最后虽然勉强取得了胜利,但力量耗损,元气大伤,付出的代价极其高昂。这是一场得不偿失的战争。

金川战争,一共进行了两次。第一次发生于乾隆十二年(1747)至十四年(1749),清朝动用几万大军、2 000万两军饷,先后由四川总督庆复、云贵总督张广泗和首席军机

---

* 原载《历史研究》,1993年第3期,与华立合撰。

大臣、大学士讷亲任统帅，不料在弹丸之地的大金川却遭到猛烈抵抗。清军丧师失律，未得进展。乾隆帝震怒之下，杀庆复、张广泗、讷亲，制造了清朝历史上诛杀大臣的突出事件，但战局仍无起色。清廷无奈，只好与大金川言和，大金川名义上称臣纳贡，受朝廷约束，清朝在政治上保全了面子，大金川则保存了实力和影响，在川西诸土司中最为强大。矛盾暂搁置在一边，但这种暂时的妥协并没有解决问题，20多年以后，矛盾又激化，清朝与金川再一次兵戎相见。

第二次金川战争发生于乾隆三十六年（1771）至四十一年（1776），时间更长，规模更大。两军在高山严寒地区进行长期的激烈战斗。其间经过木果木战役，清军惨败，统帅殒身。但清军重整旗鼓，用尽全力，最后平定了金川。乾隆帝感慨地说："平伊犁，定回部，其事大矣！然费帑不及三千万，成功不过五年。兹两金川小寇，地不逾五百里，人不满三万众，而费帑至七千万，成功亦迟至五年"①。

金川战争为什么进行得那样艰难？在有限的地域内，敌方力量如此弱小，而清朝用力却如此之大，耗费之巨，出兵之多，居于"十全武功"之首。魏源在《圣武记》一书中曾经写过如下的话："初，乾隆二十年，平准、回两部，辟地二万余里，用兵五年，用帑银三千万余两。金川地仅千里，不及准、回两部十之一二，而用兵亦五年，用帑银至七千万，功半而事倍者，则以天时之多雨久雪，地势之万夫莫前，人心之同恶誓死，兼三难而有之。"②魏源所说影响金川战争的三个重要因素，即天时、地势、人心是很合乎实际的。尽管清朝在军事上、经济上占压倒优势，但天时不利，地势险峻，金川兵民团结奋

---

① 《平定两金川告成太学碑文》。
② 魏源：《圣武记》卷七《再定两金川土司记》。

战，力抗强敌，使清军难得寸进，战争拖延下去，成旷日持久之势，这是清朝统治者始料不及的。

我们且看看影响金川战争的这三个重要因素。

一是天时。金川在四川西部，境内两水，一为大金川（淀浸），一为小金川（攒拉）。大金川的下游即大渡河。该地山高林深，水流湍急，高处海拔4 500米，气候寒冷，积雪不化。长年间不是飞雪就是下雨，罕有晴朗之日。据《嘉庆重修一统志》记载，该处"多寒少暑，春夏雨雪，经旬累月，罕有晴时。每雨则霹雳大作，电光中皆有声。至八九月间，始得晴霁。隆冬积雪丈余，山谷弥漫，坚冰凝结，道路不通"①。一遇大雨大雪，清军行动困难，行军、打仗、运粮几乎全都停顿。例如，清军在喇穆喇穆作战时，"数日来，雨雪连绵，层冰冻滑，官兵立脚为难"②，又在谷噶进攻时，"此时积雪满山，若遽督率进攻，断难望其得力"③。在这种情况下，战斗被迫停止，清军不得不耐着性子等候一个好天气。还有些险峻的山峦，不要说打仗，连走路也十分困难。士兵夫役稍有不慎就会跌落山谷负伤以至殒命。如有一处名叫日拉尔的山峰，"山势本为陡峻，气候更加凛冽。自山脚以至山顶，一望皆雪，且行至山腰，即有非常之风。运粮道路，冰雪凝结，甚为险滑。虽随时开出阶梯，不过一半日，一经人迹行走，或大雪迷复，仍复掩没。是以运粮人夫，或冒寒成病，或失足跌伤者。即如梭洛柏古番民，较之内地民人最为耐寒，且善于登山。而初十日派往运米之人，亦跌毙二名，跌伤一名"④。在这样严酷的气候下，

---

① 《嘉庆重修一统志》卷四二三《懋功屯务厅》。
② 《平定两金川方略》卷八九，乾隆三十九年二月，阿桂奏。
③ 同上书，卷七六，乾隆三十八年十月，阿桂奏。
④ 《宫中档乾隆朝奏折》三十七辑，刘秉恬奏。

清军行动困难,使战争变得极为艰苦。

二是地势。金川地区,跬步皆山,到处悬崖峭壁,急流险滩,道路难通。金川人善于修建石碉,开山劈石,就地取材,到处修筑起碉堡群,形成坚固的防御体系。"其岭上,大碉既坚,而仄路中,凡有峰峦突起之处,贼人无不修建碉卡,层次林立,抵死拒守。"①号称雍乾之际名将的张广泗奉旨督师,他初入金川时,目睹石碉之坚,触目惊心,向皇帝报告:

> 臣自入番境,经由各地,所见尺寸皆山,陡峻无比。隘口处所,则设有碉楼,累石如小城,中峙一最高者,状如浮图,或八九丈、十余丈,甚至有十五六丈者。四围高下皆有小孔,以资瞭望,以施枪炮。险要尤甚之处,设碉倍加坚固,名曰战碉。此凡属番境皆然,而金川地势尤险,碉楼更多。至攻碉之法,或穴地道,以轰地雷;或挖墙孔,以施火炮;或围绝水道,以坐困之。种种设法,本皆易于防范,可一用而不可再施。且上年进攻瞻对,已尽为番夷所悉,逆酋皆早为预备,或于碉外掘壕,或于碉内积水,或护碉加筑护墙。地势本居至险,防御又极周密。营中向有子母、劈山等炮,仅可御敌,不足攻碉……以之攻碉,若击中碉墙腰腹,仍屹立不动,惟击中碉顶,则可去石数块,或竟有击穿者。贼虽颇怀震惧,然却瓮补如故。②

在这种险峻地形上的坚固工事面前,清军碰得头破血流,正面攻

---

① 《平定两金川方略》卷二四,温福奏。
② 《平定两金川方略》卷三,乾隆十二年九月,张广泗奏。

碉十分艰难，"石碉本为坚固，而山形如脊，两面箐林丛密，尤未易径行抢扑"①。一般攻碉时，先以火炮连续轰击，在火力掩护下，派兵接近石碉，拆墙填壕，冲锋突前，进行肉搏。而金川番民在碉内掷石放枪，竭力抵抗。这样强攻硬打，清兵往往伤亡极大，遇到坚固的石碉群，围攻几个月，尚不能攻克，故清军视攻碉为畏途。连急于求胜的乾隆帝也深知正面攻碉之非计。他说："朕意总以为攻取要策必为避其碉卡，越道而进，使贼人失其凭恃。"②并告诫前线将领"不可令官兵轻率扑碉，致损锐气"③。

三是人心。金川人口少，据乾隆帝说，两金川仅有3万人。但全属藏族，均信藏传佛教，团结力甚强，且勇敢善战，其男子"自十二岁以上，皆腰插短刀，习枪矛弩箭"④。大敌当前，万众一心，抗阻清军，表现出坚定的意志和强韧的战斗力。加上清廷采取拒降杀降的残酷政策，逼得金川人求生无路，只得以死相拼。乾隆帝曾公开告诉将领，不许金川投降："僧格桑(指小金川领袖)顽梗逆命，情罪实为可恶，断不可允其所请(时僧格桑遣人在营前跪禀，乞求投降)。逆酋若至军营求告，即当就势擒拿，选派侍卫及文武干员解送京师，尽法处治。所谓兵不厌诈，断不可拘拘于抚夷小信及不杀降人之常说，以至误事。"⑤困兽犹斗，清朝的错误政策加强了金川人抵抗到底的决心。我们且看看金川人民在绝望之中如何挣扎苦斗。当清兵经过长期围攻，最后冲进碉堡时，金川人死守不退，"碉底挖有地窖藏身，即

---

① 《平定两金川方略》，卷九九，乾隆三十九年七月，阿桂奏。
② 同上书，卷九，乾隆三十六年十一月，上谕。
③ 同上书，卷一〇七，乾隆三十九年十月，上谕。
④ 《嘉庆重修一统志》卷四二三《懋功屯务厅》。
⑤ 《平定两金川方略》卷一〇，乾隆三十六年十一月，上谕。

于地窖内攒枪上打。其在碉顶之贼，抛石下掷，势如风雨。且寨内窄狭，多兵难于施展。自寅至卯，贼人抵死不动，恐致多有伤损，当将官兵徐徐撤下。查贼人实因灭亡在即，步步为死守之计，其丑类较前更多，其预备更为严密。臣等不胜焦急忿恨"①。

　　清军的士气、纪律与战斗力和金川兵形成鲜明的对照。清军都是从各省调集的绿营兵，素质极差。乾隆帝骂他们"无能之绿营兵众，率皆畏葸观望。领兵将弁，又不知督策向前，一遇贼至，辄尔动摇奔溃"②。因此，金川兵能够以寡敌众，以弱胜强。

　　清王朝在天时、地势、人心三方面均居于不利地位，故金川战争劳师縻饷，久而无功。清朝对这些情况早就觉察到了，特别是第一次金川战争以后，清朝碰了很大的钉子，出师不利，因而杀掉了首席军机大臣讷亲、名将张广泗、总督庆复，而不得不与金川停战言和。当时，乾隆帝考虑了各种不利因素，知难而退，决定停战休兵。他说：金川用兵两年，"经费实已难乎为继矣。金川小丑，朕本非利其土地人民，亦非喜开边衅……且入夏雨多，进取非便，而京兵不耐水土，又岂能暴露蛮荒，驻待秋晴攻剿。况以帑藏之脂膏，供不赀之縻费，尤为非计……不若明下诏旨，息事宁人，专意休养，亦未始非两阶干羽之遗意"③。应该说，对金川招抚言和是明智之举。后来的种种事实证明，金川犹如无底洞，即使投入大量兵力财力，亦难收功效，而一场旷日持久的战争，势将耗尽清朝的国力。由于第一次金川战争及时言和，很快结束，清朝得以养精蓄锐，积聚力量。而准噶尔这时连年内讧，势力大衰。清朝则财库充盈，兵强马壮，遂得抓住时机，出

---

① 《平定两金川方略》卷一○四，乾隆三十九年九月，阿桂等奏。
② 同上书，卷一一，乾隆三十六年十一月，上谕。
③ 《清实录》，乾隆十三年十二月。

师西征，所向克捷，平定准噶尔与回部，巩固、保卫了西部边疆。如果在金川战争中继续纠缠，势必精疲力竭，难以腾出手来去完成平准、平回的重大业绩。

但是，时隔 20 多年，当平准、平回战争获胜以后，志得意满的乾隆帝似乎忘记了第一次金川战争的经历，忘记了自己说过的"以帑藏之脂膏，供不赀之靡费"的深刻教训。又于乾隆三十六年（1771）再一次用兵金川，重蹈覆辙。

清廷为什么没有考虑第一次金川战争的教训？为什么在已经体面地从金川脱身以后 20 多年又一次陷入泥淖？是什么力量推动它去进行第二次金川战争？

情况是相当复杂的，有许多因素决定着第二次金川战争的爆发。当战争开始时，清廷的处境、力量、心态与 20 多年前是很不相同的。

首先，金川的地位比 20 多年前更为重要了。乾隆十五年（1750），西藏发生那木札勒叛乱，在西藏亲近中央势力的努力下，叛乱很快被平定。此后，清廷更积极地经营西藏，颁布《西藏善后章程》，扶植和巩固达赖喇嘛的地位，增加驻兵，加强驻藏大臣的权力，西藏与内地的经济、文化交流更加密切。金川虽属边远山区，但离打箭炉不远，此处是通往西藏的交通要道，清廷希望保持这个地区的安定局面，使通往西藏的道路畅通无阻，因此密切注视着该地土司力量的消长，难以容忍金川的跋扈不驯。当然，这一点仅是促使清廷关心该地区的一个因素，尚非大举出兵金川的充足理由。因为金川地小人寡，当地土司力量分立对峙，无人能统一号令其众，它的行动受到各土司的牵掣。如果它盘踞当地，如猛虎在山，占着天时、地势、人心的优势，可以给进攻的清朝军队制造很大困难。但如果离开了山高林密的据点，反守为攻，派兵出征，易地作战，就会完全失去自己的优势，根本不具备进攻的力量和条件，不能对内地造成危害，甚至也不足以威胁进藏的通道。因为打箭炉距金川亦有数百里，只要清廷对各土司驾驭得宜，并在该地加强防御，金川也没有进攻打箭炉的力量。

　　第二次金川战争爆发的更重要的原因是：清朝实力的增长，反映到统治者的思想中就是好大喜功、穷兵黩武倾向的抬头。这时，准噶尔、回部已经平定，清廷在几次大战役中大获全胜，开疆拓土，巩固了国家的统一，立下了前史罕见的巨大功勋。统治者被胜利冲昏了头脑，以为"天朝上国"，何事不可为？何求不能得？全国之大，金川之小，力量对比悬殊，这一力量对比的表面现象，使清廷的高傲心态达到了顶点，过低估计了战争的困难和金川民众抵抗的决心，忘掉了第一次金川战争的教训，而敢于再次发动战争。

　　应该说，清廷在平准、平回之后，黩武主义的倾向并不只表现在第二次金川战争上。在此之前，乾隆三十一年（1766）清廷对缅甸进行征讨，历时亦5年，先后调兵6万，耗帑银1 300万两，规模虽逊于金川战争，而受挫之严重，更有过之。缅甸战争，其始不过是边境骚扰，而边将欲开衅端，夸大情况，怂恿发兵，以邀功贪赏。故清廷在并非必须大动干戈的场合，贸然兴师，大举征缅，而天时、地势、人心均极不利，情况与金川战争如出一辙。清军入缅，不能适应热带丛林的气候与瘴疠，战斗屡次失利。历任统帅均殒命，云贵总督杨应琚因兵败赐令自尽；将军明瑞率军深入缅甸，被切断后路，全军覆没，战死异国；大学士傅恒督师缅境，战斗僵持，劳师无功，身染重病，不得已撤兵，回国后病故。当乾隆帝决定出兵缅甸时，挟战胜准噶尔、回部之余威，踌躇满志，绝没有想到征缅的困难程度。他声称，缅甸"野性难驯，敢于扰害边境，非大加惩创，无以警凶顽而申国法。刘藻（云南巡抚）等既经派兵进剿，必当穷力追擒，捣其巢穴，务使根株尽绝,边徼肃清"①。乾隆帝为了保卫国家领土,使用武力是正当的,但他为了对付边境骚扰,提出"捣其巢穴,务使根株尽绝",事实上,清军不可能也不必要做到这一点。乾隆帝还告诫:"恐刘藻拘于书生之见,意存姑息,仅以驱逐出境,畏威逃窜,遂尔苟且了事。"乾隆帝提出了一个不切实际的战略目标,动员大军进入缅甸,使本来容易解决的边境冲突演化成一场灾难性的战争,最后损兵折将,仍不得不撤兵守边,与缅甸交涉议和。缅甸战争表现了乾隆帝在平定准、回之后的黩武主义心态,结果碰了很大钉子,而金川战争则是这种心态的又一次暴露。这两次战争的起因与后果均相类似,不过,前者是与外国缅甸作战,而后者则是对付国内的少数民族。

金川战争起因于当地诸土司部落之间的内部争斗与互相吞并。川西地区居住着许多藏族部落,除大金川、小金川以外,尚有绰斯甲布、革布什咱、巴旺、党坝、鄂克什、从噶克、梭磨、卓克基、杂谷、明正诸土司。各部落之间既互为婚姻,贸易往来,又倾轧争夺,竞相雄长。这种部落战争本是少数民族中司空见惯的现象:中央朝廷一向听其自然,最多只进行调解,而自己并不卷入其中。就像一位官吏所说:"此等蛮触相争,只宜分防边隘,遣派干员排解,使其互相牵制,就我鞭箠。"②后来,大金川的势力日益强大,侵凌其他土司,占据革布什咱,势将打破该地区传统的力量均势。乾隆二十三年(1758)四川总督开泰建议:介入该地的部落冲突。他认为大金川并吞革布什咱,破坏了当地的安定。"革布什咱界连明正土司,若为金川久据,则不惟巴旺与小金川势颇危迫,即明正亦须时加防范,殊为阻

---

① 《清实录》,乾隆三十年十二月。
② 《平定两金川方略》卷一,乾隆二十年七月,黄廷桂奏。

碍。番性顽劣,既非言语所能速化,而伊等互斗之事,又未便遽用内地兵力。臣等详细筹计,惟有驾驭各土司,令其以番攻番。"①这一政策得到了乾隆帝的认可,从此,川西土司争斗的形势为之一变,从大金川攻打周围弱小土司变成清廷组织和支持诸土司联合抗击大金川。清廷尚不愿参与这类地区冲突,故并不直接出兵,以为利用其他土司的力量足以遏制大金川,但实际上这种"以番制番"的政策却正在牵引着清廷身不由己地走向大规模战争。

在清廷的号召、支持下,明正、巴旺、绰斯甲布联合进攻大金川,大金川战败,退出革布什咱。由此可见,金川兵离开本乡,作战于附近部落内,即已失去优势,力量不能发挥,几处土司联合防御,已可挫其锋芒。金川问题对清朝来说,根本不成为严重威胁,以后的大规模战争,不过是在错误方针的引导下,把人力财力虚掷于无用的地方。

不幸的是,诸土司联合抵抗的微小胜利,激起了清王朝剪灭大金川的巨大欲望。乾隆帝指示说:"金川原属不安分土司,若众土司等能协力除之,而分其地于番境,转可久远相安,正不必以滋畔不已为虑。第此等机宜,自不便于明谕,宜密饬文武各员,微示其意于众土司,俾其知所从事。""看来革布什咱等与金川相持不下,不过欲众分金川之地。郎卡(大金川领袖,死后由其子索诺木继承)盘踞金川,终非善策。如果能协力瓜分,正可听其自然,所谓'以番攻番'之一策也。"②这一指示,使川西斗争的态势又一次发生变化,以前是大金川侵凌其他土司,在众土司的土地上作战,大金川是进攻的一方;现在

---

① 《平定两金川方略》,卷一,乾隆三十三年五月,开泰、岳钟璜奏。
② 同上书,卷一,乾隆三十四年四月,上谕。

是众土司在清朝的教唆下为瓜分大金川而战,战斗在大金川的土地上,大金川成为防御的一方。攻守易势,投入的兵力和战斗的结果很不相同,形势更加复杂化。众土司在清朝指使下,对大金川合围、孤立、进攻,此后几年间,战斗频繁,迄无宁息。

在川西的部落冲突中,清政府开始只躲在幕后,暗中唆使众土司进攻大金川,以后为了鼓励众土司出力,遂公开出面,给众土司奖励赏赐。乾隆帝说,"以番攻番,自是乘机善策。九土司等果能齐心协剿,其势实有可图,但各土司未经明白传谕,未免尚存迟疑之见",命令四川官员向土司们宣布消灭大金川的意旨,"尔土司等果能殄灭此酋,所有金川之地,就各番寨所近,即令分析划界管理。如此开导土司等,既可剪灭仇雠,又得增开疆土,自必倍加勇跃",并且"时为策励,酌加赏恤,以致其勇往"①。

清廷指望假手众土司,消灭大金川,自己不费吹灰之力而坐享其成。它的算盘打错了,这种"以番攻番"的政策,加剧了川西地区的矛盾,使形势更加复杂化,而清廷为了求胜,越来越多地介入地区冲突,公开发号施令,实际上是把自己拴在飞驰的战车上,奔向大规模战争的无底深渊。

事态发展至此,尚有可以转圜的余地。大金川战事频仍,究竟寡不敌众,疲于奔命。"金川番民,本为有限。兹各土司四面围攻,男丁轮防碉卡,妇女背运口粮,迄无休息。"②大金川土司郎卡再三恳求清廷停战,态度很恭顺,番民焚香跪接清吏,郎卡禀告:"伊本天朝土司,惟与众土司不和,众土司因将不法之事,向内地父母官前控

---

① 《平定两金川方略》,卷三,乾隆三十九年八月,上谕。
② 同上书,卷四,乾隆三十年二月。

告。如今只未作主割断，伊惟恪遵盼咐，丝毫不敢多事。"①表示愿意退还所侵占的众土司的土地、人口，"情愿顶经设誓，甘心改过"。不管郎卡求和是否出于诚意，但他畏惧清廷，不敢公开对抗是很显然的。如果清廷接受其请求，善于处理，秉公调解众土司的纠纷，那么，金川地区的和平可能恢复和维持下去，不至演变成一场大战。但乾隆帝拒绝郎卡的和平要求，以为大金川不日可以平灭，指示四川官吏"不必二三其意，仍持前议，久而不懈，自可成功。况又无甚大费，莫为属员了事将就之议"②。故川西土司之间的战争，在清廷的导演和支持下，一直在进行着。

出乎清廷意料的是，数年战争，大金川并未削弱，反而越战越强。乾隆三十一年（1766），大金川进攻党坝之额碉、巴旺之卡卡角，大获全胜。土司联军其志不一，有的土司本和大金川有姻亲关系，在清廷催促下不得不出兵，更消极观望，不肯出力；有的土司索性与大金川串通一气，把粮食弹药卖给大金川，把清廷的意图告知大金川，使清廷陷入很尴尬的局面。乾隆帝不得不承认"以番攻番"政策的破产，他说："九土司会攻金川一事，相持已将数载，尚无就绪，兹询之岳钟璜，亦未有善策。以番攻番之计，似难责效。"③

金川地区的矛盾仍在继续发展，尽管清廷小心翼翼地避免军事介入，但它既执行"以番攻番"政策，以后就难以置身事外，坐视众土司被金川击败。乾隆三十五年（1770）局势恶化，战火更炽。这时力量的组合发生了变化，从前相互敌对的大金川和小金川握手言欢，并肩作

---

① 《平定两金川方略》卷二，乾隆二十六年四月，开泰、岳钟璜奏。
② 同上。
③ 同上书，卷四，乾隆三十年六月。

战，一起进攻革布什咱、鄂克什、明正等土司，诸土司自身的力量已不能抵御大小金川的凌厉攻势，为了保护诸土司不被金川消灭，清廷只好违反初衷，派兵5 000，"不得不临以内地兵威，设法掩杀，以挫其气"。原本指望以众土司之力平灭大金川，现在不得不派兵保护众土司，清廷由于政策错误，身不由己地动用武力，从此揭开了第二次金川战争的序幕。

如果为了保护众土司，防守要隘，协助作战，则出兵5 000，已可阻止两金川的进攻。但乾隆帝过高地估计这5 000军队的力量，以为既已动用军队，不应只限于防御，而应发动进攻，以5 000兵力平灭两金川，固无可能，但如果只平灭较弱的小金川，则兵力似已够用。因此，他责成前线将领，务必攻克小金川的据点美诺，擒获小金川土司僧格桑，"捣其巢穴，务擒凶渠……切不可因其窘急求宥，辄事调停定局，致养痈贻患也"①，至于大金川的难于攻打，乾隆帝是领教过的。20多年之前的第一次金川战争，动用大量兵力，结果损兵折将，并未奏效。几年前，在清廷主持下的众土司联军亦以失败告终。乾隆帝认为，对小金川进攻，就是对大金川的震慑，"惟将小金川上紧攻剿，擒获凶渠，削平其地，则金川（指大金川）自必闻风畏惧，不敢复行梗化，办理之法，无有逾于此者"②。

平灭小金川，威慑大金川，是第二次金川战争开始时乾隆帝的战略目标，但这仅是一厢情愿。他最初只派5 000军队，以之守护众土司，尚可维持局面，以之进攻金川，即使只进攻小金川，兵力也是远远不够的。小金川虽然力量较弱，道路较近，但同样是高山难越，坚

---

① 《平定两金川方略》卷六，乾隆三十六年七月。
② 同上。

碉难攻。当实际进攻开始，战斗十分艰苦，兵力不敷分配，要达到扫穴擒渠的目标，就势必要添兵增饷，扩大战争的规模。最初主持战事的四川总督阿尔泰亲历战地，了解情形，提出不同意见。他认为攻打金川"需兵既多，糜费愈重"，而且两金川勾结紧密，难以分化，不能只打小金川，不打大金川。故而主张在众土司要隘之地，派兵协助防御，遏制两金川的攻势，而仍以议和结局。这一意见遭到乾隆帝的严厉批驳：

> 小金川因金川（指大金川）与革布什咱相仇，敢于效尤滋事，其情甚为可恶。就两处情形而论，亦判然不同。朕意宜先办小金川，擒其凶渠，治以重罪，则金川（指大金川）自当闻风畏惧，敛迹归巢，斯为一举两得，阿尔泰何竟见不及此……剿擒僧格桑（小金川领袖），相机而行，务在必得，此事方能完局，岂可稍涉游移耶！……今乃云酌拨兵练，防御明正要隘，倘再肆滋扰，一面相机办理等语，更属非是。试思僧格桑去岁甫受约束，曾未逾年，复攻围鄂克什，且又侵及明正土司，即宜兴师问罪，以徼凶顽，尚何所用其迟疑缓待，必欲纵令鸱张，坐贻养痈之患耶？阿尔泰久任封疆，不应不晓事若此。至金川形势险隘，非小金川可比，原不便轻率用兵。且果能将小金川严办，示之炯戒，则索诺木（大金川领袖）自当闻风知畏，不待剿而自退，何至虑及一并用兵，需兵多而糜费重？阿尔泰岂全未审度事理重轻，惟急于完事卸责乎！阿尔泰著传旨严行申饬。①

---

① 《平定两金川方略》卷六，乾隆三十六年七月。

封建专制时代，皇帝的意志是不可违拗的金科玉律，不同的意见被压制下去，清廷沿着错误的道路走下去，终于付出巨大的代价。用5 000兵力，达到平灭小金川的战略目标是不可能的。皇帝既然不肯降低战略目标，必欲擒杀僧格桑，就不能不增加兵力。当阿尔泰与各方面筹商兵力饷项时，皇帝极不耐烦，对阿尔泰非常不满，认为他犹豫迁延，贻误战机，再次下谕：

> 进剿汉土兵练，或有不敷，即当早为筹拨，如成都满兵、川省绿营，皆可酌量调派。阿尔泰既不能预筹及此，转以兵力应否增添，商之提臣酌办，尤为可笑！督臣统辖全省军务，即提督亦听其节制，有何顾虑，而以添兵之事，委之提臣，致往返迁延乎！又所称余茶息银，不敷克用，更为不晓事体。既遇此等夷疆要务，即当通盘筹画，裕饷济师。朕于各省军民要务，即所费较多，从不稍为靳惜，亦并未曾以此加罪于人。阿尔泰身为大臣，宁不知之？不宜识见卑鄙至此，著传谕严行申饬。①

这道谕旨为添兵增饷，发动大规模进攻开放了绿灯，于是川西的土司纠纷升级成为全国性的军事讨伐。乾隆三十六年（1771）九月，清兵已增至1万人。朝廷还在大批调动军队，派温福为定边将军，率兵入川，统辖前线军务。乾隆三十七年（1772）初，兵力已增至2万，战事尚无进展，还在调兵遣将，至五月间，已调陕甘兵、贵州兵合之四川绿营土练，不下六七万人。如果加上运送粮食弹药的夫役，人数达十余万，接近两金川全部人口的四倍。真可谓狮子搏兔，用尽了

---

① 《平定两金川方略》，乾隆三十六年八月。

全力。

　　为了稳定川西局势，消解土司纷争，是否值得这样大动干戈？确是大有疑问的。当时朝廷内和军营中主张招抚议和者大有人在，但乾隆帝刚愎自用，一旦做了决定，不肯认错改辙，对于不同意见，概不采纳。并且为了钳制反对者之口，严刑峻法，滥施淫威。四川总督阿尔泰成为牺牲品，乾隆帝对他屡加申饬，后来索性将川西糜烂的责任推到阿尔泰身上，说他"存姑息完局之见，种种不合机宜，甚不满朕意"①，两金川之事即由阿尔泰"因循姑息，办理软弱，酿成事端"，还罗织了其他许多罪名，将主张招抚的阿尔泰处死。继任的川督德福也倾向招抚议和，微露己意，即遭乾隆帝痛骂"逞其乖谬之见，借滇省事宜，欲以讽谕罢小金川之事"，"尚未接印，即生畏事之心，希欲阻挠军务，妄奏取巧，深负朕委任之恩"②，旋被革职，发往伊犁，听候差委。连派往前线办事的乾隆帝的爱婿、蒙古亲王色布腾巴勒珠尔，亦赞成议和了局，与统帅温福龃龉，因而"所有爵位职任，著俱革退"，被解京受审，撤去黄带，在家圈禁（不久又复职）。乾隆帝这样严厉地压制反对意见，诸将群僚莫不噤若寒蝉，不敢再言招抚。战争就这样继续下去，清军遭到出乎意外的顽强抵抗。7万清军耗时8个月，直到乾隆三十七年(1772)年底，才攻下小金川的据点美诺。僧格桑逃往大金川，大金川的索诺木不但没有像乾隆想象的那样"闻风知畏，不待剿而退"，反而收容僧格桑和小金川的部众，继续抵抗清军。

　　战争还在进行，清军虽然攻取了美诺，却并未"扫穴擒渠"，取得

---

① 《平定两金川方略》卷六，乾隆三十六年八月。
② 《清实录》，乾隆三十六年九月丁卯。

全胜。动用了巨大兵力，而所得战果并不相称，乾隆帝很不甘心。在他看来，出兵达7万，已攻下小金川，如果再做努力，平灭大金川，当亦非难事。若将僧格桑和索诺木一起擒获，川西永保太平，岂不是一劳永逸？因此，原来只是平灭小金川、威慑大金川的战略目标为另一个更加诱人的战略目标所取代，即将大小金川一起平灭。早在小金川据点美诺尚未攻下之前，乾隆帝就考虑到战局可能的发展，指示前线将领说："若僧格桑窜入金川，而索诺木竟敢抗不擒献，必当移兵申讨。即令预选之健锐、火器两营劲旅，迅速起程。即或更需添调邻省绿营精兵，亦无不可，果能并灭金川，实一劳永逸之计，朕亦断不惜费。昨岁已拨饷三百万两，解川备用。将来并不妨再添拨三百万两，现谕户部查议，另降谕旨。此时部库所积，多至八千余万，朕每以存积太多为嫌，天地生财，止有此数。今较乾隆初年已多至一半有余，朕实不欲其多聚，若拨发外省公事动用，稍减盈积之数，亦属调剂之一端，将此意令温福等知之。"①此时的乾隆改变了一年以前自己提出的战略目标，明确宣示大小金川一起平灭的意向，并向温福等表示，目前朝廷兵广银多，正在继续调兵增饷，增加进攻实力，不必有所顾虑。当温福等对于平灭大金川流露出畏难情绪时，乾隆责备他们"察温福等之意，似以擒获僧格桑，军务即可告蒇，而于进剿金川（指大金川）之事，畏难犹豫，甚属非是。此时温福等惟当即抵美诺，速擒逆酋，若僧格桑业已就获，即移胜兵，分路进剿金川。万一僧格桑兔脱遁至金川，正可统兵深入，收一举两得之利，何所用其游移却顾乎"②！乾隆帝提出了另一个战略目标，致使战争继续拖延，劳师靡

---

① 《平定两金川方略》卷一六，乾隆三十七年正月。
② 同上书，卷二六，乾隆三十七年四月。

饷，兵连祸结，给两金川造成极大灾难，也使全国蒙受长期战争的不良影响。

大金川见大兵将临，不免心存畏惧，屡次派人乞和。但乾隆帝坚决拒绝。他说："逆酋来降乞命，尤当付之不闻，非但僧格桑不可轻宥，即索诺木亦罪无可宽，岂有费如许兵力，仍以姑息了事，复贻后患之理。"①索诺木投降无门，求生无路，逼得他只能竭力抵抗，以死相拼。

出乎统治者意料的是，尽管金川一隅，兵将云集，但天时、地势、人心极为不利，在金川军的顽强抗击下，清军惨败。乾隆三十八年(1773)六月，灾难降临，清军驻在木果木的大营，遭到金川兵的偷袭，两万清军，队伍大乱，士兵和民夫一起，闻风逃窜，沿途站卡，不战而溃，统帅温福和许多提督、总兵被围战死，"我兵自相践踏，终夜有声，渡铁锁桥，人相拥挤，锁崩桥断，落水死者以千计"②。兵力占巨大优势，却遭到如此惨败，为战争史上所罕见。乾隆帝引以为奇耻大辱："国家百余年用兵多矣，从无此事……何以贼番一至，手足无措，溃散竟至于此……朕之误任温福，惟有引咎自责而已。"③

木果木战败之后，乾隆帝愧愤交加，誓灭大金川，又派阿桂为征西将军，继任统帅，增调军队，追加饷银。阿桂具有谋略，用兵谨慎，吸取战败的教训，步步为营，防护后路，逐渐推进，不求速胜。又经过一年八个月的艰苦战斗，合围大金川的最后据点噶拉依。其时僧格桑已死，索诺木力竭出降，献俘北京，他和其他重要的金川领袖均遭寸磔酷刑，清廷勉强取得了战争的胜利。

---

① 《清实录》，乾隆三十七年十月丁亥。
② 昭梿：《啸亭杂录》卷七《木果木之败》。
③ 《清实录》，乾隆三十八年七月。

金川战争，调兵之众，费银之多，耗时之久，在乾隆朝"十全武功"中，首屈一指。清廷征讨两金川，不过是为了平息土司内讧，安定川西局面。而要达到这一有限的战略目标，完全可以采取谈判、调解、招抚、羁縻等政治手段。在战争之前，许多官僚将领以及乾隆帝本人早已意识到这场战争的艰巨，并不必动用武力。早在乾隆十二年（1747），乾隆帝谕旨称川西土司互斗，"小小攻杀，事出偶然，即当任其自行消释，不必遽兴问罪之师。但使无犯疆圉，不敢侵扰，于进藏道路塘汛无梗，彼穴中之斗，竟可置之不问……苗蛮顽梗无知，得其人不足臣，得其地不足守，蜂屯蚁聚，无足深较"①。但是，第一次战争还是发生了，经过两年的战斗，清军处处碰壁，损兵折将。其时国库空虚，战争难以为继。乾隆帝急忙脱身，与金川言和息兵，这不失为明智之举。事隔20多年，川西土司仍在内讧，乾隆帝鉴于以往的教训，本不想出兵，他仍说："蚁斗蛮触，不足以发兵问罪。""金酋原无干犯内地，不过与众土司互相仇杀，本无庸声罪致讨，且不值一办。"②但是，以番攻番的错误政策加剧了川西的矛盾，使清廷沿着错误的方向滑下去。开始时，是指使和支持众土司攻打大金川，想不费力气坐收渔翁之利。不意大金川越战越强，众土司反遭攻打。清廷不好袖手旁观，只得出兵援助众土司。既已出兵，又想平灭较弱的小金川，以震慑大金川。不料平灭小金川亦非易事，陆续增兵，达7万人之多，打破了乾隆朝出兵数目的最高纪录。派兵如此之多，索性将两金川一起平灭，以永保川西的太平。当清廷一旦进入这场战争的怪圈，似乎不是人在指挥战争，而是战争机器在支配人、操纵人，拉着

---

① 《清实录》，乾隆十二年二月癸酉。
② 同上书，乾隆三十一年九月辛巳。

人向前奔跑。战争的目标与增加的兵力两者互相牵引,为了达到既定的战争目标而增加兵力,又因增加了兵力而提高战争目标,如此循环转动,螺旋上升,导致战争不断升级。

应该说,金川战争的再起和扩大,与封建专制制度下皇帝的独断专行以及乾隆帝的心理、性格有着密切的关系。第一次金川战争失利,乾隆帝虽然及时言和,明智地抽身,但心中形成了解不开的金川情结,对金川深恶痛绝。平准、平回的胜利和国库贮积的丰盈,刺激起乾隆帝再次使用武力的欲望,故第二次金川战争的发生并非事出意外。当时,乾隆帝由于国力增强,财政富裕,对于用兵征伐有恃而无恐,对周边部族和邻国持强硬态度。他总结历史上治边对外的教训,认为"张挞伐则彼畏而敛迹,主和好则彼轻而生心,汉唐宋明之覆辙,率可鉴也"①。这段话反映了封建大国鼎盛时期最高统治者的心态和政策趋向,这是金川战争一发而不可收的心理因素。在封建专制政体之下,乾纲独断,皇帝的意志决定一切,不可违抗,也很难改变。诸大臣几乎不敢劝谏,不同意见不但摒弃不纳而且遭到压制,大家只好跟着皇帝一路蛮干下去,使一场本来可以收拾的局部性冲突,演变成灾难性的大战争。

战争是政治的继续,古往今来很多政治矛盾就是用军事手段来解决的,故而在历史上,战争经常发生,不可避免。但"兵凶战危",古人所诫。解决政治矛盾可以有多种多样的和平途径,战争并不是唯一的手段。发动战争之前,身居高位的决策者必须全面而慎重地估计各种条件、因素,衡量其后果,努力寻求和平解决政治矛盾的途径,避免战争的发生。错误地、轻率地使用武力将付出巨大的代价。有些战

---

① 《平定两金川告成太学碑文》。

争，旷日持久，劳师糜饷，损失严重，即使取得胜利，也将成为得不偿失的战争。金川之役，用兵太多，糜费过大，这是乾隆朝后期国力衰落、政治不振的原因之一。

圆明园与大观园[*]

《钦定日下旧闻考》卷八十《圆明园一》有如下记载：

> 清晖阁北壁悬《圆明园全图》。乾隆二年，命画院郎世宁、唐岱、孙祜、沈源、张万邦、丁观鹏恭绘。御题"大观"二字。

乾隆题《圆明园全图》为"大观"，这一点似乎还未被红学家们所注意，它和《红楼梦》中的大观园是偶然的巧合，还是有某些联系呢？

圆明园是雍正为皇子时的赐园，建于康熙四十八年，原来的房舍不多。雍正即位后，经常驻跸于此。雍正、乾隆二朝，迭加扩建，工程浩大，历时甚久。曹雪芹生长于雍乾之际，此时，北京城内和西郊造园之风大盛。《红楼梦》写大观园的建造正是现实生活在文学中的反映。

圆明园的第一次扩建工程大约始于雍正三年（1725年），

---

[*] 原载《燕都》，1989年第1期。

时曹雪芹2岁。几年之内，完成了前后湖周围20余景。第二次扩建工程始于乾隆三年（1738年），至九年完成40景，时曹雪芹15岁。以后仍陆续施工。像今天尚留废墟的西洋楼建成于乾隆十八年，此时《红楼梦》已有甲戌本的初稿。安澜园建成于乾隆二十七年（雪芹卒年），之后，狮子林、如园以及漪春园相继建造。可见在曹雪芹一生中，圆明园时时在扩建施工，尤其是乾隆三年至九年，扩建达到高潮，正所谓"恢拓营缮，宏规大起"。

据档案所载：御题"大观"二字的《圆明园全图》是乾隆三年挂在清晖阁墙壁上的，此时还在乾隆扩建之前，因此全图所绘应是雍正扩建后的圆明园旧貌。何以题"大观"二字，乾隆在《圆明园后记》中说："规模之宏敞，丘壑之幽深，风土草木之清佳，高楼邃室之具备，亦可称观止。"这和贾元春题名"大观园"时所咏"天上人间诸景备，芳园应锡大观名"是同样的意思。圆明园是康熙赐名，有康熙、雍正两帝御书的"圆明"匾额挂存殿内，乾隆不会去更改这个名字。如果让乾隆另起园名的话，他会不会就用所题的"大观"二字呢？

乾隆大举扩建圆明园正值曹雪芹青年时代，根据曹的年龄、身份、居住地点、社会关系，他很有机会进入圆明园，甚至看见或听说过这幅御题"大观"的《圆明园全图》。

圆明园的建造和管理，归内务府负责，曹家是内务府包衣，应有进入圆明园的机会。御园重地，皇帝住园必要肃静回避，严禁闲杂人等出入，但圆明园同时又是不断扩建的大工地，四方云集，人头攒动，非常热闹。曹雪芹长期住在西郊，和圆明园工地近在咫尺，他不会去受雇做工，但工地上的差事很多，他会不会去当个差以挣钱糊口呢？特别是曹雪芹能诗工画，多才多艺，又懂得园林艺术。御园工地不是正十分需要这样的人才吗？曹寅晚年曾监造畅春园，现有从满文译出的内务府奏销档为证。曹家式微后，恰逢圆明园大工举行，他家子弟在此谋个差使也是顺理成章的。如果曹雪芹真的当了差，那就不属于"闲杂人等"，而是每天必须到御园去应值点卯，对那里的景色亲游饱览，必定感受极深。

可惜曹雪芹没有留下生平事迹的材料，几乎他的一切活动，只能做合理的推测而难以确证。退一步说，即使他并没有参加御园工程，按照他的社会关系也能亲闻并熟知圆明园诸景，甚至有进园一览的可能。曹家虽已中落，但有不少上层关系和阔亲戚。怡亲王允祥是曹家的恩主，曹家被抄没后，雍正将他们交给允祥看管。下一代怡亲王弘晓是个最早的红学迷，现在传世的怡府本即是弘晓主持抄录的。兵部尚书傅鼐是曹寅的妹夫，平郡王福彭的生母是曹寅的女儿，曹雪芹的亲姑妈。他们都是雍乾之际炙手可热的大人物，曾陪皇帝游览御园。雍正所写《圆明园记》说："春秋佳日，景物芳鲜，禽奏和声，花凝湛露，偶召诸王大臣从容游赏，济以舟楫，饷以果蔬，一体宣情，抒写畅洽。"这就是雍正和王公大臣们在圆明园游览、宴会、荡舟、吟诗的情形。特别是福彭，他曾是乾隆未即位时的伴读，在园内的长春仙馆、武陵春色等处读书，每天出入圆明园，对园内诸景必眼熟能详，了如指掌。圆明园扩建的盛况，形诸奏牍谏疏，以至百姓间街谈巷议，是当时北京城的热门新闻。当时的曹雪芹少年好奇，又爱园林艺术，必定会关心和打听消息。他和姑妈、表哥闲话家常也一定会谈到这座人间天上的园林杰作。如果说，他在《红楼梦》中所写的大观园和当时正在扩建的皇家园林有密切关系，这应该不是无稽之谈。

自然，曹雪芹并没有把圆明园搬到小说里去。乾隆九年，圆明园最大的扩建工程完成，此时恰是曹雪芹开笔创作《红楼梦》之际。但刚刚建成的这个被乾隆誉为"天宝地灵之区，帝王游豫之地，无以逾此"

的天下第一园,想必给曹雪芹以启示和借鉴,使他能够为红楼诸钗安排大观园这样一个绚丽多彩的活动舞台。

因此,大观园的某些结构与皇家园林有相似之处。例如,它气魄宏伟,范围广大。贾蓉说大观园的面积"丈量了,一共三里半大",据此估测,将近300亩。北京城找不出这样大的私家园林。而雍正扩建后的圆明园占地约600亩,仅比大观园大出一倍。

作为大观园正殿的大观楼"崇阁巍峨,层楼高起",具有皇家气派,为一般人家所不及。大观园是为贵妃归宁而盖造的"省亲别墅",贵妃在内宫的位次很高,这座园林的规格就不能与一般富户相比。曹雪芹参考行宫御园的建筑结构来描写大观园,正是符合小说情节和人物身份的需要。

大观园中有个稻香村,"里面数楹茅屋,外面却是桑榆槿柘",这一派"田园风光"和大观园并不协调,所以贾宝玉批评它"分明是人力造作成的"。曹雪芹安置的稻香村,很有可能是受御园布局的启发。圆明园中的"杏花春馆""北远山村""多稼如云"都是农村景致。封建时代以农为本,皇家园圃中设置这样的景点,表示皇帝"劝农""观耕"的意思,这是私人园圃中所少见的。

大观园中有个梨香园,为伶人所居。这个院落和大观园既连接,又分开,其形式颇似圆明园中的升平署。

大观园中有妙玉居住的栊翠庵,还有玉皇庙、达摩庵,与书中所谓"山下得幽尼佛寺,林中藏女道丹房"类似。圆明园四十景中的"慈云普护""日天琳宇""鸿慈永祜",或供神佛,或奉祖宗,一般花园中很少建置庙宇。皇家园林中用以求福祈寿的宗教建筑特别多,如清漪园内的大报恩延寿寺、香山的实胜寺、宝谛寺、宝相寺,北海的永安寺、阐福寺、小西天等均建于乾隆年间。大观园之所以建置庵、庙,可能是受了御园的影响。

　　当然，并不是说大观园就是圆明园。大观园是曹雪芹为《红楼梦》中众多人物进行活动而虚构的空间环境，它是艺术创造而非实在建筑。执意寻找它是哪个园子，何处府第，岂非刻舟求剑？但是，艺术创造决不能凭空想象，没有现实中的名园胜景，曹雪芹才能再高，想象力再丰富，也难以虚构一座宏伟雅丽、诸景俱备的大观园。大观园是乾隆初年皇家造园风尚鼎盛时期的产物，曹雪芹也许见闻到乾隆御题"大观"的《圆明园全图》。这座集中国古代园林艺术大成的圆明园对触发曹雪芹的灵感很重要，所以圆明园和其他御园很可能是他塑造大观园的主要借鉴。

三山五园*

北京西郊的园林区始建于康熙、雍正时,大规模的修建工程则在乾隆朝,形成了三山五园的宏大景观,即:畅春园、圆明园以及万寿山清漪园、玉泉山静明园、香山静宜园。除畅春园为康熙所建,未大加修葺,其他均为乾隆时新建或扩建。

圆明园在北京西北郊,本为雍正藩邸时赐园。雍正即帝位后,加以扩大,为常年听政起居之所,乾隆时又大兴土木,屡加扩建。第一次大规模扩建在乾隆九年(1744)以前,圆明园四十景告成,由著名画家唐岱、沈源等绘图,乾隆亲自题诗,汪由敦书写。此圆明园四十景,共图40幅、题咏40幅,英法联军时,圆明园被毁,此图被侵略军掠去,流落海外,存于法国巴黎国家图书馆。据说雍正时圆明园中已有28景,乾隆初扩建了12景,即曲院风荷、坐石临流、北远山村、映水兰香、水木明瑟、鸿慈永祜、月地云居、山高水长、澡身浴德、别有洞天、涵虚朗鉴、

* 原载《乾隆帝及其时代》,北京,中国人民大学出版社,1992。

方壶胜境。另有一说：认为雍正时已建31景，几乎满布于圆明园的3 000亩范围，即其他九景亦可能始建于雍正时，是圆明园在雍正时已基本建成①。乾隆时扩建工程甚大，在原有的40景以外，增加了许多新的景点。如二十七年(1762)将四宜书屋改建安澜园，三十九年(1774)建文源阁。一批仿西湖景色而命名的景点，如柳浪闻莺、三潭印月、平湖秋月、雷峰夕照、南屏晚钟、断桥残雪等都是乾隆增建的。还有藻园、同乐园、舍卫城、法源楼、延真院、天宇空明、若帆之阁、一碧万顷、湖山在望、紫碧山房、洞天深处大约也是乾隆时期所建。圆明园四十景与其他景点，奇姿胜概，斗秀竞新，各具特色。如"九州清晏"在前后湖之间，淳泓演漾，支汊纵横，仿邹衍九州环以瀛海之说；"天然图画"翠竹万竿与双桐相映，风枝露梢，绿满襟袖；"坦坦荡荡"凿池养鱼，锦鳞千尾，喁唼于荇风藻雨之间；"长春仙馆"为乾隆幼年读书处，宇雅堂深、重檐曲槛；"万方安和"在水畔架构卍字形房屋，形制新奇；"山高水长""在园之西南隅．地势平衍，构重楼数楹，每一临眺，远岫堆鬟，近郊错绣，旷如也。为外藩朝正赐宴，陈鱼龙角牴之所，平时宿卫士于此较射"②；"汇芳书院"旁有奇石．怪态多姿，甚有意趣；"水木明瑟""用泰西水法，引入室中，以转风扇，泠泠瑟瑟，非丝非竹，天籁遥闻"③；"濂溪乐处"周围水中，多植荷花，菡萏香飘，端严清丽；"北远山村"仿农村景色，所谓"矮屋几楹渔舍，疏篱一带农家，独速畦边秧马，更番岸上水车"④。"蓬岛瑶台"在福海中，有大小三岛，仿造仙山楼阁，望之如琼楼玉宇，

---

① 参见张恩荫：《圆明园兴建史的几个问题》，载《圆明园学刊》第四集。
② 乾隆：《圆明园四十景图咏》,《山高水长》。
③ 乾隆：《圆明园四十景图咏》,《水木明瑟》。
④ 乾隆：《圆明园四十景图咏》．《北远山村》。

所谓"天上画图悬日月,水中楼阁浸琉璃"①。安澜园,本名四宜书屋,四十景之一。乾隆二十七年(1762)幸海宁,住陈氏隅园,喜其清幽,赐名"安澜园"。归京后,令仿其园制改建四宜书屋,更名亦称"安澜园"。乾隆诗称"安澜景本写隅园,位置亭台肖以宛"②,"风月清晖讵有涯,安澜小筑肖陈家"③。同乐园在福海之东,每届年节,饰为街衢市肆之景,表现出乾隆帝的兴趣。"高庙时(乾隆时),每新岁,园中设有买卖街,凡古玩、估衣以及茶馆饭肆,一切动用诸物悉备,外间所有者无不有之,虽至携小筐卖瓜子者亦备焉。开店者俱以内监为之。其古玩等器,由崇文门监督先期于外城各肆中采择交入,言明价值具于册。卖去者给值,存者归物。各大臣至园,许竞相购买之,各执事官退出后,日将晡,内宫亦至其肆市物焉。其执事等官俱得集于酒馆饭肆哺啜,与在外等。馆肆中走堂者,俱挑取外城各肆中之声音响亮、口齿伶俐者充之。每俟驾过店门,则走堂者呼茶、店小二报帐、掌柜者核算,众音杂遝,纷纷并起,以为新年游观之乐,至燕九日始辍,盖以九重欲周知民间风景之意也。造办处笔贴式徐君善庆每岁入值,言之最详,晚间仍备嘎嘎灯焉。嘉庆四年,此例停止"④。乾隆死于嘉庆四年(1799)正月初,同乐园中之热闹景象,随着皇帝之死而衰歇。

乾隆帝又在圆明园之西、原水磨村开辟新园,名"长春园",与圆明园既相联属,同属一园,又另开新境,别有天地。"长春园"之名始见于乾隆十年(1745)档案。该年十月,"传旨为长春园庙宇做欢门幡

---

① 乾隆:《圆明园四十景图咏》,《蓬岛瑶台》。
② 《御制诗四集》卷八六,《安澜园十咏》,乾隆四十七年。
③ 《御制诗三集》卷九四,《当无边风月之阁》,乾隆三十六年。
④ 姚元之:《竹叶亭杂记》卷一。

七堂，于乾隆十二年五月初六日做成悬挂讫"①，可见长春园至迟于乾隆十年已存在。乾隆十一年(1746)六月，"传旨做长春园内法慧寺、宝相寺、丛芳榭、平畴交远风等御笔匾额二十二面，于乾隆十二年八月初十日做成挂讫"②。可见此时众多景点已建成。乾隆十二年(1747)六月，"传旨做御笔'长春园'匾，于是年九月十六日做成挂讫"③。这时，长春园已建立。但园内官役迟至十六年(1751)方单独编制，故《会典事例》载：该年"新建长春园告竣，设六品总领一人"④。

长春园系乾隆新建，面积约为圆明园的1/3，景点亦稀。乾隆青年读书时，雍正帝曾赐号长春居士，读书处为"长春仙馆"，"长春园"之名即由此而来。乾隆建长春园是为了归政后颐养天年。据他自己说：即位之初，即焚香告天，皇祖康熙在位61年，不敢相比，如果享年长久，在位60年即当传位皇子，故乾隆诗中说"赐号当年例仙馆，倦勤他日拟菟裘"，诗注说："予有夙愿，若至乾隆六十年，寿登八十五，彼时亦应归政。故邻圆明园之东预修此园，为他日优游之地。"⑤

长春园的景色很有特点，集中反映了乾隆帝的兴趣爱好，全园山水相间。进门为澹怀堂佳树清卉、结构宽整。其西为茜园，内有青莲朵石，原在杭州，为南宋德寿宫前遗物，旁有梅树，有兰瑛的梅石

---

① 杨乃济辑：《圆明园大事记》，载《圆明园》第四集，北京，中国建筑工业出版社，1986。

② 同上。

③ 同上。

④ 《大清会典则例》卷一一七二，内务府，官制。

⑤ 《御制诗三集》卷九二，《长春园题句》，乾隆三十百年。

碑。梅已枯死，石则移至茜园，乾隆并重摹梅石碑。茜园后河北岸有思永斋，斋东筑小有天园，系仿杭州汪氏园林而建，乾隆记称"兼挹湖山之秀，为南屏最佳处者，莫过于汪氏之小有天园。盖辛未南巡所命名也。去岁丁丑，复至其地，为之流连，为之倚吟。归而思画家所为收千里于咫尺者，适得思永斋东林屋一区，室则十笏，窗乃半之。窗之外隙地方广亦十笏，命匠氏叠石成峰，则居然慧日也。范锡为宇，又依然壑庵也。激水作瀑，泠泠玲玲"①。从澹怀堂往北过长桥、循石径，至含经堂、淳化轩、蕴真斋，琳阁贮书，高轩生风。淳化轩内藏有重刻淳化阁帖石（宋太宗淳化年间所刻古代墨迹），乾隆诗称："阁帖欣犹善本全，几余考订为重镌。墨华辉映题轩匾，石刻珍藏嵌壁砖"。诗注云："内阁藏有淳化阁帖初拓，既为订正重刻，因于含经堂后回廊，分嵌石幅，廊之中拓为是轩，即以帖名之。"②澹怀堂之东为"如园"，泉竹清幽，斋室静深，是模仿南京瞻园所建，"江宁藩司署中瞻园，即明中山王徐达西园之旧，是园规制略仿之"③，亦即乾隆诗中所说："如园本以肖江南，淑景金陵近可探"④。如园之北有玉玲珑馆，多奇石翠竹，故乾隆诗称："湖石三四峰，湘筠五六个。月下诡状狞，风前清影簌。"⑤再往北为狮子林，仿苏州狮子林，园以假山著名，相传为元倪云林设计堆石，乾隆最喜其地，分别在长春园、盘山静寄山庄与避暑山庄仿筑，诗称："最忆倪家狮子林，涉园黄氏幻为今。因教规写阊城趣，为便寻常御苑临"。诗注云："吴中狮子

---

① 《钦定日下旧闻考》卷八三，国朝苑囿，《御制小有天园记》。
② 《御制诗三集》卷九二，《题淳化轩》，乾隆三十五年。
③ 《御制诗三集》卷九〇，《如园》，乾隆三十五年。
④ 《御制诗五集》卷二〇，《如园》，乾隆四十五年。
⑤ 《御制诗二集》卷五九，《玉玲珑馆》，乾隆二十年。

林，故址虽存，已屡易为黄氏涉园，丁丑南巡，曾访其胜，因邮倪卷证之"。诗注又说"狮林以石胜，相传为瓒（指倪云林）自位置者，兹令吴下高手堆塑小景，曲折尽肖"①。狮子林有八景：虹桥、假山、藤架、磴道、高亭、畅斋、香幢、石室。其中清閟阁藏倪云林画，精品六幅，"倪瓒之画，即内府所藏亦多赝鼎，曾选佳者六种，置之阁中，高士有知，当亦欣其得所矣"②。

长春园北部有一群著名建筑——西洋楼。它是中国大规模仿造西洋建筑的最早尝试，由外国传教士郎世宁、蒋友仁、王致诚设计，由中国工匠用中国物料建成。包括若干景区，"谐奇趣"在西侧，楼高三层，左右廊向前伸出，呈弧形，两端为六角楼厅，为演奏蒙、回、番音乐之处，楼阶前有喷池与水泉。其东为"方外观"，形制如清真寺，用大理石贴面，加刻回纹装饰。再东为"海晏堂"，此处为东西轴线，两层十一开间，楼门西向，富丽堂皇，气派不凡。它是园中最大的西式楼房，安装着喷泉机械，楼前水池，排列十二生肖，代表一昼夜十二个时辰，每隔一个时辰，依次喷水。再东为"远瀛观""大水法""观水法"，是整个西洋楼建筑的中心景区，改为南北轴线，给人以峰回路转、再入胜境之感。"远瀛观"坐落在高高的平台上，高峻雄伟、雕石精工；"大水法"是一座巨大的喷水池，东西两侧有高耸的喷水塔，以龙尾车激水喷泉，其南为"观水法"，上有皇帝宝座，座后为石屏风。由于喷泉设计人蒋友仁于乾隆三十九年（1774）病逝，无人能操纵龙尾车，因此，乾隆帝游览时，只能用人力抬桶上楼输水，供应喷泉。皇帝离开，喷泉也就停息。再东，过山门，为"线法山"，有层层

---

① 《御制诗四集》卷四，《狮子林八景》，乾隆三十七年。
② 《御制诗五集》卷三一，《题狮子林十六景》，乾隆五十三年。

矮墙，参差排列，山麓绿树成荫，使景区从繁华缛丽进入自然风光。这里也称"转马台"，为皇帝环山驰马之所。最东有167米长的方河，隔河遥望"线法墙"，上挂巨幅油画。"线法"即西方画中的透视学，隔河看画，透视深远。河面倒影荡漾，远方天幕舒展，给人以遐想的余味。整个西洋楼以法国洛可可式建筑及喷泉作为主体，形态端庄整齐，呈有规则的几何形构图，表现西方艺术轴线对称的特点，但某些布置装饰又糅合了中国的传统手法，如积石堆山、重檐屋顶、彩色琉璃等，体现了中西建筑艺术的交流与融合。西洋楼建筑的年代大约在乾隆十二年（1747）后。乾隆十五年（1750）三月，"传旨着造办处成造水法池内之铜鹅、铜鸭"；五月传旨由内廷拨银二万两交皇商范清注赴西洋传办装修"谐奇趣"所需家具陈设、大玻璃等。可见"谐奇趣"工程正在进行。又同年十一月，"传旨：长春园内水法处正楼平台上铜栏杆着改做琉璃栏杆，水池泊岸上铜异兽交铸炉处依原样铸做"①，这是乾隆帝曾具体指示某些工程的做法，对原设计有所修改。西洋楼大部分建筑成于乾隆二十四年（1759），但"远瀛观"迟至乾隆四十八年（1783）竣工。此建筑工程浩大，耗费很多，且形制新奇，在中国园林中别具特色。奇怪的是乾隆帝一生爱好游览，写风景诗甚多，对圆明园中许多景点再三题咏，连篇累牍，唯独没有题咏西洋楼的诗句。这可能是他虽欣赏此景之新奇，但在儒家正统思想支配下，认为奇技淫巧不足崇尚，故不以此建筑入诗。仅有的是在乾隆六十年（1794）《题泽兰堂》的诗注中叙及西洋楼建筑的缘起："乾隆十八年，西洋博尔都噶里雅（即葡萄牙）国来京朝贡，闻彼处以水法为奇观，因念中国地大物博，水法不过工巧之一端，遂命住京之西洋人郎世宁造为此法，俾

---

① 杨乃济辑：《圆明园大事记》。

来使至此瞻仰。"①看来乾隆兴修此建筑,其重要目的之一也是为了炫耀天朝大国之无所不有和无所不能。

圆明园内还有一座附属园林"绮春园",在东南隅,传说亦谓乾隆所建。此园本为怡贤亲王允祥和大学士傅恒的赐园,本名"交辉园"。傅恒死于乾隆三十四年(1769),当年,其子福隆安即将此园交进,乾隆帝改其名为"绮春园"。乾隆三十四年十月,传旨做御笔绮春园匾额,于乾隆三十五年(1770)三月初九日做成挂讫。是此时,"绮春园"即已存在。同年的档案中还有"奉旨:春和园改为绮春园","绮春园内殿宇既多,地面辽阔"②的记载。"春和园"当是"交辉园"的又一名称,此时园内已有许多建筑,必是允祥、傅恒所建。终乾隆之世并未再加营建,乾隆帝似乎亦不常来此园,故御制诗文中并无反映,刊刻于乾隆五十年(1785)以后的《钦定日下旧闻考》中亦未提及。嘉庆初,始加修缮,又并入了庄敬和硕公主的含晖园、成亲王永瑆的西爽村,地面更扩大了。嘉庆帝记其事:"斯园先名交辉,为怡贤亲王赐邸,又改赐傅恒。及福隆安呈进后,蒙皇考定名'绮春',遂开通门径,西达秀清村,东接茜园,豁然贯通矣。顾年久荒废,殿宇间有倾圮,湖泊亦多淤垫,丹雘剥落,基址湫湿。爰自嘉庆六年,驻跸御园之后,暇时临莅,弗适于怀,每岁修理一二处,惟尚淳朴。"③故绮春园虽早已存在,为乾隆命名,但多旧建筑,乾隆帝并未兴作。实际营建始于嘉庆六年(1801),已在乾隆帝逝世后。

圆明园(包括圆明、长春、绮春三园)之建筑,丰富多彩,气魄宏

---

① 《御制诗五集》卷九四,《题泽兰堂》,乾隆六十年。
② 杨乃济辑:《圆明园大事记》。
③ 《嘉庆御制文二集》卷四,《绮春园记》。

大。平地造园，凿池引水，堆山植树，在福海及许多湖泊、河渠、假山旁兴建起一批又一批建筑群。宫殿亭榭，形式多样，风格各异。此园虽始筑于雍正，继成于嘉庆，但乾隆一代经营最久，用力最大，所建景区最多，也最为精彩。整个圆明园体现了我国园林艺术发展到了登峰造极的地步，被誉为"万园之园"。乾隆帝本人也得意地夸耀："天宝地灵之区，帝王游豫之地，无以逾此。"①

在圆明园的扩建过程中鲜明地体现了乾隆帝有关建筑和设计的指导思想。第一个指导思想是力求避免呆板凝滞，突破宫廷建筑的程式，"师法自然"，寻求天然活泼的情趣。圆明园有远处的西山作借景，有丰富的水源，开阔的地形。据此而加以剪裁、配置，结合各种形式的建筑群，体现出山水真趣和诗情画意的境界。除了前湖的宫殿区庄严肃穆，其他景区创新求变、千姿百态，既有高超的艺术加工，而又保持自然清新的风韵。我们在大内、三海的建福宫、乾隆花园、漪澜堂、镜清斋等处已看到了力图突破殿堂结构的建筑思想，而圆明园、长春园则在更大规模上体现了乾隆帝"师法自然""别开新境"的造景意图。法国传教士、建筑专家王致诚赞叹说：此园建筑"抛弃整一之常律焉。盖其所营，欲备天然野趣而得幽隐之便，非欲其仍若严整壮丽之皇居也。作者抱定此旨，故小规模之殿宇，散布园中，远近相间，为数甚多而无一雷同之处……身入其中者，莫不情为之移，正因其错杂不齐，盖见匠心独造"②。

乾隆的第二个指导思想，即模拟江南名胜园林，把它吸摄到御园中。南巡时，有很多画师随驾，摹绘许多名园胜景，回京后加以仿

---

① 《御制圆明园后记》。
② 王致诚：《圆明园纪事书札》，《中国营造学刊汇刊》第二卷，第一册。

造。圆明园、长春园内有四个附园，安澜园（以四宜书屋改建）是模仿海宁陈氏的安澜园，狮子林是模仿苏州名园狮子林，小有天园是模仿杭州汪氏的小有天园，如园是模仿南京的瞻园。故晚清王闿运的诗云："行所流连赏四园，画师写仿双开境。谁道江南几景佳，移天缩地在君怀。"①园中其他仿造江南园林之处甚多。这种模仿不是简单地抄袭照搬，而是"略师其意，就其天然之势，不舍己所长"②。实际上是保存原景的某些基本特征和构思，因地制宜地予以再创造。

乾隆的第三个指导思想是建筑形式与实际用途相适应。园中许多建筑有各种特殊的用途。如"鸿慈永祜"即安佑宫是奉祀康熙、雍正神主的地方，故宏大堂皇，规格高于圆明园之正殿；如"长春仙馆"，乾隆幼时在此读书，后常奉皇太后来此，为太后居息之所。该处屋宇深邃，重檐宽廊，冬暖夏凉，宜于居住；如"山高水长"是接待少数民族习武角牴、放花观灯之所，故平衍宽旷，可以驰骋，楼宇亦呈一字长形；如"多稼如云""北远山村"，寓观耕崇农之意，故模仿田野村庄，种植稻谷蔬菜，饶有田家风韵；如"兰亭八柱"保存《兰亭序》《兰亭诗》的八种摹本，刻石建亭，旁有溪水、仄涧流泉，以象征"曲水流觞"。

总之，乾隆前期与中期，圆明园是清王朝的重点建筑工程，无时不在扩建修缮之中，其规模和景区因之大备。它典型地体现了乾隆皇帝个人的建筑思想和审美观点。

在北京的西北郊，除了圆明园以外，还有畅春园、香山静宜园、万寿山清漪园、玉泉山静明园等。除畅春园外，乾隆对这些园林，或新建、或修葺，无不投入大量财力。明代，西北郊虽有官僚豪富的少

---

① 王闿运：《圆明园词》。
② 《御制诗五集》卷八九，《题致远斋》，乾隆五十九年。

数园林，但并未成为风景区。"大抵皆贵珰坟院，位置一律，殊不雅观。"康熙始建畅春园，雍正始建圆明园，为开发西郊风景资源之滥觞，但事属创始，规制湫隘，尚未形成园林群。乾隆一代，挟雄厚之财力，在此大兴土木，形成了三山五园的皇家苑囿，成为我国园林艺术的鼎盛时期。

乾隆帝营建的第一个新园林就是香山静宜园。昔年康熙曾来此游览，建有行宫数宇，久已废圮。乾隆帝"癸亥（乾隆八年）始来游此，乐其山川之秀。乙丑（乾隆十年）乃命就旧行宫之基，葺垣筑室，遂成名园，颜曰'静宜'"①。又说："乾隆乙丑秋七月，始廓香山之郛，薙榛莽，剔瓦砾，即旧行宫之基，葺垣筑室。佛殿琳宫，参错相望。而峰头岭腹凡可以占山川之秀，供揽结之奇者，为亭，为轩，为庐，为广，为舫室，为蜗寮，自四柱以至数楹，添置若干区。越明年丙寅春三月而园成。"②香山本属寺庙产业，荒废日久，树木砍伐殆尽，几成秃山。皇帝出资购山，开始规模很小，仅买地一百亩，以后扩大。故乾隆的诗中说："忆昔曾来此，名山惜似髡。"③又说："稍出内府资，买地垂百亩。山僧饱囊橐，而我足林阜。一举两得之，香山宛我有。"④香山静宜园以山为主景，工程规模不大，主要是因山引泉、植树栽花、葺垣筑室、利用天然形胜，扩为28景，短时间内，景观已大致具备。故乾隆称香山的特色是："岩峦之怪特，林薄之华滋，足天成而鲜人力。"⑤香山28景中较知名的有"璎珞岩"，奇石嶙峋，有

---

① 《御制诗五集》卷八九，《题致远斋》，乾隆五十九年。
② 《钦定日下旧闻考》卷八六，国朝苑囿，《御制静宜园记》。
③ 《御制诗初集》卷三二，《香山栖云寺作》，乾隆十一年。
④ 《御制诗初集》卷四〇，《香山》，乾隆十二年。
⑤ 《钦宗日下旧闻考》卷八六，国朝苑囿，《御制静宜园记》。

泉出岩穴中，洒落如雨，飞溅如雹，淙淙作响。岩上筑室三楹，有康熙御笔"绿筠深处"匾，盖为其旧游处。有"驯鹿坡"，将东北所贡麋鹿放养于此，丰草佳坪，为天然之鹿苑。有"香山寺"始建于金世宗时，历时将近六百年，旧名永安寺，乾隆修缮后"依岩架壑，为殿五层，金碧辉映。自下望之，层级可数"①。并改其名为香山寺。附近为"来青轩"，"远眺绝旷，尽挹山川之秀，故为西山最著名处"②。有"洪光寺"，明成化年间太监郑同重修，郑为朝鲜人，故此寺之毗卢圆殿相传为仿金刚山而建。寺前有石盘道，名为"霞标磴"，"累石为磴，凡九曲，历十八盘而上。仿佛李思训、王维画蜀山栈道，山势耸拔，取径以纡而得夷"③。西北有"绚秋林"，树木蓊郁，有松、柏、桧、槐、榆、银杏，最特出的是枫树，"深秋霜老，丹黄朱翠，幻色炫采。朝旭初射，夕阳返照，绮缋不足拟其丽，巧匠设色不能穷其工"，诗云："嶂叶经霜染，迎晖紫翠纷。绚秋堪入画，开锦恰过云"④，这是乾隆帝对当年香山红叶的题咏。此外，尚有"芙蓉坪""森玉笏""玉华岫"等景。香山最高处为"香雾窟"，俗名"鬼见愁"。"历玉华岫而上，西南行，陟山巅，是园中最高处。就回峰之侧为丽谯，睥睨如严关。由磴拾级而上，则山外复有群山，屏障其外。境之不易穷如此"⑤。附近有乾隆御题"西山晴雪"碑，为燕京八景之一。

修建此园后，适值第一次征讨金川，金川多高山急流，建有战碉，很难攻取。乾隆帝选拔2 000名八旗精锐，成立健锐营，移居香

---

① 《钦定日下旧闻考》卷八六，国朝苑囿，《香山寺诗》，乾隆十一年。
② 《钦定日下旧闻考》，《来青轩诗》，乾隆十一年。
③ 《钦定日下旧闻考》，《霞标磴诗》，乾隆十一年。
④ 《钦定日下旧闻考》，《绚秋林诗》，乾隆十一年。
⑤ 《钦定日下旧闻考》卷八七，国朝苑囿，《御制香雾窟诗》，乾隆十一年。

山，在此仿造金川碉楼，练习登山攻碉战术。健锐营的营房皆建于附近，共建碉楼68处，营房3 500间。"适金川降庚及临阵俘番习工筑者数人，令附居营侧"①。乾隆帝又在香山修葺或新建了许多寺庙。乾隆十四年（1749），为纪念健锐营的建立，即在其营房旁建"实胜寺"；乾隆十六年（1751）仿照佛教圣地五台山之菩萨顶而建"宝谛寺"，乾隆二十七年（1762）仿照五台山殊像寺而建"宝相寺"，以供奉文殊佛相，"殿制外方内圆，皆甃甓而成，不施木植"②；乾隆四十五年（1780）为奉迎班禅六世来京而建昭庙，仿西藏寺庙的建筑形式。还重修香山附近的寺院，最大的修理工程是"碧云寺"，"西山佛寺累百，惟碧云以闳丽著称，而境亦殊胜。岩壑高下，台殿因依，竹树参差，泉流经络……朕驻跸静宜园，时过此寺，乐观林壑之美，而念古刹之有待于护持也。爰命重加整葺"③。

乾隆帝对香山的景色极为欣赏，其诗云："最爱香山好，因之别业成。常留云馆跸，便阅黍田耕"④，又说："每岁夏初或秋九，辄命驾驻跸数日，偻指已五十余年矣。园中楼馆轩亭、峰岩溪涧以及佛殿琳宫，随处结构，皆成胜境。每来问景探奇，率多吟咏，积数十年得诗已约有一千三百余首。而日涉成趣，觉佳兴正未有艾也"⑤。乾隆帝经常来这里玩赏，在他长达几十年间的诗作中，吟咏香山的诗句达一千三百余首，可见他喜爱之深。

---

① 《赐健锐云梯营军士食即席得句》，乾隆十五年。
② 《钦定日下旧闻考》卷一〇三，郊坰。
③ 《御制文初集》卷一八，《碧云寺碑文》。
④ 《钦定日下旧闻考》卷一〇三，郊坰，《御制六月朔日自香山游圣感诸胜即景成诗得五十韵》，乾隆十二年。
⑤ 《御制诗五集》卷八九，《题致远斋》，乾隆五十九年。

乾隆新建的另一个大园囿是清漪园（即今之颐和园），这里本是西海，亦称瓮山泊。背山临水，湖面开阔，周围没有大的建筑，具有其他皇家园林不具备的优越的地貌条件。乾隆为其生母庆祝六十寿辰，将西海改名昆明湖，瓮山改为万寿山，在此大规模营建新园囿。首先是勘查、整治西郊的水系，如果水源不足，则难以给圆明园、清漪园供水，而且通往城内的长河以及护城河、积水潭、什刹海、太液池、通惠河均有干涸之虞。乾隆帝派人调查水源，了解到除玉泉山、万泉河的水源外，"西山碧云香山诸寺，皆有名泉，其源甚壮，以数十计。然惟曲注于招提精蓝之内，一出山则伏流不见矣"[1]。于是施工蓄水，利用石渡槽将这些泉流导引而东，与玉泉山水汇合，同注昆明湖。乾隆十四年（1749），疏浚扩大昆明湖，"廓与深两倍于旧"，起初还担心扩大和浚深湖泊后，水源恐不足，但由于导引西山诸泉成功，"湖成而水通，则汪洋澋沆，较旧倍甚"[2]。治水工程的结果很理想，从此昆明湖成为重要的蓄水库，供应几个御园的蓄用和长河、护城河、太液池的用水，在交通和灌溉方面也发挥了效益。"昔之城河，水不盈尺，今则三尺矣。昔之海甸无水田，今则水田日辟矣"[3]。

清漪园不同于圆明园，圆明园始建于康熙末，雍正即位后大加扩充，乾隆初年再次扩充，开始时并没有总体的设想。而清漪园则一次建成，主要工程竣工于乾隆十四至十六年（1749—1751）。事前堆山治水，建庙构堂，全面规划，成竹在胸，一气呵成，故配置得宜、气宇宏敞。乾隆时清漪园的规制与景区和今天的颐和园已基本相同。

清漪园水面广阔，为诸园之冠。依山傍水，大小景点100多个，

---

[1] 《御制文初集》卷四，《麦庄桥记》。
[2] 《御制文初集》卷五，《万青山昆明湖记》。
[3] 同上。

分前山、后山、湖内三个部分。前山东段有勤政殿、玉澜堂、乐寿堂等宫殿建筑，其中玉澜堂临近湖面，凭窗西望，水天空阔，乾隆诗称："又俯西窗扆，湖天上下空。只观铺镜影，辽待迭纨风。暖起浮霄蠓，宽栖度岁鸿，漫言冰尚沍，澜意满其中。"① 又乐寿堂前有巨石，长三丈、广七尺，名"青芝岫"，原为明代米万钟在房山采得，欲放在自己构筑的勺园内，运送来京时，因此石体大质重，中途停止，置之路旁。乾隆帝营建清漪园，将它运到乐寿堂前。前山中段有全园的主体工程"大报恩延寿寺"，"殿宇千楹，浮图九级，堂庑翼如，金碧辉映"②，这是为皇太后祝嘏而建，十分豪华壮丽，此寺后被毁。晚清，慈禧太后在其废址上重建排云殿。寺后山顶建宝塔，将成而圮，改建佛香阁。从大报恩延寿寺上至佛香阁、智慧海、众香界，形成全园的主要轴线，居高临下，俯瞰昆池，满园景色，尽收眼底。其旁有"罗汉堂"，内有五百罗汉，雕塑精工，神态如生。罗汉堂后有铜亭。此二者被毁于外国侵略军，今皆不存。前山西段，有观曲听剧的"听鹂馆"，有浮水若舟的"石舫"，乾隆帝说："余之石舫，盖筑之昆明湖中，不依汀傍岸，虽无九成之规，而有一帆之概。弥近烟云之赏，迥远风浪之惊，鸥鹭新波，菰蒲密渚。涌金漪而月洁，凝玉镜成冰寒。四时之景不同，朝暮之观屡易"③。他又说：建石舫，寓意于"水能载舟，亦能覆舟"，以示警惕，亦有奠磐石之安的祝愿。前山的东、中、西三段，联以朱漆彩绘的长廊，东起"乐安和"，西至"石丈亭"，像一条彩带一样，把许多分散的景点连缀起来，给人以浑然一体的感受，此种布局，极见匠心。后山的主体建筑是高处的"须弥灵

---

① 《御制诗三集》卷一五，《玉澜堂》，乾隆三十八年。
② 《御制文初集》卷一八，《万寿山大报恩延寿寺碑记》。
③ 《御制文初集》卷五，《石舫记》。

境""香岩宗印之阁"等,系仿藏式建筑,布置严整,气势磅礴,宗教气氛甚浓重。山麓买卖街,沿河两岸,廛合栉比,河岸砌有整齐的料石,茶招酒旗、估铺商号,富有江南小镇的情趣。后溪河绵延数里,两岸青山,一川碧玉,南岸为真山,因其自然走势;北岸为假山,随南岸山形而曲折变化,河畔草深林密、蝉噪鸟鸣,给人以山穷水复、幽深静谧之感,为典型的峡谷景观。山腰河侧有若干个小园,如绮望轩、贩春园、绘芳堂、构虚轩、花承阁等,这些小园,构筑简素,形式朴雅,本身就有吸引力,而放在后山的整个环境中,犹如长幅的山水画卷中,缀以几处亭台,格外引人入胜。后溪河的东端、林木掩映中隐约可见翼角飞檐,这就是"惠山园"(嘉庆改名为"谐趣园"),系仿照无锡秦氏的寄畅园而建。乾隆帝说:"江南诸名墅,惟惠山秦园最古。我皇祖赐题曰寄畅。辛未春(乾隆十六年)南巡,喜其幽致,携图以归,肖其意于万寿山之东麓,名曰惠山园。一亭一径,足谐奇趣,得景凡八。"①昆明湖内有十七孔桥,旁有镇水铜牛,桥通广润祠(俗名龙王庙),与全园中轴线上的大报恩延寿寺遥遥相对。昆明湖西有织染局,原在城内嵩祝寺,乾隆十六年(1751),"移万寿山之西,与稻田毗近,立石曰耕织图"②。乾隆诗云:"玉带桥西耕织图,织云耕雨学东吴。水天气象略如彼,衣食根源每廑吾。"③瓮山本为秃山,"土赤坟,童童无草木",乾隆大规模营建清漪园,不但从整治水面做起,而且广植树木,莳种花草,水面养植荷花,不久佳木成荫、名花竞放,改变了原瓮山的面貌。建园的经费,据乾隆二十九年(1764)内

---

① 《钦定日下旧闻考》卷八四,国朝苑囿,《御题惠山园八景诗》,乾隆十九年。

② 《京师坊巷志稿》卷上。

③ 《钦定日下旧闻考》卷八四,国朝苑囿,《御制耕织图口占诗》,乾隆二十年。

务府奏销:"用过银四百八十九万七千三百七十二两三钱四分六厘"①,此数目还不包括绿化和屋内家具、陈设在内。

  清漪园有优良的自然地貌,故构建迅速,至乾隆十九年(1754),全园已基本告成。山形巍峨,水面广阔,气宇宏敞。乾隆极爱此园的景色,频来游赏。85岁时,他泛舟游此,写了这样一首诗:"玉泉舟下玉河通,日丽风和波不雄。芷白蒲青景有望,鸢飞鱼跃兴无穷。清漪水色从新秀,万寿山光即渐融。行不须臾吟数首,裴家构思或相同。"②可见他的游兴与诗兴之浓。他还仿效汉武帝在长安昆明池内设水师的故事,命健锐营兵弁每年夏季在昆明湖训练水操,调福建水师官员担任教习,并建有战船16艘,组成一支船队,乾隆亲自参加阅看了在湖上举行的"水猎"。

  玉泉山静明园,原为康熙所建。乾隆初加以扩充,至十八年(1753)已建成静明园十六景。乾隆称赏此园"亭台点缀,时有晦明,而山水吐纳,岚霭朝暮,与造物相终始"③。玉泉山以泉脉壮盛、泉水清冽甘美闻名,乾隆评为天下第一泉,宫中饮水,均用此泉。燕京八景原有"玉泉垂虹"。其实,玉泉之泉,向上喷涌,似济南之趵突,而非瀑布。乾隆帝认为不应称"垂虹",改为"玉泉趵突"。他的诗注中说:"西山泉皆洑流,至玉泉山势中豁,泉喷跃而出,雪涌涛翻,济南趵突不是过也。向之题八景者目以垂虹,失其实矣。复正其名,且表为天下第一泉。"④玉泉山"山顶有定光塔,凡七层,乾隆间建,仿

---

  ① 中国第一历史档案馆藏,内务府奏案第165包,第26号,乾隆三十二年七月十七日傅恒等奏。
  ② 《御制诗五集》卷八〇,《由玉河泛舟至万寿山清漪园》,乾隆六十年。
  ③ 《钦定日下旧闻考》卷八五,国朝苑囿。
  ④ 《御制诗二集》卷二九,《燕山八景诗叠旧作韵》,乾隆十六年。

金山寺塔式"①。乾隆诗称："窣堵最高处，岩岩霄汉间。天风摩鹳鹤，浩劫镇瀛寰。结揽八窗达，登临一晌间。俯凭云海幻，揭尔忆金山。"②

此外，畅春园是康熙时所建园林，乾隆时皇太后居此园，其中集凤轩、纯约堂亦经乾隆时修葺，但无大的扩建。西直门外高梁桥尚有倚虹堂、乐善园，地临长河（在今动物园）。自乾隆初整治西郊水系，御舟可从高梁桥通往昆明湖。与圆明园倚虹堂、乐善园为水路必经之地，故构筑小园，以为中途休息之所。

乾隆新筑的又一个园林是盘山静寄山庄，盘山又名田盘，在京东蓟州以西二十五里，是从北京前往遵化东陵的必经之路。雍正时，乾隆奉命往遵化祭陵，往来蓟野，发现此处山色宜人。他说：北方的山雄峻，南方的山奇秀，而盘山"介在南北之间，兼收雄秀之粹"，但他一直未得机会去游览，乾隆七年（1742）秋，谒陵回銮，顺道登山，"及一游则峰之秀、泉之清、松之苍、石之诡、日往来于吾怀"③。于是决意建园，拨内帑、购土地、建房屋，"园之内得景八，园之外标旧迹与诸寺，复得景八，合为山庄十六景，而名之曰静寄"④。盘山风景以山胜，天然秀丽，乾隆说它的特点是"地僻而山秀，树茂而谷深""其为隐者之所盘旋"⑤。山上多古迹，如少林寺为晋魏古刹，天香寺、天成寺均唐代古刹，还有文皇（唐太宗）晾甲石、李靖舞剑台和尉迟敬德监修的双峰寺等。

---

① 吴振棫：《养吉斋丛录》卷一八。
② 《钦定日下旧闻考》卷八五，国朝苑囿，《御制玉峰塔影诗》，乾隆十八年。
③ 《御制文初集》卷一二，《盘山志序》。
④ 《御制文初集》卷四，《静寄山庄十六景记》。
⑤ 《御制文初集》，《游盘山记》。

曹雪芹与平郡王福彭[*]

《红楼梦》是蜚声世界的伟大现实主义小说，但作者曹雪芹的事迹湮没不彰，这不能不说是我国文学史上的憾事。

有关曹雪芹的资料极少，故他与平郡王福彭的往来无文献可征。但福彭是曹雪芹的亲姑表兄却是无疑。康熙四十五年（1706），康熙帝传旨令曹寅之妻送女北上与王子完婚，此王子即讷尔苏，袭封平郡王。曹氏所生子即福彭，为雍乾之际政坛上的重要人物。曹氏活得较长，在世的时候，曹家无论如何败落，至亲骨肉，往来必甚频繁。据档案记载，曹𫖯革职抄家，返回北京，金陵的房屋归继任织造隋赫德所有。雍正十一年（1733），老平郡王讷尔苏（时已革爵）曾帮着曹家向隋赫德索借银两三千八百两，隋赫德不敢违抗。可见平郡王府对曹家的护持。《红楼梦》中描写几个大家族，"一荣俱荣，一损俱损"，曹家的阔亲戚、老关系还不少。因此，乾隆初年曹家家道尚不至败落，福彭和曹雪芹也谊属至戚。过去对福彭的了解不多，但在《清实

---

[*] 原载《燕都》，1990 年第 1 期。

录》和乾隆帝的诗文中却保留着相当丰富的资料。福彭和一般庸碌的王公、八旗子弟不同。他英年早慧，才华出众，受到康熙、雍正、乾隆三朝皇帝的赏识。曹雪芹和他年龄相差不大，福彭长于曹雪芹六七岁或十余岁（因曹雪芹生年尚无定说），两人必有往来。除至亲关系外，亦当有惺惺相惜之情。由此推想：曹雪芹思想和性格的某些方面也许受到了表哥的影响，在文献不足征的情况下，这一推想有相当的合理性。

福彭是努尔哈赤的八世孙，属于代善、岳托的支裔。岳托因功始封克勤郡王，是清代世袭罔替的八家"铁帽子王"之一，后改称平郡王。福彭幼年聪明伶俐，被康熙皇帝看中，养育宫中，这是特殊的恩宠。康熙的嫡孙近百人，多得认不过来，被养育宫中的只有弘历（即乾隆）、弘晳等数人。后来乾隆对此津津乐道，引为殊荣。非颖慧特殊之儿童，虽嫡孙也不能得此待遇。福彭以远支宗室，幼时养育宫中，必有过人之才质。

雍正四年（1726年），讷尔苏得罪革爵，年仅19岁的福彭继其父为平郡王。六年，被雍正选入内廷，与皇子们一起读书，同学五人，即皇四子弘历、皇五子弘昼（后封和亲王）与康熙的两个小儿子皇二十一子允禧（后封慎郡王）、皇二十四子允祕（后封諴亲王）。这五个同学内，福彭最大，年21岁。允禧、弘历、弘昼同年，18岁。允祕最小，13岁。雍正帝对皇子的教育十分重视，慎选师傅，他特别挑选年龄稍长的福彭，与弘历等同窗学习，必是看中了品学兼优的福彭，希望他的为人和学业能影响年龄稍小的皇子们。

在内廷学习期间，雍正八年，福彭曾奉命至盛京修治皇陵前的河道，又派管旗务，署理都统，擢宗人府宗正，又派在军机处行走。雍正九年，清军与准噶尔大战于和通泊，清军战败，溃不成军，这是历史上著名的"辛亥之败"。当时，前线紧急，军队要进行整顿、改组，需要一位有胆有识、英勇能干的统帅。满朝无数宿将，雍正帝都没有看中，却毅然遴选尚在书房读书、24岁的青年福彭为定边大将军，赴前线指挥。让他肩负军事重担，这在当时是惊人的破格之举，亦可见雍正对福彭的信赖和器重。

弘历和福彭长年同学，相知甚深，情谊尤笃。当时弘历称"圆明居士"，弘昼称"旭日居士"，这是雍正帝给他们兄弟俩取的雅号，福彭亦称"如心居士"，他敢采用与皇子们类似的雅号，可见同学关系之亲密，这一雅号可能也是雍正帝赐名。弘历即帝位以前，将自己的诗文，辑为《乐善堂全集》。时福彭已统军赴边疆，万里以外，为此书作序。福彭平生所作，除奏折，殆无存留，唯此序文，刊载于御制《乐善堂全集》之卷首。可见福彭与乾隆帝关系之深。《乐善堂全集》内赠福彭的诗文甚多，弘历对这位学侣极为推重称赞，说福彭"虽年少而器识深沉，谦卑自牧，娴学问，通事理"[①]。更难得的是福彭文武全才，晓畅兵机。福彭为大将军，统兵赴乌里雅苏台，启行之日，弘历亲自送行至京郊清河，依依惜别。弘历青年时代，除了自己的弟弟和年轻叔叔之外，福彭是他的唯一挚友。福彭在边陲三年，弘历屡次题赠诗句，称"武略文韬藉指挥，书斋倍觉有光辉""暖阁薰炉刻漏移，闲情万里忆相知""如心居士知无恙，两字平安藉送来"，可见弘历对福彭的赏识和眷念之情。

福彭受康熙恩养、雍正拔擢、乾隆赞誉，三朝知遇，在历史上极为罕见。这三个皇帝都是中国历史上的英明君主，不轻易赞许别人，是福彭必有过人之才资，才得以重用。曹雪芹有这样一位出类拔萃的

[①]《乐善堂全集定本》卷七《送平郡王奉命往盛京修理福陵前河道序》。

亲表兄，想必受其熏陶。在曹雪芹这位伟大作家的成长史上，福彭当是一位重要的人物。端木蕻良先生的小说《曹雪芹》写了平郡王福彭，但性格较粗，资质平庸，与一般八旗子弟相似，与真正的福彭相去甚远。

福彭治军有方，曾驻节乌里雅苏台、科布多、鄂尔坤等地，又筑城额尔德尼昭。雍正十三年，雍正皇帝死，乾隆即位，立即召他的挚友福彭回京，参加总理事务处，为协办总理，地位在老资格的庄亲王允禄、果亲王允礼之下，而居鄂尔泰、张廷玉、讷亲之上。福彭在雍乾之际的政治舞台上是一颗冉冉上升的新星。

尽管福彭才德兼优，与乾隆同窗至好，且一度被重用，但后来这颗明星反而逐渐黯淡。虽曾管理正黄、正白旗事务，但未曾大用，不掌握朝政大权，其原因尚待进一步探索。这可能与乾隆帝用人的路线有关。乾隆帝鉴于康熙、雍正两朝宗室王公掌权，兄弟阋墙之教训，完全排斥宗室亲贵执政，而起用讷亲、傅恒等人。乾隆初，果亲王允礼逝世，庄亲王允禄得罪黜退，平郡王福彭也在改组总理事务处、恢复军机处时退出中枢政权。终乾隆之世再也没有宗室王公参加中枢政权。乾隆对他们礼遇隆厚、优给俸禄而不假以事权，年轻有为的福彭从此息影政界。乾隆十三年（1748年）十一月，福彭病死，年41岁。谕旨称："平郡王宣力有年，恪勤素著，今闻患病薨逝，朕心深为轸悼，特遣大阿哥携茶酒往奠，并辍朝二日。"这是特殊的恩礼，乾隆帝对这位昔年的老同学还有相当旧情。

福彭死时，曹雪芹正在创作《红楼梦》。书中所写富家生活，既有破落前曹家生活的实录，也有采自其他的王公家庭。平郡王家是当时最显赫的贵族家庭，又是曹雪芹的至亲，曹目睹姑母家的奢华与排场，印象必极深刻，故能对18世纪满人贵族的豪富生活写得惟妙惟肖，入木三分。

乾嘉史学大师钱大昕*

钱大昕，字晓征，号辛楣，又号竹汀。江苏嘉定（今属上海市）人，生于清雍正六年（1728），逝于清嘉庆九年（1804），是18世纪中国的杰出学者，乾嘉时代的史学大师。青少年时代他成长在文化氛围浓郁的江南地区，就学于苏州紫阳书院，与王鸣盛（钱之妻兄）、王昶、曹仁虎等同学，诗名甚著，号称"江南七子"。乾隆十六年（1751），清帝第一次南巡，钱大昕迎驾献赋，特赐举人，任职内阁中书。十九年会试中式，在翰林院、詹事府任官，曾赴山东、浙江、湖南、河南为乡试考官，又任广东学政。他在北京长期任职于清闲衙门，"在京都退食之暇，唯以经史自娱，讨论异同，贯串古今，丹黄不去手，既专心于著书"①，与王鸣盛、王昶、纪昀、朱筠、戴震、赵翼、卢文弨、翁方纲、钱载等切磋学问，皆当时名流。自称："一旦辞家而仕于朝，与贤士大夫游，或接武于公廷，或相访于

---

* 原载《文史哲》1997年第3期。
① （清）钱大昕：《潜研堂文集·序》。

寓邸,出或同车,居则促膝,收直谅之益,极谈宴之欢,经年累月,无间寒暑……故尝谓朋友之乐,唯京朝官所得为多。"①

乾隆四十年(1775)以后,钱大昕辞官回乡,不复出仕,专心著述,先后担任南京钟山书院、松江娄东书院、苏州紫阳书院院长,居苏州尤久,与著名学者段玉裁、孙星衍、顾广圻,诗人袁枚及弟钱大昭,侄钱塘、钱坫游,讲学问难,游山赋诗。当时,与钱大昕青少年时同学的嘉定王鸣盛、青浦王昶亦辞官归里,"三人者所居百里而近,春秋佳日,常聚于吴中,诸弟子执经载酒,称为'三老'"。其门下弟子2 000人,著名者有邵晋涵(攻史学,钱任浙江主考时所取举人)、李文藻(攻版本、金石,钱任山东主考时所取举人)以及书院学生李锐(攻天算)、夏文焘(攻舆地)、朱骏声(攻《说文》)、孙星衍(攻经学、版本、金石)、钮树玉(攻《说文》)、张燕昌(攻金石)、潘世恩等。钱大昕逝世时76岁,晚年自题其像赞:"官登四品,不为不达,岁开七秩,不为不年,插架图籍,不为不富,研思经史,不为不勤,因病得闲,因拙得安,亦仕亦隐,天之幸民",反映了这位宿学耆儒生当太平盛世、生活优适,及其乐天安命、嗜于著述、潇洒旷达的情怀。

钱大昕学问渊博,考辨审实,造诣精深。当时人江藩称:"先生不专治一经而无经不通,不专攻一艺而无艺不精……戴编修震尝谓人曰:'当代学者,吾以晓征(即钱大昕)为第二人',盖东原(即戴震)毅然以第一个自居。然东原之学以肆经为宗,不读汉以后书。若先生学究天人,博综群籍,自开国以来,蔚然一代儒宗也。以汉儒拟之,在高密(即郑康成)以下,即贾逵服虔亦瞠乎后矣,况不及贾服

---

① (清)钱大昕:《潜研堂文集》卷二六《炙砚集序》,245—246页。

者哉！"①。近人陈寅恪称钱大昕"信为清代史学家第一人矣"。②金毓黻称他援引精确，分析入微，为前人论史书中所罕见。

钱大昕的著作甚多，光绪十年，长沙龙氏家塾刊刻《潜研堂全书》，所收著作即有34种，遗漏未收者尚多。他的代表作当推《廿二史考异》100卷，《十驾斋养新录》20卷，余录3卷，《潜研堂文集》50卷，诗集10卷，诗续集10卷。

钱大昕的重大贡献是运用实证的方法，系统研究了中国历代史籍。中国历史学极为发达，史籍记载汗牛充栋，仅纪传体正史，自史汉以下，绵延不断，这是一笔十分丰富的文化遗产。以前学者，撰史者多而评史者少，评史者又多议论体例、书法或褒贬古人，对已有史书做考证、补遗、纠谬者更少。宋明理学家的流弊是"束书不观，游谈无根"，视浩如烟海的史部著作为畏途。清代汉学家视治经为正途，认为史学是粗学、杂学。在乾嘉时代，有三位杰出的学者提倡史学考证，实开风气之先，这就是《廿二史考异》的作者钱大昕、《十七史商榷》的作者王鸣盛、《廿二史札记》的作者赵翼。他们开启了近代历史学考证的先河，三书各有特色，而钱大昕的著作尤其博洽精当。他少年即嗜读史书，"反复校勘，虽寒暑疾疢，未尝少辍，偶有所得，写于别纸"③。四十岁开始编《廿二史考异》，五十五岁完成，可说是竭尽了盛年时期的精力。此书对历代正史做了全面的考证、辨异、校勘、补遗，本着详今略古的原则，尤详于《新唐书》《宋史》《元史》，考证此三史之篇幅占《廿二史考异》全书的47%。

---

① 江藩：《国朝汉学师承记》卷三《钱大昕》，50、51页。
② 陈寅恪：《陈寅恪集·金明馆丛稿二编》，三联书店，2001年，26页。
③ （清）钱大昕：《廿二史考异·序》，上海古籍出版社，2004年。

钱大昕坚持历史学秉笔直书的传统，"据事直书，是非自见"，不必画蛇添足，多加褒贬议论。他说："夫良史之职，主于善恶必书，但使纪事悉从其实，则万世之下，是非自不能掩，奚庸别为褒贬之词？"①他批评欧阳修的《新唐书》、朱熹的《通鉴纲目》。《新唐书·宰相表》记载宰相之死，"有书薨、书卒、书死之别，欲以示善善恶恶之旨。然科条既殊，争端斯启。书死者固为巨奸，书薨者不皆忠谠，予夺之际，已无定论。紫阳纲目，颇取欧公之法，而设例益繁，或去其官，或削其爵，或夺其谥。书法偶有不齐，后人复以己意揣之，而读史之家，几同于刑部之决狱矣"②。

钱大昕认为：纪传正史，凡官修之书，成于众手，限于时日，故纰缪较多，尤以《宋史》《元史》为甚。《宋史》冗丛无章，编次失当，北宋部分因有根据，质量尚好，南渡后七朝最差，"宁宗以后四朝又不如高孝光三朝之详，盖由史臣迫于期限，草草收局，未及讨论润色之故"③。至于元史更为陋劣，"史之芜陋，未有甚于元史者"，因开局修史，仅331天成书，主编宋濂、王祎皆"词华之士"，不谙史法，"征辟诸子，皆起自草泽，迂腐而不谙掌故"，"古今史成之速，未有如元史者，而文之陋劣，亦无如元史者"。④钱大昕颇有志重新编撰元史，已有部分成稿，但迄未完竣。

钱大昕考证诸史，尤以舆地、官制、氏族为多。如论晋南迁后，侨置州郡，初不加"南"字。至刘宋禅代后，始加"南"字。而唐人不

---

① （清）钱大昕：《潜研堂文集》卷一八《续通志列传总叙》，169页。
② （清）钱大昕：《廿二史考异》卷五六。
③ （清）钱大昕：《十驾斋养新录》卷七《南渡诸臣传不备》，上海书店出版社，1983年，149—150页。
④ （清）钱大昕：《十驾斋养新录》卷九《元史》，195页。

察，修晋书地理志，俱加"南"字，使得许多地名都弄混了。"史家昧于地理，无知妄作，未有如晋志之甚者"①。又如汉代分封同姓与异姓侯王甚多，《汉书》称侯国241，但仅能指名194。钱大昕作《侯国考》，列举其封邑所在和始封姓氏，又补充《汉书》失载者25人。又《廿二史考异》指出《汉书》中年代、封号、地望之错误16处，但这些是否真是错误，尚存疑问。后来得见北宋景祐本《汉书》，证明钱大昕的考证都是正确的。又如研究历史人物必须弄清他的出身、氏族，否则便会张冠李戴，历代史书的舛误不一而足，"有一人而两传，若唐之杨朝晟，宋之程师孟，元之速之台、完者都、石抹也先、重喜者矣；有非其族而强合之，若《宋纪》以余晦为玠子者矣；有认昆弟为祖孙，若元史以李伯温为毂子者矣。至于耶律、移刺本一也，而或二之；回回、回鹘本二也，而或一之。氏族之不讲，触处皆成窒碍"②。钱大昕花费了大量精力，以文献和碑刻资料纠正、补充了历代史书中关于人物世系的许多舛误和遗漏。他学识之广、考证之精，人所共推。故陈垣先生说"从前专重考证，服膺嘉定钱氏。事变后颇趋重实用，推尊昆山顾氏"③。

对钱大昕考史、补史极有裨益的是他在金石学方面的造诣。他到处访求碑碣，京官俸禄微薄，他却不断去琉璃厂，购置许多金石拓片。至身所经历，山崖水畔，黉宫梵宇，有断碑残刻，必剔藓拂尘，摩挲审读，或手自椎拓，积三十余年，遂成巨富。他五十二岁时，有一次兴致勃勃地和学生孙星衍从南京回往茅山访碑，过道观，探山洞，在断垣残壁中寻碑访碣，写了一篇《游茅山记》，寻幽怀古，极富

---

① （清）钱大昕：《十驾斋养新录》卷六《晋侨置州郡无南字》，132页。
② （清）钱大昕：《潜研堂文集》卷二四《二十四史同姓名录序》，227—228页。
③ 陈智超：《陈垣来往书集选》，上海古籍出版社，1990年，302页。

情趣。他又到过宁波天一阁,读所藏碑拓,编《天一阁碑目》,收拓片580余通。又毕沅在陕西得碑797通,编《关中金石记》;阮元在山东得碑1700余通,编《山左金石志》;严子进编《金陵石刻记》,钱大昕均得寓目,撰写序言。由于他精通金石学知识,对勘古书,"举生平所阅经史子集,证其异同得失",故所获甚丰。例如:北京琉璃厂出土辽蓟州刺史、检校尚书左仆射李内贞的墓志,而《辽史》失载,钱据此碑补正《辽史》的列传和《百官志》;又如《元史》有谭资荣、谭澄父子的列传,而《世祖本纪》中有覃澄,究竟是谭或覃,钱大昕蓄疑于心。后来见到山西发现的碑文中有"交城县长官覃澄",山东发现的《祭济渎碑》中有"总管覃澄",《济祠投龙简碑》中又有"总管覃侯""总管覃澄"的记载。有了这些证据,钱大昕得出结论:"可证资荣父子本姓'覃'而传作'谭'者,误也。"①类似这种以碑补史之例,不胜枚举。日积月累,钱大昕为所见碑碣撰写跋文,编《金石跋尾》一书,其妻兄王鸣盛为此书作序。王认为:古来以金石学名家者7人,宋之欧阳修、赵明诚,明之都穆、赵崡,清之顾炎武、王澍、朱彝尊,最后予妹婿钱少詹竹汀《潜研堂金石跋尾》,乃尽掩七家,出其上,遂为古今金石学之冠。

钱大昕在挖掘历史文献方面,也有很多贡献。《元秘史》一书为记载成吉思汗时代的第一手资料,本为蒙古文,汉译俚俗,人多不识其价值,四库馆臣称其"传闻之词,辗转失真"。钱大昕却独具慧眼,盛赞此书"叙次颇得其实","论次太祖太宗两朝事迹者,其必于此书执其衷欤!"②此后《元秘史》遂为治元史者所必读。他又从苏州玄妙观的

---

① (清)钱大昕:《廿二史考异》卷九八,1580页。
② (清)钱大昕:《潜研堂文集》卷二八《跋元秘史》,227页。

道藏中,抄录出《长春真人西游记》。此书记述长春真人丘处机应成吉思汗之召,西行至中亚细亚之事,丘的弟子李志常撰述。时人不识此书,甚至以为是吴承恩所作小说《西游记》。钱大昕加以纠正,力荐该书"于西域道里风俗,足资考证"①。

钱大昕亦颇留意于当代学术史,熟悉康熙到乾隆时代的学术源流,曾为许多学者写作传记或墓志铭,包括阎若璩、胡渭、万斯同、惠士奇、惠栋、陈祖范、王懋竑、江永、秦蕙田、王峻、戴震、王鸣盛、曹仁虎、陆锡熊、李文藻、邵晋涵等,这些都是清代学术界的中坚。钱大昕详细记述了他们的言行著作。评论其学术成就,均深入切要,研究清代学术史者不可不读。

钱大昕在音韵学方面亦有重大贡献。他致力于古声母研究,提出:古无轻唇音、舌上音,凡轻唇音,古人必重读,如匍匐作扶服、文作门、方作旁、封作邦、勿作没。他从古文献中找到 65 个例证。他又说:"古无舌头、舌上之分。知彻澄三母,以今音读之与照穿床无别也,求之古音则与端透定无异。"②故冲读如动,竹读如笃,追读如堆,陈读如田。他从古文献中找到 30 个例证,援引广博,无懈可击。200 年后的今天,山东银雀山与湖南马王堆出土的简帛中使用的古字,又一次证实了钱大昕之说。有人问他:《说文》所列 9353 字,而古代经典中仅见十之四,何以《说文》所收多为经典中不用之字?钱大昕回答:今世所见经典已将字体划一,而当年许慎所见乃汉儒各家之说,师承不同,故所传经典多异文。许慎采录齐备,载入《说文》,故今所见不用之字,很多是当年经典的异体字。他列举出 300 多个异

---

① (清)钱大昕:《潜研堂文集》卷二九《跋长春真人西游记》,289 页。
② (清)钱大昕:《十驾斋养新录》卷五,111 页。

体字，并一一与今本通行字对合，以证其说。钱大昕说："今人视为隐僻之字，大率经典正文也。经师之本，互有异同，叔重（许慎）取其合乎古文者，称经以显之。其文异而义可通者，虽不著书名，亦兼存，以俟后人之抉择。此许氏所以为命世通儒，异于专已守残、党同门而妒道真者也。"①钱氏列举大量证据，证明自己的说法，故能令人心折。

钱大昕还精于天算历法，在京结识著名天算家何国宗。何久在钦天监任职，是前辈学者，已官至尚书。何闻钱大昕之名，主动往访。时钱仅20多岁，"与之论宣城梅氏（梅文鼎）及明季利（利玛窦）、徐（徐光启）诸家之学，何辄逊谢，以为不及。出语人曰：'今之贾逵也。'"②钱在天算方面的成绩主要是对刘歆的《三统历》做了整理、疏解。《三统历》存于《汉书·律历志》中，是我国保存下来的最早历书，但内容深奥，文字晦涩，读者难明其意。钱大昕细心爬梳，写成《三统术衍》一书，对其推步原理与测算之法做了详细说明。他在研究中提出"岁星纪年""太岁太阴"等问题，为后来天算家研讨的热点。钱氏又对历代正史最艰深的《天文》《律历》志进行了考证述评，为研习古代天算历法者扫除了障碍。晚年，与治史相配合，又撰成《宋辽金元四史朔闰考》。

钱大昕出生之年，正好发生了吕留良的文字狱。此后，文字狱繁多。乾隆初年，号称宽简。但乾隆十五年（1750）发生伪稿案，是一次罗织极文、株连数省的大案（钱大昕时年二十岁）。此后，文网愈密，迭兴大狱。钱大昕在京服官时期，正是历史上文字狱最多、最奇的时

---

① （清）钱大昕：《潜研堂文集》卷一一《答问八》，102页。
② 蔡冠洛编纂：《清代七百名人传》，周骏富辑《清代传记丛刊·综录类9》，1639页。

候,四库馆亦大举禁毁书籍。这种长期的、大规模的迫害,不能不在知识分子心灵上留下严重的创伤。"避席畏闻文字狱,著书都为稻粱谋",士大夫都不敢谈论现实和撰写历史。不甘心沉默的人,十分隐晦曲折地表达自己的心声与抗争。如戴震借疏证《孟子》,阐发经义,发表反对宋明理学的哲学见解;曹雪芹建构一座虚无缥缈的大观园,为一群天真烂漫而饱受压迫的弱女子安身立命;袁枚以抒写性灵批判传统的说教;郑板桥在书画中寄托放达不羁的个性。他们在各自的领域,以不同的形式反对封建礼教。钱大昕和他们几乎生活在同一个时代,和戴震、袁枚还是论学谈诗的好朋友。他的特点是:毕生精力尽瘁学术,尤其是史学研究,重视考据,提倡实证,不作空谈,既不作修身养性的说教,亦不涉内圣外王的遐想;治史必有确凿而大量的证据,其证据与结论之间必有严密、实在的逻辑联系,排除武断、臆测、伪证,以为"通儒之学,必自实事求是始"①。他以"求是""求真"为目的,不盲从古人,不株守成见,"后儒之说胜于古,从其胜者,不必强从古可也。一儒之说而先后异,从其是焉者可也"。②这种治学精神体现了一定的科学的理性主义的因素,为知识界吹进了一些清醒之风。以钱大昕为代表的乾嘉学派的考史学风影响着19世纪以至20世纪的中国历史学,后人对钱的成就推崇备至。据赵光贤先生回忆,他的老师、我国史学大师陈垣先生这样说过:"顾炎武的《日知录》在清代是第一流的,但还不是第一。第一应推钱大昕的《十驾斋养新录》。先生举《养新录》中考证东晋以来侨置州郡为例:《晋书》中所记南徐州、南青州之类,多是错的。后来沿讹袭谬,直到钱氏始正其

---

① (清)钱大昕:《潜研堂文集》卷二五《卢氏群书拾补序》,235页。
② (清)钱大昕:《潜研堂文集》卷九《答问六》,77页。

误。(亦见于《廿二史考异》)先生教导我们说,你们应当学习这种方法。在这基础之上,再写文章就比较容易了。听了先生的话,我又读了《养新录》及其他清人论经考史之作,觉得钱氏考证之学,确乎高出众人之上,而先生(指陈垣)所做的考证文章,取材既博,论证又精,纯是竹汀(指钱大昕)一派学风。"①

  钱大昕表面上和其他很多乾嘉时代的学者一样,回避政治,埋头学问,生活上恬退、知足,这种回避与恬退掩盖不了他内心对世务的关心和对现实的不满。他是一个专业历史考证家,研究具体问题,不厌其深其细,较少发表议论,即使发表议论,态度也很谨慎,这是环境与性格所造成的。但时而也流露出一些大胆、精辟的见解,令闻者咋舌。例如:钱大昕看到历史上弑君之事,不一而足。他认为篡弑之事,必有原因,探究起来,都是君主无道所致。"君诚有道,何至于弑,遇弑者皆无道君也。……圣人修春秋,述王道以诫后世,俾其君为有道之君,正心修身齐家治国,各得其所,又何乱臣贼子之有?"他进一步发挥:"秦汉以后,乱贼不绝于史,由上之人无以春秋之义见诸行事故尔。"②他把中国历史上篡弑频仍、纷争不息的局面都归结为君主的无道,猛烈地抨击秦汉以后的封建统治,全都不能实施"春秋之义"。这种言论违背了纲常名教,对君主有"大不敬"之嫌。又如:妇女在封建社会中被压在底层,道学家提倡妇女"从一而终""饿死事小,失节事大"。钱大昕反对这种戕害女性的非人道行为,主张夫妻之间可以离异,"义合则留,不合则去";"或其夫淫酗凶悍,宠溺嬖媵,凌迫而死者有之。准之古礼,固有可去之义,亦何必束缚之、禁

---

① 赵光贤:《回忆我的老师援庵先生》,《励耘书屋问学记》,159页。
② (清)钱大昕:《潜研堂文集》卷七《答问四》,60页。

锢之，置之必死之地以为快乎!"他认为：妇女改嫁，合乎情理，不应该受到谴责，"去而更嫁，不谓之失节。使其过在妇欤! 不合而嫁，嫁而仍穷，自作之孽，不可逭也。使其过不在妇欤! 出而嫁于乡里，犹不失为善妇，不必强而留之，使夫妇之道苦也。"①在封建伦理统治的黑暗年代中，这是难能可贵的清醒的呼声。

武则天是中国历史上独一无二的女皇帝，拥有自己的国号和纪年。但在以男性为中心的社会中，人们不承认武后称帝的事实，把这段历史挂在她儿子唐中宗的账上。尤其是朱熹的《紫阳纲目》"每岁首书帝所在。又嫌于用武氏纪年，乃虚引嗣圣年号"。自二年讫二十一年，至神龙反正而止。于是唐无君而有君，中宗无年号而有年号，武则天做皇帝的事实被历史家的"春秋笔法"一笔抹掉了，"纪称中宗而事述太后，所以正名而尊王室也"。钱大昕极力反对这种抹杀事实、歪曲历史的所谓"春秋笔法"。他叹息说："此亦极笔削之苦心，而称补天之妙手矣，谓如此而合于春秋之指，则愚窃未敢以为然也。"②

封建社会中的刑罚越来越残酷，犯了死罪，不仅有绞斩之刑，后来又有"凌迟"，把身上的肉一片一片地削割下来，使人受尽折磨、极端痛苦而死。钱大昕反对这种不人道的刑罚。他说："唐律无凌迟之刑，虽反叛大恶，罪至于斩决不待时而已。陆游谓五季多故，以常法为不足，于是始于法外特置凌迟一条。"钱大昕从历史考证，凌迟的普遍使用是由于北宋的激烈党争，"凌迟之法，昭陵以前，虽凶强杀人之盗，亦未尝轻用。自诏狱兴，而以口语狂悖者，皆罹此刑矣。诏狱盛于熙丰之间，盖柄国之权臣，藉此以威缙绅，非深竟党与，不能以

---

① (清)钱大昕：《潜研堂文集》卷八《答问五》，73页。
② (清)钱大昕：《潜研堂文集》卷二《春秋论二》，25页。

逞其私憾。非中以危法，不能以深竟党与，此所以滥酷之刑，至于轻施也"。①这段从考史引申出来的议论，把凌迟之刑与党争联系在一起。而钱大昕出生前夕，正是雍正帝和诸兄弟为继承大位，分门结党，争斗不休，刀光剑影，血雨腥风，用刑之滥之酷，超过了北宋。钱大昕这种议论也是深触忌讳的。

钱大昕由于研究天算历法，接触到西方数学，知道西方国家的自然科学远超乎中国之上。他和那些抱残守缺的冬烘先生不同，主张中国知识分子应普遍地学习数学和自然科学。他说：欧洲各国自然科学为什么超过中国，就因为受到普遍重视，"欧逻巴之巧，非能胜乎中土，特以父子师弟世世相授，故久而转精。而中土之善于数者，儒者辄訾为小技，舍九章而演先天，支离附会，无益实用。畴人子弟，世其官不世其巧。问以立法之原，漫不能置对，乌得不为所胜乎？宣尼有言：'推十合一为士'。自古未有不知数而为儒者。中法之绌于欧逻巴也，由于儒者之不知数也"。②钱大昕虽然还并不全面了解世界自然科学的发展水平，但他因研究天算，觉察到中国自然科学落后于西方。当时，封闭的中国知识界自以为中华的声教文明远超全世界之上，许多人根本不知自然科学为何物，"欧逻巴"国家在何方。钱大昕的思想和知识远远超过了同时代人。他大声疾呼"儒者"应当普遍研习数学和自然科学，以追上西方。这是昏闷长夜中的一声清醒的呐喊，可惜人们充耳不闻，这微弱的喊声仍被一片沉寂所吞没。

当然，生活在200年前的钱大昕自有其时代的局限，我们不能苛求他在学术上、思想上有更全面、更重大的突破。他作为一个历史考

---

① （清）钱大昕：《十驾斋养新录》卷七《凌迟》，156页。
② （清）钱大昕：《潜研堂文集》卷二三《赠谈阶平序》，212页。

证学家，在自己的专业领域达到了前所未有的高峰。他虽然不大发表议论，但从一些言论中可以窥见他思想中闪现的灿烂火花。钱大昕是中国 18 世纪站在时代前列的、卓有贡献的学者，是乾嘉时代的史学大师。

第三辑 晚清历史研究

闭关政策的历史教训*

为了加速实现四个现代化的宏伟目标,要善于向世界各国学习,吸收一切先进的东西,为我所用。林彪、"四人帮"推行闭关自守、锁国愚民的政策,给学习外国先进经验的正确主张扣上"卖国主义""洋奴哲学"的帽子,严重地阻碍了我国社会主义建设的进程。

闭关政策不是林彪、"四人帮"的发明。清朝统治者在和外国资本主义接触的早期,就曾禁止和限制中国人民与世界交往,使中国人民耳目闭塞,不能向先进国家学习,已经落后的中国因此更加落后。落后就要挨打,这是无情的历史事实。鸦片战争以后,中国遭受许多殖民主义国家的侵略,人民群众长期生活在苦难之中。历史的教训记忆犹新。回顾当年闭关政策的历史,分析它产生的根源和造成的危害,对于肃清林彪、"四人帮"的流毒,学习各国的长处,是很有意义的。

---

* 原载《人民日报》,1979年3月13日。

一

世界范围内政治、经济、文化的频繁交往,是资本主义兴起以后的历史现象。当世界资本主义迅速发展的时候,中国还是一个封建社会,处在满族建立的清王朝的统治下。中国是一个地大物博、有悠久历史和灿烂文化的国家,在世界文明发展史上做出过伟大的贡献。但是,进入封建社会后期以后,发展趋于停滞,社会生活的各个方面死气沉沉,封建统治阶级抱残守缺,夜郎自大,故步自封,自命为"天朝上国",不肯睁眼看看汹涌澎湃的世界历史前进的潮流。对于西方的思想文化、科学技术深闭固拒,竭力限制中外经济文化的交流。在清政府的闭关锁国政策下,即使是当时最先进的中国人,也不可能正确了解世界的形势和日益临近的资本主义侵略的严重性。反动、落后的闭关政策带来了严重的恶果,几个世代的中国人民为此付出了惨重的代价。

从根本上说,闭关政策是落后的封建经济的产物。中国封建的经济结构是小农业和小手工业的强固结合。亿万农民分散地生活在经济上自给自足、政治上被封建宗法制绳索束缚起来的农村中。无数个村庄、集镇和城市互相隔离,没有和周围广阔的世界进行频繁联系的必要与可能。在落后闭塞的经济基础上,产生了因循守旧、虚骄自大、闭关自守的思想。18世纪末,乾隆皇帝在给英王乔治二世的一封书信中说:"天朝物产丰盈,无所不有,原不借外夷货物以通有无。"国际贸易和交往中的这种闭关自守、夜郎自大的思想,正是当时自给自足的自然经济的反映。

清政府顽固地坚持闭关政策,还由于它和广大人民群众阶级矛盾的尖锐化。在同样是封建自然经济的条件下,当国家比较强盛、政府和人民的矛盾比较缓和的时候，封建统治者对周围国家也可以采取比较开放、比较友好的态度。如汉唐盛世，中外交往频繁，沿着著名的丝绸之路，中国和西方的经济文化得以交流。在明初，郑和率领的庞大航海队屡次前往东南亚、西亚，远达非洲海岸。有信心的强者不害怕异国的新事物，只有虚弱者才对之忧心忡忡。鲁迅先生说："汉唐虽然也有边患，但魄力究竟雄大，人民具有不至于为异族奴隶的自信心，或者竟毫未想到，凡取用外来事物的时候，就如将彼俘来一样，自由驱使，绝不介怀。一到衰弊陵夷之际，神经可就衰弱过敏了，每遇外国东西，便觉得仿佛彼来俘我一样，推拒，惶恐，退缩，逃避，抖成一团，又必想一篇道理来掩饰。"①18世纪后期，中国封建社会已处于"衰弊陵夷之际"，人民群众的抗清起义风起云涌，清政府由盛转衰，显露了它的腐朽性、虚弱性。它不了解世界的发展，不了解外国资本主义的性质和活动方式，当然也不会有对付资本主义侵略的正确策略。只是神经衰弱地以为，这一外来的异己势力如果和人民群众接触，将会加强反政府的力量，引起新的骚动。正像马克思所说："推动这个新的王朝实行这种政策的更主要的原因，是它害怕外国人会支持很多的中国人在中国被鞑靼人征服以后大约最初半个世纪里所怀抱的不满情绪。由于这种原因，外国人才被禁止同中国人有任何来往。"②清朝政府构筑了一道隔绝中外的堤墙，以为任凭堤墙之外时局变幻，风雷激荡，自己还可以关上"天朝"的大门，不闻不问，高枕无忧。历史的发展粉碎了这一幻想。事实上，它只是糊起了一堵薄薄的纸墙，被外国侵略者一戳即破。

---

① 《鲁迅全集》第一卷《看镜有感》。
② 《马克思恩格斯选集》，中文1版，第2卷，6—7页，北京，人民出版社，1972。

二

清政府的闭关政策，一方面，限制中国人民出海贸易，或在外国侨居，禁止许多种货物出口；另一方面，对来华的外国人也做了种种苛细而不必要的限制和防范。

清初，由于东南沿海还有郑成功、张煌言领导下的抗清武装的活动，清政府为了断绝他们的粮食物资供应，厉行"海禁"，下令"片帆不准入口"，远洋贸易几乎停顿。康熙二十二年（1683），清朝统一了台湾，开放海禁，允许中国商民出洋贸易，又指定广州、漳州、宁波、云台山四地为外商来华通商的口岸。至此，清政府虽然打开了一道狭小的门缝，但仍然设下了许多禁令，而且越到后来，禁令越是烦琐，越是严密。

15世纪初，郑和下西洋是世界航海史上的壮举。明代中叶，由巨大帆船组成的中国商船队还经常出没于远洋洋面。此后，世界各国的航海业突飞猛进，船只载重量越来越大，航海技术日益进步。而清政府反而规定："如有打造双桅五百石以上违式船只出海者，不论官兵民人，俱发边卫充军。"① 对于出洋的水手、客商，防范极严，"各给腰牌，刻明姓名、年貌、籍贯，庶巡哨官兵易于稽查"②。中国的商人和华侨很早就到东南亚各地活动，对当地的开发以及中外经济文化的交流做出了贡献。但清政府却十分歧视他们，多方加以阻挠。雍正皇帝的谕旨中说："此辈多系不安本分之人，若听其去来任意，伊等益无顾忌，轻去其乡，而漂流外国者益众矣。嗣后应定限期，若逾

---

① 《光绪大清会典事例》卷七七六，康熙二十三年。
② 《清朝文献通考》卷三三。

限不回，是其人甘心流移外方，无可悯惜，朕亦不许令其复回。如此则贸易欲归之人，不敢稽迟在外矣。"①

中国地大物博，有许多可供出口的产品，但清政府横加限制，军器、火药、硝磺、铜铁、米麦、杂粮、马匹、书籍等都在禁止出口之列。为了杜绝粮食和铁器出口，竟规定每艘商船只准携带铁锅一口作为炊具，每人只准携带铁斧一柄作为用具，预先规定好航行的日期，每人每天只准带口粮一升、余粮一升。海上风信，变幻莫测，航行本难定期。清政府这种极不合理的规定，剥夺了商船对海盗进行武装自卫的手段，而且在漫长的航途中，生活也得不到保障。

丝绸是当时对外出口的最大宗，出口增加导致丝价上涨，这体现了市场的供求规律，可以促使中国丝绸生产更快地发展。可是封建统治者看到丝绸涨价，神经紧张起来，于乾隆二十四年（1759）禁止丝绸出口，结果严重地影响了国内经济和对外贸易。五年以后，官吏奏称："近年粤闽贸易，番船甚觉减少，即内地贩洋商船，亦多有停驾不开者。在外番因不能置买丝斤，运来之货日少，而内地所需洋货，价值亦甚见增昂。"官吏们不得不承认禁止丝绸出口，"中外均无裨益"②。封建统治者在事实面前碰了钉子，才不得不放宽禁令，但仍限制每艘船只载运丝绸出口的数量。

早期西方国家的对华贸易，具有资本主义侵略的性质。来到中国的某些外国人，傲慢粗暴，趾高气扬，甚至犯罪作恶，无法无天。对于那些侵略分子、犯罪分子，进行一定的防范和惩处是完全必要的。但是，清政府对外国人不加区别，笼统对待，规定种种不合理的限

---

① 《清朝文献通考》，雍正五年，上谕。
② 《皇朝政典类纂》卷一一八。

制，这不仅妨碍了中外正常的经济文化交流，也无助于防范真正的犯罪分子，有效地抵制侵略者。

清初，中外贸易并没有限制在一地，外国商人可以到广东、福建、浙江沿海的口岸贸易。乾隆二十二年(1757)，乾隆皇帝以"民俗易嚣，洋商错处，必致滋事"为理由，将通商口岸限制在广州一地。中国主要的出口商品是茶叶和丝绸，多产于江浙闽皖，离广州很远。茶、丝都要从陆路长途运输到广州出口，不但成本增加，而且容易损坏霉变。清政府不考虑经济效益，不许茶丝就近出口，硬性规定只在广州一地和外国通商。而广州的对外贸易，又被清政府特许的"十三行"商人把持，外国商人来到中国，实际接触的只限于几个特许的行商，而不是广大的自由商人。一百数十年对外贸易积累的巨额资金，通过行商之手填塞了封建性消费的无穷欲壑，无助于中国经济的发展。

为了限制外国人的行动，清政府还制定了种种苛细繁杂的规条和章程，如所谓《防夷五事》《民夷交易章程》《防范夷人章程》，等等，禁止外国人长期居住在广州，禁止中国人受雇为外商服役，禁止向外商借款，禁止外国人坐轿子，禁止外国妇女进广州城，外国人在广州商馆居住，不推擅自出入，每月只准有三天可以在附近散步，等等，目的是要使中国人民和外国人隔绝。清政府自己就说："向定章程，俾民夷不相交结。"[①]

三

在落后的经济基础上产生的闭关政策，对中国社会的前进起了严

---

① 两广总督李鸿宾奏，《史料旬刊》第九期。

重的阻碍作用。当时,较有眼光的人就指出了闭关政策对经济发展和人民生活产生的不良影响。"南洋未禁之先,闽广家给人足,游手无赖亦为欲富所驱,尽入番岛,鲜有在家饥寒窃劫为非之患。既禁以后,百货不通,民生日蹙。居者苦艺能之罔用,行者叹至远之无方,故有以四五千金所造之洋艘,系维朽蠹于断港荒岸之间……一船之敝废,中人数百家之产,其惨目伤心可胜道耶?沿海居民萧索岑寂、穷困不聊之状,皆因洋禁……但能使沿海居民富者贫,贫者困,驱工商为游手,驱游手为盗贼耳。"①

闭关政策也妨碍了中国人学习世界先进的思想文化和科学技术。17世纪和18世纪,西欧冲破了中世纪的黑暗牢笼,思想文化和科学技术突飞猛进,放射出光辉异彩。中国的知识分子却被禁锢在理学、八股、考据、辞章等传统知识领域的泥潭中,脱离实际,闭目塞聪,死抱着古老的教条。中国人民与世界的历史潮流相隔绝,也就谈不上学习先进的东西。

从表面上看来,闭关政策似乎也限制了外国侵略者的活动,具有一点自卫作用。实际上,这种落后的、消极的政策只能束缚中国人民,而不可能限制住穷凶极恶的外国侵略者。资本主义的本性就是要侵略别国。越是落后的国家、落后的民族,遭受的侵略就越是严重。中国能不能抵抗住外来侵略,或者能不能减轻外来侵略的祸害,取决于中国能否急起直追,迅速进步,改变中国和外国的力量对比,而决不能依靠自我孤立、自我隔离的政策。因为这种政策既不能改变侵略者的本性,又不能阻碍侵略国家力量的增长,只能作茧自缚,阻碍中国的发展,扼杀中国的生机和进取精神,使得中国和西方国家的差距

---

① 蓝鼎元:《鹿洲初集》卷三《论南洋事宜书》。

越来越大。闭关政策是慢性自杀政策，对国家和民族有百害而无一利。

鸦片战争以后，闭关政策再也维持不下去了。闭关政策破产了，但是产生这种政策的落后的社会经济条件不可能在短时期内改变，在漫长的历史过程中形成的闭关自守、夜郎自大的思想也不可能很快消失。它像幽灵一样，时时缠绕着中国。到了近代，中国的门户已经大开，许多资本主义国家蜂拥而入。这时候，一些封建顽固派仍然力图回避与西方国家交往，拒绝接受一切新事物。鸦片战争后，为了保持虚假的"天朝"体统，道光和咸丰两代皇帝躲在紫禁城内，从来不和外国人见面。在外国的强硬要求下，经过三十年之久，同治皇帝才被迫第一次接见外国公使。清政府也不愿向外国派出外交人员，同样是在外国的压力下，才勉强请了一个美国人蒲安臣作为清政府的代表，组成中国的第一个外交使团，到欧美巡回访问。1862年，北京设立同文馆，后又增设天文算学馆，这是近代中国第一所学习西方语言文字和科学技术的学校。1871年，中国第一批官费留美学生出国学习。这两件事被顽固派激烈攻击为"用夷变夏"，在政治上掀起轩然大波。结果，留美学生中途停学，全部撤回，同文馆也招不到学生。1876年，英国人在上海修筑了一条三十里长的吴淞铁路，这是中国土地上的第一条铁路。清政府却以二十八万两白银高价购回后，拆毁扔弃在水里。1881年建成的从唐山到胥各庄的运煤铁路，最初由于顽固派反对用蒸汽机车牵引，只好用牲口拉着车厢在轨道上爬行。封建顽固派扬言："电线铁路，变华为夷，鄙见迂疏，期期以为不可。"[①]可见闭关自守、夜郎自大的思想流毒甚深，严重地阻碍着中国的进步。

[①]《刘坤一遗集》，1764页。

历史已经过去了一百数十年之久。现在，党中央领导全国人民开始向四个现代化进军。在新的征途上，闭关自守、夜郎自大的残余思想，仍然可能成为我们前进的绊脚石。因此，重温一百多年前的这一段历史，接受教训，解放思想，继续破除闭关自守、夜郎自大的偏见，积极展开国际经济、文化交流，学习先进，赶超先进，是非常必要的。

太平天国拜上帝会不是邪教*

拜上帝会是太平天国运动的一面旗帜、一件战斗武器，并不是邪教。要判断它是不是邪教，不能只看它的外部特征，还要看它当时所起到的历史作用。当时社会上阶级关系十分紧张，下层人民不能照旧生活下去，迫切需要一种思想武器和组织工具来动员与凝聚分散的人民群众，参加斗争，促进农民起义的顺利发展，拜上帝会就是起了这样的历史作用。拜上帝会动员、宣传、组织和指挥了太平天国起义。乍一看来，似乎远离世俗的宗教制造了一场农民战争，因此有的先生说"政治邪教引起了太平天国战争"。事实远非这样简单，应该是世俗的利益冲突，是官府、地主的剥削、压迫和农民的反抗，赋予了宗教生命，使这种宗教变成呼唤农民起义造反的工具。不是宗教制造了农民战争，而是农民战争得用宗教加速促成起义。因此，判断宗教的性质必须根据当时农民战争的性质。只要承认太平

---

* 本文为2006年7月21日笔者在国家清史编纂委员会学术讨论会小组会议上的发言。

天国是一场正义的、反压迫的农民战争,就不能把拜上帝会视为邪教。

中国历史上农民反对地主的斗争,往往利用宗教。从陈胜、吴广的"篝火狐鸣"到黄巾起义的"苍天已死,黄天当立",从元末农民起义的"石人一只眼,挑动黄河天下反"到清代白莲教的"真空家乡,无生老母",宗教在农民起义中发挥了巨大的作用。

为什么历代农民战争大多利用宗教?因为农民处在封建社会的最底层,担负着供养全社会的重担,但其政治和经济地位低下,没有文化知识。当社会矛盾十分尖锐,革命的形势已经成熟,平时存在于民间的一些政治色彩并不浓厚的宗教,会随着革命形势而蜕变,变成一种反抗现政权的组织。洪秀全初创拜上帝会只是从基督教中吸取了平等的教义,劝人信拜上帝,行善戒恶,待人平等。由于当地阶级斗争的推动,拜上帝会迅速地"革命化",成为反封建的锐利武器。当革命高潮即将到来的时候,为进一步动员农民参加斗争,必须用农民所能理解的语言和逻辑,来阐明这场斗争的必要性和合理性,阐明这场斗争的目的,阐明它必定会走向胜利。可是农民往往缺乏理性思辨的能力,只能用宗教的玄想加以说明;农民一家一户生活散漫,缺乏凝聚力,只能用宗教纪律加以组织约束。斗争已到了山雨欲来风满楼的时刻,但还没有人能科学地说明这场斗争的合理性,也没有人能有效地把农民组织起来,因此宗教就填补了空白。在当时的历史条件下,除了宗教以外,农民们没有更好的思想武器和组织手段。宗教告诉农民:赐给他们阳光雨露的天父天兄怜悯众生的苦难,要拯救众生,而为非作恶的阎罗妖暴虐残酷,涂炭生灵。双方壁垒对立分明,一方是天父天兄庇护的百姓,另一方是阎罗妖支持的官府和地主,两个营垒的界限划分得一清二楚,是非爱憎格外鲜明。这种在宗教外衣包裹下的反对封建的战斗精神,一旦被农民接受,农民就将自觉自愿、勇气百倍、信心十足地投入战斗。这样,农民战争中的宗教将发挥震撼封建统治的巨大力量。就像恩格斯所说:"对于完全受宗教影响的群众的感情说来,要掀起巨大的风暴,就必须让群众的切身利益披上宗教的外衣出现。"①

封建时期的农民宗教表面上看似乎是幼稚的、荒诞不经的,但要揭开它的外衣,观察它的实质。洪秀全在宗教作品中说,"天下多男人,尽是兄弟之辈;天下多女子,尽是姊妹之群","天下一家,共享太平",这反映了农民的理想。《天朝田亩制度》中说,"有田同耕,有饭同食,有衣同穿,有钱同使,无处不均匀,无人不饱暖"。这真实地显示出被压迫者平均主义的愿望。当然,农民不是先进阶级,不可能实现自己的理想和愿望,最后必定以失败告终。但后人绝不应该指责这些朴素的思想是空洞的梦呓。

农民运动是一场暴风骤雨,它扫荡一切,破坏一切(其实官兵杀人放火,更无恶不作),像一头发怒的大象,它狂奔向前,必定会践踏路边的花花草草,打碎周围的瓶瓶罐罐。农民运动破坏了许多旧事物、旧关系、旧传统,但不能把它视作社会的倒退。旧的不除,新的不生。太平天国以后,中国社会出现了许多新事物。30年后的中国,出现了维新派和革命派,至20世纪之初,腐朽没落的清王朝在人民的努力下终于土崩瓦解,中国土地上矗立起共和体制的中华民国。这就是历史的进步。

---

① 《马克思恩格斯全集》,中文1版,第21卷,349—350页,北京,人民出版社,1965。

林则徐与近代新疆开发

林则徐是鸦片战争中严禁鸦片、抵抗英国侵略的民族英雄,是对外国进行调查研究、睁眼看世界的第一人。他又以花甲之年遣戍新疆,致力垦田水利,为开发新疆做出了贡献。

1842年,林则徐因严禁鸦片得罪英国而被遣戍新疆伊犁。此时,清廷正在筹划扩大伊犁的屯田,欲在阿齐乌苏开垦荒地。该地原曾垦荒,但因水源不足而废置。这次筹划重垦,林则徐踊跃参加,力肩重任,计划开渠引进哈什河水。哈什河是伊犁河的支流,水流丰沛,"贯注永可不穷",但工程浩大。林则徐认领了一段最艰难的工程。清廷没有经费投入,林则徐就与当地官员绅民共同捐资。他运用自己在内地长期治河的经验,于1844年(道光二十四年)5月开凿引水道,钉桩抛石,历时4个月,用工十万余,至当年9月渠工告成。哈什河水被引至阿齐乌苏,自龙口至渠尾"无不盈科递进,水到渠成",共可灌溉田地十余万亩。

---

* 原载《光明日报》,2007年7月14日。

到今天，这条宽广的渠道碧波粼粼，仍滋润着西部土地，当地人民称之为"林公渠"。

伊犁垦田成功，林则徐在修建龙口工程中表现出卓越的才能。伊犁将军布彦泰上奏道光皇帝，称赞林则徐"赋性聪明而不浮，学问渊博而不泥，诚实明爽，历练老成"，"平生所见之人，实无出其右者"。道光帝朱批也说"所办甚属可嘉"。

接着林则徐又承担了勘查南疆荒地的任务，伊犁垦荒的成功激起了清廷大规模开发南疆的兴趣。由于林则徐在伊犁垦荒工作出色，1844年10月清廷派他和喀喇沙尔办事大臣全庆往南疆勘查荒地，勘查地区包括库车、乌什、阿克苏、英吉沙尔、和阗、叶尔羌、喀什噶尔，并附带勘查北疆的吐鲁番、哈密等地。所历地区沙漠绵延，一望无际，山陵起伏，十分干燥。履勘途中，林则徐受到维吾尔族人民的热烈欢迎和大力帮助。

林则徐勘查南疆的任务之一是清丈土地，勘察土质，查明有多少可供开垦的荒地。他"到一城，查一城，将实情呈请将军（布彦泰）核奏，绝不敢稍有成见，亦绝不粉饰迎合"①。具名上奏的是布彦泰，而履勘拟奏的是林则徐。由于勘地离城市遥远，他携带帐篷、粮食、被衾，白天迎风冲寒，走马引绳，丈量土地，夜晚卧宿毡庐中，谛听四野风沙的呼啸声。经过他半年的勘查，共得可垦荒地六十余万亩。林则徐赠给同行全庆的诗中写道："蓬山俦侣赋西征，累月边庭并辔行。荒碛长驱回鹘马，惊沙乱扑曼胡缨。但期绣陇成千顷，敢惮锋车历八城。丈室维摩虽示疾，御风仍喜往来轻。"②这首诗既反映了勘荒

---

① 《致李石梧书》。
② 《柬全小汀》。

路上的艰险，又倾吐了他为开发西部而不辞辛劳的豪情。

南疆勘荒的任务之二是寻找水源，试筑水渠。林则徐每到一处，必先勘水势，指示渠工。他在叶尔羌查看试挖的渠道后指出，这里的渠身是沙土质地，"坝工倍须坚固，挑工更要宽深"。他查看喀什噶尔一带，"水性浑浊，日久不免停淤"，因而指示员工"所有渠工坝座，尚须加以岁修，乃可永资利用"①。林则徐对工程质量的要求极为严格，"测量土方，逐段驳诘，加工挑补至再，意犹未惬"。

勘荒任务之三是土地分配。南疆居民大多是维吾尔族，他们是开发和建设新疆的主力。林则徐从维护民族团结、加强边疆防务的大局出发，主张将大部分土地交给维吾尔族人民垦种，驳斥了防范维吾尔族人民、不分给土地的错误主张。由于他的极力坚持，库车、乌什、阿克苏、和阗四城的30万亩田地全部分给了维吾尔族，喀什噶尔河东地6万亩分给了维吾尔族，河西地1.6万亩分给了汉族，叶尔羌之地亦汉维兼顾，唯喀喇沙尔及吐鲁番、哈密靠近内地的10余万亩土地多招汉民耕种。由于这一分田方案的实施，保护了少数民族的利益，维护了维汉民族的团结。

林则徐在勘荒时见到了坎儿井，这是当地维吾尔族人民创造的地下水利设施，在高温少雨、气候干燥、蒸发强烈的地区是理想的节水灌溉工程。对此，林则徐十分赞赏，称"此处田土膏腴，岁产木棉无算，皆卡（坎）井水利为之也"②，"其利甚溥，其法颇奇，洵为关内外所仅见"③。他和全庆计划推广坎儿井，制定了《经久章程》。但不久，林则徐奉诏返回内地，后任者秉承他的意志，开凿了许多坎儿井。30

---

① 《乙巳日记》。
② 同上。
③ 《清史列传·全庆》。

年后，随左宗棠西征的施补华看到了新疆的坎儿井，追怀林则徐的功德。他写诗说："海族群吹浪，疆臣远负戈。田功相与劝，水利至今多。重柳家家树，回流处处科。白首遗老在，怀德涕滂沱。"新疆的父老们一直在怀念林则徐开发西部、兴修水利的德政。

在林则徐勘地兴垦之后，原来荒无人烟的地方出现了新的绿洲和村落。如和阗达瓦克，开垦一年后除沙碛冈梁之外，均已搭盖房屋，陇亩相望，俨然一大村落。叶尔羌巴尔楚克本空旷无人，后"纠工筑城，开渠引水，招民种地"，"不数月而成街市……穷民携眷安家，以为乐土"。

林则徐以戴"罪"之身，遣戍新疆三年，奔走万里，竭精殚虑，为开发西部做出了杰出贡献。后人称赞他在新疆"浚水源，辟沟渠，教民耕作"，"大漠广野，悉成沃衍，烟户相望，耕作皆满，为百余年入版图未有之盛"[1]。

---

[1] 《续碑传集》卷二四。

清代开发西部的历史借鉴*

一

中国幅员辽阔,人口众多,自然条件多样,民族成分复杂,各地区发展极不平衡,这是中国的重大国情。这一情况塑造了中国的历史,也制约着中国的发展。在历史上,西部和北部是游牧地区,东部、南部则是农耕地区,生产和生活方式的这一根本差异造成了严重而深刻的历史矛盾。农耕民族和游牧民族虽然有友好与交往的一面,但长时期处在对立和战争之中。秦汉之与匈奴,魏晋南北朝之与鲜卑、氐、羌,唐朝之与突厥、回纥,宋朝之与契丹、女真,明朝之与蒙古、满族,长期征战,干戈扰攘,烽烟不息,造成血流成河、市镇为墟的悲惨景象,给历代人民的生命财产带来巨大的损失。冲突的根源即在于东西部地区经济、政治、文化上的巨大差异。这些冲突破坏力极大,对游牧民族或农耕民族都是重大的、长期的灾祸。历代统治者大

---

* 原载《人民日报》,2000 年 4 月 13 日。

都意识到这一点，或在西部屯田，进行开发，发展东西部之间的联系；或采用和亲政策，以婚姻联络民族之间的感情。但由于生产力水平低下以及种种历史局限，这些努力收效甚微，东西部的差距和对立长期存在，不平衡现象不能根本解决。

清朝以少数民族入主中原，更懂得少数民族的要求与感情，它致力于开发西部、北部，安定边疆，政策比较正确，成效极其显著。清在康乾盛世削平了盘踞伊犁的准噶尔割据政权，并在西南地区实行改土归流，完成并巩固了对蒙古、新疆、西藏、青海以及川、滇、桂、黔广大地区的统一。为了缩小、缓和东西部的差距和矛盾，清政府进行了长期努力，在西部移民实边，开垦荒地，兴修水利，建筑道路，沟通贸易，直到晚清仍继续开垦荒地、修建道路、开设厂矿、建立行省。有清一代，西部地区的人口迅速增加，经济得以发展，民族团结得以增强，中国的版图因之奠定。到了近代，帝国主义入侵，中国各民族丢弃历史嫌怨，团结一致，风雨同舟，共同反抗外国侵略，渡过了风骤雨急的危急时期而并未发生民族分裂，清朝长期开发西部和团结兄弟民族，实有不可磨灭的功绩。

二

清代开发西部的前提就是努力营造一个良好的政治环境。国家的统一、边疆的安定是开发西部不可缺少的条件，而西部的开发又反过来稳定了社会秩序，巩固了国家的统一。清政府在西部筑城设官，驻兵戍守，其方针是"修其教不易其俗，齐其政不易其宜"，也就是尊重少数民族的宗教信仰、风俗习惯，根据各地的情况，进行统治和管理。伊犁地区与俄国接壤，为俄所垂涎，故重在边防，设置将军，驻扎重兵；蒙古地区在原来鄂托克的基础上，划分盟旗，设立扎萨克；

维吾尔族地区沿袭其伯克制,设置阿奇木伯克,派驻大臣;云、贵、川、黔在改土归流之后设置与内地相同的州县;西藏则树立达赖喇嘛的权威,设立噶厦政府,实行政教合一,派遣驻藏大臣协同管理。清政府尤其注意团结少数民族中有影响的人物,给以王公爵位,厚其俸禄,并和蒙古族通婚联谊,皇帝、皇族娶少数民族女子为后妃、福晋,而公主、郡主纷纷下嫁蒙古王公。

为了笼络少数民族,清政府令其领袖每年岁末来北京朝觐皇帝,谓之"年班";或于秋季至承德,随皇帝"木兰秋狝",校猎习武,谓之"围班"。每值"年班""围班",都要隆重举行宴会,赏赐大量金银绸缎财物。清政府为维护统一,坚决镇压叛乱,反对民族分裂和外国入侵。1750年平定了西藏珠尔墨特的叛乱;1755年削平了盘踞天山南北的准噶尔割据政权,接着镇压了阿睦尔撒纳叛乱;1759年平定南疆维吾尔族大小和卓的割据。1792年廓尔喀入侵西藏,占领班禅驻锡之地扎什伦布寺,清军万里跋涉,战斗在喜马拉雅山上,击退廓尔喀军,保卫了西藏。1826年张格尔从安集延窜入南部新疆,发动叛乱,清军横越大漠,击溃叛军,维护了南疆的安定。鸦片战争后,浩罕国的阿古柏,乘中国内地战乱之机,又入侵南疆,建立政权,左宗棠受命西征,转战万里,收复南疆。同时,俄国强占伊犁地区10年之久,经过艰难的交涉,索回伊犁,保卫了祖国的神圣领土。国家的统一,边疆的安定,西部的开发,行之维艰,来之不易,是和反对侵略、反对分裂的长期斗争分不开的。

三

清代西部开发以实行屯垦、发展农业为主。18世纪以后在新疆设立各种屯田,有兵屯、旗屯(八旗兵屯田)、民屯、回屯(维吾尔族屯田）、遣屯（流放罪犯屯田）等。至19世纪初，乌鲁木齐、伊犁的屯田数达120万亩，以后有更大增加。其中主要是民屯，大批汉族农民，从陕西、四川、甘肃西迁。政府帮助他们安家立业，每户拨地30亩，即为私产，贷给耕牛、农具、种子及一年口粮，6年起科（6年内免纳赋税），使移民们"到屯即有房间栖止，又有口粮度日，得领地亩、农具、马匹、籽种，尽力田亩，不致周章"①。蒙古地区很早就有汉民移入，晚清更大规模放垦，东部放垦800万亩，西部放垦360万垧。这样，昔日游牧之地出现了大片农田，呈现出一片郁郁葱葱的景象。

西南地区原属土司管辖，雍正时改土归流，大批汉人前往垦田，如云南峨山"人烟稠密，田地尽辟，户习诗书，士敦礼让"②；广南府则"楚、黔、粤、蜀之民，携挈妻孥，风餐露宿而来，视瘴乡如乐土，耕垦营生者几十之三四"③。西藏道路遥远，汉人尚无入藏垦种之人，但入藏官兵商民，携带农作物种子及农具什物，络绎而往。十三世达赖和清驻藏大臣公开告示"西藏留有许多荒地，今后凡有劳力之贫困户均可于山岗谷地中之公共土地，尽力垦荒、种树、种刺柴，不得加以阻拦"④。

屯田垦荒，水利为先。清政府非常注意调查西部的山川形势、土壤水源，"视其地土肥瘠，水泉多寡，以定耕作"。新疆屯田之始，乾隆帝即命阿桂引伊犁河之水，以灌田地。乌鲁木齐也是水利大兴，可以种植水稻，当时流放在此的纪昀诗中说"新稻翻匙香雪流，田家入

---

① 《朱批屯垦》，乾隆四十二年八月二十六日。
② 道光：《元江府志》。
③ 《彝族史稿》。
④ 《藏文史料译文集》，202页。

市趁凉秋。北郊十里高台户，水满陂塘岁岁收"①。林则徐遣戍新疆，督率民工，兴修水利，修成著名的龙口工程，他主持修浚的宽达5米的水渠，至今碧波荡漾，仍在灌溉和滋润西部的土地。其后，他又奉旨赴南疆勘荒。他不辞辛劳，行程3万里，跨越塔克拉玛干沙漠，亲历南疆八城考察土质，寻找水源，雄心勃勃地想把这片沙漠地区改造成鱼米之乡。他的诗中说："但期绣陇成千顷，敢惮锋车历八城。"②左宗棠收复新疆后也以水利为最要工程，其部属刘锦棠、魏光焘继步其后，新疆水利得到全面整治。光绪末，新疆共有大小渠道2 000余，长达7万里，溉田能力达1 000余万亩。

四

清代的西部开发，除屯田垦荒外，又利用边疆地区的优势，发展畜牧业和矿业。新疆、蒙古土地辽阔，草茂泉甘，宜于放牧。乾隆在平定准噶尔以后，即从各地购买马2万匹、牛5 000头、驼1 500头、孳生羊8万只，送伊犁放牧。1771年土尔扈特部数万人从俄国伏尔加河，历尽艰辛，返回祖国。乾隆把他们安置在新疆各地，发给马驼牛羊20余万头及大量物资，使其安居放牧。蒙古地区则有清政府设立的许多官牧厂，太仆寺牧厂养马4万匹，庆丰司牧厂养羊21万只，达布逊诺尔与达里冈爱牧厂养马驼12万匹、牛3万头、羊34万只。西部繁荣的畜牧业为东部人民提供了丰富的肉食、皮毛制品和运载工具。

开发西部，人口聚集，需用煤炭以供取暖炊事，要有铁器制作农

---

① 《乌鲁木齐杂诗》。
② 《柬全小汀》。

具,西部地区的矿业也因此得以开发。如蒙古有札赉诺尔煤矿、井子沟煤矿,伊犁有煤窑 24 座,乌鲁木齐北山和西山也有很多小煤窑。据纪昀说:"城门晓启则煤户联车入城。"铁矿以乌鲁木齐为最大,年产量达 5.5 万公斤。西南地区,矿产资源丰富,乾隆年间云南铜矿产量达最高峰,年产 650 万公斤。清政府因铸币需要,鼓励产铜,每年借给资本银 100 万两,谓之"官发铜本"。商民鹜集,全省采铜工人有数十万人,是当时全世界规模最大的铜矿。

西部僻处内陆,沙漠广布,山谷纵横,交通不便。清政府开发西部的重要措施是发展交通,对全国的驿路塘站的建设和养护十分注意。驿传网络四通八达,覆盖全国,统一由兵部管理。自北京的皇华驿起始,有通往蒙古、新疆、西藏、西南的驿路,沿路设置军台营塘,递送军事物资和情报,接待过往官兵,沟通商民往来与货物流通。驿路两旁,人民定居落户,渐成村庄市集。西南地区除驿路外,乾隆年间还耗资巨万,疏浚金沙江水道,凿石治滩,使江水畅流,作为运送云南铜矿的通道,号称"千古之大功"。

开发西部必须和东部地区开展贸易交流。乾隆帝说:"新疆驻兵屯田,商贩流通,最为重要。"[①]故大力鼓励贸易。18 世纪末,乌鲁木齐一带,商业繁盛,"内地商贾,艺业民人,俱前往趁食,聚集不少"[②],交易商品多为牲畜、茶叶、绸布、玉石、药材等。蒙古则形成了归化(呼和浩特)、张家口、承德、多伦诺尔等商业城市。归化城"居民稠密,一切外来货物先汇聚该城囤积,然后陆续分拨"[③]。商人则有晋帮、京帮、河北帮、陕西帮,而以晋商最强大。承德既是避暑

---

① 《清高宗实录》卷六一〇。
② 《皇朝经世文编》卷八一。
③ 巴延三:《查明归化城税务折》。

山庄所在，也是货物集散地，其买卖街"最称繁富"，"左右市廛，连亘十里"，"商贾辐辏，酒旗茶旌，辉映相望，里间栉比，吹弹之声彻夜不休"①。西南地区，由于矿业大兴，"聚吴蜀秦滇黔各民，五方杂聚，百物竞流"，也是一派兴旺景象。西藏与内地的贸易往来也十分频繁，四川的打箭炉、青海的西宁、云南的大理都是内地与西藏联络交流的门户。

西部地区和外国接壤，有漫长的边境线，进行国际贸易是促进西部经济发展的有力杠杆。伊犁与哈萨克的贸易很兴旺，每年购进大批马牛羊，而输出内地的有茶叶、丝绸和维吾尔族土布。南疆则与浩罕的贸易很发达，"茶是输入浩罕的大宗，茶的消费在整个中亚很普遍"②。对俄贸易则以蒙古恰克图为中心，商贾云集，交易繁盛。1800年中俄两国进出口贸易总值达830万卢布，这是一笔很大的数目。

五

18、19世纪，清代经营、开发西部经历200年之久，在当时生产力水平下，已是成果卓著。西部的人口急剧增加，经济文化迅速发展，东西部的联系交流更加密切，缩小了差距，民族凝聚力逐步增强，国家的统一大大巩固，这是超越历史上各代王朝的巨大成绩。周恩来总理说："清朝以前，不管是明、宋、唐、汉各朝，都没有清朝那样统一。"③中国的统一、疆域的奠定、民族的凝聚是和清朝开发西部、发展西部经济、沟通东西部地区联系交流的努力分不开的。

---

① 朴源趾：《燕岩集》。
② 佐口透：《18—19世纪新疆社会史研究》。
③ 《关于我国民族政策的几个问题》。

清朝开发西部固然取得了辉煌的成绩，但也发生了重大的失误，遗留下影响深远的后果，这就是造成了生态环境的破坏。当人们开发西部，通过勤奋劳动，向自然索取财富的同时，也在改变生态环境，使其失去了平衡。为了养活众多的人口，人们无限制地把森林、牧场、湖泊垦成农田。无补偿的开发导致森林消失，牧场萎缩，水土流失，沙漠扩大，环境变得日益"严酷"，使人们难以栖息和生存。人可以通过劳动向自然索取可供消费的财富，但自然的给予是有限的，贪婪而没有补偿的索取必将遭到大自然的无情报复。当今天我们对西部进行更大规模的开发时，必须牢记这一教训，把退田还林、保持水土、整治沙漠、美化环境作为西部开发的题中应有之义，列为头等重要的任务。

加强边疆开发史的研究 *

近几年来，我国社会主义现代化和改革开放的进程非常迅速，它向社会科学工作者提出了许多新要求、新课题。社会科学的发展应该和现实密切地结合，探索现代化进程中碰到的一系列复杂问题。社会科学必须适应时代的需要，迎接挑战，在观念上、方法上有所突破，有所创新，也必须在研究领域、研究课题上有所转变，有所开拓。正是在这样的背景下，一些同志建议加强边疆开发史的研究。我认为，这是一项很重要、很及时的倡议。在"四化"建设蓬勃发展的形势下，历史科学应该迈开坚定的步伐，开拓新的研究领域，从我国边疆开发的历史中总结经验，探索规律，为今天边疆的现代化建设提供借鉴。这是历史科学工作者的一项光荣职责。

我国是一个统一的多民族国家，有悠久的历史，有勤劳勇敢的人民，曾经创造了光辉灿烂的古代文明。同时，我国又是版图辽阔、民族众多、自然环境和社会状况多样

---

* 原载《新疆社会科学》，1986年第5期。

复杂、经济文化发展很不平衡的国家。沿江沿海和中原地区，人口密集，自然条件优越，经济、文化发展水平较高；边疆和偏远地区，多高山或沙漠，人口稀少，经济、文化发展相对迟缓。在历史上，中原或边疆地区都经历了各自的发展过程。自然环境、气候条件、资源蕴藏、交通运输以及社会制度、宗教信仰、传统习俗等多种因素影响着各类地区开发和发展的程度。各类地区的经济、政治、文化有很大差异，发展很不平衡。历史的长河滚滚向前，随着边疆地区经济和文化日益发展，各类地区之间的差异和不平衡逐渐减少，边疆和中央地区的凝聚力日益增强，国家的统一也日趋巩固。当然，地区的差异和不平衡不可能完全消失，直到今天，边疆地区的发展水平仍落后于沿海和中原地区，边疆地区所蕴藏的生产潜力和资源优势还远远没有充分发挥。因此，建设边疆地区是当务之急，如果边疆地区的经济、文化得不到较大的发展，它和中原地区的差距不能缩小，就会极大地影响和阻碍我国"四化"大业的完成。

为了促进和推动今天边疆的建设，研究它过去的开发历史是很有意义的。鉴古可以知今，研究过去，可以使我们更加深刻地了解边疆地区的现实，可以有助于我们制定未来边疆开发的规划。我们可以从历史研究中取得有益的经验教训，而历史科学将在回答实践的问题中迈开前进的步伐。

过去，我国对边疆史的研究也是有成绩的。但是，相对而言，对军事史、政治史研究较多，对经济和文化发展史研究较少。现在应该改变这种局面，重新部署力量，选择课题，希望有更多的历史学家、经济学家、民族学家、社会学家以及自然科学家投入边疆开发史的研究，以适应和配合正在蓬勃兴起的边疆建设的热潮。

边疆是一个历史概念，它随着国家和民族的成长而逐渐形成与固定下来。今天，我国的边疆地区大体上包括东北（辽宁、吉林、黑龙江）、北部（内蒙古）、西北（新疆）、西南（云南、广西、西藏）以及东南海疆（台湾、海南岛）。这些地区，十分辽阔广大，占我国面积的一大半，自然条件严酷，地形复杂、民族众多、资源丰富，各个边疆地区既有共性，又有很不相同的个性。边疆开发史的研究包含着非常丰富的内容。每个地区的经济形式和发展水平是很不相同的，有农业经济，有游牧经济，有渔猎经济，每种经济形式有自身的发展以及向更高形式前进的过程。这些发展变化受一定的自然环境的制约，研究这些发展变化以及各种经济形式和自然环境的相互关系，将为人类进步的历史进程提供生动丰富的例证。

地区的开发程度，要看其物质文明和精神文明总的发展水平。因此，这一课题涉及的方面是十分广泛的，既要研究该地区的生产手段，生活资料的生产、流通、分配、消费，又要考察边疆人民的日常生活和文化教育状况。在边疆地区，农业和牧业的布局、土地的利用程度、水利设施、生产技术、生活习俗、宗教观念、文化艺术，都应该保持在研究者的视野之中。

边疆开发史不同于地区政治史，但又和该地区的政治秩序、行政设施、政策法令有着密切的关系。安定的秩序、正确而适当的政策和设施，将会大大促进开发进程。而边疆开发的程度又和国家安定统一的程度成正比。边疆的经济、文化越是发达，各族人民之间的交流联系越是频繁，全国就会出现较长期的稳定和统一。因此，研究边疆开发史，可以更好地了解我们统一国家形成、巩固的基础和过程。这对于增强民族团结、巩固统一安定、发扬爱国主义精神具有重大的意义。

地区的开发，从来都和人口的数量和素质有密切的关系。历史上，边疆和中原地区人口流动频繁，既有边疆的少数民族进入中原，建立统治王朝，也有中原汉族向边疆流动迁徙，耕垦贸易，谋求生计。人口的流向、繁殖、增减，各民族之间的交往、融合，也是边疆开发研究中的重要课题。

一个和外部世界隔绝的封闭地区，发展的速度是不可能迅速的，因此，交通和商业常常是影响边疆开发程度的重大因素。尽管边疆的地形复杂、路途遥远、交通困难，但为了生存和发展，边疆各族人民在开辟通路、组织互市、发展贸易方面进行了极大的努力。驿路、商队、商业点、贸易渠道也是边疆开发史研究中不容忽视的问题。

在边疆开发史研究中还应当特别重视清代和近代。这段历史离我们的时间最近，和现实的关系最为密切。边疆的今天从昨天发展而来，今天的许多经济问题、政治问题、社会问题，追根溯源，都要返回到清代和近代。因此，只有研究清代和近代边疆开发的情况，才能更深刻地认识边疆的现状。

清代是我国统一得到加强、版图最后稳定的时期。随着中原地区人口的急剧膨胀而向周边地区流动扩散，北方人民大批迁移到东北、内蒙古和西北，所谓"闯关东""走西口"成了中原贫民谋生的重要出路。南方人民则大批移往云南、贵州、广西、台湾，这就给边疆的经济和文化发展带来了巨大的推动力。各族人民在边疆和偏远地区开辟榛莽，筚路蓝缕之功应该记录下来，宝贵的经验教训值得认真总结、汲取。鸦片战争以后，一方面，帝国主义侵入中国，对边疆地区鲸吞蚕食，出现了险恶的瓜分形势；另一方面，新的生产力、新的技术、新的思想传播发展，在边疆地区出现了新的经济因素、新的文化事业、新的社会力量，边疆的开发达到了前所未有的规模和速度。边疆地区各族人民紧密团结、共御外侮，在艰难的环境中努力发展本地的经济和文化,取得了卓越的成绩。研究清代和近代的边疆开发史,认识到过去里程的艰难、缔造的辛苦,缅怀前人,放眼未来,将会增强与坚定我们建设边疆、实现四个现代化的信心和决心。

我相信,边疆开发史这一研究课题将会吸引全国各方面的专家来参加,让我们全力以赴,携手前进,开辟出一个多学科交叉渗透的新局面,创造出对现实富有意义的研究成果。

从大清史角度看待刘铭传保台建台的意义[*]

2005年10月12日,是台湾建省120周年,也是刘铭传首任台湾巡抚120周年。为什么这样一位历史人物会引起两岸学者日益浓厚的研究兴趣和关注,一而再,再而三地举行各种形式的学术活动来纪念他?这是因为从刘铭传所处的时代环境和担负的历史使命来看,他是"有大勋劳于国家者"(连横《台湾通史》"刘铭传列传"中的评语),在抵御外敌入侵、捍卫国家领土主权这一涉及国家民族根本利益的问题上毫不含糊,闻警即起,奉诏出山,临危受命,孤身渡台,在十分险恶的局势下,领导台湾军民进行了英勇卓绝的抗法保台战争。战后,台湾建省,他作为首任巡抚,又以极大的热情为台湾省的近代化建设殚精竭虑,呕心沥血,使台湾在省区规划、城市建设、交通、邮政、矿务、开发山区、整顿吏治、开辟财源、推行新式教育等各方面都取得了突飞猛进的成效,被一些史著誉为"台湾近代化事业的奠基人",甚至"台湾近代化之父"。这些称谓,表达了

---

[*] 原载《学术界》,2006年第1期。

海峡两岸人民对这样一位历史人物浓厚的怀念之情。我在10年前的研讨会上说过:"刘铭传在中国近代史上是一位杰出的人物,是一位爱国将领、有远见的政治家,他对国家和民族做出了重大贡献。"现在看来,对刘铭传的这样一种定位和评价是基本准确的。

一、从大清史角度看待刘铭传的保台建台

在党中央、国务院的重视和支持下,我们正在开展重新纂修大型《清史》的工程。由于清朝是我国历史上的最后一个封建王朝,它的后期已经进入近代社会,对于当代社会有着直接的影响,我们在当代所面临的许多重大问题,如经济建设、政治改革、文化发展、中外交往、人口、宗教、民族、边疆、生态、城市化、地区发展不均衡等问题,都要追溯到清代才能了解其缘由。所以,《清史》的修纂,不仅是我们在21世纪的一个标志性文化工程,而且对于我国现阶段的社会主义现代化建设,有着极为重要的借鉴和参照价值。现在,大型《清史》工程的通纪、典志、传记、史表、图录,以及基础文献、译著等各个部类的子项目已经逐步分解、分配下去,正在有条不紊地进行。

那么,如何从宏观的角度认识和把握清代历史?美国有一位华裔史学家黄仁宇写过一部《中国大历史》,他讲的是中国上下五千年的宏观历史,影响比较大。我们要修纂的这部大型《清史》,资料浩瀚,事理纷繁,也应该有一个宏观的思路。我在2004年8月上海举行的"世界中国学论坛"上曾经提出,要从三个视角认识清代历史的发展:第一个视角是从传统走向现代社会这样一个过程来看待,第二个视角可以从国内民族、地区和国家统一的高度来把握,第三个视角是从世界一体化进程这样一个角度来观察。

从第一个视角看,中国在经历了漫长的封建社会后,到清朝的康

雍乾时期，它的综合国力可以说达到了一个鼎盛时期，出现了封建社会的最后一个盛世——康乾盛世。一个显著的例子就是乾隆时期中国有3亿人口，而当时全世界一共才有9亿人口，要养活这3亿人口，就需要生产大量的粮食。中国以农立国，在当时分散的小农耕作方式下，要做到丰衣足食很不容易，乾隆朝基本上做到了。乾隆本人是一个十分勤勉的皇帝，宵衣旰食，昼夜辛劳，他一生写了41 800余首诗，相当大的一部分是有关气象、灾害和农业收成的。在当时，西方产业革命以前，欧洲国家也是靠手工劳作，也没有工厂制度和机器生产。中国和西方相比，生产差距不是很大，而且中国是大国，英、法都是小国。从中国国内生产总值来讲，应该说它的整个GDP接近于全欧洲的GDP。也许正因如此，当英国派马嘎尔尼来华时，乾隆才会说出"天朝物产丰盈，无所不有，原不借外夷货物以通有无"的话，并坚持实行闭关锁国政策。

尽管如此，中国也受到许多问题的困扰。一个就是人口多，人均生产少。当时中国人均耕地是3.5亩，而英国当时人均耕地折合成中国的亩则是10亩，是中国的近3倍。农村的富裕能够为工业化提供充分的资金、原料和广阔的市场。再就是中国封建统治者在统治上坚持封建专制主义，而且闭关锁国，失去了向世界先进国家学习的机会。

因而自18世纪西方英、法诸国实行产业革命以后，中国经济就落后了，而且差距一步一步拉大，可以说是一落千丈。落后就要挨打，先后有过两次鸦片战争，中国可以说是被洋枪大炮轰出中世纪的。这时候中国的先进人士为了救国救民，想了各种办法进行富国强兵，于是有了洋务运动、戊戌变法、辛亥革命、五四运动，向西方学习，把西方国家的许多新事物一件一件搬到中国。但是，中国长期的优势文化对外来事物有一种强烈的抗拒力量,形成一股极为强大的保守势力,所以在长时间内形成了"新学"和"旧学""中学"和"西学"之争,近代化进程十分缓慢。

从第二个视角看,中国多民族国家的形成和国家的统一这个基础是在清代奠定的。中国是个版图广阔、民族众多的国家,中原地区以汉族居多,人口多,有悠久的文明。周边地区有游牧民族、山地民族,从匈奴、鲜卑、突厥、契丹,到女真、蒙古,它们在历史上都曾经是组织良好、武力强大、具有勇武精神的民族。中国历史就是在多民族、各地区间的交往、斗争、融合、统一中前进的。到了清代,统一、融合的力量大大增强,尽管各民族、各地区之间也有很长时间的战争,但是到了乾隆以后,中国基本上形成了民族大家庭,民族的凝聚力大大增强,地区间的联系也大大加强。满族作为一个统治民族,它懂得要和汉族和睦相处,所以它努力学习汉文化。另外,满族作为一个少数民族,它又理解少数民族的要求,理解少数民族的心理,知道怎么尊重它们的风俗习惯,所以在统一中国以后,它是按照各个地区、各民族的特点,分别设立行政机构,这在中国历史上是没有的。清朝在东北和伊犁地区设立将军制度,在蒙古设立盟旗制度,在西藏设立噶厦制度,在维吾尔族地区沿袭以前的伯克制度,在西南少数民族地区改土归流,实行和内地一样的行政制度,所以它是因地制宜、一国多制,这是它非常成功的一方面。可以说中国历史到了清代,游牧民族和农耕民族之间长期的战争状态大大缓和,中国的民族团结和睦关系达到了史无前例的程度。所以清朝 200 多年留下了一个非常重要的遗产,就是民族团结和我们版图的统一。因此近代以后,帝国主义入侵中国,尤其是从 19 世纪七八十年代起,我们国家面临着严重的边疆危机,新疆、台湾就在这时先后建省,这是当时的清政府回应列强瓜分觊觎的重大举措。中国并没有分崩离析，多民族的和睦相处、国家领土的不可侵犯，是我们民族凝聚力的一个重要标志。

第三个视角是从世界一体化的角度，看待清代中国是如何融入这个一体化进程的。古代世界的几大文明板块之间是相互隔离、不相往来的。从哥伦布发现新大陆以后，各大洲之间的距离相对缩短了，全球逐步走向一体化。这个一体化的进程，在鸦片战争前的几个世纪里可以说是腥风血雨，充满了殖民侵略、战争、掠夺。殖民地国家为发达国家提供了大量资金、原料和廉价的劳动力，为西方国家的发展做出了很大的贡献和牺牲。随着清朝国力的衰落（衰落的重要原因之一就是闭关锁国），中国到鸦片战争时，国门也被迫打开，国人所要面对的是伴随着军舰、大炮滚滚而来的商品、资本输入，以及以对生产原料、廉价劳动力的掠夺等为特征的资本主义市场经济和生产方式，面对的是一个数千年来未有的"大变局"。我们这个民族要在这样一种世界一体化的进程中生存和发展下去，就必须奋起直追，向西方学习，也就是向侵略自己、掠夺自己的敌国学习，学习它们先进的文明。我们的近代化就是在这样一个特殊的历史背景下开始的，这里面有许多深刻、惨痛的教训。今天，我们提出缔造和平的世界环境，以保障中国和人类的安全。只有在和平的环境中，中国才能崛起，而中国的崛起也会增加保障世界和平的力度。我想这是我们在21世纪的一个重大课题，我们必须善于和世界各国相处，中国绝对不会重蹈清朝的覆辙，再回到那个闭关锁国的时代。

以上述三个视角作为切入点，我们再来考察刘铭传在台湾的活动，是不是可以在更为广阔的视野里得出更加深远的一些看法？结论是肯定的。

其一，中法战争爆发，法国方面意图以它的远东特遣舰队迅速占领台湾，夺取一两个港口"踞地为质"，作为向清政府讨价还价的筹码，台湾作为"东南锁匙、七省门户"的战略地位得到凸显。对法方的企图，清方的高级统帅如李鸿章、曾国荃等也都十分清楚，问题是，谁是最合适的台湾方面的军事统帅？一个重要的事实是：自19世纪70年代起，尤其是海防大讨论以来，李鸿章系统的淮军已经逐渐在东南沿海一带层层布防，成为国防军的主力。当时，直隶有周盛波、周盛传的盛军，山东有吴长庆的庆军（一度驰援朝鲜），浙江有刘秉璋的良军，广东有张树声的树军，广西有潘鼎新的鼎军，长江口的吴淞口和江阴炮台，也都有淮军的开花炮队驻守。至于台湾，早在1874年日本军队入侵时，就有刘铭传旧部将领唐定奎率领6 500名铭军将士前往驰防，有力地支持了钦差大臣沈葆桢的谈判。因而就全局的战略态势来讲，由刘铭传出任台湾防区的最高军事长官是最好的选择，以他的资历勋望，足可以与负责沿海各省防务的淮系大员相互援应，联络一气；同时，以他的军事才华和胆略，亦足以在台湾率领孤军奋战，独当一面。所以，当清政府下诏起复他时，他毫不犹豫地辞安就危，也就是谢绝了李鸿章要留帮办军务的好意，刻不容缓地奔赴台湾。这里面可能有他个人获取封疆大吏的功利目的，但从总体上看，他的这一举动是符合清政府保卫台湾、捍卫国家领土完整的战略意图的。后来，他在台湾采取"拖"的方式，坚持持久战，想方设法拖住法国远东舰队司令孤拔部队的主力，使其不能北上；并且在岛内努力争取做到军民合作、湘淮合作，是很有大局意识的。

其二，台湾建省后，百废待举。刘铭传"思以一岛基国富强"，而且要为全国"树之范"，也就是要把台湾建设成为近代化的样板省，作为全国的典范。因为在大陆各省，保守势力过于强大、盘根错节，牵一发而动全局，实行新政改革的阻力重重；而台湾虽然经济基础差一些,但改革的阻力相对也小,容易做出成绩。加上他本人出身下层,没有科举功名,反而较少受封建正统思想的束缚,在行动上有着"敢为天下先"的创新意识,并且一旦确认目标,就毫不犹豫地付诸实施,也不在乎自己头上的顶戴乌纱。这在晚清社会近代化的进程中,在他这一辈的地方大员中,是极为难能可贵的。

其三。他在台湾的防务问题上也是只争朝夕。中法战争后,他把加强台湾防务的重点集中在北部,在台北、基隆、淡水以及澎湖列岛都修建了许多新式炮台,一个重要目的就是防御野心勃勃的日本军国主义侵略势力。他曾经登上基隆炮台,遥望东北的日本方向,激励部下说,我们再不抓紧建设好台防,不出10年,就要成为对方的俘虏。这都说明,他是一个深明国家民族大义的杰出政治家,是胸怀全局、具有远见卓识的战略家。正因为如此,我们海峡两岸的人民才会不断以各种方式缅怀他、纪念他。

二、刘铭传保台建台业绩所彰显的是一段两岸同根的历史

1985年召开第一次刘铭传学术研讨会,当时还只有大陆学者参加,会议讨论本着实事求是、解放思想的精神,把历史上一直将刘氏作为淮军干将,是追随李鸿章镇压太平军、捻军的刽子手的形象推翻了,认为他可以被归入近代爱国者的行列,为保卫和建设台湾出了力。这可以说是一次学术上的拨乱反正。10年以后,随着研究视野的进一步拓展和两岸学术交流的蓬勃开展,在1995年举行的第二次刘铭传学术研讨会上,来自海峡两岸的与会学者围绕刘铭传领导的抗法保台战争、刘铭传抚台期间台湾的近代化建设、刘铭传与晚清集团人物关系、刘铭传的历史定位四个方面展开热烈讨论,充分肯定刘铭

传的历史功绩,用大量无可辩驳的史实批驳了"台独"分子鼓吹的"台湾的近代化始自于'日据时期'的日本殖民总督后藤新平"的谬论,一致认定:刘铭传是一位杰出的爱国将领、有远见的政治家、台湾近代化建设的奠基人,他维护祖国领土的统一和完整、保卫台湾和建设台湾,对国家和民族做出了重大贡献。这就使得我们对刘铭传的认识达到了一次飞跃和提升。

但是这仍然还不够。我翻阅过前两次会议的论文集,对于刘铭传抗法保台的战略战术、他在建省过程和台湾近代化建设各项事业中所取得的各项成就,都已经有了许多详尽的论述,但是大多侧重于对刘铭传个人事业功绩的评述。现在又是 10 年过去了,在新的时代条件下,我们又能有哪些新的发现和新的结论?首要的前提当然是从材料出发,我们在即将完成的新编《李鸿章全集》里,看到了李鸿章关于刘铭传抗法保台的各类往来电稿 200 多封,内容涉及保台战略战术、后勤补给、通信联络等各个方面,充分反映了李鸿章对于老部下身处孤危绝境的关切之情。在《翁同龢集》里,可以看到身为户部尚书的他,是如何竭力撙节筹措,为台湾办防和建省初期的协饷经费多方设法。我们也知道,在第一次海防大讨论中与李鸿章意见相左的左宗棠,在中法战争后期以钦差大臣的身份回到福建前线督办军务,他临终前的奏折是极力主张清政府"大治水师",并将台湾改建为行省。他的老部下杨昌濬在闽浙总督任上,不分湘淮畛域,慨然向台湾新省每年提供协饷 44 万两。另外一位清流名臣张之洞,也对台湾的抗法战争进行了实际的支持。这些人都是当时朝中的一等重臣。我们再从李鸿章的奏稿里可以看到李鸿章为龚照瑗、邵友濂这两位在上海为台湾转运军械兵员出了大力的道员的请功折;从怡和洋行的档案里可以看到另一位道员盛宣怀是如何为刘铭传筹款并通报军情的;从淮军文献周盛波、周盛传兄弟的手札里，可以看到他们是如何向刘铭传提供军援、引荐人才的。整个中法战争期间，吴宏洛、聂士成、王诗正等各路湘淮援军及其军械粮饷，在沿海苏、浙、闽、粤渔民冒死突破法军封锁线的护送下，源源不断地抵达台湾。在基隆、沪尾保卫战的战场上，一共有1 600多名湘淮军将士血洒疆场，牺牲在保卫祖国的最前线。

这一切都说明，在当时外敌入侵的严峻形势下，无论洋务清流、湘系淮系，也无论上官下吏、平民百姓，他们对于祖国宝岛台湾的兴亡安危所表现出来的极度关切和血浓于水的骨肉同胞之情，是刘铭传能够面对强敌浴血奋战、呕心沥血建设台湾的不竭动力。站在刘铭传身后的，是整个祖国。刘铭传保台建台业绩所彰显的，正是这样一段两岸同根的历史。

三、学习先贤刘铭传，为促进祖国统一大业而努力

这次会上，李家泉先生提供了一篇很有新意的文章，他说，刘铭传是一个真正称得上"爱台湾"的人。他的文章写得好，很有现实意义。每一位研读过刘铭传在台湾那段历史的人，都会深有同感。刘铭传奉诏出山，不顾个人安危冒险渡台，他是为了完成朝廷赋予他的使命。在他的眼里，朝廷即是国家，他是为了国家而战，去了就要准备捐躯，就要有必死的决心。勇者无惧，时刻准备用自己的生命保卫台湾的人，才是真正地爱台湾。

刘铭传在台湾7年，为台湾做了那么多有益的事，而他自己离开台湾时，却孑然一身，除了一副沉重的病躯，什么也没带走。他把自己的养廉银、朝廷因其战功颁赐的赏银和在台湾多年的积蓄都捐了出来，帮助修建了学堂，希望台湾的孩子，我们民族的下一代，能够接受更好的教育，为台湾的长远发展培植人才。这是一种何等高尚的境

界！我们常说，刘铭传一生事业最辉煌的时刻在台湾。这不仅仅表现在他的战功、他的政绩上，更在于他真正把自己的生命和全部精神追求与台湾融为了一体。台湾就是他的家园，在他身上爱祖国和爱台湾得到了高度统一。

洋务历史试论[*]

从1864年太平天国运动失败，到1894年中日甲午战争爆发，这是中国近代史上以"洋务"为中心的历史时期，一般称之为"洋务运动"时期，时间共30年，占整个旧民主主义革命史的1/3以上。这30年间，人民革命运动虽然相对低落，但中国社会经济和阶级结构却发生了极其深刻的变化。

两次鸦片战争是封建主义的中国和资本主义的西方在军事力量上的较量，结果是中国失败了。中国社会开始了半殖民地化。但是经济和文化思想领域的激烈斗争与深刻变化，到19世纪60年代以后才真正开始。当时，外国侵略者在军事上、政治上、经济上、思想上向中国人民展开了全面的、猛烈的进攻，清政府在外国侵略势力和中国人民的两军对战中力图调整步伐，加固营垒，以应付来自双方的压力。它的主要办法就是把资本主义国家在武器制造、生产技术和自然科学方面的成果当作自己的强壮剂，在维

---

[*] 原载《人民日报》，1962年9月13日。

护封建主义统治的目的下，仿效西方，实行枝枝节节的改革，这就是洋务运动的由来。

清政府的洋务运动有两个方面：一个是以"求强"为目的的军事方面，一个是以"求富"为目的的经济方面。但是在 30 年间，随着形势的推移，洋务运动的重点也在不断地调整，因而形成了洋务历史的三个阶段。

一

洋务历史的第一个阶段，是从 1864 年到 1871 年。这时，清政府正在疯狂地镇压捻军和回民起义，急需用新式武器装备反动军队。同时，它对资本主义文明的理解也只有"船坚炮利"这一点。因此，洋务的重点集中在军事工业方面，沪（江南制造局）、宁（金陵机器局）、闽（福州船政局）、津（天津机器局）四大兵工厂相继创立。这些企业从设计施工、机器装备、生产技术一直到原料燃料的供应，完全都要依靠外国。

这一阶段创办的许多官办军事工业是不是资本主义的企业？目前学术界有不同的意见。我认为，它是封建主义和资本主义的复杂混合体。首先应该看到官办军事工业是非商品生产的企业，它生产出来的军舰、枪炮、弹药由封建政府直接调拨给军队使用，不计算产品的价格，不参加市场的交换，生产经费则由国库按定额拨付。企业本身没有盈亏可言，没有从利润转化来的资本内部积累，没有依靠自身运转而进行的扩大再生产。企业的繁荣或停滞取决于政府的财政盈绌和拨款多少，不取决于市场需求和企业本身的生产与管理。这种关系是一切官办企业（包括军事的或非军事的）缺乏生命力的根源，也是它非资本主义一面的突出表现。但是，同时应该看到，这些工厂在大机器生产下集中了大量的工人,工人以出卖自己的劳动力为生,是中国早期的工业无产阶级。工厂的产品不以商品的形式出卖,但工人的劳动力却以商品的形式被购买,这是近代官办军事工业的独特性之所在。实际上,它是封建主义和资本主义的一种复杂混合体,是封建官营企业向资本主义企业转化的中间形式。在这里,企业并没有一下子摆脱封建官营企业的固有性格,某些旧质态(非商品生产)仍然保存下来,但企业不是旧日官营企业的简单再版,某些新质态(大机器生产下的雇佣劳动)已经开始萌生。

军事工业在资本主义国家是整个经济政治体系中的一个环节,把这个环节孤零零地摘取下来,移植到中国,必然要发生畸形现象和产生一连串的困难。经费来源枯竭、原料燃料供应不上、技术落后、人才缺乏、管理制度混乱等,堵塞了军事工业进一步发展的通道。清政府不久就发现:军事工业很是缺乏经济效益和军事价值,产品成本高昂,一艘自造军舰所花的经费,可以用来向外国购买两艘或三艘同样类型的军舰,而且自造的舰只、枪炮质量低劣,除了屠杀手无寸铁的老百姓之外,难以用来应付外来侵略。19世纪70年代之初,清政府内部发生了关于造船和海防的两次争论,检讨军事工业腐败、停滞的原因,并确定海防的方针。当然,封建阶级并未从失败中吸取教训,而只是稍稍改变了步伐。洋务的重点从自己制造武器转变为向外国购买武器,同时又注意到经费筹集和人才培养等方面。这样,洋务历史就进入了第二个阶段。

二

洋务历史的第二个阶段,是从1872年到1885年。当时外国侵略势力加紧了对中国的进攻。日本入侵我国台湾,英国在烟台谈判中的讹诈，中俄伊犁交涉的波折，一直到震动远东的中法战争，边疆危机，纷至沓来。清政府为应付来自外部的危机，购买更多军舰和枪炮，部署沿海的防务，从1874年到1885年先后向英、德、美、法购买大小舰艇39艘，建立了以定远、镇远两艘铁甲舰为主干的北洋舰队，1885年新设了海军衙门。

新式的防务体系需要大量经费、技术、军事人才以及新式的后勤支援。因此，清政府开始经营和提倡采矿、运输、电信、教育等事业。1872年轮船招商局成立，1875年派遣赴英法留学生，1876年创办台湾基隆煤矿，1878年创办直隶开平煤矿，1880年架设津沪电报线路、开设天津水师学堂，1881年创办热河平泉铜矿，1883年创办山东平度、招远金矿，等等。当然，这些事业在技术、装备、原料等方面仍不能不依靠帝国主义。

在这一阶段，军事仍然是洋务运动的中心，但是洋务运动的范围已大大拓展，前一阶段清一色官办军事工业的局面已经突破，开始生产民用品（如采矿）和提供民用服务（如运输、电信）。并且，为了解决经费和管理上的困难，在非军事部门内吸收了私人投资或鼓励私人经营。以上列举的矿场企业中除基隆煤矿外，都有大量私股。所谓官督商办的形式，盛极一时。在一些远离军事的部门，民间还出现了纯粹商办的小型加工企业（如广东的缫丝业）。这时候，清政府已经不可能阻止新式企业的出现，而且它为了自己的军事、财政利益，不得不借重私人的财力支援。一部分地主、官僚、商人在清政府的荫庇下，开始步上资本主义的轨道，向资产阶级转化。

在中国早期的工矿企业中，官督商办是一种普遍的形式，官和商的这种特殊结合表明了中国工业发生发展道路上的严重困难。在那时，一系列障碍摆在每一个创业者面前：帝国主义的竞争，厘金剥削，封建势力的阻挠，官吏豪绅的勒索。仅仅依靠单个企业自身的力量，不可能抗衡这些强大的阻力，处在襁褓时代的新式企业必须从企业的外部找到奥援和靠山。在封建专制主义长期统治下的中国社会，政权具有至高无上的权威，工业襁褓儿除了匍匐在封建专制政权脚下，乞求它的荫庇之外，没有更好的出路，这就是官督商办盛极一时的原因。有一种例外情形，某些企业没有从政权这边找荫庇，而是到侵略者那边找依靠。这些企业挂上外国字号，聘请外国经理，向外国政府注册。虽然所依靠的主体不一样，但同样说明企业离开外部荫庇就难以生存下去。在当时，资本主义企业还缺乏独立活动的充足条件。

近代工业所碰到的阻力是从帝国主义和封建主义方面来的。为了克服或缓和这种阻力，它又必须依靠帝国主义和封建主义。"解铃还须系铃人"，这是一个历史的矛盾，而"官督商办"就是这种历史矛盾的产物。从商的方面来说，它只有躲进封建政权的荫庇所，才能绕过很多自己无力克服的障碍，如请求获取减税免税的优待，请求政府贷款，获得专利权和特别保护，等等，依靠这些支持，企业活动才有较多的保障。从官的方面来说，急剧变化着的形势迫使自己不得不在一定程度上利用私人的工业投资，不得不在压抑工商业的传统政策上打开一个缺口，通过这个缺口吸引资本主义的涓滴之水，来润泽即将枯萎的旧秩序。

官和商的合作虽然暂时缓和了外部压力，但是企业内部引进了封建势力，同样又产生了许多困难。政府的贷款利率极高，是一种饮鸩止渴的高利贷；企业得到减税、免税、专利等特权，要以承担苛重的封建性义务作为代价；一批寄生虫官僚，硬被安插在企业的各级机构里，贪污舞弊，无所不为。官督商办把官和商两种不同的力量糅合在一个企业里，两者的矛盾不可避免地愈演愈烈。事实证明，官督商办的形式并没有给中国工业铺筑一条康庄大道，恰恰相反，它愈来愈成为工业进一步发展的严重障碍。

三

洋务历史的第三个阶段，是从1886年到1894年。这时，边疆危机略有缓和之势，而贸易危机又接踵而至。在1885年到1894年的10年间，对外贸易总额达白银22亿两，入超达2.6亿两，而清政府每年财政收入不过7000万两左右。洋纱洋布像决堤的狂潮一样，冲刷着自给自足的中国经济结构。大批农民和手工业者被抛入贫困破产的深渊，经济领域的残酷斗争在激烈地进行着。一部分知识分子中响起了"商战"的呼声，清政府也企图从对外贸易的巨大逆差中捞回一点利益。于是，洋务的重点又从军事方面转移到了经济方面。

在这个阶段，由于海军经费已移拨给颐和园修建工程，海军的发展基本停顿，军事项目退居次要地位，纺织、铁路、炼钢成了最重要的项目。李鸿章大力建设津榆铁路（天津到山海关），以及漠河金矿、上海织布局、华盛纱厂，等等。张之洞在武汉忙碌地搞一个"自相捏注"的工业体系，其中包括汉阳铁厂、大冶铁矿、马鞍山煤矿、汉阳枪炮厂，以及纱、布、丝、麻4个轻工业工厂。有些一向反对任何新事物的顽固派也在逐步改变态度，认识到采矿、设厂能带给自己利益，更多的官僚、地主、买办以投资者的身份被卷入洋务潮流。工业投资总额正在增加，官办、官督商办虽仍是洋务运动的主要形式，但在洋务运动之外，纯粹商办的企业已逐步增长。特别是19世纪90年代初，主要由私人投资和经营的纺织业、缫丝业、火柴业有蒸蒸日上之势，可惜不久就爆发了中日甲午战争。战后的《马关条约》规定了外国在华的设厂权，这对中国工业是一个严重的打击。幼弱的民族工业刚刚显露发展的迹象，就立即遭到帝国主义的当头一棒。

30 年的洋务历史在经济上究竟造成了怎样的局面？到 1894 年中日甲午战争爆发时为止，各类近代化企业（不包括军事工业和运输、电信事业）的资本约 2 000 万两。约略而言，这个数目等于 1894 年一年中贸易赤字的 2/3（该年入超 2 900 万两），等于大半个颐和园的修建维护费用，等于清政府每年财政收入的 1/4，等于甲午战争赔款的 1/10。这个微小的数目就是 20 多年来经历了千辛万苦的中国工业资本的全部积累，可见洋务历史上工业发展的速度十分缓慢。

中国的工业为什么只积累起这样微薄的资本？中国社会当时虽然穷困，但并不是绝对地缺乏资金。问题在于集资千万的官僚、地主、富商缺乏投资工业的迫切愿望。在半殖民地半封建社会里，地主对农民的剥削仍是主要的经济基础，这种经济基础被全部政治上层建筑支持着，购买土地是传统的、可靠的资金出路。此外，高利贷剥削和商业投机也是发财致富的捷径。而工业投资由于缺少政治和社会的保障，反而是一种极冒风险的事业。在这样的条件下，富翁宁肯把资金用来购买土地，发放高利贷，投机倒把、囤积居奇，而不愿意投放到自己不熟悉的、很有亏折可能的工业中去。人们的愿望总是受一定的社会条件制约，当社会资金向工业流转的渠道还被整个旧制度堵塞着，那就不会有热情迸发的创业欲和投资欲。因此，归根到底，不动摇、不推翻旧制度，中国的工业就不可能正常地、顺利地发展起来。

上述洋务历史的三个阶段反映了中国资本主义产生的一个特殊环境和一条特殊道路。可以看出，中国资本主义的产生和帝国主义、封建政权有密切的关系。大机器首先是在帝国主义支持的官办军事工业中采用，在军事工业的带动和影响下，依次扩及其他部门。其他经济部门开始时大多作为政府军事项目的附庸和补充，并且在官督商办的形式下才获得了比较方便的活动条件，只是后来才稍稍摆脱政权的控制而出现更多的商办企业。至于工业投资人，主要是封建的官僚、地主或洋场买办。中国资产阶级中虽然也有从工场手工业主或包买商直接转化来的，但这种情况毕竟是少数。对这些和帝国主义、封建政权联系很少的旧式工商业者来说，近代企业的入口处显然有一重难以逾越的门槛，这是和西方资本主义发展的一般道路不同的。帝国主义和封建主义是近代企业发展的阻碍，但同时又是近代企业不得不依赖的靠山。这种矛盾的关系表现了中国资本主义的特点，中国资产阶级在经济上的软弱性和在政治上的两面性也可以从中得到清楚的说明。

四

竭力地鼓吹和推进洋务运动的是以李鸿章、张之洞为首的一批官僚、地主、买办，这些人被称为洋务派。历史学界对洋务派有不同的评价。从根本上说，洋务派是一个反动政治派别，它在太平天国革命中屠杀人民，在历次对外交涉和对外战争中妥协投降，带来了民族的屈辱和灾难。在以后的资产阶级改良主义和革命运动中，它又站在反对立场上进行破坏和镇压。这个集团在近代历史上造成了无穷的罪恶。

但是，洋务派又是带有资本主义倾向的一个官僚集团。它的某些主张和某些措施，如开工厂、采煤铁、行轮船、筑铁路、设学校、译书籍等客观上有利于社会的发展。在洋务派的主持和倡导下，中国第一批资本主义近代企业开始出现，这是和帝国主义、封建主义相对立的新事物。随之也产生资产阶级和无产阶级，新的社会力量在和周围旧势力的斗争中逐步成长壮大，毁灭旧制度的条件也在日积月累中形成。洋务派本来期望自己的措施可以加强封建统治,结果和它的期望恰恰相反。它不自觉地把机桄拨了一下,当机桄一旦转动,就逐渐向着毁灭旧制度的爆炸点走去,再也没有任何力量能够迫使它停止下来。中国近代历史就是这样走过来的。

有的同志拿洋务派的动机是维护封建统治和个人升官发财为理由,否认它有资本主义倾向以及它在客观上所起的历史作用,这是不全面的。洋务派是一个由官僚、地主和买办商人构成的复杂混合体,它的封建性、买办性非常鲜明,它办工业的动机不可能纯正。但是,还应该看到中国第一批资本主义工业是由洋务派创办的这个众所周知的事实。历史上很多进步措施,往往不是出于什么高尚意志和善良愿望,而是和微小卑劣的动机结合在一起。在这里,重要的不是人们采取措施的主观动机怎样,而是这些措施本身是不是符合客观历史发展的要求。至于考察洋务派的动机,那就应该进一步探究隐藏在主观动机背后的客观历史潮流。洋务派为什么不完全仿效其前辈,在传统政策的范围内寻求巩固封建统治的途径?为什么要把升官发财寄托在近代工矿企业方面?正因为中国社会发展的进程已经使资本主义近代企业的出现必不可免,洋务派只是在一定程度上迎合了历史潮流,才会产生不同于以往的新动机、新愿望,在这种动机促使下采取的各种措施就成了向资本主义转化的杠杆。一部分官僚、地主、商人,借这根杠杆的助力,开始转入资本主义的轨道。

当然,洋务派主要是以官僚身份而不是以资本家身份投身于创业活动的。它是一个略带资本主义倾向的集团,而不是一个资产阶级集团。真正的资产阶级的形成,有待于这个集团的进一步分化。由此,洋务派必然会把官场习气、封建作风带到企业中,使企业中发生惊人的贪污、浪费和种种腐败现象。洋务派在创办企业的同时又给企业造成了限制和束缚。应该谴责的不是洋务派曾经创办了近代企业,而是其创办企业的封建方式和封建作风,这正是洋务派的官僚立场和封建性格的反映,也是中国近代社会历史特点的反映。近代历史的发展已经使创办机器工业成为一个需要付诸行动的课题,但社会上缺乏像在西方世界中那样一个足够强大的、能抗住一定压力的阶级来肩负这个任务,于是掌握政治权力而又崇拜西方文明的洋务派就不自觉地进来填空补缺,上演一出自己都不懂得的、不熟悉的戏剧。中国资本主义企业在洋务派手里开始,这就显示了历史条件的特殊性和前途的困难。洋务派给企业带来的不良影响是不可能在短时期内轻易地清除干净的。中国资本主义只能背着旧社会所加予的沉重包袱,在曲折的道路上蹒跚行进。

洋务运动经历了 30 年之久,最后中日甲午战争结束了这段漫长的历史。日本侵略者的炮火摧毁了洋务派的新式海陆军,《马关条约》又把刚抬头的民族工商业紧紧地束缚起来。洋务派的活动从以上两种意义上来说都是失败的,地主阶级并没有达到强化封建统治的目的,资本主义也没有找到顺利发展的途径。洋务运动的失败是一件好事情。人们接受了这样的教训:仅仅是军事和经济范围内的枝节改革,不可能使中国独立富强,根本问题是政治问题,任何有成效的改革都必须从政治制度领域开始,而这种有成效的改革不能指望地主阶级当权派来推行。封建阶级的洋务幻想破灭了,它再也编制不出一套可以骗人的"富强"神话。封建阶级在社会上造就了资产阶级和无产阶级这两个反对力量,而在思想上失去了统治人民的阵地,这样就促使戊戌变法和辛亥革命运动迅速到来。

中日甲午战争与远东政治风云[*]

中日甲午战争是决定中、日两国命运，决定东亚历史格局的重要战争，虽然它过去将近100年了，但其意义和影响值得我们进行讨论，加深认识。

中国近代史上发生了许多次中外战争，在此之前，已有两次鸦片战争、中法战争，可说是烽火连天、硝烟弥漫。而中日甲午战争比以前的历次战争规模更大，中国所受损失更重，失败更惨，割地赔款，丧权辱国，随之而来的是列强争夺势力范围，掀起了瓜分中国的浪潮，国家和民族的生存面临严重威胁。中日甲午战争前，中国虽已受到帝国主义的侵略，但当时正在搞洋务运动。虽有识之士早已看透了洋务运动的弱点，认识到它不能挽救中国，但对一般人来说，洋务运动开了工厂，建了铁路，造了轮船、电报，建了海军，办了学校，引进了西方的科学技术，挂起了求富求强的招牌，给人一种希望和幻觉，似乎中国在前进、在发展，似乎"中学为体，西学为用"的洋务运动能救

---

[*] 原载《齐鲁学刊》，1991年第1期。原题目为《中日甲午战争的影响和意义》。

中国。甲午战争的失败使一切都破灭了。30年洋务运动的成果经不起日本的一击，一点幻想和自我安慰的余地都没有了。真是创深痛剧、刻骨铭心，中国人民从来没有遭到这样严重的灾难，从来没有经受这样的奇耻大辱。所以，北洋舰队在威海卫的覆灭，不仅是中国海军的惨败，而且宣告了早期求富求强努力的失败。当时，清朝的北洋舰队在军事上、技术上是很先进的。在人们心目中，它的存在是中国进步的象征、强大的象征、希望的象征。甲午战争的失败，无情地证明了这种象征的虚假性。特别是败在日本手里，这对中国的打击实在太严重了。日本是个小国，在历史上一直受中国文化的影响，号称与中国同文同种，它的近代化也刚刚起步不久。败在日本手里，太不光彩，太不甘心了。而日本侵略中国更加凶狠，割地赔款，毫不留情，可说是心狠手辣，彻底戳穿了清朝这只纸老虎，同时，给中国人民在物质上、精神上带来的伤害极为严重，可说是史无前例。

中日甲午战争的失败对全民族造成重大的冲击，使得中国从封建主义的沉沉大梦中觉醒，重新观察周围的世界，重新评估自己的地位和能力，重新选择应该走的道路。所以，甲午战争失败以后，全国震动，一片沸腾，呈现出前所未有的民族觉醒，前所未有的议论、争执、探寻、追求。两次鸦片战争、中法战争以后从来没有过这种景象，民族危机带来了新的转机，历史的辩证法就是这样。历史总是迂回曲折地前进。一个有生命力的、伟大的民族，历史上既有挫折，也有胜利；既有苦难，也有欢乐，它不会永远胜利，直线前进，也不会永远失败，直线下跌，一败涂地。历史总会给人们以机会，胜利和失败相间隔、相交叉。历史上的胜利往往会有失败和倒退随之而来，而历史上的挫折也会增长人们的智慧，锻炼人们的力量，而得到未来胜利的补偿，中日甲午战争的情形就是这样。《马关条约》的签订激起了全国的悲愤和抗议，3 年后发生了戊戌维新运动，5 年后发生了义和团反帝爱国运动，16 年后发生了辛亥革命。一个误国、辱国、卖国的清政府倒台了。一连串的历史事件，每个事件既是前事之果，又是后事之因，中日甲午战争是这一历史链条中极其重要的环节。甲午战争的失败刺激起中国迅速地奔跑。这证明了中华民族经得住严重的挫折和失败，能够从中吸取教训，能够在摔倒以后迅速爬起来，寻觅新的道路，做出新的努力。

所以，中日甲午战争的意义非常重要。中国受到了重大挫折，但能吸取教训，发奋努力。这次战争确实是中国近代史上的重大转折点，它的意义就在于激发了全民族的觉醒，一种要求改革和进步的觉醒、富强意识的觉醒、爱国主义和自救的觉醒。

中日甲午战争在世界历史上也有重要的影响。19 世纪本来是欧洲人的时代，英国、法国、德国、俄国加上美国等西方列强主宰世界，国际局势比较简单，其他大多数国家都是殖民地、半殖民地、附属国，任人蹂躏，任人宰割。当时，最有希望赶上去的是东方的两个国家，一个是日本，一个是中国。中、日近代化的起步除了欧美列强之外，算是比较早的。19 世纪 60 年代，中、日两国以不同的方式起步，中、日两国既是近邻，又是竞争对手。甲午战争是东亚两个竞争对手之间的较量。结果，中国失败了。当然，中国的失败有其自身复杂而深刻的原因，但正是由于中国的失败，日本才能脱颖而出，成为东亚的一霸，才会和俄国冲突，并在日俄战争中打败俄国。日本终于赶上了欧美列强，与之并驾齐驱。而中国与俄国在失败以后，经历了不同的曲折的道路，走向社会主义。如果不是因为甲午战争的失败，或者中国的失败不那样惨重，日本也就难以迅速崛起。那么，20 世纪初的历史或许就会有所不同。我们主张历史发展有其内在的必然性，这是就宏观历史而言；资本主义将走向社会主义，这是必然规律。但我们并不是宿命论者，在总的必然性范围之内，历史发展会有多种可能和多样选择，客观历史的形成并不是一个既定的、绝对的、唯一的过程，其中存在许多偶然性。历史的具体进程和各种情节不是上帝预先安排好的，而是人们在一定条件下自由创造的。历史给人们提供种种机会，允许人们选择，要求人们创造，等待人们开辟。甲午战争的失败并不是命中注定的，中、日双方的主观努力是决定胜负的重大因素。甲午战争中，中国失败了，失去了赶上历史潮流的机会，日本则崭露头角，崛起于东方，大大影响了 20 世纪初世界力量的对比。从这个意义上说，中日甲午战争影响了世界历史的进程，参与塑造了 20 世纪东亚国际关系的新格局。

中日甲午战争已过去 96 个年头。但我们仍然要不断回顾它、纪念它、研究它，加深对这段历史的认识，为的是向历史学习，增长智慧，吸取教训，鼓舞爱国主义精神。一个国家和民族，如果忘记了自己的历史，那么就很可能重蹈历史的覆辙，重演历史的悲剧。中日甲午战争的失败告诉中国人民：必须力行改革，奋发图强，团结一致，艰苦斗争，必须为国家和民族的振兴进行拼搏；只有如此，中国才能立足于世界民族之林。我们牢记过去的失败、屈辱和苦难，为的是激发民族意识，弘扬爱国主义，为的是努力争取美好的明天，把祖国早日建设成为社会主义现代化强国。

戊戌变法时翁同龢被罢官缘由辨析 *

光绪二十四年（戊戌年）四月二十七日（1898 年 6 月 15 日），维新运动正在紧锣密鼓地揭开帷幕，变法措施开始颁布时，光绪皇帝忽然发出一道谕旨：

> 协办大学士户部尚书翁同龢，近来办事多未允协，以致众论不服，屡经有人参奏。且每于召见时，咨询事件，任意可否，喜怒见于词色，渐露揽权狂悖情状，断难胜枢机之任，本应查明究办，予以重惩，姑念其在毓庆宫行走有年，不忍遽加严谴。翁同龢著即开缺回籍，以示保全。

这个消息犹如晴天霹雳，让许多人震惊得目瞪口呆。翁同龢的学生叶昌炽时居北京，他在日记中写道："二十八日晨，阅邸钞，虞山师（按：指翁同龢）奉旨放归，朝局岌岌不可终日，如蜩如螗，如沸如羹，今其时矣。"

---

* 原载《故宫博物院院刊》，1995 年第 1 期。

光绪帝开始变法的时候，怎么把教育自己 20 多年的亲密老师，曾经推荐康有为、积极支持变法的翁同龢罢了官？这是什么缘故？当时许多人和历史学家认为：这道谕旨并非光绪帝的本意，而是慈禧太后强令光绪发布的，其目的是剪除光绪帝的羽翼，打击刚刚开始的变法。这一解释长期以来得到人们的认同。

以后出现了另一种完全相反的意见，认为翁同龢被罢黜，不是慈禧的主张而是光绪帝的主意。理由是戊戌维新前夕，翁同龢与康有为之间产生了严重的意见分歧，光绪相信康有为，怕翁同龢在位妨碍变法，因而将翁"开缺回籍"，赶回老家。持此见解者，国内外亦不乏其人，最有代表性的应推旅美华裔历史学家萧公权先生。他在《翁同龢与戊戌维新》一书中对翁同龢被罢官的缘由做了全新的解释，并对翁的思想和政治品德颇有责难。

萧公权先生是著名学者，著作繁富、造诣很深，但他对翁同龢被罢官的缘由以及对翁同龢的政治评价，论证得并不充分。萧先生已作古多年，但类似的见解尚在流行，故笔者仍不免叩疑诘难，一吐自己的想法，本文主要集中在辨析翁同龢被罢官的缘由上。

萧公权先生承认翁同龢与康有为有过一段密切的关系，因翁的推荐，康有为受到光绪帝的器重。萧先生说："翁与康的亲密关系并未维持很久。在 1898 年元月至 5 月间，北京的情势改变了，翁对康的态度亦随之而变，促成这种改变的理由之一，可以从审察当时的情况中推测出来。康有为大胆的观点以及肆无忌惮的作风引起传统派人士的疑惧，许多死硬派官僚极力反对变法。翁那时已是人所共知的康有为之赞助者以及变法的主要推动者，因而迅即成为'保守派'的众矢之的；他的政敌自然乐于攫住这个机会来为难、打击他。在 5 月底，情况变得对翁氏十分不利，许多人接二连三地参劾他。正在这个时候，翁氏开始对帝表示他对康氏的憎恶。"①这是说翁同龢为了避免别人攻击而疏远康有为，又说翁、康两人对"改革的方向和范围迅速发生了歧见，结果翁曾试图阻止康的激进思想"②。"康氏想要利用光绪帝来对抗慈禧太后……仅仅这个因素就足以使翁同龢与康有为分手。"③"翁同龢两面做法，一方面赞助他所领导的改革，另一方面压抑其政敌所推动的现代化运动，使许多改革派和所有保守派都不欢迎他。"④

萧先生引用《翁同龢日记》中的两段话：

> 四月初七……上命臣，康有为所进书，令再写一份递进。臣对：与康不往来。上问：何也？对以"此人居心叵测"。曰：前此何以不说？对：臣近见其《孔子改制考》知之。

> 初八日……上又问康书，臣对如昨。上发怒诘责。臣对：传总署令进。上不允，必欲臣诣张荫桓传知。臣曰：张某日日进见，何不面谕？上仍不允。退乃传知张君，张正在寓园也。

萧先生据此说："翁显然想要摆脱与康有为的关系，希望缓和其政敌的反对，这是一种卑劣的自保手段。它可能震惊并触怒了光绪帝，因而确实使翁氏陷入极大的困境——夹在其顽强政敌之反对与迄今一直信任他的光绪帝的不悦之间。"萧先生还推想，翁屡次受弹劾可能是康有为唆使御史们干的。

---

① 萧公权：《翁同龢与戊戌维新》，108页，台北，联经出版事业公司，1983。
② 同上书，111页。
③ 同上书，113页。
④ 同上书，24页。

我认为，萧先生据此立论，以为翁同龢被罢官出于光绪的意旨，论据是不充分的。

首先，根据《翁同龢日记》来论证翁、康关系，使人不能无疑。尽管翁的日记史料价值甚高，但在翁、康关系上未可全信，因为戊戌政变、康梁逃亡、"戊戌六君子"被戮，翁同龢的处境很危险，随时可能获重谴。故戊戌前一段日记经过重新缮写，翁亲自删改，隐讳了翁和康的真实关系。此问题已经汤志钧先生在《戊戌变法人物传稿》（增订本）中详细论述。即以翁同龢推荐康有为一事而言，这是确凿无疑的事实，但翁日记中根本没有这方面的记载，甚至日记中矢口否认自己推荐过康有为。翁同龢不敢把自己和康有为的真实关系和盘托出，极力和康划清界限，以免被守旧派抓住把柄，惹来更大灾祸。在当时险恶的政治环境中，翁用心如此及其重缮、删改日记是完全可能的，也是可以理解的。而今天仅以《翁同龢日记》来论证翁、康关系，就难以让人深信无疑。

为了弄清翁同龢开缺回籍的缘由，我们可以找到许多证据，看看当时绝大多数人做何解释。这些人的身份和经历使其均有充分的作证资格。

第一个人即是戊戌变法的领导者康有为。萧公权先生说，翁、康之间的矛盾，翁对康"憎恶"导致光绪帝罢黜了翁同龢，如果这样，那么康有为必会有所表露。但查阅康的言论，只能得出完全相反的结论。

《康南海自编年谱》中记载：

（四月）二十七日诣颐和园，宿户部公所。即是日，懿旨逐常熟，令荣禄出督直隶并统率三军，著二品大臣具折谢恩并召见，并令天津阅兵,盖训政之变,已伏于是。于是知常熟之逐,甚为灰冷。

时旧党焰甚炽,常熟频被劾。

(翁)以割胶事为罪谤所归,荣禄嗾其私人劾之,常熟卒以是逐。常熟去官后云悔不听我言也。

这里,康有为十分明确地指出:翁的罢黜出于西太后的"懿旨",翁被弹劾是因"旧党焰甚炽",是荣禄嗾使(并非如萧公权先生怀疑的康有为的嗾使),而且翁被罢黜,康有为感到心灰意冷,可见翁、康矛盾导致翁被罢黜之说是不能成立的。

我们还可以举出康有为在不同时间所写的诗作证。第一首诗是政变后康有为刚刚逃到日本时所作的《怀翁常熟去国》,诗云:

胶州警近圣人居,伏阙忧危数上书。
已格九关空痛哭,但思吾党赋归欤。
早携书剑将行马,忽枉轩裳特执裾。
深惜追亡萧相国,天心存汉果何如?

此诗所说是康有为在德占胶州湾后第五次上书被阻未上达,欲离北京,翁同龢亲至南海会馆挽留。可注意的是此诗有康有为的注文:"十一月十九日束装将归。先是常熟已力荐于上,至是闻吾决行,凌晨来南海馆。吾卧未起,排闼入汗漫舫,留行,遂不获归。及常熟见斥,吾又决行。公谓上意拳拳,万不可行。感遇变法,且累知己,未知天意何如也。"此诗注中不但述说翁同龢从前到南海会馆挽留康的情形,而且说翁被罢官后还劝康不要离京,康有为对翁同龢极为感激,绝不像要排挤掉翁的样子，称"感遇变法，且累知己"，他把翁同龢比作萧何，自比为韩信，认为翁被罢官是受自己的牵连，可见康有为心目中自己与翁的关系是何等亲密。翁同龢被罢官后还在北京停留了半个月，于5月13日启程回常熟原籍，在半个月间有可能曾和康联系，仍劝康不要离京，"上意拳拳，万不可行"。我们现在弄不清楚的是亲自会面还是托人传言。由此可见，翁同龢直到最后离京时尚与康有联系，他在日记中"与康不往来"之说不可全信。这类话明示与康划清界限，有可能是为了避免惹祸而后来窜入的。

第二首诗是在得知翁同龢逝世后所写的对翁的哀词：

> 海山凄断海风酸，忽听山颓最痛辛。
> 誉士岂闻才百倍，救公何止赎千身。
> 萧何能荐登坛将，王猛曾为入幕宾。
> 岂料七年悲党狱，竟成千古痛维新。

此诗所表达的对翁的悼念之情，极为深挚，再一次把翁比作萧何，丝毫没有流露什么翁、康矛盾。

第三首诗也是对翁同龢的哀词：

> 中国维新业，谁为第一人？
> 王明资旧学，法变出元臣。
> 密勿谋帷幄，艰难救国民。
> 峨峨常熟相，凿空辟乾坤。

此诗称翁同龢为中国维新第一人，"艰难救国民""凿空辟乾坤"，赞誉备至，评价极高。如果翁、康之间在戊戌年已有严重的矛盾，康有为能写出这样的诗句吗？

我们再请出第二位证人，就是维新变法的另一位领袖梁启超。他当时在北京，是深知翁同龢开缺回籍底细的人。他在《戊戌政变记》一书中说：

> 自四月初十以后，皇上日与翁同龢谋改革之事，西后日与荣禄谋废立之事。四月二十三日皇上下诏誓行改革，二十五日下诏命康有为等于二十八日觐见，而二十七日西后忽将出一朱谕，强令皇上宣布，其谕略云……（按：即翁同龢开缺回籍之谕，从略）皇上见此诏，战栗变色，无可如何，翁同龢一去，皇上之股肱顿失矣。

梁启超接着又指出，翁同龢被罢黜起因于谏阻巡幸天津。他说：

> 荣禄讽御史李盛铎奏请阅兵，因与西后定巡幸天津之议，盖欲胁皇上至天津，因以兵力废立。此意满洲人多知之，汉人中亦多有为皇上危者而莫敢进言。翁同龢知之不敢明言，惟叩头谏止天津之行，而荣禄等即借势以去之，皇上之危险，至此已极矣。

按照梁的说法，翁同龢开缺不是出于光绪主动，而是由于翁极力保护危在旦夕的光绪帝，谏止巡幸天津。

梁启超自言，他写作《戊戌政变记》是出于政治需要，或有夸张失实之处。但梁在此处所谈翁同龢被罢官原因系得自可靠方面消息，既非事后推测，亦非道听途说。梁当时给他的好友夏曾佑写过两封信，信中说:"二十八日康先生召见,闻今上圣明,诸大臣皆无及者,实出意外,惜覃溪(按:覃溪为翁方纲之字,此处指翁同龢)以阻天津之幸,至见摈逐,未能大启天下之蒙耳。康先生从容度无所补救,亦将南下。"另一信中则说:"常熟去国,最为大关键,此间极知其故,然不能形诸笔墨,俟见时详之。南海不能大用,菊生无下文,仆之久不察者,率皆由此而生也。仆已于前日举行察看之典,未知下文如何耳!初时极欲大办,今如此局面无望矣。科举一变,则守旧之命脉已断,我辈心愿亦几了矣。日间必出都,相见不远也。"前一封信写于戊戌年五月七日,离翁同龢被罢官的时间仅10天,后一封信亦写于五月,时间也很近,这可以视为梁启超闻翁被逐后的最早反应。梁当时已指出,此事"最为大关键",翁被逐的原委"此间极知其故,然不能形诸笔墨"。看来,梁得到了机密消息,或即指废立光绪的阴谋和翁谏天津巡幸,这种宫闱秘密不能在信函内明说,留待以后当面再说。梁启超还把康有为、张元济的"不能大用"和"无下文"的原因归于翁同龢的被逐。康、梁因此甚为沮丧,康要南下,这和本文前面所引康有为《怀翁常熟去国》一诗的注文中所言相符合,梁也决心要出都。梁说,由于翁被逐,虽不能大展抱负,但如果废除科举,断了旧派的命脉,自己的心愿也就了却了。看了梁启超这两封信中所说的意见和表露的情绪,谁还能相信翁同龢被罢官是由于翁、康矛盾,是出于光绪的主动?

为翁同龢开缺回籍缘由作证的第三个人就是光绪皇帝。他是第一当事人,最有作证资格,他虽没有留下直接的证言,但从其他人所引与光绪的谈话中可以找到间接的证据。

四月二十八日,翁同龢罢官后的第二天,光绪分别召见了康有为和张元济,康有为在逃亡时曾和《中国邮报》的记者谈话,提到皇帝的这次召见。当时康有为向光绪帝陈说不能依靠守旧大臣实现变法，"皇帝对这些话的答复使他非常着急，因为实际上他没有黜革这些高级官员的权力。他说，这个权力是握在太后自己手中"①。如果四月二十七日光绪帝真的主动黜革了朝中最重要的大功臣、自己的老师翁同龢，那么光绪不应当如此健忘，第二天还对康有为说自己"没有黜革这些高级官员的权力"。反之，如果光绪对康有为说过以上的话，那么正好证明前一天黜革翁同龢是出于西太后的意旨，而非光绪帝的意旨。

慈禧太后怎样黜革翁同龢，并未留下记录，但我们仍可从另一个重要官员张荫桓的遭遇中略窥翁同龢被黜逐的情况。张荫桓与翁同龢实际上是同案的被告，两人都赞成变法，都推荐过康有为，同署办公，处理外交，关系密切，又同受御史们参劾。因此，翁同龢开缺回籍，张荫桓亦岌岌可危。但张仍安然做官，免受处分，直到维新运动失败，"戊戌六君子"被杀，张荫桓才论罪遣戍新疆。为什么翁同龢被黜逐时张荫桓未受惩处？张本人透露了宫廷高层会议的情况。从这次会议中可以看出当时是谁在主持对高级官员的惩处。张荫桓后来遣戍新疆，路上同两位押解他的官员王庆保、曹景郕谈到晚清的政治内幕，王、曹二人写成《驿舍探幽录》，其中谈到翁同龢被罢黜时张荫桓处境可危，原文较长，但因能看出当时处分高级官员的程序，故部分录出：

  某等因问曰：夏间翁常熟罢官，外间谣传，颇有波及，确否？

---

① 《中国的危机》，载《字林西报》（香港），1998年10月7日。

张答曰：今年五月初五有查抄虚惊。先是太后密召英年，令传谕崇礼，谓张荫桓有应查办事件，着其预备。是日，太后在颐和园召见庆邸、廖寿恒、刚毅，问：近日张荫桓遇事颇为专擅，参奏甚多，尔等有所闻见否？廖寿恒奏对以总理衙门所称能办事者，惟张荫桓一人，实亦非伊不可。太后闻之怒甚，因云：似尔所言，若张荫桓死了，则将如何？当下诸臣俱碰头莫敢一言。移时，太后复云：我亦知张荫桓颇能办事，究竟有无专擅之迹？廖寿恒等见太后盛怒，因奏对曰：张荫桓在总理衙门遇有事件，有与同官商议者，亦有一人专主者，缘张荫桓所识洋人颇多，凡交涉密议，行踪诡密，旁人不得闻知。时皇上亦侍侧，太后因言张荫桓遇事专擅，皇帝明日叫起入见，可以严加申饬，使知警戒。是日，廖仲山以事过寓，初谈闲话，语次因言及今日在颐和园召对如此如此，太后颇怒，甚代惊恐。余遂向询刚子良曾代我说话否？廖云：伊亦颇为力言。余意甚不平，因谓本衙门明日亦有事，当递膳牌，俟觐见看皇上若何。

廖仲山辞去，余因出城拜客，次早入朝至军机处，遇庆邸，告以昨日这事甚险，并将奏参专擅营私各折令看。余见谤书盈篋，不胜气忿，意谓圣意万一难回，惟有请皇上罢斥查办，容当上折申辩。看完，当即叫起，同起者，首庆邸、次廖寿恒、次刚毅，时王文韶初入军机，班在第四，连余五人同入。当闻太监传语，张大人垫子在南边，余跪聆皇上谕云：奏参各折，尔看见否？余奏对云：臣已看过，臣在总理衙门，某事系与某人商议，某事系同某人会办，均可查考。惟某条约，系臣一人专主，然亦众所共知，并未专擅。皇上因向廖寿恒云：尔昨日对太后所言，今日何不陈说？廖寿恒奏对云：昨日太后询问臣等，对以张荫桓在衙门办事,有与同官商议者,亦有一人专主者,系属实在,臣不敢欺。

皇上又向刚毅等问:尔有何言?刚毅等惟只碰头。皇上略谕庆邸云:传知张荫桓,不必忧虑着急,仍令好好办事。刚毅因接口传谕云:有恩旨,令张荫桓改过自新。余闻之心中愈觉愤懑,意谓本自无过,何云自新。故当时并未碰头谢恩。皇上旋谕云:尔先下去。余即下来,须臾皆出。我复对庆邸等云:余意仍欲上折申辩,经众相劝,谓一天风雨已散,何必再行多事?因而中止。①

张荫桓这段长篇叙述,略能揭示当时惩处高级官员之程序和内幕。第一,翁、张本属同案,同时受弹劾。这年闰三月安徽藩司于荫霖劾李鸿章、翁同龢、张荫桓"误国无状"。四月,御史王鹏运劾翁同龢、张荫桓"朋谋纳赂"。第二,四月二十七日,翁被黜逐,八天以后,即五月初五日,讨论对张荫桓的处理。第三,对张荫桓的处理,完全由西太后主持,开始时太后"盛怒",已令崇礼"预备",崇礼时为步军统领,职司卫戍,后来政变时"戊戌六君子"即是步军统领衙门捕拿和正法的,可见西太后本欲将张荫桓捕拿下狱。第四,张荫桓之所以免罪是廖寿恒、刚毅竭力帮着说话,尤其是刚毅的进言,使太后息怒。当时,刚毅极得太后宠信,故张荫桓向廖寿恒打听"刚子良曾代我说话否"。张荫桓知道,刚毅的话最能起作用。第五,光绪虽参加了会议,却一言未发,他不赞成西太后的意旨,但又不敢违拗。第六,太后对张荫桓的态度缓和后,仍令光绪帝出面,对张"严加申饬,

---

① 王庆保、曹景郕:《驿舍探幽录》。

使知警戒",似乎处理过程均由皇帝主持,使运作程序合法化。实际上太后操纵一切,光绪只能奉命唯谨。第七,翌日,光绪帝召见张荫桓,语气温和,劝慰有加,并未"严加申饬",和太后的盛怒迥然不同,这体现了皇帝和太后对此案的不同态度。

由处理张荫桓的会议可以推想八天前处理翁同龢的情况,两人本属同案,而翁的资历、威望、官职皆在张荫桓之上,要黜逐他,至少也要经过类似级别的会议。太后从甲午战争以后,因翁主战与力主节减庆典经费,积憾已非一日,加上荣禄、刚毅日进谗言,其盛怒亦可想见。会议上,除光绪可能曾为翁师傅求情而遭申斥,刚毅只能落井下石,所以翁同龢遭谴是必然的,但翁同龢毕竟是两朝帝师,又无明确罪状,西太后只能处以开缺回籍,而未将其押拿下狱,但最后处分仍由光绪帝下谕旨宣布,这是亲政后的合法程序。处分翁同龢的过程,我们找不到直接记载,但从张荫桓的谈话中,处理此案系何人主持、何人操纵,已可洞若观火。

以下再看看翁同龢的学生们如何看待此事。这两个学生当时都在北京,经常出入翁门。一个学生是叶昌炽,他在《缘督庐日记》光绪二十四年(1898)四月条中记载:"二十八日晨,阅邸钞,虞山师奉旨放归,朝局岌岌不可终日……二十九日,谒虞山师未值,佩鹤来云,虞山之去,木讷令兄实挤之,或云与郘亭师一案",又"七月十二日至别墅,适弢甫在允之座,谈极久;瓶师之归,木讷令兄有力焉"。

"木讷"即是刚毅。叶昌炽认为:翁同龢的开缺回籍是刚毅进谗所致,这是他听弢甫所言。弢甫是翁同龢之侄翁斌孙,常年随侍翁同龢。又说"或云与郘亭师一案",郘亭即汪鸣銮,汪也是翁的学生,是"翁门六子"的第一人,光绪二十一年(1895)冬与长麟一起被革职,其罪名是"妄事揣摩,辄于召对时,语气抑扬,罔知轻重,如侍郎汪鸣銮、长麟上年屡次召见，信口妄言，迹近离间"①，这是帝后党争中的一幕。叶昌炽和他的朋友们都认为，翁被黜逐是受了后党的排挤。

另一个学生是唐文治，他的《茹经堂文集》中有《纪翁文恭公事》："戊戌春，公保工部主事康有为通达时务可用，刚（按：即刚毅）随密奏太后，谓公植党荧惑圣听，四月二十四日（按：应为二十七日，此处唐文治误记）公奉旨开缺回籍，是日，适公生辰也。呜呼！刚之计可谓巧而毒矣。公丝毫无愠色，越数日，即行，至正阳门外，送者数百人，车马阗噎，有痛哭流涕者。公独坦然谓文治曰：'人臣黜陟，皆属天恩，吾进退裕如，所恨者不能复见皇上耳。'"叶昌炽和唐文治皆翁门弟子，当时皆在北京，亲见翁被黜逐，他们所说的话，可信程度是很高的。

另一个证人虽非翁门弟子，且身在上海，但与帝党、维新派关系密切，他就是郑孝胥。在听到翁同龢被罢官的消息后，郑孝胥就知道是守旧派排挤所致。他在日记中说："廿七日，翁既逐出，拟旨者乃刚毅、钱应溥、廖寿恒等也。度其情形，翁必力主上以变法自强，满洲人及守旧之党遂构于太后而去之。翁去则上孤，而太后之焰复炽。满朝皆伧楚，亡在旦夕矣。"②郑孝胥熟知当时的斗争形势和派系分野。他虽在上海，却在翁被罢黜的第三天（二十九日）得到电讯，即时在日记中做出如上反应。

还可以举出一位不知姓名的维新派（疑即梁启超），政变后逃到日本，给日本政府和会社写了一封信，缕述政变原因，其中把翁同龢被逐视为西太后剪除光绪羽翼的措施："皇上年既渐长，而外患亦日弥。

---

① 赵尔巽等：《清史稿》卷四百四十二，《汪鸣銮传》。
② 劳祖德整理：《郑孝胥日记》，第 2 册，662 页，北京，中华书局，1993。

数年以来，屡思发愤改革，皆见制于西后。凡皇上有所亲信之人，西后必加谴逐，甲午年之窜安维峻，乙未年之褫长麟、汪鸣銮，革文廷式，今年四月之逐翁同龢，皆此类也。盖其意务欲剪尽皇上之羽翼，去尽皇上之腹心，使皇上孤立于上，然后能任其所欲为，此历年以来西后夺权之实情也。"①此人看法与梁启超、郑孝胥相同。

再来看看当时在华的外国人如何认识翁同龢的"开缺回籍"。一个是英国传教士李提摩太，他在中国办报多年，交游甚广，曾替翁同龢起草维新计划。他在《留华四十五年记》中说："恭亲王于六月间死去，照惯例翁同龢应该补他的缺，但是慈禧将职位畀予了他的亲戚及忠心拥护者荣禄，而把翁同龢免了职，这个举动虽然发生在政变前的三个月，但对于皇帝对慈禧的短期的独立来说是第一次的打击。翁同龢免职后，慈禧临朝，命令各大臣直接向她呈奏。"李提摩太认为，翁同龢开缺是西太后对光绪的一次打击。

另一个外国人贺壁理，当时住在天津，听到翁开缺后写信给《泰晤士报》驻京记者莫理循，他说："15日的诏书（按：阳历六月十五日，阴历为四月二十七日，诏书即翁开缺回籍的谕旨）构成了一次政变。它的重要性在于即使不是真正废黜了，也是实际上废黜了皇帝，这样说不算夸大。……慈禧太后……胁迫这位可怜的年青皇帝革去了他的最忠诚的支持者翁同龢的官职。"②这位外国人甚至把翁同龢被罢官等同于"实际上废黜了皇帝"。对照萧公权先生所说光绪主动罢免了翁同龢，差距何啻十万八千里。

---

① 佚名：《新党某君上日本论中国政变书》，见中国史学会编：《戊戌变法》（二），602页，上海，神州国光社，1953。
② 骆惠敏编：《清末民初政情内幕》（上册），刘桂梁译，107页，北京，知识出版社，1986。

我们还可以找到当时许多熟谙晚清政局的历史学家们的记载：

苏继祖是一位同情变法维新的历史学家，他写了《清廷戊戌朝变记》，记载四月二十七日："谕旨三道（按：即翁同龢开缺、召王文韶入京、荣禄署直隶总督），皆奉太后交下勒令上宣布者。皇上奉此谕后，惊魂万里，涕泪千行，竟日不食，左右近臣告人曰：'可笑皇上必叫老翁下了镇物了。'"苏继祖所言光绪的态度，和梁启超所言"战栗变色"是一致的。苏继祖写得这样具体，当有所闻而非揣测之词。

另一位历史学家黄鸿寿撰《清史纪事本末》，其中说："同龢在毓庆宫授帝读最久，因鉴于事变，非变法不足图存，时为陈说于帝前，为太后所闻，撤同龢毓庆宫行走。其荐康有为也，谓'有为之才，过臣百倍'，请举国以听，太后尤恶其语。又其时天津阅兵废立之谋，渐有所闻，同龢密言于帝，太后侦知之，遂命开缺回籍。"黄鸿寿所说翁同龢因反对巡幸天津而遭罢黜，也与梁启超所说符合。

胡思敬是反对维新变法的，他所写的《戊戌履霜录》对维新措施抨击颇多，他也说："或潜翁同龢于太后，太后恶之，又追咎中东战事，免其官，放归田里。""翁同龢以毓庆宫旧恩，颇蒙宠幸。奕䜣没，太后疑变政之举，皆同龢向导，逐之去位，上孤立失所恃。"胡思敬虽为守旧的历史学家，但所言翁同龢被罢逐，与其他人所言是一致的。

恽毓鼎是长期陪侍光绪帝的臣僚，他在《崇陵传信录》中说："先是钱塘汪侍郎鸣銮奏对当圣意，屡召见有所陈，太后闻而恶之。忽传懿旨以迹近离间褫汪职，因此尤忌翁，猝用朱笔逐之。盖不欲其在上左右也。"他把翁的被黜与汪鸣銮的被褫职联系在一起。

为慈禧立传的费行简在《慈禧传信录》中说："奕䜣、李鸿藻相继殁，荣禄遂赞密勿，然事皆同龢主之。……荣禄嘱莲英言于后，谓同龢专横，且劝帝游历外洋。后闻大骇，召帝诘之。帝辩无是事，后弗信，竟自为旨，逐同龢去。"他把翁被罢黜归结为荣禄的谗谮。

金梁在《四朝佚闻》中则把翁被黜逐归结为奕䜣临终时的遗言："光初朝局，系翁一言，同僚议事，偶有不合，翁辄怫然，常入报帝，必伸己意，众已侧目，而恭久受挫，积憾尤深。病笃临视，太后问以遗言，泣奏翁心叵测，并及怙权，遂骤下罢斥之谕。或谓孙（按：指孙毓汶）实代草，所述皆翁对恭状，而引入严旨，乃成跋扈权臣矣！翁实不能负此重咎也。"

还可以举出陈夔龙、张元济、罗惇曧等人的证言，所言亦类似，不赘引。这里不管是维新派、帝党官僚、守旧派、历史学家或外国人，无不把翁开缺回籍之缘由归于守旧大臣的排挤和西太后的意旨。虽在具体情节上稍有差异，但慈禧之黜逐翁同龢，众口一词，已成信史。现在时隔几十年，举出《翁同龢日记》中所说光绪曾几次责备翁同龢，翁自言与康有为"不往来"，称康"居心叵测"，由此推论因翁、康产生矛盾，关系已决裂，光绪袒护康有为而罢黜翁同龢，实难令人信服。这种说法如何能和康有为所说"懿旨逐常熟"相调和？如何能和光绪帝当时所说自己没有黜革高级官员的权力相调和？又如何能和当时许多人的证词相调和？除非能够证明以上所引大量证词俱为虚妄伪说，否则光绪罢黜翁同龢之说不能成立。

即使完全相信《翁同龢日记》中所说光绪曾多次责备翁同龢，也得不出光绪主动黜逐翁的结论，责备与黜逐不是一回事。光绪帝年轻气盛，甲午战败后忧愁焦虑，急思变法自强，与大臣议政时多所责难，不能因有责备即认为光绪帝主动罢黜了翁同龢。光绪帝完全了解当时阻挠变法的是一大群守旧官僚，如果光绪帝不是疯子，当不致自坏长城，黜逐在当权大臣中唯一支持变法的人。如果光绪真拥有罢免高级官员的权力，那么他应该首先罢免荣禄、刚毅之流，而不该拿自己的师傅翁同龢开刀。

萧公权先生从翁同龢被黜逐前夕的日记中找到光绪责备翁的材料,断言翁被黜逐出于光绪的意旨。我们同样也可以找到此时光绪和翁同龢关系融洽的材料,以反证翁被黜逐并非出于光绪本人的意旨。

四月二十二日,也就是翁同龢被黜逐的前五天,光绪帝命翁同龢草拟《明定国是》,这是宣布变法、确定国家大政方针的重要文件,翌日,宣布此诏书,"百日维新"从此开始。翁的学生张謇在翁书房中亲见"虞山所拟变法谕旨"①。如果光绪不信任翁同龢,立即要黜逐他,那么怎么能把这样重要的变法文件交给翁起草?

即使是在翁的日记中,不少地方也表现出当时光绪对翁同龢的眷念与关注:光绪二十四年(1898)正月,翁召对时,突发汗证旧疾,光绪很着急,令太监扶掖,送归寓所,又派大臣去探视他。翁同龢很感动,他说:"圣恩如此,自憾衰残,无一报称。"三月,翁又受凉发烧,病三日。光绪帝向大臣们"屡问翁某病势如何?垂问谆至"。翁病愈入值,光绪又"垂问再三,问昨归途如何?到家如何?饮食如何?"。翁同龢对皇帝的关心"感激无地",从这些记载中丝毫看不出他们君臣师徒之间的关系已达破裂程度。

翁同龢遭罢黜前三天(四月二十四日),戊戌科新进士传胪,状元为贵州夏同龢,光绪帝因新科状元与师傅同名,表示高兴,召见军机时对翁同龢说:"今科状元夏同龢与师傅同名,诚为佳话,足见君臣一德,遭际攸隆。"②如果三天以后光绪要主动黜逐翁同龢,那么当无这种高兴的表示。

---

① 《张謇日记》,光绪二十四年四月二十二日。
② 陈夔龙:《梦蕉亭杂记》卷二。

翁同龢被黜逐的四月二十七日，适逢翁的生日，后党对翁切齿痛恨，故而偏偏要在这一天下谕黜逐翁，故意羞辱他。如果出于光绪帝一时冲动，罢免师傅，他和翁相处日久，感情很深，当不会选定这个日子去刺激年迈的师傅。

翁同龢开缺回籍的缘由似乎是个小问题，但它涉及戊戌时代的党派分野与对翁同龢的评价。如果翁为慈禧所逐，表明了这是后党有计划进攻的重要一步；如果翁为光绪帝所逐，只能说明这是维新阵营内部的同室操戈和失去理性的自残行为，而对翁同龢的评价亦随之而异。萧先生在论述翁被黜逐出于光绪意旨的同时，又严厉地抨击翁，说翁被黜逐，不仅是翁同龢、康有为意见分歧所致，而且还因为翁妒忌康有为，与康争夺领导权，批评翁在政治上没有原则，时而反对新政、反对修建铁路，时而支持变法、支持维新。又说：翁的主张以个人利害为转移，经常改变态度，没有一贯立场，"翁尝试排除康氏，却反而迅速导致自己的失势"。

诚然，翁同龢是出身名门、笃信旧学、受传统教育的老臣，和康有为等具有较激进改革思想的人不可能完全一致，翁对康有为在《新学伪经考》《孔子改制考》中表露的历史观、政治观也不会赞成，但这并不妨碍他对变法的支持，正像湖南巡抚陈宝箴那样，曾竭力反对康的著作，上奏请求劈版禁毁，但并不妨碍他在维新运动中支持康、梁，在湖南积极推行新政。翁同龢当时和光绪帝、康有为一样忧心国事，谋求变法，因此，他们能够成为站在一条战线上的同盟者。翁同龢举荐康有为，表现了求贤若渴的忧国襟怀，故康有为终身不忘，把翁称作"维新第一人"，比作汉初的萧何。萧公权先生把翁之荐康解释成翁利用康有为以排斥李鸿章、张之洞等政敌，在翁利用康有为之后，康声望提高，被旧党攻击，翁又怀着"自保"和"妒忌"的心理，疏远并排挤康有为，结果反被光绪和康有为黜逐，事情几乎全被颠倒，敌友关系随意置换，卑私、阴暗的权欲支配着一切，这种分析并不符合实际情况，是片面而且无根据的。

李鸿章从甲午战争以后声望大减。戊戌变法时他虽不是翁同龢的同道，但却并非主要政敌，张之洞远在湖北，更说不上与翁有严重矛盾，翁同龢何必要利用康有为去排挤他们？再说，康有为小小的六品主事，并没有排挤李鸿章、张之洞的力量，以后康有为声望提高，也构不成对翁同龢的威胁，所谓"利用""妒忌""排挤""争夺领导权"等纯系主观想象。

萧公权先生除了所举翁同龢为了避祸而努力与康有为划清界限的显然经过改写的日记之外，举不出翁同龢改变初衷、排挤康有为、与康争夺领导权的任何证据。其实，当时翁同龢、康有为以至光绪皇帝都没有真正的权力，他们只有联合起来，向后党争取权力，故翁同龢被逐，康有为"甚为灰冷"，翁、康之间根本无争夺领导权的问题。

至于翁同龢的言论行动，前后确有矛盾。他曾反对修建津通铁路和卢汉铁路（即今之京津路、京汉路），表现出保守的倾向，但却又进呈冯桂芬的《校邠庐抗议》，以后又引荐康有为，支持变法，表现出进步的倾向。这不是什么奇怪的事情，而是近代历史人物相当普遍的特征。由于近代历史发展变化很快，人们的思想观点发展变化也很快。同一个人在不同时期经常会发表不同的言论，有时甚至是截然相反的言论。翁同龢不赞成开设同文馆，主张缓修津通铁路，即使这可以作为他思想保守的证据（这里不完全是思想保守，也有财政上的考虑），但以后他思想有所变化，特别是甲午战争以后，急谋变法，奋力图强，这是顺应时代的爱国行为，不能被看成"政治上无原则""没有一贯立场"。同时代的人物，如伟大的民主革命家孙中山，在甲午战争前夕曾上书李鸿章，表现了改良思想的倾向，但甲午战争中目睹清廷腐败无能，毅然走上革命道路，组织了兴中会，这是具有历史意义的进步。梁启超说过自己常常"以今日之我反对昨日之我"，这恰恰也体现了他能够随着时代不断前进的优点。翁同龢毕竟出身封建官宦家庭，在他身上会表现出难以逾越的阶级局限与历史局限，但在甲午战争和戊戌变法的关键时刻，他反对妥协，力主抵抗，举荐贤才，支持变法，表现出高度的爱国精神和革新勇气，这在当时的大官僚中并不多见，应当充分肯定。我们不反对用心理和动机来分析历史人物，可是用并不存在的"自保""妒忌"心理以及"争夺领导权"来概括翁同龢当时的思想和行为，由此得出光绪帝主动黜逐翁同龢的结论，这既不符合历史事实，又对古人很不公正。

戊戌时代的思想解放[*]

一

每一个剧烈变动的历史时代，都有那个时代的"思想解放"运动。中国在春秋战国之际，面临着奴隶制度的崩溃和封建制度的诞生，封建阶级的代言人感受到了时代脉搏的跳动，对一切旧传统进行猛烈的批判，他们著书立说，相互诘难，相互辩论，形成了学术思想界百家争鸣、欣欣向荣的新气象。这是封建阶级从奴隶制传统观念中解放出来的一次大运动。14—16世纪的西欧，正处在资本主义的发生发展阶段，当时以意大利为中心掀起了一场文艺复兴运动，出现了一大批欢呼新时代的思想家，在哲学、宗教、文学、艺术等各个领域内开始竖起人文主义的进步旗帜。这是西欧新兴资产阶级从中世纪独断主义中解放出来的一次大运动。历史上的这种思想解放运动都是时代的产物，都是当时社会所包含的根本矛盾的产物，历史发展到特定

---

[*] 原载《历史研究》，1958年第9期。

的时期，新的生产力和旧的生产关系之间的矛盾，新的经济基础和旧的上层建筑之间的矛盾开始激化、尖锐。生活给人们提出了解决矛盾、促进社会发展的任务，进步的思想家们站在新生事物方面解释这些矛盾，提出解决方案，阐明发展前途。新时代的思想家们，好像是战斗准备时的号角，他们以敢想、敢说、敢做的精神抨击过去，歌颂未来，横扫前进道路上的许多旧传统、旧观念，动员并号召人们投入战斗。在历史上，差不多每一次经济和政治变革的同时都会相应地出现一次思想解放，而思想解放反过来又成为经济和政治变革的推动力。

60年前，中国出现了一次资产阶级的思想解放运动，这就是戊戌时代维新派和守旧派的斗争。这次思想解放运动也是适应当代生活的要求而出现的。当时动荡的时代给人们提出了两个大问题。一个是经济生活中资本主义因素的产生和初步发展，资本主义经济的发展要求摆脱旧的束缚，要求帝国主义和封建主义给自己让道。另一个是自从鸦片战争以后形成的民族危机，特别到中日甲午战争以后，出现了帝国主义瓜分中国的形势，中国人民要求抵抗外来侵略，挽救民族、国家的危亡。现实生活提出的这两个大问题，摆在每一个阶级、每一个人的面前，迫使人们表明自己的态度，提出自己的看法。

当时以慈禧太后为首的地主官僚中的顽固派是"正统"的当权派，他们对新事物一概采取敌视和压制的态度，把机器技术看作"奇技淫巧""雕虫小技"，把提倡工商业叫作"本末倒置""上下交征"，把西方的政治制度、文化制度斥为"邪说诐行""离经叛道"。他们在几千年的封建老铺子里佩戴上一副有色眼镜，东望望，西瞧瞧，愈是新鲜的、生气勃勃的事物，他们愈是觉得灰溜溜地可憎可厌。在鸦片战争以后的几十年里，他们虽然也吃了西方资本主义国家的一点苦头，但是他们不可能从中吸取适当的教训,他们大言不惭地声称:西方国家有轮船、枪炮、机器,中国则有纲常、礼义、诗书;轮船、枪炮、机器不过是"形而下"的小器,而纲常、礼义、诗书却是"为天地立心,为生民立命"的大道。大道是超过小器的,因此中国的封建主义当然也就一定会战胜西方的资本主义。这班冬烘先生成天在"以拙制巧""用夏制夷"的昏梦中过日子,但是当外国侵略战争真正临头的时候,顽固派每一次都是最彻底的投降派,因为他们在抵抗外国侵略方面其实是一筹莫展、毫无所能的。

另一个统治集团是地主、官僚、买办的洋务派,这一派以李鸿章、张之洞为代表。他们在根本的政治立场上与顽固派并无分歧,但是这个派别较多地依附于外国资本主义势力,他们对西方的"船坚炮利"推崇备至。为了适应资本主义侵略者的要求,他们主张对封建制度做一些调整。李鸿章说当前的局面是"千年来一大变局","处今时势,外须和戎,内须变法"。他主张"变法"与"和戎"并行,其实际内容就是:要求封建顽固派放下虚骄自大的架子,向侵略者屈服,并从侵略者那里找到支持力量,来维护其腐朽的统治。所以,梁启超批评李鸿章"其于西国所以富强之原,茫乎未有闻焉,以为吾中国之政教、文物、风俗,无一不优于他国,所不及者惟枪耳、炮耳、铁路耳、机器耳,吾但学此而洋务之能事毕矣"[1]。

随着中国资本主义的初步发展,在中国社会出现了一批具有资本主义思想的爱国知识分子,这就是戊戌时代的维新派。维新派代表着中国新兴资产阶级的利益。一方面,新兴资产阶级和封建主义、帝国主义有非常密切的联系,他们的力量十分薄弱,开办企业的时候要依

---

[1] 梁启超:《李鸿章》。

靠反动势力的庇护和支持，因此他们不敢正面冲撞反动派，不敢与之展开彻底的斗争；另一方面，他们背负着帝国主义和封建主义这两座大山的沉重压力，只能够伛偻前行，不可能挺起胸膛，迈步前进，因此对反动势力的钳制深感不满。维新派就是这一新兴阶级的代言人。维新派思想有不少落后的、软弱的方面，这种落后和软弱的方面是他们的历史地位、阶级地位所带来的，但是他们要求发展资本主义，挽救被瓜分的危机，在一定程度上主张民主自由和民族独立，要求从封建阶级的旧思想中解放出来。维新志士为着自己的抱负，同反动派进行了较量，抛头颅，洒热血，在所不惜。在当时中国满天封建主义的阴云下，维新派的思想和活动是进步的，维新志士们在中国历史上写下了资产阶级启蒙运动的一章。

维新思想的萌芽可以追溯到1840年鸦片战争以后，当时，一批先进的知识分子，从魏源、冯桂芬，到薛福成、马建忠，他们为了挽救中国的危机，曾经介绍了不少西方的知识。但是，维新思想真正掀起一个政治运动，却以1895年康有为领导的"公车上书"为起点。当时，正是甲午战争失败后清政府在跟日本侵略者谈判投降条件的时候，爱国的人民不甘屈服，在全国范围内掀起了反投降的热潮，康有为集合了在北京会试的1 300余名举人，发起了一个上书运动，提出拒签和约、迁都抗战、变法图强三项主张，以拒和作为目的，以变法作为手段。维新派的"变法"与洋务派的"变法"显然是本质上不同的两件事情，一个是投降主义的变法，一个是反对投降主义的变法，这样就使得维新派思想和洋务派思想在最根本的问题上站到了对立的立场上。"公车上书"虽然没有也不可能制止封建阶级的投降活动，但从此以后，维新变法的政治运动和思想运动日益发展。在政治战线上，维新派和守旧派爆发了一场争夺政权的斗争。在思想战线上，新学与旧学、学堂与科举、西学与中学也展开了争夺地盘的激烈斗争。一些先进的思想家，举着"维新、变法"的大旗，向封建制度展开了进攻。由于力量对比悬殊，维新派没有能够取胜，他们在政治上被反动派打得丢盔卸甲，在思想上也偃旗息鼓、阵脚大乱。戊戌时代的政治改良和思想解放运动如同昙花一现，并没有结出累累硕果。但是，它仍有重大的意义，人们久处在封建闭塞的发霉气氛中，忽然从那里吹过来一股新鲜的空气，麻木不仁的头脑开始清醒过来，僵硬的四肢逐渐动弹起来。专制独断的君权思想、昏人神智的八股文章，以及桎梏性情的纲常伦理，这一切曾经是封建阶级麻醉和统治人民的武器，现在这些武器也长起了斑斑锈痕。人民不仅从戊戌政治运动中认清了反动派的凶恶面目，而且从戊戌思想运动中获得了精神解放的力量，把反帝反封建的斗争向前推进，这样就使得中国的政治局面很快地从改良主义阶段迈进资产阶级革命阶段。

二

戊戌时代思想解放的内容是紧密地和政治斗争相结合的。当时新兴资产阶级主要的政治任务是挤进统治机构，分享政权。为了达到这个目的，维新派提出"兴民权""开议院"和"君主立宪"等主张，这些主张都是帮助资产阶级分享政权的手段。在世界历史上，资产阶级取得或分享政权的形式不外乎有两种：或者是利用人民群众的力量，彻底摧毁封建制度，建立起民主共和国的资产阶级专政（如1789年的法国资产阶级革命那样）；或者是由于资产阶级软弱，不能够也不敢于进行彻底的斗争，反而跟封建主握手言欢，沆瀣一气，建立起君主立宪的地主、资产阶级的联合统治（如德国1848年的革命和日本1868年的"明治维新"那样）。每个国家究竟实现哪一种形式，要看当时阶级力量的对比关系。戊戌时代的中国,新兴资产阶级是十分软弱的,没有进行资产阶级革命的力量和勇气,因此,他们从西方的政治模型中选取了"君主立宪"作为蓝本,他们高唱"民权""议院""宪法"等主张,其目的无非是要求封建阶级给自己让渡部分权力。但是,即使是这种并不能触动封建基础的改良主义要求,也遭到顽固守旧的统治阶级的拼命反对。守旧派从封建社会绝对的专制君权观念出发,驳斥维新派学说:"民有权,上无权矣"①,"使民权之说一倡,愚民必喜,乱民必作,纪纲不行,大乱四起"②,所以"议院必不可设,君权必不可下移"③。他们直截了当地拒绝了任何分享政权的企图。

为了打通进入政权的道路,推进变法运动,就必须要对作为封建制度有力支持的专制君权观念进行批判,从理论上阐明资产阶级议会政治的合理性。资产阶级维新派像法国大革命前的思想家卢梭一样,论证了国家和君主的起源,提出了君民关系的新观念。维新派的急先锋谭嗣同说:

> 生民之初,本无所谓君臣,则皆民也。民不能相治,亦不暇治,于是共举一民为君。夫曰共举之,则非君择民,而民择君也。夫曰共举之,则其分际又非甚远于民,而不下侪于民也。夫曰共举之,则因有民而后有君;君末也,民本也,天下无有因末而累及本者,亦岂可因君而累及民哉?夫曰共举之,则必可共废之。君也者,为民办事者也;臣也者,助办民事者也。赋税之取于民,所以为办民事之资也。如此而事犹不办,事不办而易其

---

① 《翼教丛编》卷五。
② 张之洞:《劝学篇内篇·正权》。
③ 《变法首先防弊论》,载《申报》,光绪二十四年九月二十五日。

人，亦天下之通义也。①

按照谭嗣同的这种说法，原来巍巍在上发号施令的"天子"不过是老百姓"共举"出来的，并不是什么应天承运的权威，而且君主办不好事情，还可以"共废之"。这样一来，几千年相传的君权神授观念一下子就被戳穿了。而且，维新派还进一步说，君主的存在是暂时的、有条件的，人们之所以"共举"君主，那是由于人类社会还停留在较低级的阶段，"有其相欺，有其相夺，有其强梗，有其患害，而民既为是粟米麻丝、作器皿、通货财与凡相生相养之事矣，今又使之操其刑焉以锄，主其斗斛权衡焉以信，造为城郭甲兵焉以守，则其势不能，于是通功易事，择其公且贤者，立而为之君"②。所以，君权的产生并不是由于什么不可捉摸的"天命"，而不过是人类蒙昧时代的一种社会分工，随着社会的进步，君权应该愈来愈削弱而逐渐趋于灭亡。正是基于这种看法，维新派提出所谓"张三世"的说法，就是"多君为政之世"（据乱世）必然要让位给"一君为政之世"（升平世），而"一君为政之世"又必然要让位给"民为政之世"（太平世）。历史的进化将会使君主制度永归消灭，到了理想的大同世界，那就"人人平等，无有臣妾奴隶，无有君主统领"③。

维新派的这种解释并没有真正科学地阐明君主制度的产生和发展，因为他们完全缺乏阶级的分析。但是，他们历史地批判了传统的君权神授观念，把君主制度的产生、发展还原为简单的人与人的关

---

① 谭嗣同：《仁学》。
② 严复：《辟韩》。
③ 康有为：《大同书》。

系，使专制君权思想发生根本动摇，这在当时不能不说是一种大胆新颖的见解。而且，维新派对君主制度的抨击并不仅仅停留在理论概念上，他们更进一步对中国几千年来专制君权制度下的悲惨现实做了淋漓尽致的描写。在这方面，谭嗣同是最激烈的一个，他历数了自秦始皇以来的专制暴政，一概否定了封建社会的政治和学术，认为"二千年来之政，秦政也，皆大盗也；二千年来之学，荀学也，皆乡愿也。惟大盗利用乡愿，惟乡愿工媚大盗"①。他直斥清朝统治者"秽壤""膻种""禽心""毳俗"，"如此黑暗地狱，直无一法一政足备记录，徒滋人愤懑而已"②，甚至他还表示愿意加入起义农民的行列，所谓"志士仁人求为陈涉、杨玄感，以供圣人之驱除，死无憾焉"③。这种由民主主义思想和民族主义情感所交织而成的灿烂篇章，不仅使其他同时代改良主义者的作品黯然失色，而且在整个中国思想史上也闪耀着光辉夺目的异彩。

其他维新派人士虽然没有像谭嗣同那样激昂陈词，但是他们几乎都众口一词地指出：专制君主制度的存在是中国贫弱落后的根本原因之一。照维新派看来，在专制主义的高压下，君民之间、官民之间存在着无法解决的矛盾，这种矛盾愈来愈尖锐，以致"民""屏息潜伏不敢轻议国事以触文法……其民之气既散，益块然干槁，安于醉生梦死"，"外患猝至，乃如摧枯拉朽，莫能御矣"④。资产阶级在对封建主做斗争的时候，总是把自己打扮成全民的代表者，把自己与封建主的矛盾说成全体人民与封建主的矛盾。资产阶级对顽固的守旧派说，

---

① 谭嗣同：《仁学》。
② 谭嗣同：《致汪康年书》。
③ 谭嗣同：《仁学》。
④ 欧榘甲：《论大地各国变法皆由民起》。

这种矛盾的发展必然要弄到亡国灭种的地步，只有实行"立宪"和"议会"，才能"解生民于倒悬之危，置国家于磐石之安"，才能使"君民之间，仍复浃洽，耳目最近，喘息必闻，凡申详反复之繁难，胥吏挟持之弊窦，皆一洗而空之，以故国家无难决之疑，言路无壅蔽之患，内政既清，外侮不作"①。总之，维新派在"国家利益"和"全民利益"的盾牌下，竭力想说服统治者，要求他们按照资产阶级的意愿和利益安排政治制度，以便自己能进入统治机构。

在阶级利益的推动下，维新派就这样和专制君主制度展开了战斗，力争从专制君权制度和君权观念的束缚下解放出来。这是一个有很大意义的进步，因为君权神授观念是封建专制制度的一块重要基石，历代封建主曾经制造了各种荒诞离奇的神话，规定了许多繁文缛节，标榜忠君死节的伦理观念，把专制君权弄得高深莫测，神圣不可侵犯，以至即使是反抗封建制度最坚决的历代农民起义的英雄们也被这个传统观念紧紧地束缚住。农民没有能力识破这个混乱的历史疑团，因此他们在高举武器反对封建君主的时候，也还没有忘记要一个"好皇帝"。维新派在这方面的确跨进了一大步，提出了君民关系的崭新观念，拆穿了几千年来君权神授的全部谎言，尽管维新派并不愿意推翻皇帝，但是仅仅这样一个新观念的提出和传布，在客观上便不能不产生深远的影响。因为人们一旦从君权神授的迷信中解放出来，就有可能继续迈进，走上推翻帝制的革命道路。所以，戊戌时代的这一思想解放为以后许多知识分子的进一步革命化提供了一个出发点。

资产阶级维新派虽然尖锐地抨击了专制君权观念，但是这种抨击并没有超越改良主义的范围。他们在论述"民权"问题的时候，大多小

---

① 赵而霖：《开议院论》。

心翼翼，不把民权渲染得"过分"。他们一则说："及今而弃吾君臣可乎？曰是大不可。何则？其时未至，其俗未成，其民不足以自治也。彼西洋之善国且不能，而况中国乎？"①再则说："权者生于智者也，有一分之智，即有一分之权，今日欲伸民权，必以广民智为第一义。"三则说："欲兴民权，必先兴绅权；欲兴绅权，宜以学会为之起点。"②在维新派看来，中国人民是愚昧的群氓，毫无自治的能力，必须有一个皇帝来统治，所以推翻帝制是遥远渺茫的理想，不是当前所要采取的行动。当前的重要问题不过是增强"绅权"，让资产阶级分享政权；不过是改革教育，通过教育来解决其他一切政治问题。这样，维新派的眼睛虽然望着前面的目标，可是他们的两脚却不由自主地从侧面滑到了泥塘里，在这里，他们的阶级利益被陈述得何等坦率，他们的软弱性又暴露得何等彻底啊！

三

回避斗争，把文化教育问题当作社会的首要问题，这是当时维新派的一个共同谬误，这个谬误的产生正是由于新兴资产阶级力量的软弱：一方面，不敢动用更有力的武器来改变旧制度，不敢过多地开罪顽固统治者；另一方面，在强大的反动势力面前深感自己的力量薄弱，迫切需要培养和团聚起一批肯效忠于资产阶级的人才。正是在这种情况下，推广教育、培养人才的问题在维新派的心目中才显得特别重要。所以，康有为认为，"欲任天下事，开中国之新世界，莫亟于教育"③。何启说："人者，致治之具，善修其具，则为逸而功多；不

---

① 严复：《辟韩》。
② 梁启超：《上陈宝箴议论湖南应办事》。
③ 梁启超：《康有为传》。

善修其具，则为劳而功少……无其具而欲求其治，譬犹渡川而无舟楫，伐木而无斧斤。"①梁启超说："变化之本，在育人才；人才之兴，在开学校；学校之立，在变科举。"②维新派既然把人才看得如此重要，那么他们究竟是怎样着手培养人才的呢？

显然，封建主义文化教育的老一套是不符合资产阶级要求的。资产阶级势必要另外创立崭新的一套。创新必先除旧，不从传统封建文化的束缚中解放出来，就无法树立资产阶级的教育制度，也就无法培养出资产阶级所需要的人才。所以，戊戌时代形成了一个批判旧文化、旧教育的热潮，特别是科举制度和八股文体几乎成为众矢之的。

科举制度和八股文体是厚古薄今、脱离现实的集中表现，又是废话连篇、言之无物的文字玩弄的典型。它要求知识分子"代孔孟立言，禁不得用秦汉以后之书，不得用秦汉以后之事"③，因此知识分子只能"遨游于三代之上"，不但脱离现实生活，而且对秦汉以后 2 000 多年的典章制度茫无所知。它又要求知识分子只能按照固定的八股格式作文章，甚至连字数都是规定了的，结果只能是拼凑一阵，乱写一通，甚至是只要楷法工正，"则虽一书不读，一事不知，亦可以致高位，持国柄"④。在这种制度下所培养出来的知识分子，只能是愚昧无知、抱残守缺的封建卫道者，只知道拿着几本圣经贤传来反对一切新生事物。所以，维新派竭力反对这种制度，梁启超说："八股取士，为中国锢蔽文明之一大根源，行之千年，使学者坠聪塞明，不识古今，不识五洲，其弊皆由于此。"严复称，八股有三大害，一是锢智

---

① 何启、胡礼垣：《新政真诠二编·新政论议》。
② 梁启超：《论变法不知本原之害》。
③ 梁启超：《新政诏书恭跋》。
④ 同上。

慧，二是坏心术，三是滋游手，"总之，八股取士，使天下消磨岁月于无用之地，堕坏志节于冥昧之中，长人虚骄，昏人神智，上不足以辅国家，下不足以资事蓄"①。类似这种抨击科举和八股的言论，在当时维新派的著作中俯拾皆是。

维新派不仅攻击科举、八股，而且更广泛地批判封建主义教育的各个方面。归纳起来，维新派认为封建主义的文化教育有以下几点弊害：第一是教育不普及，"妇女不得入学，以无才为福……既无女学，则四万万之民去其半矣"，"耕农之贫，工作之贱，乡无义学，阀非贵胄，室无诗书，家乏衣食，于此而欲得读书识字，望若云天，二万万人中若此者殆十而九"②，所以在封建统治下，绝大多数人是目不识丁的文盲。第二是教学方法方面，"但责诵读，不求义解"，违反由浅入深、循序渐进的原则，"童齿未毁而授以平治天下无声无臭之书，之无粗识，或授以佶屈聱牙之奥"③，不但学童对所学内容没有理解，而且大大摧残了儿童身心的正常发展，结果只能培养出一批畸形古怪的酸秀才。第三是教学方针的厚古薄今、脱离现实，所谓"摇头顿足，高吟低咏，惟腐烂文数篇"，"乡里子弟，读书十年，而不能作一书札"，"通人学士，或有问一里之长几许？无能答者"，甚至"一代名臣而不知范仲淹为何人，曾入翰林而问司马迁为何科前辈"④。对于这种教育制度，资产阶级维新派是特别愤慨的，干脆把它叫作"愚民"政策。徐勤说："覆中国、亡中国必自科举愚民不学始也。""不学而愚之术，莫若使之不通物理，不通掌故，不通古今，不知时务，聚百万瞽

---

① 梁启超：《推翻新政》。
② 徐勤：《中国除害议》。
③ 同上。
④ 同上。

者跛者而鞭笞指挥之。"①维新派对封建文化教育的这种批判,尖锐辛辣,鞭辟入里,触及了封建主义文化教育的本质。

在批判旧文化教育的同时,维新派又大力宣扬自己的文化教育主张。他们共同的方针,一是"学以致用",二是"讲求西学",一反以往士大夫空谈性理、玩弄辞章、抱残守缺、无裨实际的恶习。维新派对于当时在学术界占统治地位的"宋学"和"汉学",一般都是抱反对态度的。康有为对宋学的评价是"拘且隘",对汉学的评价是"碎且乱"②。在国难当头之际,不论是空谈心性的"宋学",还是琐屑考据的"汉学",都是使得人们脱离现实、磨损志气的精神鸦片,维新派主张学术应该观照现实、观照生活。谭嗣同说:"凡不依于实事,即不得为儒术,即为坑儒之坑。③"这是何等积极的主张!当时现实生活提出了两个重大要求:一个是发展资本主义、争取民主自由的要求,这就是所谓"求富";另一个是反对外国瓜分、争取民族独立的要求,这就是所谓"求强"。维新派的一切主张都是围绕这两个重大问题提出的,所以他们把自己的学问称为"富强之学"。严复说:"求才、为学二者,皆必有用为宗,而有用之效,征之富强。"④怎样才能富强?就是向西方学习。维新派特别歆羡日本的"明治维新",因为"明治维新"就是东方封建国家向西方资本主义国家学习而取得成效的一个例证。康有为给光绪皇帝进呈了一本《日本明治变政考》,他在序言中写道:

夫凡有兴作,必有失弊,几经前车之覆,乃得后轨之道。今

---

① 徐勤:《中国除害议》。
② 康有为:《礼运注叙》。
③ 谭嗣同:《报贝元征书》。
④ 严复:《救亡决论》。

> 我有日本为向导之卒,为测水之竿,为探险之队,为尝药之神农,为识途之老马,我尽收其利而去其害,何乐如之?譬如作室,欧美绘型,日本为匠,而我居之也。譬如耕田,欧美觅种灌溉,日本锄艾,而我食之也。……若以中国之广土众民,近采日本,三年而宏规成,五年而条理备,八年而成效举,十年而霸图定矣。

为了学习西方,在文化教育方面相应的措施就是翻译西方书籍,大办学堂、学会和报纸。维新派称译书、学堂、学会、报纸这一套资产阶级文化教育事业是"陈其利害,广其见识,发其神思,开其风气"的唯一工具,也是戊戌变法运动中最重要的措施之一。维新派的改革工作在其他方面的成就并不大,但在文化教育方面的确做了很多有益的事情:传统的八股取士一度被废止而代之以策论;在北京创办了京师大学堂(北京大学的前身),各地也开设了许多普通学堂和专业学堂,资本主义的学校制度开始取代封建主义的学塾和书院;社会科学方面的西方名著,像《天演论》《原富》《法意》和《名学浅说》被翻译介绍过来,成为当时最有影响的畅销书;各地政治性和学术性的学会如雨后春笋纷纷出现,成为资产阶级团聚力量的组织;还有各种各样的报纸,风发泉涌,百花齐放,或者议论时局,或者高谈政治,或者介绍西学,或者评价人物,在群众中展开了有力的宣传鼓动。这一切都是知识分子从封建传统的文化教育中解放出来的表现,虽然为时不久,变法运动就被顽固派所扼杀,但这种社会风气一开,顽固派费尽心力也不可能遏制了。就像欧榘甲所说:"斯时智慧骤开,如万流潏沸,不可遏抑也。及政变而八股复矣,然不独聪明英锐之士,不屑再腐心焦脑,以问津于此亡国之物,即于高头讲章、舌耕口穑数十年,号为时艺正宗者，亦谓诵之无味，不如多阅报之为愈矣。"①这种风气的改变的确是资产阶级维新派不可泯没的一件功劳。

当然维新派当时还不可能从封建文化教育的羁绊中一下子完全解放出来，在他们身上还保留着极其浓厚的封建色彩。例如，维新派把几千年传统学术攻击得体无完肤，称"三代下无可读之书"②。但是对于封建学术中最老牌的"孔家店"却不敢有半点冒犯。康有为写了许多著作，把自己的变法主张都托称为孔子的主张，康有为说，孔子的大道几千年来都淹没无光，没有得到很好的发挥，只有自己真正继承和发扬了孔子的微言真传，所谓"天爱群生，赖以不泯，列圣呵护，幸以流传，二千五百年至予小子而鸿宝发见"③。这种说法从顽固派的立场来看是"僭窃圣统，狂妄自大"，从革命派的立场来看却是资产阶级软弱妥协的具体表现。大家都知道，孔子学说是封建文化的集中代表，维新派一面竭力反对封建文化，一面却又拼命抱住孔老夫子做招牌，这显然是一个矛盾。这个矛盾正反映了当时新兴资产阶级既要斗争又怕斗争的特点。有的顽固派就抓住这一点进行反攻。如湖南的顽固派头子叶德辉大骂维新派说："二十四朝之君主，谓之民贼，而独推崇一孔子，是孔子受历代褒崇为从贼矣。狂吠可恨！"④叶德辉是从"右"的方面来攻击维新派的，可是正由于维新派自己陷在不可摆脱的矛盾之中，所以他们对叶德辉所指责的这一点，只能张口结舌，无言以对。

① 欧榘甲：《论政变为中国不亡之关系》。
② 谭嗣同：《仁学》。
③ 康有为：《礼运注叙》。
④ 《湖南时务学堂课艺批》。

四

政治观念和文化学术观念方面的斗争，其最终结果必然会转化为更高级的形态，亦即转化为世界观和方法论方面的斗争。顽固派在这场斗争中动员了几千年遗留下来的封建主义陈腐哲学，作为理论上的护符。为了攻击顽固派，资产阶级维新派创造了自己时代的新哲学，从更高的理论原则上论证变法维新的重要性。在这方面贡献最大的就是谭嗣同。

顽固守旧派的命题是"天不变道亦不变"。他们声称，世界上的各种现象虽然是错综复杂的，但是最根本的"天"和"道"总是固定不变的，中国的"道"是圣人创造并留传下来的，是世界上最好的东西，何必去学习外国？只要我们守好固有的"道"，去应付一切复杂现象，就可以措置裕如了。"以不变应万变"，这就是顽固派的态度。像封建社会的三纲五常、诗书礼教，在顽固派看来自然都是应该谨守勿失的"大道"。这种哲学观点拒绝改革、反对变法的反动性是非常明显的。

为了反对这种观点，维新派提出了以下三个反命题。

第一个反命题是"道不离器"。维新派认为，世界上并没有像顽固派所说的脱离具体事物的、空洞的"道"，"道"总是离不开器的，也就是说精神、理性是离不开物质的具体形态的。谭嗣同说："所谓道，非空言而已！必有所丽而后见……丽于耳目，有视听之道；丽于心思，有仁义智信之道；丽于伦纪，有忠孝友恭之道；丽于礼乐征伐，有治国平天下之道。故道，用也；器，体也。体立而用行，器存而道不亡。自学者不审，误以道为体，道始迷离徜恍，若一幻物，虚悬于空漠无朕之际，而果何物也耶？于人何补，于世何济，得之何益，失之何损耶?"①"道"和"器"的关系是中国哲学史上一直争论不休的大问题,有些哲学家认为"道在器先",道是第一性的,这就形成唯心主义营垒。另一些哲学家认为"道在器中",器是第一性的,这就形成唯物主义营垒。谭嗣同的整个哲学体系虽然并未超越唯心主义的范围(例如,他认为构成宇宙万物的"以太"归根到底仍旧是脱离客观实在的抽象),可是当他正面和反动派论敌对阵交锋的时候,在他的哲学论证中却常常不自觉地迸发出唯物主义的光彩,他在论证道和器的关系时就是如此。谭嗣同运用这个唯物主义的命题有力地打击了顽固派,他说:"夫苟辨道之不离乎器,则天下之为器亦大矣。器既变,道安得独不变?"②这样从唯物主义立场提出的反驳,就使得顽固派"天不变道亦不变"的论据失去了立脚点。

资产阶级维新派第二个最有积极战斗意义的反命题是"日新"。所谓"日新",就是变化和发展的观点,一切都在变化中,一切都在从低级到高级的运动中,这个观点是被维新派所特别强调的。戊戌时代,中国社会正处在从独立的封建社会变成半殖民地半封建社会的时代,变化着的各种现象实在太多了,介绍过来的西方科学成就也实在太新鲜了。时代的变动和科学发展的成果反映到中国当时进步思想家的头脑里,就形成了生动活泼的变化和发展观点。谭嗣同说:"天不新,何以生?地不新,何以运行?日月不新,何以光明?四时不新,何以寒暑发敛之迭更?草木不新,丰缛者歇矣;血气不新,经络者绝矣;以太不新,三界万法皆灭矣。"又说:"昨日之新,至今日而已旧;今日之新,至明日而又已旧。所谓新理新事,必更有新于此者。"③梁启

---

① 谭嗣同:《思纬壹壹台短书》。
② 同上。
③ 谭嗣同:《仁学》。

超说:"凡在天地之间者莫不变,昼夜变而成日,寒暑变而成岁。大地肇起,流质炎炎,热熔冰迁,累变而成地球。海草螺蛤,大木大鸟,飞鱼飞鼍,袋兽脊兽,彼生此灭,更代迭变而成世界。紫血红血,流注体内,呼碳吸氧,刻刻相续,一日千变而成生人。……贡助之法,变为租庸调,租庸调变为两税,两税变为一条鞭。并乘之法变为府兵,府兵变为彍骑,彍骑变为禁军。学校升造之法变为荐辟,荐辟变为九品中正,九品变为科目。上下千岁,无时不变,无事不变,公理有固然,非夫人之为也。"①处在这样一个万物流变的世界里,就必须适应变动,跟上时代。特别是当时的中国,处在"地球既通、万国争并、瓜分豆剖、大势相迫"的危险环境中,怎么还能死抱住祖宗的陈规遗法,不肯放手呢?维新派经常援用"穷则变,变则通,通则久"之语来开导守旧派。康有为写道:"盖变者,天道也。天不能有昼而无夜,有寒而无暑,天以善变而能久;火山流金,沧海成田,历阳成湖,地以善变而能久;人自童幼而壮老,形体颜色气貌,无一不变,无刻不变。《传》曰'逝者如斯'。故孔子系'易'以变易为义。又曰'时为义大'。时者,寒暑裘葛,后天而奉天时,此先圣大声疾呼,以仁后王者耶?泰西之国,一姓累败而累兴,盖善变以应天也。中国一姓不再兴者,不变而逆天也。夫新朝必变前朝之法,与民更始,盖应三百年之运。顺天者兴,兴其变而顺天,非兴其一姓也。逆天者亡,亡其不变而逆天,非亡其一姓也。一姓不自变,人将顺天代变之,而一姓亡矣。一姓能顺天,时时自变,则一姓虽万世存可也。"②康有为虽然这样"苦口婆心",无奈言者谆谆而听者藐藐,顽固派并不理会这

---

① 梁启超:《变法通议·自序》。
② 康有为:《进呈俄罗斯大彼得变政记·序》。

一套,他们仍旧在梦想使历史开倒车,高唱"今不如古""宁静淡泊""守道不变",顽固派在历史发展的激流中好像是不知痛痒的木偶一样,除了一套纲常伦理、时文八股之外,对国家盛衰、民族存亡根本是漠不关心。所以,谭嗣同愤慨地质问顽固派:你们这种违拗"日新"、反对"变革"的态度,难道真的能够"窒天之生,扼地之运行,蔽日月之光明,乱四时之迭更"吗?难道真的能够阻挡历史车轮的前进吗?当然,这是绝不可能的。谭嗣同指出:在历史规律面前,"彼(按:指顽固派)之力又何足以云尔哉?毋亦自断其方生之化机,而与于不仁之甚,则终成为极旧极蔽一残朽不灵之废物而已矣!"① 不管你愿意变还是不愿意变,历史总归是要前进的,任何人若企图违抗历史发展的潮流,都势必要成为被历史规律抛弃的可怜虫!梁启超也向顽固派大声疾呼:"变者天下之公理也,大地既通,万国蒸蒸,日趋于上,大势相迫,非可阏制。变亦变,不变亦变。变而变者,变之权操诸己,可以保国,可以保种,可以保教。不变而变者,变之权让诸人,束缚之,驰骤之。呜呼!则非吾之所敢言矣!"② 就是这样,维新派把发展变化的观点和当时的变法运动紧密地结合在一起,使他们的哲学观点具备了丰富的现实材料和重大的战斗意义,也使他们的政治主张在更高的理论原则上得到透彻而有力的阐发。

资产阶级维新派提出的第三个反命题是"仁以通为第一义"。这是谭嗣同《仁学》中开宗明义的一句话。谭嗣同把宇宙的本体叫作"仁","仁为天地万物之源",按照谭嗣同的说法:"仁"是无所不包、无所不在、无所不通的,所谓"遍法界、虚空界、众生界,有至大至精微,

---

① 谭嗣同:《仁学》。
② 梁启超:《论不变法之害》。

无所不胶粘、不贯洽、不筦络，而充满之一物焉。目不得而色，耳不得而声，口鼻不得而臭味，无以名之，名之曰'以太'。其显于用也，孔谓之'仁'"①。星、地、日、月，为什么能够互相吸引，构成大宇宙？谭嗣同认为这是由于"以太"的作用，是由于"仁之通"。五官、百骸，为什么能够组成人体？也是由于"以太"的作用，也是由于"仁之通"。总之，谭嗣同把一些粗浅的自然科学知识和中国的传统哲学糅合在一起，设想出一个统一的、无限的宇宙观，而统一的基础就是"仁"。

谭嗣同的"仁"虽然离辩证唯物主义的宇宙观还是很遥远的，但它在反对封建主义等级关系和闭塞习气的斗争中却发挥了积极的作用。谭嗣同解释道："仁"的最大特点就是"通"。"通"有四个意义，即"中外通""上下通""男女内外通"和"人我通"。封建社会中森严的等级制度使上下隔绝、男女内外隔绝、人我隔绝，显然是和"通"的原则相违背的。而封建主义的"名教"又是这种等级关系在观念上的反映，"名"是讲究封建等级的名分隶属关系，而"仁"是讲究自由平等的关系。所谓"通之象为平等"，"平等者，致一之谓也。一则通矣，通则仁矣"②。所以，谭嗣同依据"仁以通为第一义"的原则，对封建名教进行了激烈的声讨，他说：

> 俗学陋行，动言名教，敬若天命而不敢渝，畏若国宪而不敢议。嗟乎！以名为教，则其教已为实之宾，而决非实也。又况名者，由人创造，上以制其下，而不能不奉之，则数千年来，三纲

---

① 谭嗣同：《仁学》。
② 同上。

> 五伦之惨祸烈毒,由是酷焉矣。君以名轭臣,官以名轭民,父以名压子,夫以名困妻,兄弟朋友各挟一名以相抗拒,而仁尚有少存焉者得乎?然而仁之乱于名也,亦其势自然也。中国积以威刑,钳制天下,则不得不广立名,为钳制之器。如曰"仁",则共名也,君父以责臣子,臣子亦可反之君父,于钳制之术不便,故不能不有忠孝廉节等一切分别之名。①

又说:

> 君臣之祸亟,而父子、夫妇之伦遂各以名势相制为当然矣,此皆三纲之名之为害也。名之所在,不惟关其口,使不敢昌言,乃并锢其心,使不敢涉想。愚黔首之术,故莫以繁其名为尚焉。君臣之名,或尚以人合而破之。至于父子之名,则真以为天之所命,卷舌而不敢议。不知天命者,泥于体魄之言也,不见灵魂也。子为天之子,父亦为天之子,父非人所得而袭取也,平等也。……《记》曰:"婚姻之礼废,夫妇之道苦。"本非两情相愿,而强合涉不相关之人,絷之终身,以为夫妇,夫果何恃以伸其偏权而相苦哉?实亦三纲之说苦之也。夫既自命为纲,则所以遇其妇者,将不以人类齿。……独夫民贼,固甚乐三纲之名,一切刑律制度皆依此为率,取便已故也。②

从"仁"和"通"的哲学中,谭嗣同演绎出这样激昂慷慨、精彩透彻的议

---

① 谭嗣同:《仁学》。
② 同上。

论，真正是唱出了跟封建名教观念势不两立的对台戏。

维新派提出如上所述的三个主要命题来反对顽固派的陈腐哲学。当然，由于历史和阶级条件的限制，资产阶级维新派不可能把自己的哲学思想发展得充分圆满。他们的著作中虽然包含着一些唯物主义因素，但是他们由于软弱，不敢和传统的儒学、佛学宣告决裂，因而并没有成为真正的战斗的无神论和唯物论者。谭嗣同说："仁为天地万物之源，故唯心，故唯识。"①康有为也认为沟通天地人我之间者为"不忍之心"②。资产阶级维新派并没有摆脱唯心论哲学体系的羁绊。此外，维新派虽然强调变化、发展的观点，但是他们只承认量变，不承认质变，汪康年说："小水之相会，非欲成大川也，然而成大川之道在此矣。众声之相和，非欲成大响也，然而相和已多，则成大响矣。治水者自流，伐木者披枝，事固有由散而后得整，由流而后及源者。"③这种渐变论的观点正是改良主义政治主张的理论根据，也是维新变法运动招致失败的根本弱点。

五

以上是戊戌时代思想解放运动的梗概。当然，这样一种思想解放远不是彻底的。维新派虽然抨击了专制主义的君权神授观念，用资产阶级的民主、平等原则重新解释了君民的关系，但是他们不敢直截了当地推翻帝制，还死抱住光绪皇帝，甚至不惜以身殉之；维新派提倡资产阶级的文化和学术，对科举、八股的攻击不遗余力，但是，他们托古改制，依附圣贤，盘旋在孔孟的脚下，不可能和封建主义文化彻

---

① 谭嗣同：《仁学》。
② 康有为：《大同书》。
③ 汪康年：《论中国求富强宜筹易行之法》。

底决裂；维新派主张发展变化，反对停滞静心，并且也曾吐露和发挥过唯物主义的个别论点，但是他们反对质变，反对革命，强调"不忍之心"，不和反动势力进行正面的斗争，却妄想以企求恩赐的办法换取枝枝节节的改良，他们跟形而上学和宗教唯心论仍旧保持着紧密的关系。这就是戊戌时代思想解放运动所达到的和没有达到的。一个时代的思想潮流，归根到底是该时代物质生活条件的反映。戊戌时代，祖国正处在水深火热、任人宰割的重重苦难中，当时，刚刚从地主阶级中分化出来的资产阶级知识分子为了挽救国家危亡而在黑暗中探求、摸索，但是，只有初步发展的微弱的资本主义经济，并不能给他们提供充分的物质支持力量，维新派完全处在一场力量悬殊、没有胜利希望的战斗中，而且他们自己也带着很浓厚的封建因素，不可能把思想解放的任务进行得再深入一步。不久，当帝国主义奴化思想和封建主义复古思想的反动同盟军稍稍一反攻，"所谓新学，就偃旗息鼓，宣告退却，失了灵魂，而只剩下它的躯壳了"。历史在继续前进，"五四"以后，中国产生了崭新的文化生力军，这就是中国共产党人领导的共产主义的文化思想，这支文化生力军以新的武器、新的阵势，向帝国主义文化和封建主义文化展开了英勇激烈的进攻。可是，曾经站在历史潮流前头的维新派却在向后倒退，当年反对专制君权的主张一变而为"保皇""复辟"，当年反对科举、八股的主张一变而为"尊孔""读经"，维新派违背了自己主张的变化发展的哲学观点，企图阻挡历史的前进。最后，维新派就像当年的守旧派一样，在历史的铁的规律面前碰得头破血流。

戊戌变法运动距离今天整整60年，这60年，特别是最近10年，社会的发展是多么迅速！戊戌时代那些先进人物的想法和看法似乎离我们已十分遥远了。我们的祖国，在中国共产党的领导下不但摆脱了帝国主义和封建主义的压迫，而且在经济战线、政治战线、思想战线上也取得了社会主义革命的基本胜利。祖国的社会主义经济建设正在以一日千里的速度向前跃进。今天，中国人民又在经历一次新的思想解放运动，和历史上任何时代的思想运动比较起来，今天的思想解放才是真正彻底的解放。今天的思想解放，首先是劳动者的思想解放，它是反对一切剥削阶级的思想观点的，而不是以某种剥削阶级的观点去反对另一种剥削阶级的观点（如戊戌时代以先进的资产阶级思想观点去反对反动的封建阶级思想观点）。只有在社会主义的光辉时代里，劳动者才能真正掌握自己的命运，才能成为国家的主人，因而他们的精神面貌必然要发生巨大的改变。今天的思想解放又是全民的思想解放，它并不像历史上的思想运动那样仅仅限制在少数人的狭小圈子里。少数人垄断知识的时代即将一去不复返，文化知识正在大普及，千千万万新的知识分子正在涌现、成长，人民群众无穷无尽的智慧和创造力得到了真正充分的发扬。今天的思想解放又是理论和实践的统一，人民群众从实践中提出任务，解决任务，真正做到了敢想、敢说，而且敢做。不像历史上的思想运动，与实践脱节，只是"说多做少"，甚至是"只说不做"。今天的思想解放是真正彻底的思想解放，劳动人民对于横亘在前进道路上的一切思想障碍是无所留恋、无所畏惧的。他们将以急风暴雨的形式扫荡一切剥削阶级观点和主观主义、保守主义思想，为社会主义建设开辟一条宽广的康庄大道。

改革大潮中的历史沉思*
——戊戌变法 90 周年感言

社会矛盾的尖锐和精英力量的觉醒、集合就能使改革起动。改革运动的领袖总是杰出的理论家，能以创造性的理论教育、引导、团结群众，并以自己的洞察力烛照改革前途。最佳的改革方案是使社会不发生剧烈震动，而又使社会成员不断受益，使改革在安定而宽松的气氛中进行，改革的失败常常和执行改革者的品质和行为联系在一起。防止改革目标在实施过程中被扭曲。

发生在 19 世纪末的戊戌变法运动，曾在中国掀起巨大的波澜，产生了深远的影响。今天，我们又一次处身在新的改革开放的浪潮中。90 年前的这场变法维新运动，固然与今天的改革开放在性质上、规模上、取得的成果上不能够相提并论，但是，站在今天改革开放的高度去反思、审视 90 年前那场改革运动，还是会在许多方面给我们以启

---
* 原载《教学与研究》，1989 年第 2 期。

示，使我们更深刻地认识正在进行中的改革。

戊戌变法时的维新志士们提出的改革目标是要使国家富强，民族复兴。这个目标今天也还没有完全实现。从一定意义上说，我们正在继承戊戌志士的爱国热忱和改革理想。90年过去了，尽管中国前进了很远，取得了伟大的成绩，但我们发现，今天面临的某些问题，几乎和戊戌变法时候是一样的，这就是中国的贫穷、愚昧、落后。几千年封建社会留下的包袱还没有放下，中国的社会主义现代化尚未完成，经济、文化的落后面貌还没有根本改变。从1840年鸦片战争算起，中国被卷进世界历史的旋涡，和西方国家发生冲突，但同时又向西方学习，希望实现国家的富强，至今历时将近150年，中国人民努力奋斗，付出了重大的代价，到现在才达到了解决温饱问题的水平，而人均国民生产总值仍大大落在世界发达国家的后面。我们的改革开放取得了巨大的成绩，这是举世公认的。可是，也存在着严重的困难。当前，通货膨胀、经济过热、农业滑坡、腐败成风，形势十分严峻。治理经济环境、整顿经济秩序的措施非常必要，任务非常艰巨。

作为历史学家，我们不能不站在现实的基础上进行冷静的、理性的思考：戊戌变法以来，我们做了多少事？中国前进了多少？我们能够从戊戌的改革中学习到什么？今后的改革能不能进行得更顺利、更有成效？

我们通常把戊戌变法的失败归之于反动派的破坏，是由于袁世凯的告密和慈禧太后发动政变。这样说当然是不错的，但还不能非常透彻地说明戊戌变法失败的原因。如果没有慈禧太后和袁世凯，戊戌变法是不是就能够一帆风顺？事情看来还不是那样容易。问题在于：中国存在着阻碍改革的强固的社会基础，在这一基础上生长着落后保守的经济体制、政治体制、文化心理。慈禧太后和袁世凯都是这一盘根错节的社会基础的产物和代表。如果没有社会基础，顽固派是发挥不了那样强大的破坏作用的。铲除掉几个人容易，铲除阻碍改革的社会基础，就要困难得多，要有几个世代的人们坚持不懈的努力。

回顾90年前的戊戌改革，面对今天的改革开放，我们不禁要问：改革是如何发生的？一个社会在什么情况下会使改革起步？改革应该依靠什么样的力量？如何勾画出改革的蓝图并付诸实施？在改革的道路上会有多大阻力，多少困难？怎样采取措施减少阻力？改革成功的机会有多少？怎样使改革胜利的可能性变成现实性？等等。这一系列问题至关重要，应当从历史和现实中总结经验和教训，以提高我们的认识，甚至可以建立一门"改革学"，或"社会发展战略学""现代化进程学"。现在非常需要这样的学问，对改革进行深思熟虑的缜密研究，高屋建瓴地从理论上指导改革的实践。

改革是一种社会需要。当社会矛盾尖锐，各种弊端滋生，社会难以正常运转和发展时，才会唤起改革的意识和改革的行动。一部分社会精英最先认识改革的必要性，他们集合起来，掌握了一定的权力，实行自上而下的改革。戊戌变法就是这样，它是在中日甲午战争失败、帝国主义瓜分中国的危机下产生的，由康有为等人发动并得到光绪皇帝支持的政治运动。所以，社会矛盾的尖锐和精英力量的觉醒、集合就能使改革起动。但是，改革的进展和成功取决于更加复杂的因素。

第一，改革的成功要有大多数人的支持，这就一定要制定改革的理论、纲领，并广泛宣传，让群众理解改革的必要性和目标、步骤，吸引群众投身到改革中去，为之奋斗。改革运动的领袖总是杰出的理论家，学识渊博，思想深邃，智力高超，能够以创造性的理论教育群众、引导群众，使群众在改革的目标下团结一致，产生强大的凝聚力，并能以自己的洞察力烛照改革前途上的困难。戊戌变法时，康有为、梁启超、谭嗣同、严复等人都有很高的学术造诣，他们写了许多著作，从各方面阐明了改革运动，他们提出了当时所能提出的较好的主张。遗憾的是，他们的理论还不成熟，对中国国情和改革运动的规律所知不深，特别是他们所能影响的范围还很小，他们虽然说服了光绪皇帝支持改革，但和顽固派较量，力量对比仍很悬殊。当时，广大人民没有文化知识，处在社会下层，维新派未能同他们联系，因而人民群众的绝大多数处在变法改革的圈子之外。因此，反对改革的势力大大超过了支持改革的势力。戊戌变法也就不能不以失败告终。戊戌变法后，梁启超痛定思痛，写了一篇《新民说》，要与民更始，从老百姓的启蒙教育做起；孙中山以后也懂得要"唤起民众""扶助农工"；中国共产党领导革命更是努力发动群众，注意依靠群众。民主革命胜利后，毛泽东在《论人民民主专政》一文中又一次讲到"严重的问题是教育农民"。改革要取得成功，必须唤起民众，提高全民族的文化素质，用改革的理论武装他们，得到他们的理解和支持，在民众中焕发出认同、团结、奋发、拼搏的精神，才能破除阻力，使改革乘风破浪，迅速前进。

第二，改革要在稳中求进。改革是个渐进过程，是新要素的逐渐积累。对现存事物不必要、也不可能使之在一夜之间全部改观。改革不是用暴力行动一举摧毁旧秩序，而是通过和平的、民主的、有计划的步骤，促进新旧体制的交替，要稳扎稳打，步步推进。最佳的改革方案是使社会不发生剧烈震动，而又使社会成员不断受益，使改革在一个安定而宽松的气氛中持续进行。有时候，改革也会带来一时的经济衰退、生活下降和政治动乱，一定要把损失和动荡控制在一定范围，减少到最低程度。改革者当然不能因暂时的困难和挫折而惊慌失措、动摇退却,但又要充分重视困难,实事求是地估计社会的承受能力,全力以赴地去克服困难。改革措施如果引起剧烈的动荡,影响社会安定,或者使很多人蒙受重大的经济损失,是不可能得到成功的。因此,改革的目标和理想是远大的、雄心勃勃的,而每一改革步骤和具体政策必须审时度势,十分谨慎小心,切勿操之过急,急于求成。戊戌变法期间,维新派在不可能大有作为的情况下,却开出了许多空头支票,高喊:"大变""速变""全变",要求在几年之内"大见成效"。百日维新期间,诏书频颁,新政繁多,像雪片似地下达,企图百废俱举,一步登天。有些改革措施,虽然十分必要,但涉及许多人的生计利益,就要谨慎从事。例如,精简衙门,裁撤冗官,停止科举考试,将各地寺庙改为学堂,这些无疑都是正确而必要的。但是,不做准备,不分步骤,不对有关人员做出妥善安排,贸然颁发一纸命令,强制推行,不但不能生效,反而在许多官吏、僧道和知识分子中引起疑虑和恐慌,增加了改革的阻力,对改革实无益而有损。

第三,执行改革的人,其品质和行为十分重要。改革是为人民、为社会谋利益,不是为改革者、执行者自身谋利益。执行改革的政府官员为政清廉,公平执法,具有高尚的道德情操,富有献身精神,才能给改革树立良好的形象,赢得群众的敬服和拥护。改革的失败常常和执行改革者的品质和行为联系在一起。营私结党、贪污腐化、以权谋私是改革的腐蚀剂,最容易败坏改革的声誉。所以,树立廉洁政治、整肃法制纪律,使弊绝风清,是改革成败之所系,决不能掉以轻心。戊戌变法中,顽固派攻击维新派夤缘求进,馈礼不绝,宾客盈门,车水马龙,"今日一袍料,明日一马褂料,今日一狐桶,明日一草上霜桶"①,维新派的行为不自检束,遂授人以口实。康有为逃亡到海外,也有滥用和挥霍华侨捐款的行为。宋代的王安石变法,其方向和目标都是正确的,但变法阵营内,麇集着像吕惠卿、蔡京这样的腐败分子,给变法抹黑,而反对变法的阵营内反而有许多正人君子、学者文人,如司马光、程颢、程颐、苏轼等人。这样,王安石变法就难以得到社会的信赖和支持,这是变法失败的一个重要原因。

第四,防止改革目标在实施过程中被扭曲。改革的方向、目标、政策即使是好的,但观念上的东西一旦接触实际,就可能扭曲变形,"橘逾淮而为枳",什么样的土壤结出什么样的果实。所以,改革者在制定政策时,要反复估量政策在实际中的可行性,并且要监督其实施,形成一套信息反馈的机制。有时,一种很好的倡议和政策,由于在实施过程中受到各种因素的干扰、各种力量的拉曳,会变得面目全非,好事反而变成坏事,政策实施的后果会使政策的制定者大吃一惊。戊戌维新派主张编练军队,想不到帮助了北洋军阀的兴起。他们鼓吹立宪政治,想不到10年以后却在宪法的招牌下出现了皇族的集权。有时候,一种政策措施要在较长的时间中才能显示出或正或负的效应。

当然,戊戌变法中可以研究的、带规律性的东西很多,在这篇短文中不能一一列举。戊戌变法的研究对现实有一定的借鉴作用,我们要深化改革,就需要研究改革的规律、改革的理论,从过去和今天的改革实践中总结经验教训,以期加深对改革的理解,促进当前的改革。

---

① 章太炎:《革命道德说》。

实事求是地评价历史人物[*]
——在左宗棠历史评价学术讨论会上的发言

新中国成立以来,对左宗棠的评价有过很大变化。他是个重要的历史人物,也是个复杂的历史人物,有功有过。他的功劳很大,收复新疆,保卫国家的神圣领土,反对外来侵略,对国家和民族有重大贡献。试想:今天的中华人民共和国,如果少了新疆这片广大领域,那还成什么样子?收复新疆的丰功伟绩是不可磨灭的,这一点现在大家都是承认的。当然,左宗棠也做过错事、坏事,镇压太平天国、捻军和回民起义,屠杀革命人民。千秋功罪,要加以比较的话,应该是功大于过。

20世纪50年代和60年代,历史学界对左宗棠的评价是完全否定或者基本否定的,只说他是镇压革命的刽子手、卖国的洋务派,对收复新疆一笔带过,评价甚低。现在看来,对左宗棠完全否定或基本否定是不正确的,这个问题大体上已经澄清。现在,对左宗棠肯定的程度可能有分歧,对某些具体问题的看法可能有分歧,但不会有人再对他全

---

[*] 原载《苏州大学学报》(哲学社会科学版),1985年第1期。

盘否定或基本否定了，这是历史研究的进步。

不过，回顾过去对左宗棠的评价，我们可以从中总结教训。奇怪的是收复新疆这样大的功劳，为什么在50年代、60年代不被充分承认，甚至不予承认。所谓"一叶障目"，是什么东西遮挡了我们的眼睛，使我们视而不见？

我想可能有三个因素。

第一是左宗棠这个人物很复杂，有功有过，功很大，过也不小。今天我们讨论左宗棠的一生，就要全面地、历史地考察，不能只追究他打了太平军，不能攻其一点不及其余，而要实事求是地衡量他的功过，不能强调过错而抹杀功绩。人物的复杂性使我们在评价时容易发生失误，片面强调了这一面而忽略了那一面。不像洪秀全、孙中山那样，他们虽然也有局限性，但作为正面人物的形象很鲜明。左宗棠本人身上体现着正反两方面的性格，进行分析研究时必须非常慎重。

第二是政治气候的影响，左宗棠收复新疆，是反对沙俄和英国的。20世纪50年代，我们跟苏联的关系很好，这一政治因素影响到历史研究，我们不说和少说沙俄对华的侵略。历史学是讲过去的事，却往往要受当前政治气候的影响，50年代不谈或少谈左宗棠的功绩，与此大概有关。

第三是过去存在"左"的思想，宁"左"勿右，这在历史学领域中也是有的。在评价历史人物方面，特别是对地主阶级中的人物，否定的多，肯定的少。"千古风流人物"，能够肯定的又有几个？昨天，参观某校历史系的文物室，陈列的东西丰富多彩，琳琅满目。墙上挂着19个人的画像，画得神采奕奕，但看了一眼，很纳闷。19个人中有14人是历史上的科学家、技术家，如张衡、祖冲之、僧一行、毕昇、李时珍、徐霞客等，还有5人是农民起义的领袖，陈胜、吴广、黄巢、方腊、李自成。为什么历史系的陈列室陈列的是大批科技人才加上几个农民领袖？这些人无疑是杰出人物，但显然并不能代表我国历史上各个方面的优秀人物，毛泽东讲的政治家、军事家、思想家、文学家都不见了。后来，我一问，就明白了，原来这是1978年以前历史系的一位学生画的，那还在十一届三中全会之前，还在思想路线全面拨乱反正之前，那时中华民族历史上的优秀人物大多靠边站，不能够出头露面，汉武帝、唐太宗、忽必烈、康熙是地主阶级的总头子，杜甫、李白、苏轼是地主阶级的代表，孔子更是成了最大的反动派，罪大恶极。连农民起义领袖也没有幸免，毛泽东在《中国革命和中国共产党》中提到12位农民起义领袖，几乎打倒了一半，项羽、刘邦是蜕化变质的，李密的罪状最大，是阶级异己分子、阴谋家、野心家、叛徒，王仙芝也是投降了的，宋江被戴了修正主义的帽子，朱元璋也是当了皇帝的。最保险的似乎是科技人物，还可以亮亮相，所以当时的历史博物馆所能陈列的人物大多是大批的科技人物和经过挑选的农民领袖，像左宗棠这样属于帝王将相的人根本没有资格进入博物馆的殿堂。在"左"的思想支配下，许多杰出人物被否定了，这种阶级分析法值得怀疑，恐怕不是马克思主义的阶级分析法。在一片"左"的气氛中，左宗棠怎能得到公正的评价？

评价历史人物必须实事求是。我想第一个教训是历史和历史人物具有复杂性，我们必须进行细致的具体分析。切忌简单化、一刀切：要么肯定一切，要么否定一切；一个人好了，一切都好，一个人坏了，一切都坏。这种形而上学的方法往往把我们引入歧途。特别是中国近代史上的人物很复杂，功与过交织在一起，功大过也大。如康有为、梁启超前期领导变法维新，站在历史潮流的前头，后来却成了保皇党，反对辛亥革命。又如杨度，本来是君主立宪派，但又拥护袁世凯称帝，组织筹安会，罪恶很大，可是晚年却脱胎换骨，大彻大悟，走上革命之路，参加共产党，做出很多贡献。我们要实事求是地分清他们的功过，不夸大、不缩小、不掩盖。对左宗棠的评价也应如此，左宗棠是地主阶级中的经世派、改革派，一方面他有爱国心、事业心，希望祖国强盛，他有办事的魄力和才干；另一方面，他反对革命，维护清朝封建统治。在我们今天看来，二者似乎是矛盾的、不可协调的，但在左宗棠身上却是可以统一的。因此，他打败了阿古柏，粉碎了俄英攫取新疆的阴谋，为祖国立了功勋，但也屠杀过许多农民起义军。功过并存，但功大于过。

第二个教训是学术和政治是互相联系的，历史和现实也是密切相关的。但是，学术毕竟不同于政治，历史毕竟不同于现实，二者之间不能画等号。科学研究的任务是追求真理，阐明规律。真实性是历史科学的生命线，离开真实性，历史科学就会枯萎死亡，不能为着眼前的需要而牺牲真实性。中国的历史学有一个优秀传统，即"秉笔直书"，要提倡秉笔直书的史德，实事求是地撰写历史、评价历史人物。不能让历史科学屈从于当前的需要，否则不但损害了科学性，而且对当前的政治也不会有好处。这方面最大的教训是"文化大革命"中，儒法斗争、批孔子、批《水浒传》，这哪里是历史研究，明明是含沙射影，指桑骂槐，是使历史屈从当前的政治需要。历史学家要有清醒的头脑，应当有坚持真理的勇气，应当有无愧于历史学家称号的史德。

第三个教训是历史科学领域中还需要反对"左"的影响，肃清"左"的影响，这是历史科学能否健康发展的关键。所谓"左"，就是主观脱离客观、超越客观，思想上的过激过火，不问历史条件而用过高的标准苛求、指责古人，有时又任意地美化、拔高古人。这种"左"的表现在过去历史学研究中是相当普遍的，我们见得太多了，太熟悉了。现在政治领域、经济领域中要肃清"左"的影响，思想领域中也要肃清"左"的影响，历史学是思想领域的一个部分，自然也应当反"左"。过去否定了许多不该否定的历史人物，其中就包括左宗棠，实在是一种"左"的表现。

但是历史学领域中反对"左"的影响，不能再采取过去那种"左"的办法，不能戴帽子、打棍子、抓辫子，不能用"文化大革命"期间大批判的方式，因为那样是解决不了思想问题、学术问题的。必须真正贯彻百家争鸣的方针，允许各种意见都摆出来，各抒己见，畅所欲言，进行心平气和的讨论，形成学术讨论的良好风气。可以不同意某种学术意见，但要尊重对方，虚心倾听对方的意见，耐心地进行说理，也可以吸取对方合理的部分。总之，要正确地对待不同的意见，即使是错误的意见，也不可以粗暴地打击。我们过去习惯于一种观点，出来一点新的想法，就视若离经叛道，洪水猛兽，所谓"舆论一律"，其实学术上要求一律，定于一尊，并没有什么好处，而且根本做不到。世界之大，各种思潮之多，不可能用行政命令禁止，也不可能用大批判来压服。不同意见的存在并没有什么可怕的。马列主义不会因此垮台，我们相信马列主义是真理，真理是不会垮台的。马列主义在和各种意见的辩论中会更加丰富、更加充实。即使有些明显的错误意见，也要正确对待。邓小平提出"一国两制"，这是马列主义的创造，可以解决香港问题、台湾问题。一个国家内两种制度可以较长期地并存，也必定会有两种或更多种的思想较长期地并存，因为思想是制度的反映，是客观存在的反映。我们要学会适应新的形势，正确对待不同的学术意见。譬如以后和中国香港、中国台湾的学者讨论学术问题或者与国外学者进行国际学术交流，就不能要求人家都坚持唯物史观，都接受马列主义，我们可以求同存异。如果戴上"左"的有色眼镜，唯我正确，唯我是从，无限上纲，把学术问题和政治问题混淆起来，动不动就开展大批判，那么就谈不上和中国香港、中国台湾以及国外的学者开展正常的学术交流。

我对左宗棠没有研究，但由左宗棠的评价联想到历史研究中的一些问题，谈一些不成熟的看法。

辛亥革命的教训和社会主义的选择[*]

1991年是伟大的孙中山先生领导的辛亥革命80周年。

80年前,中国的大地上掀起了反对帝国主义、反对封建主义的轰轰烈烈的革命运动。武昌革命党人在与外界很少联系,准备又不充分的条件下,始举反清的义旗,发动突然袭击,驱逐清朝官吏,攻克武汉三镇,成立军政府,与清军展开战斗。武昌起义如春雷乍起,万象复苏,各省闻风响应,纷纷宣告独立。革命风潮鼓荡全国,不可遏抑。工农和青年群众满腔热情,奋起斗争;对革命一向心存顾虑的立宪派也加入反清营垒,甚至许多旧官僚、旧军官也为大势所迫,不得不顺应形势,反动阵营迅速分化。曾几何时,统治中国268年之久的清王朝在即刻间众叛亲离,迅速瓦解,末代皇帝不得不宣布退位。中华民国诞生,临时政府成立,孙中山当选为临时大总统,并成立临时参议院,制定了《临时约法》。

辛亥革命推翻清政府,结束了2 000多年的封建君主专

---

[*] 原载《中国教育报》,1991年10月10日。

制统治，其成果是极其伟大辉煌的。封建皇帝历来是反动统治的核心，是至高无上的神圣权威，皇帝的倒台使人民懂得了皇帝是应该也是可以打倒的，根深蒂固的忠君观念和统治信条发生了根本动摇。和清朝专制政府相联系的一些陈旧体制、封建陋习，如等级制度、官场礼仪、苛酷肉刑、尊卑身份以至缠足、蓄辫、服饰，等等，都遭到了重大的冲击，人们在政治上、思想上得到了一次解放，社会风气有了很大进步，民主、共和、平等的观念深入人心。所以，列宁热烈地歌颂辛亥革命是真诚的民主主义的高涨，"如果没有群众革命情绪的蓬勃高涨，中国民主派不可能推翻中国的旧制度，不可能争得共和制度。这种高涨以对劳动群众生活状况的最真挚的同情和对他们的压迫者及剥削者的强烈憎恨为前提，同时又反过来产生这种同情和憎恨"①。

辛亥革命是历史和社会长期发展的结果，是无数革命烈士艰苦奋斗、流血牺牲所得来的革命成果。由于清政府的腐败无能，革命派从起义以后一直保持十分有利的态势。全国各阶级、各阶层一齐转变，反对清政府，致使清朝出人意料地迅速灭亡。胜利的到来看起来那样迅速、突然、轻而易举。领导这次革命的资产阶级革命派陶醉于巨大的胜利中，天真地以为清朝已经被推翻，革命已经成功，从此致力于建设，必能使国家迅速走向繁荣、富强。革命派匆忙地搬来了西方的政治制度，企图按照欧美国家的模式建立资产阶级共和国，在中国发展资本主义。革命派并没有估计到前进路上还会有丛生的荆棘和湍急的险滩。人们对事物的认识总是由浅入深，由局部、片面走向比较完整、全面，中国人民对革命的认识同样经历了这样漫长、曲折的过

---

① 《列宁全集》，中文1版，第18卷，154页，北京，人民出版社，1959。

程。辛亥时期的革命派把妨碍中国前进的原因完全归于反动腐朽的清政府，并没有清楚地认识到站在清政府背后的帝国主义和封建势力，也没有认识到中国社会的半殖民地半封建性质以及革命的长期性和复杂性，对于革命迅速胜利后可能出现倒退、篡权、复辟等危险估计不足，缺乏思想准备。孙中山等一部分革命者把注意力转移到经济建设方面，正在规划筹资集款，建造铁路，兴办实业；宋教仁等一部分革命者醉心于议会政治、责任内阁；也有的革命者功成身退，转而进行学术研究；还有的革命者迷恋金钱、权力、地位，与旧势力同流合污，沦为其附庸。于是，随着辛亥革命胜利而来的是革命阵营的急剧分化和革命的迅速退潮，国家的权力机构和军事力量落入以袁世凯为代表的北洋军阀的手中。中国资产阶级革命派并没有把革命进行到底。当袁世凯集权于一身，向革命者挥舞屠刀时，革命派才憬然觉悟，奋起抗争，发生了所谓"癸丑之役"的二次革命。但是，革命与反革命的力量对比已发生了不利的逆转，反袁起义失败了。这次起义是辛亥革命的继续，是孙中山等力图挽救革命的尝试，它的失败说明了中国资产阶级已无力领导革命向前发展，新兴的无产阶级行将肩负起革命领导的重任。

中国资产阶级不可能领导革命直至彻底胜利，其根本原因取决于中国的国情和资产阶级自身的弱点。中国是个半殖民地半封建国家，政治、经济、文化落后，发展很不平衡。帝国主义和封建主义十分强大、顽固，竭力阻碍中国进步，中国没有改良、请愿和进行议会合法斗争的条件，而必须以武装革命反对武装的反革命。由于种种主客观条件，革命不可能迅速成功，而要进行长期的战斗，通向胜利的道路漫长、曲折而艰难，在这种国情、条件下，中国资产阶级难以将革命引向胜利。

中国资产阶级在半殖民地半封建社会中成长，它和帝国主义、封建主义存在着矛盾，故有革命的、积极的一面。但中国资产阶级本身，很多是由官僚、地主、买办转化而来，他们的工厂、企业、矿山在资金、技术、原料、机器、市场等方面要依赖帝国主义，因此彼此有千丝万缕的联系。中国资产阶级和人民群众有利益一致的一面，特别在辛亥革命时期，中国资产阶级处在上升时期，在一定程度上能够信任民众、发动民众。但当人民力量壮大，群众运动空前高涨，资产阶级又会担心自己的地位和利益受到威胁。正是这种两面性、软弱性使得中国资产阶级在革命中瞻前顾后，犹豫妥协，使得革命功败垂成、半途而废。

资产阶级的两面性、软弱性反映在它的政治纲领上。革命派提出了三民主义，这在当时的历史条件下是救国的正确方案，起了动员民众、推进革命的作用，但也明显存在局限性。辛亥革命时期的三民主义，其民族主义着重于国内的反满，忽略了反帝，甚至对帝国主义抱有幻想；其民权主义着重于废除帝制，建立共和政体，而不是把政权真正交给人民，让人民群众当家做主；其民生主义主张采用英国亨利·乔治的单一税，实现土地国有。其实际意义是迅速发展资本主义，造成新的两极分化和贫富对立，而不是人民的共同富裕和普遍幸福。旧三民主义在理论上的局限性和模糊性是时代特征与中国资产阶级妥协性格所造成的。

中国资产阶级由于其两面性、软弱性，不能正确地分析帝国主义、封建主义，因此也就不能明确地分清敌我，甚至以敌为友、敌我混淆，不能集中力量打击革命的主要敌人。在组织上不能充分发动群众，形成千千万万、浩浩荡荡的革命大军去冲击反动营垒。在斗争形式上，没有建立真正的革命武装，不能也不敢把武装革命进行到底。

作为革命领导核心的同盟会,组织散漫、纪律松弛、意见分歧,缺乏思想上、行动上的一致。其内部隐藏着不少不坚定分子,当革命失败,这些人萎靡消沉,甚至投敌转向,致使同盟会分崩离析,失去领导作用。孙中山先生在失败后进行痛苦而深刻的反思,觉察到了同盟会的种种弱点和弊端,曾经改组同盟会、国民党。他在革命低潮时期并不气馁,坚持斗争,在黑暗中探索前进,表现了革命领导者高瞻远瞩而又不屈不挠的伟大精神。后来,他在中国共产党的帮助下,终于走上了新三民主义的正确道路。

80年前的辛亥革命,既有不可磨灭的伟大贡献,也有其局限与不足。立足今天的现实,回顾既往,并不是苛求和指责前人,而是求得对这场革命更真切、更深入的理解。当时革命派的思想和行动如何受环境、传统、阶级的制约?革命者的主观能动性能够发挥到什么程度?他们在面临一些重大问题时何以趑趄不前?历史研究正是通过对无限丰富、生动具体的事件、人物、过程加以科学的概括和客观的评判,去揭示规律,吸取经验,增长人们的智慧。历史的发展总是呈现出阶段性和连续性,人们只能完成当时条件下所可能完成的任务,而把尚未成熟的课题留给后人去解决。

五四运动是中国革命史上的伟大转折。无产阶级的兴起和中国共产党的诞生从根本上改变了政治局面。中国共产党是中国工人阶级的先锋队,是中国各族人民利益的代表。它从建党开始就以马克思列宁主义作为思想指导,有严密的组织和铁的纪律,以在中国实现社会主义、共产主义为最高奋斗目标。中国共产党在总结过去的历史经验和当前的革命实践中,把马列主义和中国的国情相结合,逐渐探索到革命的新路,即在民主革命中充分发动群众,坚持武装斗争,团结最广泛的革命力量,牢固地掌握革命的领导权,在取得反帝反封建民主革命的胜利后顺利地过渡到社会主义。中国共产党在成立以后28年的漫长岁月中，遵循从新民主主义通向社会主义道路的规律，英勇奋斗、历尽艰辛、不断前进，终于推翻了帝国主义、封建主义、官僚资本主义的统治，取得了革命的胜利。

中国在辛亥革命以后之所以能走上新民主主义、社会主义的新路，既是由于无产阶级力量的兴起、马列主义的传入和共产党的诞生，革命的主体发生了重大变化，随之革命的思想纲领、目标方式、战略策略出现了全新的飞跃，也是鉴于辛亥革命所暴露的种种矛盾和失误导致革命的失败这一历史教训。真诚的革命者不得不重新思索，改弦更张，放弃建立资产阶级共和国的幻想，而选择社会主义道路。

历史证明，资本主义道路在中国走不通。本来，世界资本主义的发展就是经历了苦难而漫长的历程，几百年的原始积累，血与火的殖民侵略，残酷的阶级剥削与奴役，资本主义发展史即是一部劳动人民的血泪史和资本家的并吞掠夺史。在欧美国家建立资产阶级专政曾使人类付出了巨大的代价。当欧美列强从资本主义过渡到帝国主义阶段，国际条件发生了极大变化时，殖民地落后国家再要走欧美国家的老路已十分困难，通向资本主义的道路变得非常狭窄。列强争霸和瓜分世界，不允许亚非拉国家挣脱奴役的锁链，插足于它们的行列中。特别是像中国这样的大国，长期遭受帝国主义的侵略、封建主义的压迫，不可能像当初的欧美国家那样独立自主地发展资本主义。帝国主义既不甘心在经济上失去广大的市场和丰富的资源，又不愿意在政治上出现一个强大的中国，因此千方百计反对中国的革命，阻碍中国资本主义的发展。而在中国国内，在革命斗争中迅速壮大的工农群众已经认清了当年被誉为"理性王国"的资产阶级专政的血腥本质，他们也不允许在中国土地上广泛发展资本主义剥削制度，把自己和自己的兄弟姊妹当作牺牲品送上资本主义的祭坛。资本主义在中国失去了正常发展的环境和条件，失去了必要的支持和对群众的吸引力，这就是当时中国的国情。资本主义道路在中国走不通，只有社会主义才能拯救中国，这是不以人们的意志为转移的客观规律。

　　值此辛亥革命80周年之际，我们在纪念这次革命伟大功绩、缅怀先烈们的英勇事迹时，要反思这次革命何以成功、何以失败，何以当时中国的先进志士毅然抛弃了资产阶级共和国的幻想而走上社会主义道路？在一定意义上，这是总结了辛亥革命失败的沉痛教训后而得出的结论，是根据世界潮流和中国国情所进行的历史性选择。由于做出了正确的选择，中国革命出现了崭新的局面，终于赢得了革命的胜利，社会主义的新中国得以诞生。

　　今天，社会主义制度已经在中国扎根30多年，国家的经济、文化建设取得了伟大成就，社会主义事业日益巩固。当前中国人民在共产党的领导下正在沿着建设有中国特色的社会主义道路奋勇前进。我们相信，我国的建设必将取得更大的胜利，辛亥革命时期革命先辈们梦寐以求的振兴民族、发展中国的理想一定能够实现！

孙中山与北京平安大街 *

国庆 50 周年即将到来，将进行隆重的庆祝活动。预定在国庆前夕修通的北京平安大街正在紧张施工，机声轰隆，尘土飞扬，一派繁忙景象。目前，北京城内与长安街平行的第二条东西向交通干线已显露其坦荡宽阔的身影，它将在未来岁月中承担首都繁忙的交通任务，为社会主义现代化建设做出贡献。

平安大街与文物结下了不解之缘，在这东起东四十条桥西至官园桥的近 7 000 米长的道路上，分布着十多处文物古迹。大街建成后，两旁既有建构宏丽、金碧辉煌的亲王府、公主府，又有花木扶疏、风景优美的静心斋、什刹海，还有传统的四合院、青瓦房，点缀着照壁、门楼、回廊、垂花门，一幅具有明清建筑风格的老北京街景画卷将展现在眼前。而众多文物、建筑中最引人注目的将是孙中山先生活动和逝世的革命遗址。

孙中山先生长期在广东、上海和国外活动，在北京的

---

* 原载《北京日报》，1999 年 5 月 12 日。

时间不多，一共到北京3次。黄宗汉、王灿炽先生在《孙中山与北京》一书中搜集了有关的资料，内容极为丰富、翔实。

中山先生第一次来北京是在1894年中日甲午战争前夕，时年28岁。他因向李鸿章上书来到天津，又至北京观览。中山先生在《建国方略》中说："予乃与陆皓东北游京津，以窥清廷之虚实。"他第一次来京活动的情况缺乏具体记载，已不可考。中山先生第二次、第三次来北京都和在建中的平安大街有密切关系，而最后在平安大街原顾维钧的宅邸（今张自忠路23号）中逝世。

中山先生第二次来北京是民国元年，即1912年，时年46岁。当时，辛亥革命成功，孙中山在南京被推举为中华民国临时大总统。为争取全国和平统一，避免南北分裂，中山先生自动退位，将总统之职让给袁世凯，希望袁赞成共和体制。4月，袁在北京就任临时大总统，邀请孙中山来北京，孙中山应邀于民国元年8月24日抵京，受到各界代表及群众的热烈欢迎。欢迎仪式极为隆重，车站搭盖华丽之彩棚，军乐齐奏，骑兵导引。袁世凯的代表梁士诒和段祺瑞等至车站迎候，北京城万人空巷，争睹创造民国伟人之丰采。中山先生乘坐之马车，朱漆金轮，驾以白马，饰以黄缎，由正阳门入城，至石大人胡同（后改外交部街）之迎宾馆下榻。当天，"袁派人迎迓，乃赴铁狮子胡同总统府，袁世凯出迎。八时入席，袁亲为先生执盏，致词欢迎先生"（1912年8月29日《申报》）。当晚，孙、袁谈话甚久，"夜半犹未辍谈"。

铁狮子胡同即正在建设中的平安大街东段，今名张自忠路。因当时清帝逊位，还没有离开中南海，故袁世凯的临时大总统府暂设于此。此处原为清朝王府，康熙时为皇九子允禟的府邸，康熙末因皇位继承之争，允禟与雍正帝结怨甚深，雍正即位后将允禟改名塞思黑

(满语：猪)并将他迫害致死。此府邸归乾隆的弟弟和亲王弘昼所有（今书法家启功即弘昼之后裔）。清末改为贵胄学堂，后又改建海军部，其旁为陆军部，袁世凯暂借为临时大总统府，今为张自忠路3号中国人民大学清史研究所。

此处在清末即已改建成西洋风格的楼群，大门仍保留王府旧貌，朱色彩绘，宏伟美观，前有青砖粉刷之照壁，门前有雄踞在精美石座上一对威风凛凛的石狮子。此次修建平安大街，尽力保持百年前的原貌，以供过路者观赏。门内有一条数十米的上坡甬道，直达主楼，主楼为哥特式建筑，水磨砖墙，上饰精美之砖雕，崇阶宽廊，楼中有一长方形之大会议室，昔年鎏金吊灯，五色玻璃，花砖砌地，门窗均以上等硬木制作。这里是民国元年孙中山和袁世凯会晤之地，具有历史意义，现在是中国人民大学清史研究所之资料室。

这次孙中山先生在北京共25天，至9月17日离北京，与袁世凯会谈13次，所谈大多是消弭南北分歧、修建铁路计划、满蒙问题、财政借款等，会谈地点大多在铁狮子胡同总统府。谈话者一般为孙中山、袁世凯、梁士诒3人，有时也有陆徵祥、段祺瑞、赵秉钧参加。中山先生下榻处为石大人胡同之迎宾馆，其他常去的地方一是湖广会馆，辛亥革命后同盟会解散，成立国民党，在此举行成立大会，会上孙中山当选为国民党理事长。一是万牲园（即今北京动物园）之畅观楼。北京各界代表多次在此举行欢迎盛会。一是金鱼胡同那桐府，原摄政王载沣代表清皇室在此款待中山先生。

民国元年，孙中山与袁世凯会谈的临时大总统府在20世纪内历经沧桑，成为重要的政治、军事和教育机构，娓娓向人们诉说着近现代的历史。袁世凯之后，是段祺瑞执政府所在地，著名的"三一八惨案"即发生在这里。国民党进入北京，改为平津卫戍司令部，以后为宋哲元的第二十九军所使用。日寇侵华时期又成了冈村宁次华北派遣军司令部与日本特务机关"兴亚院"所在地。抗战胜利后，为国民党第十一战区长官司令部。新中国成立后归中国人民大学所有。

中山先生第三次到北京是在1924年底。当时，冯玉祥发动北京政变，推翻直系军阀政府，邀请中山先生北上，共商国是。中山先生发表《北上宣言》，申明反对帝国主义，废除一切不平等条约之立场，主张召开国民会议，以求中国之和平统一。11月13日，中山先生偕夫人宋庆龄及随员汪精卫等从广州北上，绕道日本。12月4日，抵达天津，因寒热发作，腹部疼痛，在天津休息多日。12月31日，中山先生扶病自天津到达北京，先在北京饭店506号房间下榻，随从人员则居住在段祺瑞执政府所预备之行馆中。而执政府即在民国元年孙中山与袁世凯会谈的铁狮子胡同临时大总统府中，执政府为中山先生安排的行馆亦在同一条胡同的顾维钧私宅，相距仅二三百米，两者均坐落于在建中的平安大街路北。顾维钧宅明末为崇祯帝宠妃田贵妃父田弘遇住宅的一部分，田弘遇即在此宅将陈圆圆赠送给吴三桂，清末此处改建为增旧园，后售与北洋政府外交总长顾维钧。北京政变时，顾维钧出走，房屋闲空，段祺瑞执政府即以此作为中山先生行馆。此宅亦为朱漆大门，内有多层四合院，重楼复室，金碧辉煌，绕以回廊曲槛，院内花木竹石，颇具雅趣。

中山先生初住北京饭店，延医诊治，确诊为肝癌，须行手术。1925年1月26日，转移到协和医院，当夜即施行外科手术，肝脏坚硬如石，已至肝癌晚期。西医称已不可救治，乃延请中医，改服中药。2月18日，从协和医院转移到中山行馆内，即住在顾维钧宅西路第二院的耳房内，病情无起色。至2月24日病势更重，中山先生口授遗嘱，在场者汪精卫、孙科、宋子文、孔祥熙四人，孙夫人悲痛不胜，在室外等候。遗嘱共三份，一为《总理遗嘱》，一为《致苏联遗书》，一为《家事遗嘱》。3月12日，协和医院克礼医生发布中山先生肝病诊治的最后一次报告（第二十二次报告）。当天9时30分，一代伟人溘然长逝，时年59岁。中山先生昔年之病室今已由全国政协辟为"孙中山先生逝世纪念室"。

当天，中山先生遗体从铁狮子胡同之行馆运到协和医院，进行解剖和保存之手术。3月19日，中山灵柩运到中央公园之社稷坛大殿停放（今中山公园内中山堂），24日进行大祭，几十万北京市民前往祭奠。4月2日，举行奉安典礼，将灵柩移至西山碧云寺存放，送殡者达30万人，有2万人随柩步行到碧云寺。哲人萎谢，四海同悲，北京城沉浸在浓重的哀悼气氛之中。

孙中山先生毕生尽瘁革命事业，他住在北京的时间不长，却和在建中的平安大街有着密切关系，最后也在这里卧病辞世。斯人已逝，遗泽长存。在平安大街上众多的名胜古迹中最引人瞩目的应是孙中山先生活动的这两处遗址。

戴逸主要著作目录

一、专著

1.《中国抗战史演义》(以笔名王金穆发表),北京:新潮书店,1951。

2.《中国新民主义革命的经验》,北京:新潮书店,1950。

3.《中国近代史稿》(第一卷),北京:人民出版社,1958。

4.《北洋海军》,北京:中华书局,1963。

5.《中国近代史稿》(第二卷)油印稿,1964。

6.《一六八九年的中俄尼布楚条约》,北京:人民出版社,1977。

7.《简明清史》(第一册),北京:人民出版社,1980。

8.《简明清史》(第二册),北京:人民出版社,1984。

9.《清代人物传稿》(下编第一卷),沈阳:辽宁人民出版社,1984。

10.《履霜集》,北京:中国人民大学出版社,1987。

11.《清代通史》(第九卷1册),油印。

12.《乾隆帝及其时代》,北京:人民大学出版社,1992。

13.《步入近代的历程》,沈阳:辽宁大学出版社,1992。

14.《20世纪中国通鉴》(编审委员会主任),北京:改革出版社,

1994。

15.《甲午战争与东亚政治》(与杨东梁华立合作),北京:中国社会科学出版社,1994。

16.《繁露集》,北京:中国社会科学出版社,1997。

17.《当代学者自选文库:戴逸卷》,合肥:安徽教育出版社,1999。

18.《语冰集》,南宁:广西人民出版社,1999。

二、主编

1.《清代人物研究》,成都:巴蜀书社,1992。

2.《历史辞典》(《清史上》主编,与罗明合作),上海:上海辞书出版社,1992。

3.《二十六史大辞典》,长春:吉林人民出版,1993。

4.《中华历史文化名人评传·兵家系列》,《孙子》《韩信》《曹操》等,桂林:广西教育出版社,1995。

5.《台湾历史纲要》,北京:九州图书出版社,1996。

6.《临朝太后大传》,哈尔滨:黑龙江人民出版社,1995。

7.《足本横排简体字本二十六史》,长春:吉林大学出版社,1995。

8.《中国近代史通鉴》(十卷本),北京:红旗出版社,1997。

9.《近代文史名著选译丛书》(39册),成都:巴蜀书社,1997。

10.《戊戌百年沉思丛书》(4册),北京:北京燕山出版社,1998。

11.《资政史鉴》,北京:人民出版社,1998。

12.《18世纪的中国与世界》,(主编九卷,写作《导言卷》《军事卷》,获2002年吴玉章奖一等奖),沈阳:辽海出版社,1999。

13.《清通鉴》(获2000年中国图书奖),太原:山西人民出版社,

1999。

14.《中国人民百年奋争史丛书》,济南:山东教育出版社,1999。

15.《二十世纪中国著名学者传记丛书》,北京:北京图书馆出版社,1998。

16.《二十世纪中华学案》,北京:北京图书馆出版社,1999。

17.《中国通史(彩图版)》,(图5000幅,获2000年第12届中国图书奖),郑州:海燕出版社,2000。

18.《中国通史(少年彩图版)》,郑州:海燕出版社,2001。

19.《翊运集——北京市文史研究馆馆员文选》,北京:北京出版社,2002。